부처님의 생애

박경훈 지음

불광출판부

부처님의 생애

서 문

　부처님의 생애 전반에 걸친 자료가 연대순으로 정리된 기록은 없다. 고대 인도인은 어떤 기록을 남길 때, 연대에 대한 관심이 없었던 것 같다. 때문에 부처님의 생애를 연대순으로 정리하여 기록하는 일은 매우 어려운 일이다. 그러나 부처님의 탄생으로부터 성도(成道)에 이르는 사이와 말기(末期)의 일은 비교적 연대순으로 살필 수가 있다. 때문에 성도하신 수년 뒤로부터 말기에 이르는 약 40년간을 연대순으로 정리하는 일은 부처님의 생애를 쓰는 데 가장 어려운 시기에 속한다.
　다행히 경전은 설해진 장소와 사건이 일어난 장소를 명기하고 있어 부처님의 설법 내용(說法內容)과 사건, 그리고 교단(敎團)의 성립과 그 발전 과정을 살피면서 순서를 가정(假定)할 수가 있으며, 부처님 당시의 중인도 지역에 흩어져 있던 여러 나라의 흥망사(興亡史)와 비교해 보면서 설법과 사건의 선후(先後)를 추리할 수가 있다.
　얼마 전까지만 해도 많은 학자들이 부처님의 생애를 고찰(考察)할 때, 파리어 경전(巴利語經典)에 주로 의지하여 온 것은, 이와 같은 추리(推理)와 가정(假定)을 좀더 신빙성 있게 하기 위해서 였다. 그러나 최근에 와서 부처님의 생애를 사상적(思想的)인 면에 중점을 두고 고찰하게 되면서 한역경전(漢譯經典)에 관심을 갖게 되었다.

한역경전(漢譯經典)은 이역동본(異譯同本)이 많고 인명(人名)과 지명(地名)의 의역(意譯), 또는 음역(音譯) 등이 번다(煩多)하며, 내용에 상위(相違)한 것이 많아 가늠하기가 매우 어렵다. 따라서 호한(浩瀚)하고 울창한 대장경(大藏經)의 숲에서 부처님의 생애를 따라 사상과 교법(敎法)을 엮는 것은 파리어 경전(巴利語經典)과 한역경전(漢譯經典)을 병용(並用)하면서, 거기 나타난 생애와 사상을 살피는 것이 하나의 방법(方法)이다.

실제로 부처님의 생애를 쓰는 일은 너무도 많은 자료에 압도(壓倒)되지 않을 수 없다. 이 '부처님의 생애'는 울창한 대장경의 숲에서 부처님의 생애라고 하는 길을 열어 가면서, 그 가르침에 접하도록 구상하였다. 독자로 하여금 사건과 설해진 교법(敎法)을 경전을 통해 접할 수 있도록 노력하였으며, 교리(敎理)의 전개(展開)보다는 그 때마다 감명 깊었던 사건과 설법(說法)에 중점을 두었다. 때문에 객관성이 결여되었을 염려도 없지 않다.

부족하고 잘못된 점은 장차 시정할 기회가 있기를 바라며, 천학비재인 나의 어리석음이 부처님께 누를 끼치지 않을까 저으기 걱정이 된다. 그러나 한편으로는, 부처님을 흠모하는 나로서 이 일은 평생의 기쁨이 아닐 수 없다.

 이 '부처님의 생애'는 부산의 선암사 주지 동춘(東春)스님의 권유를 받아 집필하여 1977년 '신팔상록(新八相錄)'이란 이름으로 출판했던 것을 동국대학교 불전간행위원회(佛典刊行委員會)에서 개제(改題)하여 상·하 양권의 문고본(文庫本)으로 간행했었다. 신팔상록 초판이 간행된 이후 10판을 거듭하는 사이에 독자로부터 활자(活字)를 키우고 가로쓰기를 한 단행본 출판의 요구가 있어 왔는데 불광출판부가 그 요구를 받아들여 새로운 판형(判型)으로 햇빛을 보게 되었음을 밝혀 둔다. 따라서 보다 많은 사람에게 이 졸저(拙著)를 통하여 불음(佛音)이 전해지기를 기대하는 바이다.

불기2534년 8월 15일
지은이 씀

■ 부처님의 생애/목 차

서 문/3

제1장 서 곡(序曲)—부처님의 전생(前生) 이야기
1. 연등불(燃燈佛)의 수기(授記)/13
2. 보살의 수행(修行)/19
3. 제석천왕(帝釋天王)의 시험/23
4. 부처님 탄생의 세 가지 예고/30

제2장 부처님 이승에 오시다—도솔래의상(兜率來儀相)
1. 탁태(托胎)의 기서(奇瑞)/33
2. 보살의 어머니/35

제3장 룸비니 동산에 나시다—비람강생상(毘藍降生相)
1. 부처님 태어나시다/37
2. 삼생(三生)의 사자후/39
3. 아시타 선인의 슬픔/40
4. 어머니의 죽음/43
5. 천사참배(天祠參拜)/45
6. 숫도다나 왕의 근심/46
7. 태자(太子)의 결혼/50
8. 숫도다나 왕의 꿈/52

제4장 인생에 대한 관조(觀照)—사문유관상(四門遊觀相)
1. 태자의 명상(瞑想) / 56
2. 늙음과 병과 죽음과 / 59
3. 스님을 만나다 / 63
4. 라후라(羅睺羅)의 탄생 / 65

제5장 출가(出家)—유성출가상(踰城出家相)
1. 부왕(父王)과의 대화(對話) / 68
2. 야쇼다라의 꿈 / 70
3. 왕성(王城)을 떠나다 / 73
4. 태자가 떠난 뒤에 / 77

제6장 고행(苦行)—설산수도상(雪山修道相)
1. 고독한 출범(出帆) / 80
2. 고행자(苦行者)들 / 83
3. 두 사람의 스승 / 85
4. 빔비사라 왕(頻毘娑羅王) / 89
5. 보살의 고행(苦行) / 93
6. 새 출발(出發) / 97
7. 우유죽의 공양 / 101

제7장 악마와의 대결(對決) — 수하항마상(樹下降魔相)

1. 보리수 아래 앉다 / 103
2. 마왕(魔王)의 도전(挑戰) / 105
3. 보살과 마왕의 대화 / 109
4. 진리의 탐구(探究) / 111
5. 성　도(成道) / 114

제8장 대법륜(大法輪) — 전법륜상(轉法輪相)

1. 부처님의 고민(苦憫) / 117
2. 다섯 사람의 비구 / 123
3. 최초의 설법(說法) / 127
4. 야사(耶舍)의 출가와 포교(布敎)의 선언 / 129
5. 우루빈나 카샤파(優樓頻那迦葉) 형제의 귀의 / 136

제9장 승단(僧團)의 출현(出現)

1. 빔비사라 왕의 귀의 / 142
2. 처음으로 정사(精舍)를 세우다 / 146
3. 사리불(舍利弗)과 목건련(目犍連) / 149
4. 외도(外道)의 모함 / 156
5. 대가섭(大迦葉)의 출가 / 158
6. 기원정사(祇園精舍)를 세우다 / 163

제10장 부처님과 석가족(釋迦族)
 1. 부처님의 귀향(歸鄕) / 168
 2. 고향에서의 걸식(乞食) / 173
 3. 부처님과 야쇼다라 / 178
 4. 석가족(釋迦族)에 대한 교화 / 180
 5. 난타(難陀)의 출가 / 182
 6. 라후라(羅睺羅)의 출가 / 184
 7. 숫도다나 왕에 대한 교화 / 186
 8. 아니룻다(阿泥婁駄)와 밧제리카(拔提利迦)의 출가 / 190

제11장 계율(戒律)의 제정(制定)
 1. 승단(僧團)의 규범(規範) / 195
 2. 우파알리(優波離)의 출가 / 198
 3. 아난다(阿難陀)와 데바닷타(提婆達多)의 출가 / 201
 4. 삼귀계(三歸戒) / 207
 5. 비구(比丘)의 사의(四依) / 209
 6. 계율(戒律)의 제정(制定) / 212
 7. 음계(婬戒)의 제정과 십구의(十句義) / 218

제12장 교화(敎化)의 바다
 1. 교화(敎化)의 거점(據點) / 222
 2. 출가의 즐거움 / 223

3. 마음의 눈／225
 4. 거문고줄의 비유／228
 5. 물 싸움／231
 6. 숫도다나 왕(淨飯王)의 죽음／234
 7. 미륵불(彌勒佛)과 금란 가사(金襴袈裟)／238
 8. 비구니(比丘尼)의 출현(出現)／241
 9. 일곱 가지 아내와 옥야(玉耶)의 교화／244
10. 목건련(目犍蓮)과 부모의 은혜／248
11. 파사익 왕(波斯匿王)의 귀의／250
12. 승만부인(勝鬘夫人)의 열 가지 서원／259
13. 비샤카(毘舍佉)의 보시／264
14. 앙갚음은 새로운 앙갚음을 낳는다／267

제13장 수난(受難)과 영광(榮光)
 1. 다섯 나라의 왕(王)들／273
 2. 우전왕(優塡王)과 불상(佛像)／278
 3. 덕호(德護) 장자와 외도(外道)들의 모의(謀議)／283
 4. 라후라(羅睺羅)의 인욕／286
 5. 석가족(釋家族)의 멸망／288
 6. 데바닷타(提婆達多)／292
 7. 아쟈세 왕(阿闍世王)／300

제14장 진리(眞理)의 세계
1. 외도(外道) 안바타와의 대화 / 310
2. 부처님의 농사 / 316
3. 진리(法)를 보라 / 318
4. 강심(江心)을 흘러가는 원목(原木)의 비유 / 321
5. 일곱 가지 법과 삼학(三學) / 323
6. 열반의 땅을 향하여 / 328
7. 법의 거울 / 332
8. 암파바리(菴婆婆利)의 귀의 / 333
9. 유마힐(維摩結)과 부처님의 제자들 / 338
10. 유마힐의 병과 절대 평등의 경지 / 340

제15장 열 반―열반적정상(涅槃寂靜相)
1. 자기 자신을 등불 삼아라 / 350
2. 아난다의 괴로움 / 355
3. 네 가지 중요한 교법 / 359
4. 최후의 공양 / 360
5. 최후의 제자 / 364
6. 최후의 설법(設法) / 370
7. 대열반(大涅槃) / 375
8. 부처님 가신 뒤에 / 377

제1장 서 곡(序曲)
부처님의 전생(前生)이야기

1. 연등불(燃燈佛)의 수기(授記)

　옛부터 인도 사람들은 훌륭한 성인이 태어나기 위해서는 전생(前生)의 오랜 수행이 필요하다고 생각하였다. 그 인물이 위대하면 할수록, 그만큼 그가 이겨 낸 고난은 많고 수행도 많았다고 생각하였다. 석가모니 부처님도 예외는 아니었다. 현생(現生)에서 부처가 되어 중생을 제도하기까지는 깨달음(覺)을 성취하고자 하는 숱한 구도(求道)의 행각(行脚)과 보살행(菩薩行)이 뒤따랐다고 보는 것이다.
　때문에 석가모니 부처님께서 이승에 오시기까지 헤아릴 수 없이 많은 겁(劫)과 수없이 많은 생(生)을 통하여 부처가 되기 위한 수행을 하시고, 또 인연을 쌓은 것에 대한 설화(說話)는 대단히 많으며, 석가모니 부처님의 전생(前生)은 온통 그러한 보살행으로 일관되어 있다.
　부처님 전생의 설화는 종교의 면에서 볼 때, 진리 탐구의 자세와 그 실천을 감동적으로 우리에게 전해 줄 뿐 아니라, 불교의 진리를 설화문학의 형식을 빌어, 쉽게 이해하도록 해준다.
　현세(現世)에서 부처가 되기까지 실제로 얼마나 많은 생(生)과 시간을 통하여 수행하였는가를 숫자로 표현하기는 어렵다. 시간적으로는 경전이 전하는 것과 같이 '헤아릴 수 없이 많은 겁(劫

=阿僧祇劫)'이다.

　고대 인도인들은 가장 긴 시간의 단위를 겁(劫)으로 표현하였다. 구체적으로 얼마나 오랜 시간이 겁인지에 대해서는 여러 가지 의견이 있으나, 대체적으로 지극히 긴 시간, 또는 영원의 시간, 무한의 시간으로 이해된다. 때문에 아승지겁은 아승지(阿僧祇)가 헤아릴 수 없는 수(數)를 뜻하므로 그 시간은 상상할 수가 없다.

　또 몇 생(生)을 통하여 그와 같은 구도(求道)의 보살행을 하였는가에 대해서도 우리는 상상할 수밖에 없다. 많은 생을 통하여 보살행을 닦은 석가모니 부처님의 전생(前生)은 그때마다 당시의 부처님으로부터 후생(後生)에 부처가 될 것이라는 예언(豫言), 즉 수기(授記)를 받는다. 이 수기 중에서 연등불(燃燈佛)에게서 받은 수기가 있다.

　경전이 전하는 바에 따르면, 석가모니 부처님은 헤아릴 수 없이 많은 겁, 즉 아승지겁을 수행했는데, 한 번의 아승지겁이 지나고, 두번째 아승지겁 동안의 수행을 끝냈을 무렵에 만난 부처님이 연등불이다.

　석가모니 부처님의 전생 설화(前生說話)중에서 연등불(燃燈佛)에게서 받은 수기(授記)의 이야기는, 석가모니 부처님께서 현생에서 부처가 되어 중생을 제도하기에 이른 중요한 전기(轉機)가 된다. 그러므로 '석가모니 부처님의 생애'는 연등불에게서 받은 수기, 즉 장차 부처가 될 것이라는 예언으로부터 시작하려 한다.

　부처님의 전생(前生)에 관한 이야기를 모은 본생담(本生譚)에 의하면, 아주 오랜 옛날, 연등불께서 출현하실 무렵, 선혜(善慧

라고 하는 바라문(婆羅門)이 살고 있었다.
 선혜 바라문의 아버지와 어머니는 청정하고 좋은 집안의 태생으로 아주 아름답고 뛰어난 용모를 지니고 있었으며, 사람들의 존경을 받고 있었다. 아버지는 오직 바라문의 수행에 힘을 기울였고, 어머니는 선혜 아기를 훌륭한 바라문으로 키우고자 열과 성을 다하였다. 선혜 아기가 아직 어릴 때, 부모들은 많은 재산을 남기고 돌아가셨다.
 그 때, 살림을 맡은 집사(執事)는 장례를 마치고 말하였다.
 "도련님, 여기 적힌 재산은 이제 도련님의 것입니다. 이 재산은 칠(七)대를 거슬러 올라간 할아버지 때부터 물려온 재산입니다."
 집사는 칠대를 거슬러 올라가며 재산의 목록을 낱낱이 설명하였다. 그러나 선혜의 귀에는 집사의 말이 들리지 않았다. 다만 한 생각이 그를 사로잡고 있었다.
 '이 많은 재산을 모아 두고도 나의 아버지와 할아버지, 그밖의 조상들은 세상을 떠날 때 한 푼도 가져가지 못했다. 그러나 나는 이것을 가져갈 종자(種子)를 심어야겠다.'
 이같이 뜻을 정한 선혜는, 곧 국왕에게 알리어 온 성안의 가난한 사람들을 모으게 하고, 그들에게 모든 재산을 보시하였다. 그리고 선혜는 고행(苦行)의 길을 떠났다. 고행의 길에 나선 선혜의 마음 속에는 항상 아버지와 어머니의 죽음에 대한 생각이 떠나지 않고 있었으며, 그러한 생각은 날로 깊어져서 인생에 대한 회의로 발전하였다.
 '오는 세상에서 생(生)을 받는 것은 고통이며, 태어난 몸은 언제인가 무너지며, 이 무너지는 것은 고통이다. 나고 늙고 병들고 죽는 성질을 지닌 것이 인생(人生)이다. 나는 이 같은 인생을 벗어나 생(生)이 없고, 늙음이 없고, 병이 없고, 죽음이 없는, 그리하여 변함이 없는 열반을 구하지 않으면 안 된다.'

선혜는 이같이 생각하고, 열반을 구하기 위하여 히말라야 기슭의 나무 밑에서 정진하였다. 그는 익힌 곡식을 먹지 않았고, 주리면 과일과 풀잎을 먹으면서 정진한 결과, 오래지 않아서 선정(禪定)과 신통력(神通力)을 얻었다.

선혜 행자(善慧行者)가 신통력을 얻고 선정의 즐거움을 누리면서 정진에 힘쓰고 있을 무렵, 연등불께서 출현(出現)하시었다. 연등불께서 출현하실 때, 삼천대천세계(三千大千世界)가 모두 진동하고, 서른 두 가지 상서로운 징조가 나타났다. 그러나 선혜 행자는 선정에 들어 있었기 때문에 부처님이 출현하실 때 나타나는 서른 두 가지 징조를 보고 듣지 못하였다.

연등불께서는 번뇌가 다한 사십만의 비구들을 데리고, 희락(喜樂)이라는 큰 도시에 이르러 선현정사(善現精舍)에 머물렀다. 연등불께서 선현정사에 머물러 계신다는 소문이 번지자, 도시의 주민과 사문(沙門)·장자(長者)·대신(大臣)·왕과 왕족(王族)들은 그들이 가진 가장 귀중한 물건들을 가지고 연등불을 찾아가 드리고, 향과 꽃을 공양하며 예배하고, 설법을 들었다. 이 도시의 모든 사람들은 진리를 설한 부처님의 설법을 들은 기쁨에 젖어 연등불과 그 제자들을 공양에 초청하였다.

이튿날, 그들은 많은 음식을 준비하고, 도시를 장식하고, 부처님께서 오실 길을 닦고, 길에 꽃을 뿌리고, 여러 가지 빛깔의 깃발을 걸어서 장식하였다. 선혜 행자는 많은 사람들이 기뻐하면서 이 같은 일을 하고 있는 것을 보고 사람들에게 물었다.

"여보시오, 당신들은 누구를 위해 이같이 길을 닦고 도시를 장식합니까?"

사람들은 오히려 선혜 행자에게 반문하였다.

"선혜 존자(善慧尊者)님, 당신은 모르십니까? 연등불께서 바른 깨달음을 얻고, 거룩한 법륜(法輪)을 굴리시면서 여러 고장을 다니시다가, 우리 고장에 오시어 지금 선현정사에 머물고 계시는 것을 모르십니까? 우리는 그 부처님을 초청하였기 때문에 길을 닦고, 또 도시를 장식하고 있습니다."

선혜 행자는 생각하였다.

'이 세상에서는 '부처라고 하는 소리 만을 듣기도 어려운 일이다. 더욱이 부처님께서 출현하심을 만나기란 하늘에서 떨어진 바늘이 겨자씨에 꽂히는 것보다 더 어려운 일이다. 하물며 눈앞에 부처님을 뵙고, 그 설법을 듣는 일이야 얼마나 어렵고 또 귀중한 인연인가! 나도 이 사람들과 함께 부처님께서 오실 길을 닦아야 하겠다.'

선혜 행자는 사람들에게 말하였다.

"여러분, 나에게도 길을 닦도록 해 주십시오. 나도 여러분과 함께 부처님께서 오실 길을 닦고 싶습니다."

사람들은 기꺼이 선혜 행자의 뜻을 받아들였다. 그리고 사람들은 그에게 신통력이 있음을 알기 때문에 물이 고여서 닦기 어려운 곳을 맡아 달라고 하였다. 사람들은 선혜 행자가 신통력으로 물이 고인 곳을 수리하기를 바랐으나, 선혜 행자는 생각하였다.

'나는 저들의 생각과 같이 신통력으로 길을 말끔히 고칠 수 있다. 그러나 그렇게 하는 것으로는 성과 열을 다한 것이 되지

못한다. 나는 만족할 수가 없다. 나는 성의를 다해 온 몸으로 봉사를 해야 한다.'

선혜 행자는 곧 흙과 모래를 가져다가 물이 고이거나 물로 인하여 끊어진 길을 메우기 시작하였다. 그러나 그가 길을 다 고치기 전에 연등불과 그 제자들이 다가오고 있었다. 이 때, 하늘은 온갖 풍악을 울리고, 갖가지 천상의 아름다운 꽃을 비오듯 뿌렸으며, 사람들은 향을 사르고 화환을 바쳤다.

선혜 행자는 다가오는 부처님을 바라보았다. 부처님은 서른 두 가지 성인(聖人)의 모습을 갖추시고, 부처님만이 지니는 여든 가지 모양으로 장엄하시었으며, 그 주위는 아름다운 광명이 둘러싸고 있었다. 그는 이같이 더없이 아름답고 장엄한 광경을 보고서 넋을 잃고 생각하였다.

'나는 오늘 부처님께 생명을 바쳐야 한다.'

선혜 행자는 가까이 다가오신 부처님께 사뢰었다.

"부처님, 진흙을 밟지 마시고 부디 제 머리털과 몸을 밟고 지나가십시오. 마치 마니구슬의 나무로 된 다리를 밟는다 생각하시고, 사십 만의 아라한과 함께 저의 등을 밟고 걸어가십시오. 그러면 그것은 저에게 영원한 이익이 되고, 즐거움이 될 것이옵니다" 하면서, 그는 곧 머리를 풀어 진흙 위를 덮고, 땅 위에 몸을 엎드려 끊어진 길에 다리를 놓았다. 그는 엎드려 부처님을 우러러 보면서 생각하였다.

'만약 나에게 어떤 희망이 있다면, 그것은 내가 온갖 번뇌를 다 불살라 버리고 부처님을 따라가 승단(僧團)의 한 젊은이가 되는 것이다. 그리하여, 연등불처럼 깨달은 이가 되어 많은 사람을 법의 배에 실어 윤회의 바다를 건너게 한 뒤에야 열반에 드는

것이다. 이것이 나에게 알맞는 일이다.'

연등불께서는 진흙 위에 엎드린 선혜 행자의 머리맡에 이르렀다. 연등불께서는 선혜 행자의 뜻이 언제 이루어질 것인가를 살피기 위하여 먼 미래를 관찰하시었다. 그리고 대중을 향하여 말씀하시었다.

"여러분, 여기 고행을 하는 행자가 진흙 위에 엎드려 있는 것을 그대들은 보는가?"

"네, 스승님, 분명히 봅니다."

"그는 부처가 될 결심으로 엎드려 있다. 그의 소원은 반드시 성취될 것이다. 지금으로부터 4아승지·10만 겁을 지난 뒤에 성도(成道)하여 석가모니 부처가 될 것이다. 그는 카필라 성의 숫도다나 왕을 아버지로 하고, 마야 부인을 어머니로 해서 태어날 것이다. 선혜 행자는 부처의 씨앗이요, 부처의 싹이니라."

선혜 행자는 이 말씀을 듣고 하늘에 오를 듯이 기뻤다. 연등 부처님은 선혜 행자를 칭찬하신 뒤에 꽃을 공양하고 오른쪽으로 도는 예를 마치신 뒤에 떠났다. 또 번뇌가 없어진 사십 만의 비구들도 선혜 행자에게 향과 화환을 바치고 예를 마친 뒤에, 연등 부처님을 따라 자리를 떠났으며, 하늘 사람들도 그와 같이 하였다.

2. 보살(菩薩)의 수행

모두가 떠난 뒤, 선혜 보살은 일어나 바라밀(波羅蜜)을 관찰하기 위하여 쌓인 꽃더미 위에 가부좌하고 앉았다. 그 때, 1만의 하늘 사람들이 모여와 환호의 소리를 울리면서 말했다.
"선혜 보살이여, 그 옛날부터 보살이 '바라밀을 관찰하리라' 하고, 앉을 때에는 반드시 그 징조가 나타났는데 오늘도 그 징조가 모두 나타났습니다. 당신은 반드시 부처가 될 것입니다. 우리는 그것을 잘 알고 있습니다. 당신은 부디 굳게 정진하고 노력하시오."
한편, 1만의 하늘 사람들은 소리를 맞추어 이렇게도 말하였다.
"저이는 부처의 씨앗이요, 새 싹이다. 만일 우리가 연등 부처님의 가르침을 알아듣지 못하여 이승에서 제도받지 못하면, 오는 세상에 가서 보살을 만나 제도받으리라."
선혜 보살은 연등불의 말씀과 하늘 사람들의 이야기를 듣고 더욱 힘을 얻어 다음과 같이 생각하였다.
'부처님의 말씀에는 거짓이 없다. 부처님의 말씀은 틀림없다. 마치 공중에 던져진 흙덩이가 땅에 떨어지고, 태어난 것은 반드시 죽고, 밤이 새면 해가 뜨는 것이 어김 없는 사실인 것과 같이, 부처님 말씀에는 거짓이 없다. 나는 반드시 부처가 될 것이다.'
이렇게 단정한 선혜 보살은, 다시 부처가 되는 길이 무엇인가를 생각하였다.
'부처가 되는 길은 어디에 있는가, 위에 있는가, 아래에 있는가, 사방(四方)인가, 아니면 사유(四維)에 있는가.'
이같이 온 법계를 두루 찾았으나 찾지 못하였다. 선혜 보살은 선정에 들어, 이번에는 옛날의 보살들이 행한 수행을 관찰하였다. 그는 그 수행 가운데서 첫번째인 보시바라밀(布施波羅蜜)을 발견하였다. 그리하여, 그는 자신에게 이같이 경계하였다.

'선혜여, 너는 무엇보다도 먼저 보시바라밀을 완성하여야 한다. 너는 이미 쏟아진 물을 아까워 하지 않는 것처럼, 재산과 명예와 몸과 그리고 네가 가진 모든 것, 생명까지도 아까워 하지 않고, 너에게 와서 구하는 모든 이에게 그 모두를 보시하여라. 그리하여 아무것도 가진 것 없이 보리수(菩提樹)밑에 앉아라. 그러면 너는 반드시 부처가 될 것이다.'

그는 보시바라밀을 완성하기로 결심하였다. 그리고 '부처가 되는 기본법(基本法)은 이밖에도 있을 것이다' 하고 계속하여 옛날의 보살들이 행한 여러 가지 수행을 관찰하였다. 그리하여 두 번째의 지계바라밀(持戒波羅蜜)을 찾았으며, 이어 인욕(忍辱)과 정진(精進)과 선정(禪定)과 반야(般若)와 방편(方便)과 원(願)과 힘(力)과 지혜(智)의 열 가지 바라밀을 차례로 발견하였고, 이 열 가지 바라밀을 성취(成就)하기로 결심하였다.

'이 세계에서 보살이 완전히 행하여 보리(菩提)를 성숙시켜 부처가 되는 길은 오직 이 열 가지 바라밀뿐이다. 이 열 가지 바라밀은 위로 허공에 있는 것이 아니며, 아래로 땅에 있는 것도 아니다. 사방이나 사유, 어디에 있는 것도 아니며 오직 나의 마음 안에 있는 것이다.'

이 열 가지 바라밀이 마음 속에 있음을 확실히 본 선혜 보살은, 그것을 두 번 세 번 거듭 관찰하여 굳히고 다시 차례를 따라 살피고, 거꾸로 거슬러 올라가면서 연구하였다. 끝을 잡아서는 처음을 밝히고, 처음을 잡아서는 끝을 결정하고, 중간을 잡아서는 처음과 끝을 알고, 처음과 끝을 잡아서는 중간을 밝했다.

 그가 이같이 열 가지 바라밀을 생각하고 있을 때, 그 법의 위력으로 말미암아 마치 폭풍 속의 나무처럼 대지가 진동하였다. 사람들은 놀라고 두려워 떨면서 연등 부처님을 찾아가 여쭈었다.

 "세존이시여, 이것은 용의 장난입니까? 그렇지 않으면 귀신이나 야차(藥叉)・하늘 사람들의 장난입니까? 저희는 모두가 의혹 때문에 괴로워하고 있습니다. 이 일은 이 세계의 재앙입니까? 대지가 흔들리는 까닭을 말씀해 주십시오."

 연등 부처님께서 말씀하시었다.

 "너희는 두려워 말라. 이것이 원인이 되어 너희에게 재앙이 오지는 않는다. 이것은 오히려 너희에게 복을 알리는 징조이니라. 이것은 선혜 보살이 오는 세상에 부처가 되기 위하여 바라밀의 성취를 결심하였기 때문에 그 법의 위력으로 생긴 일이니라."

 사람들은 연등 부처님의 말씀을 듣고 기뻐하며, 화환과 향등을 가지고 선혜 보살을 찾아가 공양하고 예를 하였다. 또, 하늘 사람들은 천상의 꽃과 향을 보살에게 공양하며 찬탄하였다.

 "거룩한 선혜 보살이여, 오늘 당신은 연등 부처님 발 아래서 큰 서원을 세웠습니다. 부디 그 발원이 장애없이 성취되고, 당신이 두려워 하거나 크게 놀라지 않으며, 몸에는 조그만 병도 없이 빨리 바라밀을 행하고 이루어서 바른 보리(菩提)를 증득하되, 마치 꽃을 피워 열매를 맺는 나무가 때가 오면 꽃을 피우고 열매를 맺는 것처럼, 당신도 빨리 최상의 보리를 실현하시기를 바랍니다."

보살은 모든 인간과 하늘 사람들의 찬사를 받고, '나는 열 가지 바라밀을 완전히 행하여 4아승지·10만 겁을 지난 뒤에 부처가 되리라'고 굳게 결심하였다. 그리고 히말라야 산기슭의 조용한 곳에 묻혀 지내면서 정진하기를 하루같이 하였다.

선혜 보살은 연등 부처님의 다음에 오신 여러 부처님 세상에서도 여러 가지 신분으로 태어나, 그 때마다 서원을 세우고 바라밀을 성취하기 위하여 정진을 게을리 하지 않았으며, 그때마다 부처님으로부터 '오는 세상에 부처가 될 것이다'라고 수기를 받았다.

뿐만 아니라, 부처님이 계시지 않는 겁에 태어나서는 법을 구하기 위하여 몸과 목숨을 돌보지 않았다.

3. 제석천왕(帝釋天王)의 시험

연등불의 시대가 간 지 아주 오랜 뒤, 부처님이 계시지 않은 어느 때였다. 환희(歡喜)라고 하는 천인(天人)이 제석천왕에게 말하였다.

"제석(帝釋)이시여, 세상에는 중생을 위하는 갸륵한 이들이 있습니다. 그들은 중생을 위하여 자기의 몸을 아끼지 아니하고, 중생을 이롭게 하기 위하여 한량없는 고행을 닦습니다. 그들은 생사(生死)에 괴로움이 많음을 보았으므로, 설사 바다와 육지에 가득찬 보배가 있더라도 탐내지 아니하고 침 뱉듯이 버립니다. 그런 이들은 재물이나 사랑하는 처자나, 자기의 머리·눈·골

수·손·발·팔·다리·집·코끼리·말·수레·노복·하인 따위를 모두 버리며, 천상에 나는 것도 구하지 아니하며, 오직 모든 중생으로 하여금 안락함을 얻도록 할 뿐입니다. 저 보살은 깨끗하여 물들지 아니하고, 모든 번뇌가 아주 없어졌으므로 오직 위 없는 부처의 깨달음을 구하리라고만 생각합니다."

제석천왕은 말하였다.

"만약 그대의 말과 같다면 저 사람은 세간의 모든 중생을 거두어 줄 것이다. 만약 이 세상에 부처님 나무가 있다면 모든 천상의 사람과 세간의 사람과 아수라가 갖는 번뇌의 독기를 덜어줄 것이며, 모든 중생이 부처님 나무의 서늘한 그늘에 가 있으면 번뇌의 독기가 모두 소멸할 것이다. 만약 저 사람이 오는 세상에 부처가 된다면, 우리도 한량없이 뜨거운 번뇌를 없애게 될 것이다. 그러나 그러한 일은 믿기지가 않는다. 왜냐하면 한량없는 중생이 위 없는 부처의 깨달음을 구하는 마음을 내었다 하더라도, 조그마한 인연만 만나도 그 마음은 흔들리기 때문이다. 마치 물 속의 달이 물이 흔들리면 따라서 흔들리는 것과 같다. 또 그린 그림이 그리기는 어려워도 부서지기는 쉬운 것과 같아서 보리심(菩提心)을 내기는 어려워도 물러서기는 쉽기 때문이다.

나는 많은 중생이 발심하였다가도 동요하는 것을 보았기 때문에, 지금 저 사람이 고행을 닦으면서 번뇌가 없고 마음은 고요히 안정되어 있어, 비록 험난한 길에 있으면서 행실이 깨끗함을 보지만, 믿어지지 않는다.

나는 지금 그에게 가서 참으로 위 없는 부처의 깨달음이라고 하는 무거운 짐을 감당할 수 있는가 시험해 보려 한다. 수레는 두 바퀴가 있어야 짐을 실을 수 있고 새는 두 날개가 있어야 날아다닐 수가 있다. 고행하는 사람도 그와 같아서 한쪽 바퀴와 같은 계(戒)를 그가 굳게 지닌 것은 알지만, 다른 한쪽 바퀴와도 같은 깊은 지혜가 있는 지를 알아 보아야겠다. 만일 그에게 깊은 지혜가 있다면 그는 무거운 짐을 감당할 수 있을 것이다.

마치 물고기가 많은 알을 낳지만은 고기가 되는 것은 적고, 암마라(庵摩羅)나무가 꽃은 많으나 열매가 적은 것처럼, 중생도 마음을 내는 이는 한량이 없지만 끝까지 성취한 이는 아주 적다.

자, 나와 함께 가서 시험하기로 하자. 진금(眞金)은 녹이고 두들기고 갈아 보면 안다. 행자(行者)를 시험함도 이와 같다."

말을 마친 제석천왕은 험상궂고 흉악한 나찰(羅刹)로 몸을 변하여 보살이 있는 히말라야로 갔다. 나찰은 눈을 감고 앉아 참선하는 보살의 앞에 서서, 지난 세상의 부처님께서 설하신 게송의 반을 읊었다.

> 변천하는 모든 법은 덧없어
> 모든 것은 났다가 없어지나니,
> 諸行無常 是生滅法

보살은 나찰이 읊은 게송을 듣고 눈을 번쩍 떴다. 게송을 들은 보살의 가슴은 기쁨으로 가득 찼다. 그가 찾던 진리가 거기 담겨 있었다. 그는 게송을 읊은 사람을 찾았다. 그의 앞에는 험상궂은 나찰이 날카롭게 번득이는 흉악한 눈을 부릅뜨고 그를 지켜보고 있을 뿐, 주위에는 아무도 없었다. 보살은 생각하였다.

'저같이 거룩한 말씀을 저 나찰은 말하지 못할 것이다. 도대체 누가 나를 위하여 저 거룩한 게송을 들려주었는가.'

그러나 보살의 주위에는 게송을 읊어 줄 만한 사람이 눈에 띠

지 않았다. 보살은 다시 생각하였다.
 '나찰은 이 같은 게송을 설할 수 없으리라. 왜냐하면, 그는 게송을 읊지 않고 듣기만 해도 저 흉악한 모습이 없어질 것인데, 아직 저같이 험상궂은 모양을 하고 있는 것으로 보아, 그는 그 게송을 듣지 못한 것이 분명하기 때문이다. 하물며 그 게송을 알겠는가. 마치 불 속에서 연꽃이 피어날 수 없고 따가운 햇볕에서 찬물이 날 수 없는 것과 같다.'
 그러나 다시 생각하였다.
 '아니다. 내가 지혜롭지 못한 생각을 하는 것인지도 모른다. 혹시 저 나찰은 지난 세상에 부처님을 뵙고 이 게송을 들어 알고 있는 지도 모른다. 한 번 물어 보아야겠다.'
 보살은 나찰에게로 다가가 말하였다.
 "대사여, 그대는 어디에서 그 거룩한 게송을 들었소. 그대는 어디서 그 반쪽 여의주를 얻었소. 대사여, 그 반 게송의 뜻은 진실로 삼세(三世) 부처님께서 가르치신 바른 도리인 줄로 압니다. 그 뜻을 말해 주시오. 나머지 반 게송을 알면 말해 주시오. 모든 세간의 한량없는 중생은 항상 삿된 소견의 그물에 싸여있기 때문에, 수많은 생을 통하여 그 같은 부처님 말씀을 듣고자 하여도 들을 길이 없습니다."
 나찰은 험상궂은 얼굴을 찌푸리면서 말하였다.
 "바라문이여, 당신은 나에게 그 뜻을 묻지 마시오. 나는 지금 말할 기운도 없소. 나는 먹지 못한 지가 여러 날 되었소. 먹을 것을 찾아 여러 곳을 헤매었으나 구하지 못하여, 기갈이 아주 심하고 어지러워 그만 헛소리를 한 것이오. 나의 진심에서 그런 말을 한 것은 아니오. 지금 나에게 힘이 있어 허공을 날 수 있다면, 북구로주(北俱盧州)나 천상에까지 올라가서라도 먹을 것을 구하겠는데, 그렇게 할 수 없으니 그런 구차한 말을 한 것이오."
"대사여, 그대가 나에게 그 게송을 마저 일러 준다면, 나는 일생 동안 당신의 제자가 되겠소. 대사여, 당신이 말한 반 게송은 글로도 끝난 것이 아니고, 뜻으로도 끝난 것이 아닙니다. 무슨 까닭으로 마저 말하려 하지 않습니까? 재물의 보시는 다할 때가 있으나, 법을 보시하는 인연은 다하는 법이 없습니다. 나는 지금 그 반 게송을 듣고서 놀라고 기쁜 한편 의심하는 터이니, 당신은 나의 의심을 지금 풀어주시오. 그 게송을 말해 주면 평생을 두고 당신의 제자가 되겠소."
"당신은 참으로 꾀가 있소. 자기 일만을 생각하고 남의 사정은 모르는구려. 나는 배가 고파서 말하기도 싫소."
"대사여, 당신은 무엇을 먹소."
"묻지 마시오. 내 말을 들으면 사람들은 놀라 까무러칠 것이외다."
"나는 당신을 두려워하지 않고, 여기는 우리뿐이오, 말해주시오."
"내가 먹는 음식은 사람의 더운 살과 피요. 나는 복이 없어 이 같은 것만을 먹는데 아무리 구해도 구할 수가 없소. 세상에는 많은 사람이 있지만, 하늘의 신들이 수호하기 때문에 나의 힘으로는 그들을 잡아먹을 수가 없소이다."
보살은 말하였다.
"당신이 나머지 반 게송을 말하여 준다면, 나는 그 게송을 듣고 나서 이 몸으로 당신을 공양하겠소. 설사 내가 더 살고 죽는다 해도 나의 이 몸은 더 소용이 없소. 필경은 호랑이나 늑대,

날짐승의 밥이 되어 조그만 복도 짓지 못할 것이므로, 차라리 지금 위 없는 부처의 깨달음을 구하기 위하여 연약한 이 몸을 버려서 견고한 몸으로 바꾸고 싶소."

"당신의 그런 말을 누가 믿겠소. 여덟 글자를 위하여 아끼는 몸을 버리겠다니."

"당신은 참으로 지견(知見)이 없습니다. 누구나 질그릇을 주고 칠보의 그릇과 바꾸는 것을 좋아합니다. 나는 지금 보잘것 없는 이 몸을 주고 금강 같은 몸과 바꾸려는 것입니다. 나의 이 말은 대범천왕과 제석천왕과 사천왕 모두가 증명할 것이며, 천안통(天眼通)을 얻어 중생을 이롭게 하려는 보살과 대승행을 닦아 여섯 가지 바라밀을 구족한 이들이 증명할 것이며, 시방세계(十方世界)의 부처님께서도 나를 증명하실 것입니다."

"정 그렇다면 나머지 반 게송을 읊을 터이니 잘 들으시오."

보살은 하늘에 오를 듯 기뻤다. 보살은 몸에 걸친 사슴 가죽의 옷을 벗어 땅에 깔아 설법하는 자리를 만들고 꿇어 앉아 말하였다.

"화상(和尚)이시여, 이 자리에 앉으십시오. 원하옵나니, 저를 위하여 나머지 반 게송을 설하여 구족하게 하소서."

나찰은 게송을 읊었다.

　　나고 없어지는 법 없어지면
　　그 때, 고요하여 즐거우리라.
　　生滅滅已　寂滅爲樂

나찰은 게송을 마치고 말하였다.

"자, 이제 당신의 소원은 이루어졌소. 이번에는 이 중생을 이롭게 하기 위하여 당신의 몸을 약속대로 나에게 주시오."

보살은 게송을 듣자 환희심이 솟았다. 보살은 게송의 뜻을 마음 속 깊이 되새기고, 나무와 바위 등에 수없이 네 구절의 게송을 새긴 다음, 높은 나무에 올라갔다. 높은 나뭇가지에 올라 선 보살에게 목신(木神)이 물었다.

"당신은 어찌하시렵니까?"

"나는 몸을 버려 게송 들은 값을 치르려 합니다."

"그 게송이 무슨 이익이 있습니까?"

"그 게송은 삼세의 여러 부처님께서 법이 공(空)한 도리를 말씀하신 것입니다. 나는 나 자신을 위해서는 아무런 이익도 바라지 않습니다. 오직 모든 중생을 위하여 이 몸을 버리려는 것입니다."

그리고 보살은 이어서 이렇게 말하였다.

"간탐하고 인색한 여러 사람들은 모두 와서 내가 몸을 버리는 것을 보라. 또 적은 것을 보시하고 뽐내는 사람은 와서 내가 한 게송을 위하여 생명을 초개같이 버리는 것을 보라."

보살은 말을 마치자 나찰을 향하여 몸을 던졌다. 순간 나찰은 제석천왕의 본디 모습으로 돌아와 보살을 두 팔로 받아 안아 평지에 곱게 내려놓았다. 그리고 말하였다.

"장하십니다. 당신은 참으로 보살이십니다. 한량없는 중생의 이익을 위하여 어두운 무명 속에 법의 등불을 켜려는 당신을 감히 시험한 죄를 참회하오니 받아 주십시오. 당신은 반드시 오는 세상에 위 없는 부처의 깨달음(阿耨多羅三藐三菩提)을 이룰 것이니, 그 때는 저를 제도하여 주십시오."

제석천과 하늘 사람들은 모여와 보살에게 예배하였다.

보살은 이같이 신명(身命)을 아끼지 않고, 4아승지·10만 겁을 수행하여 부처가 될 인연이 성숙하였고, 열 가지 바라밀을 성취한 다음 도솔천에 있으면서 때가 이르기를 기다렸다.

이 때 보살의 이름은 호명(護明)이었다.

4. 부처님 탄생의 세 가지 예고

호명 보살이 도솔천에 있을 때, 부처님이 나타난다는 예고가 있었다. 그것은 이 세상에서 겁(劫)이 바뀐다는 예고이며, 전륜성왕(轉輪聖王)이 나타난다는 예고와 함께 그 징조는 나타났다. 그 때 온 법계의 하늘 사람들은 이미 어떤 사람이 부처가 되리라는 것을 알고 있었으므로, 곧 낱낱 세계의 사대왕천(四大王天)과 제석천(帝釋天)과 선시분천(善時分天), 도솔천·타화자재천(他化自在天)·대범천 등과 함께 보살을 찾아가 부처가 되어 줄 것을 간청하였다.

"보살님, 당신이 열 가지 바라밀을 완전히 행하여 성취한 것은 제석천의 영광을 구하거나, 마왕(魔王)·범천(梵天)·전륜왕 등의 영광을 구하기 위한 것이 아닙니다. 세계의 모든 중생을 구제하기 위한 일체의 지혜를 얻기 위해서입니다. 지금이 당신이 보리를 구할 때입니다."

그러나 보살은 하늘 사람들의 간청을 잠시 보류하고서, 태어날 시기와 태어날 나라와 지방과 가계(家系)와 어머니와 수명(壽命)의 다섯 가지를 관찰하였다.

우선, 인간의 수명이 너무 길 때는 부처님이 나타날 적당한 시기가 아니다. 왜냐하면, 그 때의 중생들은 나는 것과 늙는 것과 죽는 것을 절실하게 느끼지 못하기 때문이다. 따라서 부처님의 설법이 지니는 세 가지 특징의 장엄을 가질 수 없다. 즉, 그들에게는 덧없고, 괴롭고, '나'라고 하는 것이 없다고 설명해 주어도 무슨 말인가 의심하지도 않고, 알려고 하지도 않고, 믿으려고도 않는다. 때문에 부처님의 설법을 이해하지 못하고, 이해하지 못하면 교화는 효력이 없다. 그러므로 인간의 수명이 너무 긴 때는 적당한 시기가 아니다.

인간의 수명이 너무 짧을 때도 적당한 시기가 아니다. 왜냐하면, 그 때의 중생들은 번뇌에 가득 차 있기 때문이다. 번뇌에 가득 차 있으면 가르침을 들어도 거기에 따르지 않고 곧 잊어버린다. 그러므로 이 때도 적당한 시기가 아니다. 인간의 수명이 너무 길지도 짧지도 않은 때가 부처가 나타나기에 알맞은 때이다.

보살은 이같이 시기를 관찰한 다음, 지금이 적당한 시기라고 생각하였다. 다음으로 태어날 고장을 관찰하고 인도의 카필라 성이 적당하다고 결정하였다. 다음에는 가계(家系)를 관찰하였다. 그는 우선 많은 옛날의 부처님께서 태어나신 가계를 살핀 다음, 이렇게 생각하였다.

'모든 부처님은 미천한 집안에는 태어나지 않는다. 세상 사람들의 존경을 받는 집안에 태어난다. 지금 인도의 카필라 성에서는 크샤트리야 족이 세상 사람들의 존경을 받고 있고, 그 중에서도 석가족(釋迦族)이 으뜸이다. 나는 석가족 중의 슛도다나 왕(淨飯王)을 아버지로 해서 태어날 것이다.'

그리고 어머니에 대해서 생각하였다.
'부처의 어머니는 애욕이 없고, 수많은 겁 동안 바라밀을 완전히 행하고, 세상에 나서는 오계를 깨뜨린 일이 없어야 하는데, 저 마야 왕비는 그에 손색이 없는 여성이다. 나는 마야 왕비를 어머니로 해서 태어날 것이다. 그러나 마야 왕비는 보살의 어머니로서 칠일 만에 사바세계를 떠날 것이다.'
이와 같이 다섯 가지를 관찰하여 결정한 다음에, 선혜 보살은 하늘 사람들의 간청을 받아 들였다.
"여러분 이제 부처가 될 시기가 되었소."
그리고 보살은 낙타동산으로 갔다. 이 곳에서 하계(下界)에 태어나기 위하여, 그가 전생에 행한 선업(善業)의 과보를 생각하면서 날을 보냈다.

제2장 부처님 이승에 오시다
도솔래의상(兜率來儀相)

1. 탁태(托胎)의 기서(奇瑞)

때는, 카필라 성에 유월이면 열리는 축제가 끝나려 하는 때였다. 나라 안의 모든 거리와 사람들은 축제로 한창 들떠 있었다. 마야 왕비는 축제가 시작되기 훨씬 전부터 술을 입에 대지 않고, 화환과 향으로 몸을 꾸미고, 조용한 마음으로 축제의 즐거움을 누리고 있었다.

축제가 시작된 지 이레가 되는, 축제가 끝나는 날 아침이었다. 마야 왕비는 일찍 일어나 향내나는 맑은 물에 목욕을 하고, 사십만 냥의 황금을 풀어 크게 보시하였으며, 아침 식사를 하는 일로부터 시작하여 하루 종일 여덟 가지 재계(八關齋戒)를 지켰다. 하루 일을 마친 왕비는 침전(寢殿)에 들어가 침대에 누웠다. 홀연, 아늑하게 감싸오는 잠결 속에서 왕비는 사천왕을 보았다.

사천왕은 왕비가 누워 있는 침대를 설산의 큰 사라수(沙羅樹) 밑으로 옮겼다. 기다리고 있던 천왕(天王)들의 왕비는 마야 왕비를 못으로 데려가 인간의 때를 씻겨 주었다. 그리고 하늘 사람의 옷을 입히고 향을 바른 다음, 천상의 꽃으로 몸을 꾸몄다.

그 부근에는 백은(白銀)으로 된 산이 있고, 그 복판에는 황금의 궁전이 있었다. 천왕의 왕비들은 마야 왕비를 그 황금의 궁전으로 데리고 가서 이미 마련된 하늘 사람의 침대에 눕혔다.

그 때, 보살은 흰 빛깔의 훌륭한 코끼리가 되어, 백은산(白銀山)에서 멀지 않은 황금산(黃金山) 위를 거닐고 있었다. 흰 코끼리는 은빛 찬란한 코로 흰 연꽃 한 송이를 들고 한 소리 우렁차게 외치고서 황금 궁전으로 들어갔다. 흰 코끼리는 마야 왕비가 누워 있는 침대 주위를 오른쪽으로 세 번 돈 다음, 왕비의 오른쪽 갈비를 헤치고 태에 들어갔다.

보살이 어머니의 태에 들자, 동시에 일 만 세계가 모두 진동하고 서른 두 가지 징조가 나타났다. 즉, 일 만의 세계에는 한없는 광명이 충만하고, 이 광명을 보기 위한 듯이 장님은 눈을 뜨고, 귀머거리는 소리를 듣고, 벙어리는 말을 하고, 절름발이는 걸음을 바로 걷고, 결박된 이는 묶인 사슬에서 풀리고, 지옥의 불은 모두 꺼지고, 아귀들은 굶주림과 목마름이 없어지고, 축생들은 두려움을 느끼지 않고, 중생들은 병이 없어졌으며, 모두가 서로 정답게 되고, 사방은 밝게 트이고, 부드럽고 시원한 바람이 불어와 중생들로 하여금 즐거운 마음을 일으키게 하고, 온갖 빛깔의 아름다운 연꽃은 여기저기 흐드러지게 피고, 공중에는 하늘의 음악이 울려 퍼지고, 1만의 세계는 마치 하나의 화환이 된 것처럼 향기에 싸이고, 그것은 실로 아름다움의 극치를 이루었다.

이 때, 도솔천에 있는 하늘 사람들은 서로 의논을 하였다.

"우리는 오랜 세월을 호명 보살과 함께 도솔천에서 지냈다. 우리는 그에게서 무상(無上)의 법문(法門)을 듣고 깨달아 삼계(三界)의 윤회를 벗어나고자 하였다. 그러나 보살이 이제 인간의 세계로 내려가셨으니, 이 곳에서 그의 법문을 들을 길이 없다. 그는 인간 세상에서 반드시 부처가 되어 법륜(法輪)을 굴릴 것이다. 우리도 하늘의 즐거움에 젖어만 있을 것이 아니라, 인간 세계에 내려가자. 가서 부처님의 가르침을 듣고 또 교법(敎法)을 펴기로 하자."

이같이 의논을 한 하늘 사람들은, 앞서거니 뒤서거니 내려와 인간의 태에 들었다.

2. 보살의 어머니

꿈에서 깨어난 왕비는 이 일을 숫도다나 왕에게 이야기하였다.

왕은 매우 기뻐하며 말하였다.

"왕비, 매우 상서로운 일에 틀림이 없소. 내 나이 오십을 지났고 왕위에 오른 지도 30년이 가까운데 후사가 없어 걱정이더니, 왕비의 꿈은 후사를 이을 태몽에 틀림이 없소. 해몽을 잘하는 유명한 바라문을 불러 물어보도록 합시다."

왕은 곧 전국에 명령하여 예순 네 사람의 유명한 바라문을 모이도록 하였다. 왕은 그들 바라문에게 맛있는 음식을 먹이고, 새로 지은 옷과 값진 물건들을 준 다음, 왕비의 꿈에 대해서 물었다. 이야기를 들은 바라문들은 한결같이 말하였다.

"대왕님, 걱정하지 마십시오. 이 꿈은 왕비께서 아기를 잉태하신 꿈이옵니다. 그 아기는 왕자입니다. 만약 왕자께서 왕위를 계승하면 전륜왕(轉輪王)이 될 것이며, 집을 떠나 출가(出家)하게 되면 세상의 번뇌를 없애는 부처가 될 것입니다."

왕과 왕비는 무한히 기뻤다. 한편 왕의 마음 한구석에는 장차 태어날 왕자가 출가하여 부처가 되면 후사가 끊길까 해서 걱정이 되기도 하였다. 왕비는 보살을 잉태한 뒤로는 매일같이 재계(齋戒)를 지키고 천왕(天王)들은 보살과 어머니를 수호하기 위하여 카필라 성과 왕궁을 지켰다.

천왕들이 카필라 성을 지키고 왕비와 보살을 지킬 뿐 아니라, 왕비 자신이 재계를 지키기 때문에 나라 안은 태평하고 비바람도 순조로와 농사는 풍년이 들었고 백성들은 안락하였으므로, 백성들의 왕비에 대한 존경과 사랑은 날로 높아져 그 명예는 절정에 이르렀다.

왕비의 마음은 안락하고 몸에는 피로가 없어 태 안의 보살은 마치 맑은 진주가 아름다운 명주에 싸인 것처럼 포근하고 영롱하였다.

보통 여자는 열 달이 차서 아기를 낳을 때 눕거나 앉아서 낳는다. 그러나 보살의 어머니는 아기를 열 달 동안 태 안에서 맑고 깨끗하게 보호하였다가 때가 되면 선 채로 낳는다.

왕비는 열 달 동안 태 안에서 보살을 보호하였다가 달이 찼을 때, 풍속에 따라 친정에 가서 아기를 낳고자 하여 왕에게 말하였다.

"대왕님, 아기를 낳을 때가 되었습니다. 이제 친정인 코올리 성으로 가서, 그 곳에서 아기를 낳고자 합니다."

왕은 기꺼이 승낙하였다. 왕은 카필라 성에서 코올리 성으로 가는 길을 고치게 한 다음 황금의 수레에 왕비를 태워 보냈다. 왕은 대신과 병사들로 하여금 왕비를 보호하게 하고 많은 궁녀와 시녀들을 딸려 보내어 시중을 들게 하였다.

제3장 룸비니 동산에 나시다
비람강생상(毘藍降生相)

1. 부처님 태어나시다

　카필라 성과 코올리 성의 사이에는 룸비니라고 부르는 동산이 있었다. 이 동산에는 '근심이 없는 나무'라고 하는 무우수(無憂樹)가 우거져 있었다. 그 때 우거진 무우수 나무들은 줄기로부터 가지 끝까지 한 빛깔의 꽃이 가득 피어 있었다. 가지 사이와 꽃 사이에는 오색의 꿀벌들과 온갖 새들이 아름다운 소리로 지저귀면서 날아다니고 있었다. 마치 룸비니 동산 전체가 제석천의 유원지 동산과 같이 황홀하기 그지 없었다.
　왕비의 일행이 룸비니 동산에 이르자 왕비는 동산의 이러한 모습에 끌리어 이곳에서 쉬고 싶어졌다. 왕비는 수레를 무우수의 숲 속으로 옮기게 하였다. 왕비는 많은 나무 중에서 왕자다운 나무 아래 수레를 멈추게 하였다. 왕비가 땅에 내려서 꽃이 활짝 핀 가지를 잡으려고 팔을 뻗어올리자 가지는 스스로 내려와 왕비의 손에 닿았다. 왕비가 그 꽃가지를 잡자 산기(産氣)가 일어났다. 시녀들은 곧 왕비의 주위에 포장을 치고 물러갔다. 이윽고 왕비는 꽃가지를 잡고 선 채 아기를 낳았다. 그와 동시에 청정한 마음을 가진 네 명의 대범천이 황금 그물을 가지고 와서 아기를 받았다.

아기는 어머니 태 안에 있었으나 더러운 물질에 조금도 더럽혀지지 않고 밝고 깨끗했으며, 비단에 싸인 진주처럼 빛나는 몸으로 마치 법좌(法座)를 내려오는 법사처럼, 또는 계단을 내려오는 사람처럼 두 팔과 두 발을 벌리고 어머니 태를 나왔다. 하늘에서는 아기와 어머니에게 경의를 나타내기 위하여 두 줄기 물이 내려와 아기와 어머니의 몸을 씻어 기력을 더해 주었다.

네 사람의 대범천은 황금 그물로 아기를 받아 안은 다음 말하였다.

"왕비님, 기뻐하십시오. 위대한 힘을 가진 태자께서 출생하셨습니다."

사천왕은 촉감이 좋은 양피의 옷을 가져와 황금 그물에 싸인 아기에게 입힌 다음 비로소 아기를 사람들의 손으로 옮겨 땅에 내려서도록 하였다. 땅에 내려선 아기는 동쪽을 바라보았다. 동쪽으로 수천의 세계는 마치 하나의 뜰과 같이 환하게 트여 있었고 하늘에서는 서기로운 광명이 아기를 향해 뻗쳤다. 하늘사람과 인간들은 꽃과 향을 올려 공양하고 보살의 탄생을 찬탄하였다.

동쪽을 바라본 보살은 동쪽으로 일곱 걸음을 크게 떼어 놓았다. 대범천은 흰 일산(日傘)을 받들고, 선시분천(善時分天)은 총채를 들고, 다른 하늘 사람들은 저마다 전륜성왕을 상징하는 물건을 들고서 보살을 따랐다. 보살은 일곱 걸음을 사방으로 걷고 멈추어 서서, 한 손은 하늘을 한 손은 땅을 가리키면서 말하였다.

"하늘 위 하늘 아래 나만이 홀로 높다."

그 엄숙한 소리는 하늘에 뻗치고 지옥에까지 울려 퍼졌다.

2. 삼생(三生)의 사자후(獅子吼)

보살은 4아승지·10만 겁 동안 성불할 인연을 성숙시키면서 무수히 사바세계에 태어났으며, 그 가운데서 삼생(三生)에 걸쳐 어머니 태를 나오자 동시에 사자후(獅子吼)를 하였다. 그것은 대약(大藥)보살의 때와 일체도(一切度)보살의 때와, 그리고 이번이다.

대약보살로 태어났을 때는, 그 어머니 태에서 나오자 제석천이 와서 전단향 나무의 심(蕊)을 손에 쥐어 주고 갔으므로 보살은 그것을 쥔 채 나왔다.

어머니가 보살에게 물었다.

"그대는 무엇을 가지고 왔는가?"

"어머님, 이것은 약입니다."

이렇게 약을 쥐고 왔기 때문에 약 왕자(藥王子)라고도 불렀다. 그 약은 장님과 귀머거리를 낫게 하고, 모든 질병을 낫게 하였으므로, 이 약을 '위대한 약'이라고 사람들은 불렀으며, 이 때문에 '대약(大藥)'이라는 이름이 붙게 되었다.

또 일체도 보살로 태어났을 때는 어머니 태에서 나오자 오른손을 벌리고,

"어머님, 우리 집에는 무엇이 있습니까? 보시하시지요."

하였다. 어머니는 아기의 손에 황금 천 냥이 든 주머니를 쥐어 주었다. 아기는 곧 바라문과 가난한 이들에게 이를 보시하였다.

그리고 이번에는 '하늘 위, 하늘 아래 오직 나만이 홀로 높다.'하였다. 이것은 우리들의 보살이 이승에서 성불할 것을 미리 알리는 예고인 것이다. 보살이 태 안에 들었을 때와 같이,

보살의 탄생과 함께 지상에는 대지가 여섯 가지로 진동하고 서른 두 가지 현상이 나타났다.

3. 아시타 선인의 슬픔

 카필라 성의 대신은 수레를 돌려 아기와 왕비를 모시고 카필라 성으로 돌아갔다. 대신은 왕비의 수레보다 한 걸음 앞서 궁녀를 성으로 보내어, 왕에게 왕자가 탄생한 소식을 전하게 하였다. 왕자 탄생의 소식을 들은 왕은 곧 룸비니 동산을 향하여 왕비 일행을 마중하러 갔다. 왕의 기쁨은 비길 수 없는 것이었다. 왕자를 성 안에 맞이한 백성들과 석가족은 왕자의 탄생을 경축하며 기쁨에 가득 차 있었다.
 이 때 카필라 성에서 멀지 않은 곳에 사는 아시타 선인(阿私陀仙人)은 카필라 성에 서린 서기와 서른 두 가지 상서로운 징조를 보고 왕자가 탄생한 것을 알았다. 선인은 나라 동자(那羅童子)를 데리고 왕궁으로 가서 왕자를 뵙고자 청하였다. 왕은 기꺼이 왕자를 뵙도록 허락하였다. 그리고 왕자의 상(相)을 보아달라고 부탁하였다. 백발이 성성한 선인은 왕자를 정중하게 두 팔에 안고 그 얼굴을 유심히 들여다 보았다. 이윽고 선인은 왕자를 자리에 눕힌 다음, 일어나 왕자를 향해 합장하고 예배하였다. 선인의 눈은 빛나고 기쁨에 넘치는 미소가 얼굴에 가득하였다. 왕을 비롯하여 대신들과, 거기 모인 모든 사람들은 아시타 선인의 갑작스런 행동에 숨을 죽이고 지켜보았다.

제3장 룸비니 동산에 나시다 41

아시타 선인은 과거의 40겁과 미래의 40겁 동안의 일을 알고
있었다. 그는 대인의 거룩한 상호(相好)를 완전히 갖춘 아기를
보고서 기쁨을 금할 길이 없었다. 그가 아는 한은 과거의 40겁에
이같이 훌륭한 보살이 태어난 적이 없으며, 미래의 40겁 동안에
도 태어나지 않을 것이 분명하였다. 실로 80겁 동안, 한 번 있는
경사를 눈 앞에 보는 아시타 선인은 보살의 탄생을 기뻐하였으
며, 그 드문 일을 눈 앞에 대한 자신의 인연을 더욱 기뻐한 것
이다.

선인은 생각하였다.

'이 보살은 부처가 될 것인가. 혹은 전륜성왕(轉輪聖王)이 될
것인가. 이 보살은 불가사의(不可思議)한 사람이다. 반드시 부
처가 될 것이다. 아, 나는 장차 부처가 될 보살을 눈 앞에 보고
있다.'

선인의 얼굴에는 감격이 넘쳤다. 그러나 다음 순간 그는 이렇
게 생각하였다.

'나는 오래지 않아서 죽을 것이다. 나는 보살이 부처가 되었
을 때, 부처님을 뵙고 그 설법을 들을 수가 없을 것이다. 나는
볼 수가 없구나! 나는 그 전에 죽어, 비록 백의 부처와 천의 부
처가 와도 나의 깨달음을 열어 줄 수 없는, 인연이 없는 세계에
날 것이다. 이같이 훌륭한 보살이 부처가 되는 것을 볼 수 없다
니…….'

생각이 이에 미친 성인의 얼굴은 갑자기 흐려지고 슬픔으로
일그러졌다. 조금 전까지만 해도 기쁨으로 빛나던 두 눈에서는
눈물이 주르륵 흘렀다. 이것을 본 왕과 모든 사람들은 놀라고 의
아했다. 왕은 참다 못하여 말하였다.

"아시타 선인, 아까는 웃더니 이제는 어찌하여 우는지 그 까닭을 말해 주시오. 왕자에게 무슨 좋지 않은 일이라도 있습니까?"

"아닙니다. 아무 장애도 없습니다. 왕자는 온 세계를 지배하는 전륜왕도 갖추지 못한 부처님만이 지니는 서른 두 가지 위인의 상과 여든 가지 훌륭한 상을 갖추었습니다. 왕자는 반드시 출가하여 부처가 될 것입니다. 그러나 저는 너무 늙었고, 또 오래지 않아서 죽을 것입니다. 왕자가 불도(佛道)를 이루어 부처가 된 것을 볼 수가 없습니다. 또 그 가르침을 듣고 제도받을 수가 없습니다. 이것을 생각하니 슬퍼서 그만 눈물을 흘리고 말았습니다."

왕은 왕자가 전륜성왕이 되지 아니하고 출가하여 부처가 된다는 것에 불만이 있었다. 그러나 한편으로는 전륜왕보다 뛰어난 상을 지녔다는 것을 기뻐하였다. 왕은 아시타 선인을 위해 잔치를 베풀고 많은 금은과 비단옷을 주었다. 그러나 선인은 거절하였다.

"저는 이미 늙었습니다. 제 목숨은 아침 이슬과 같고 저녁 안개와 같습니다. 금은과 좋은 옷은 가져 무엇하겠습니까" 하고, 곧 자리를 일어나 왕궁을 나왔다. 돌아오는 길에서 아시타 선인은 나라 동자에게 말하였다.

"너는 아직 젊다. 왕자가 출가하여 부처가 되는 것을 볼 수 있을 것이다. 너는 출가하여 그의 제자가 되어라."

4. 어머니의 죽음

왕자가 태어난 지 닷새가 되는 날, 이름을 짓고 태자로 책봉하는 의식이 거행되었다. 왕은 손수 왕자의 머리를 씻겼으며, 네 가지 향을 왕궁에 바르고 여러 가지 꽃을 뿌렸다. 전국에서 유명한 바라문 8백 명을 초대하여 온갖 맛난 음식을 대접한 뒤에, 왕은 특별히 가려 뽑은 여덟 사람의 바라문으로 하여금 왕자의 상을 보게 하였다. 이렇게 하는 왕의 가슴 속 생각은 왕자가 출가하여 부처가 되지 않고 전륜왕이 되는 상을 가졌다는 이야기를 듣고 싶었으리라.

여덟 사람의 바라문은 보살이 태 안에 있을 적에도 그 꿈을 점쳤던 사람들이었다. 그들 가운데 일곱 사람은 왕자의 상을 보고서 이렇게 말하였다.

"이러한 상호를 갖춘 이는 가정에 있으면 전륜왕이 될 것이며 집을 떠나면 부처가 될 것입니다."

그리고 전륜왕의 영광을 낱낱이 설명하였다. 그러나 한 사람, 젊은 바라문 교진여(橋陳如)는 왕자의 상을 보고 말하였다.

"이분은 결코 가정에 머물지 않을 것입니다. 이분은 확실히 번뇌의 껍질을 벗고 부처가 될 것입니다."

왕은 교진여 바라문에게 물었다.

"왕자가 집을 버리고 출가한다면 그 원인이 있을 것이니, 그 원인은 무엇이오?"

젊은 바라문 교진여는 잠깐 침묵을 지켰다가 말하였다.

"대왕이시여, 어머니 마야 부인은 이 세상에 오래 머물지 않을 것입니다. 왕자는 어머니의 죽음에서 인생의 무상함을 깨닫고 그 연기(緣起)를 살필 것입니다. 그리하여 왕자는 나지 않고, 늙지 않고, 병들지 않고, 죽음이 없는 도를 얻기 위하여 출가할 것입니다."

왕은 젊은 바라문 교진여의 말이 마음에 걸렸다.

바라문들은 그들이 점친 결과를 가지고 이름을 짓기 위하여 상의하였다. 그 결과 '왕자가 태어날 때 온갖 성스러운 징조를 갖추었고, 그것은 모든 것이 이루어질 것을 뜻하므로 싯다르타(悉達多)라고 이름 짓는 것이 좋다'는 결론을 얻었다.

왕은 그 이름을 대단히 만족하게 여겼다. 왕은 곧 전국에 태자 책봉을 선포하고 따로 명령하여 죄수를 사면하였으며 많은 재물을 풀어 가난한 백성에게 일 주일 동안 보시하였다. 왕궁과 나라 안팎의 모든 일은 뜻과 같고 모든 사람은 행복하였다. 그러나 왕의 마음을 우울하게 하는 것이 있었다. 그것은 왕비의 죽음이었다. 왕비가 오래 살지 못하리라는 젊은 바라문의 이야기가 자꾸만 마음에 걸렸다. 왕은 설마, 이 행복한 때에 왕비가 이승을 떠나리라고는 믿어지지 않았다. 그러나 왕비는 태자를 낳은 지 7일이 되는 날 말하였다.

"대왕님, 저는 저 옛날, 도솔천 내원궁에서 복락(福樂)을 즐기다가 이승에 왔습니다. 그것은 오직 보살을 잉태하기 위해서였습니다. 수많은 겁 동안 쌓은 인연으로 이승에서 우리는 부부가 되어 이제 보살을 낳게 되었으며, 지금은 그 숙원을 성취하여 인연이 다하였으므로 저는 이제 도솔천으로 돌아갈 때입니다."

왕은 놀라고 슬퍼 어찌할 바를 몰랐다.

"부인, 부인은 어찌하여 그 같은 말씀을 하시오. 어찌 어린 태자를 강보에 두고 떠날 수 있겠소."
 마야 부인은 말하였다.
 "대왕님, 변하는 모든 것은 인연을 좇아 합하였다가 인연이 다하면 헤어지는 것이오니, 슬퍼하지 마십시오. 태자의 양육은 이모인 마하프라쟈파티(摩訶婆闍波提)에게 맡기십시오. 이도 또한 숙세(宿世)의 인연이옵니다."
 마야 왕비는 말을 마치자 홀연히 이승을 떠났다.
 어머니가 이승을 떠난 뒤, 태자는 이모인 마하프라쟈파티의 정성스러운 양육을 받으며 여러 사람들의 존경과 사랑 속에서 무럭무럭 자랐다.

5. 천사참배(天祠參拜)

 태자가 세 살이 되었을 때이다.
 석가족의 대표들은 슛도다나 왕 앞에 나아가 풍속에 따라 태자를 모시고 천사(天祠)를 참배할 것을 권하였다. 천사는 석가족을 지키는 신(神)에 제사지내는 곳이다. 왕은 곧 거리를 깨끗이 청소하게 하고 지나는 성문을 장식하게 하였으며 북을 두드려 행사를 경축하게 하였다.
 정반왕은 손수 태자를 안고 수레에 올라 천사로 향하였다. 그 뒤로 귀족과 장자와 바라문과 백성들이 따르고 저마다 시녀들에게 향과 향유(香油)와 향수(香水)를 들려 따르게 했다. 거리마다 사람들이 넘치고 아이들은 노래를 부르며 행렬을 뒤쫓았다. 수레가 지나는 거리에는 향과 꽃을 뿌리고, 음악을 연주하며 오색의 깃발이 나부끼었다.

말끔하게 단장된 천사에 도달한 왕은 태자를 안고 집안으로 들어갔다. 그러자, 단 위에 안치된 신상(神像)들이 일제히 자리에서 내려와 태자를 영접하고 예배하였다. 이 때 하늘에서는 하늘 사람들이 '좋도다, 좋도다'라고 찬탄하였으며, 신들은 한결같이 태자를 찬탄하였다.

"거룩한 이여, 당신은 해와 달같이 밝으며 높기는 수미산(須彌山)과 같이 높고 크기는 대해(大海)와 같사옵니다. 저희는 겨자씨와 같이 작고 소의 발자국에 고인 물과 같으며 반딧불과 같이 미미합니다. 어찌 저희가 감히 거룩한 이의 예배를 받으오리까."

이를 본 대신과 석가족의 귀족들과 백성들은 놀라고 두려워, '흙으로 된 등상(等像)들이 어찌하여 저같이 태자를 공경하며 예배하는지 알 수가 없다. 이러한 일은 고금에 보지 못한 일이다'고 하였다. 한편, 왕은 태자가 보통 사람과 다른 것을 깊이 느끼고 태자의 호를 '하늘 중에서도 으뜸인 하늘'이라고 해서 천중천(天中天)이라 하였다.

6. 슛도다나 왕의 근심

태자의 양육을 맡은 마하프라쟈파티는 그 뒤로 아들 난타(難陀)와 딸을 낳았으나, 태자를 존경하는 마음에는 변함이 없었다.

태자는 총명하고 상상력이 풍부하였다. 성격은 원만하고 인자하였으며, 모든 사람을 차별하지 않고 사랑을 베풀었다. 그러한 태자의 넘치는 사랑은, 마음 있는 모든 사람으로 하여금 그를 사랑하게 하였다. 또한, 태자는 어린 나이에도 무슨 일에나 열심이었고 철저하였다. 새벽 일찍 일어나 자신이 할 일을 다하였다.

　태자의 나이 일곱 살이 되자, 왕은 태자를 학교에 보냈다. 선생은 비사밀다(毘奢密多)라는 바라문의 박사였다. 비사밀다가 처음 태자를 보았을 때, 그는 태자의 엄숙하고 자비로우며 거룩한 모습에 놀라 정신을 잃고 쓰러졌다. 이윽고 비사밀다 선생이 정신을 차렸을 때 태자는 고전으로부터 현대 문헌에 이르는 예순 네 가지 글을 낱낱이 말하고는, 그 중에서 어떤 것을 가르치는가 물었다. 선생은 그 중 두 가지밖에 아는 것이 없었으므로, 아는 두 가지를 가르친다고 대답하였다. 때문에 비사밀다는 더욱 태자를 존경하였다. 태자는 많은 아이들과 함께 글을 배웠다. 선생이 '아'자를 가르치면, 태자는 이내 '아'사로 시작하는 "모든 것이 무상하다(一切諸行無常)"든가, "나를 이롭게 하며 남도 이롭게 한다(自利利他)"는, 여러 가지 말까지도 알았다. 태자는 하나를 배우면 열, 스물을 알았다.

　여덟 살이 되자, 왕은 태자로 하여금 왕위를 계승할 태자로서의 수업(修業)을 받게 하였다. 이 제왕(帝王)의 수업은 열 두 살까지 계속되었다. 왕은 특별히 교육을 위한 동산을 마련하였다. 그 곳에서 칼과 창을 다루는 무술과 씨름을 익히고, 코끼리와 말을 타는 방법, 마차를 다루는 방법, 병사를 움직이는 방법 등 병법(兵法)을 익혔다. 또한, 천문(天文)을 배우고, 제사(祭祀)·점술(占術)·문법(文法)·고전(古典)·주술(呪術) 등에 이르기까지 배웠다. 스승인 인천(忍天) 바라문도 태자의 훌륭한 학습에 놀랐다.

그러던 어느 해의 봄이었다. 왕은 많은 신하들과 함께 파종식(播種式)을 거행하기 위하여 태자를 데리고 성 밖의 밭으로 나갔다. 대자연의 상쾌한 풍광(風光)에 접한 태자의 마음은 상쾌하였다. 그러나 백성들이 땀 흘리며 일하는 것을 본 태자는, 사람들이 자기와 같이 안락하지 못하고 공평하지 못함을 알았다. 태자의 마음은 우울하였다. 뜨거운 태양 아래서 땀 흘리며 힘겹게 일하는 그들이 가엾고 불쌍하였다. 감수성이 예민한 태자는 그들이 느끼는 육체의 고통과 마음 속 불평을 느끼지 않을 수 없었다. 태자는 농부들이 일하는 모습을 연민의 눈으로 바라보았다. 농부들이 파헤친 흙 속에서 벌레들이 나와 허둥거리자 새들이 날아와 쪼아 먹는 것이 눈에 뜨였다. 태자는 그 처참하고 냉엄한 사실을 눈앞에 보면서 전율을 느꼈다. 약한 벌레를 강한 새가 잡아 먹는 것은 저들의 세계에만 있는 것이 아니라, 인간의 세계에도 얼마든지 있음을 깨달았다. 태자는 그 자리에 더 있을 수 없어 파종식이 거행되는 동안 염부수(閻浮樹) 그늘에 가서 눈을 감고 앉았다. 가부좌하고 팔짱을 끼고 앉은 태자는, '강한 자가 살기 위해 약한 자를 죽이는 것은 옳지 않다'고 생각했다. 뙤약볕 아래 땀 흘리는 농부와 괴로운 숨을 몰아쉬며 쟁기를 끄는 소와 새들에게 쪼아먹히는 벌레들의 고통스러운 모습이 떠올랐다. 태자는 어떻게 하면 그들을 그 고통에서 벗어나게 할 수 있을까 생각하였다. 저 고통을 이기고 산다 하여도 그 목숨은 길지 않아, 언제인가는 죽음의 고통이 그들을 다시 윤회의 세계로 몰아갈 것에 생각이 미치자, 태자는 온 몸이 굳은 듯 아득하였다. 저들을 고통에서 구하기 위하여 어떻게 하면 좋은가? 태자는 깊은 명상에 잠겼다.

　파종식을 마치고, 왕과 그 일행이 태자를 찾았으나 보이지 않았다. 모두가 놀라 사방으로 흩어져 태자를 찾았다. 이윽고 사람들은 태자가 염부수 아래 가부좌하고 명상에 잠겨 있는 거룩한 모습을 보았다. 주위의 다른 모든 나무는 그늘이 한쪽으로 기울어져 있었으나, 염부수의 그늘만은 둥글게 원을 그려 태자를 햇볕에서 보호하고 있었다. 이것을 본 사람들은 자기도 모르게 태자 앞에 예배를 하였다. 그러나 왕은 선뜻 가슴에 짚이는 것이 있었다. 태자의 진지한 모습이 마치 출가한 고행자(苦行者)의 모습과 같았기 때문이다.

　파종식에서 돌아온 태자는 때때로 깊은 명상에 잠겨 있었다. 그것을 본 왕은 태자가 출가할까 봐 걱정이었다. 실제로 태자의 일상생활과 여러 가지 일로 보아 태자에 대한 왕의 근심은 점차 짙어졌다. 왕은 신하들에게 물었다.

"태자는 무엇을 보고 출가할 것인가?"

신하들은 대답하였다.

"네 가지 징조입니다."

"네 가지 징조란 무엇인가?"

"늙은 사람과 병든 사람과 죽은 사람과 출가한 사람입니다."

　왕은 놀랐다. 젊은 교진여 바라문도 그렇게 이야기한 것을 왕은 기억하고 있었다.

"앞으로는 그러한 것이 태자의 눈에 띄지 않도록 경계하시오. 태자는 부처가 될 필요가 없소. 나는 나의 태자가 전륜성왕이 되어 사대주(四大洲)를 통치하는 것을 보고 싶소."
 이로부터, 태자의 처소 주변은 파수병들이 지키게 되었다.
 인도인들에게 있어서 출가한다는 것은 거의 관습적인 것이었다. 세속의 생활, 그 애증(愛憎)의 피안(彼岸)을 넘어선 영원한 해탈의 길을 걷고자 한 것은 인도인의 특징적 면모였다. 슛도다나 왕은 아들 싯다르타가 이와 같은 수행의 길을 걷게 될 것을 염려하였다.

7. 태자의 결혼

 태자의 나이, 어느덧 열 여섯이 되었다. 왕은 인생의 즐거움과 보람을 전혀 돌아보지 않는, 늘 침울하게 명상에 잠겨 있는 태자를 어떻게 하면 기쁘게 해줄 수 있을까 생각한 끝에, 세 철에 맞는 궁전을 지어 주기로 하였다. 세 철에 맞는 궁전이므로 삼시궁(三時宮)이라 부르는 이 궁전의 하나는 9층이며, 하나는 7층이고, 또 하나는 5층이었다. 왕은 궁전마다 수많은 아름다운 궁녀와 무희들을 두고 태자를 모시도록 하였다. 그 궁전에는 태자 이외의 남자는 들어가지 못하게 하였다.
 이 곳에서 태자는 왕이 예상한 대로 깊은 열락(悅樂)에 빠져서 지냈다. 봄, 여름, 가을의 세 철을 따라, 그에 알맞은 궁전을 옮겨 다니면서 노래와 춤을 즐기며 지내는 태자는 자신의 큰 영화를 느끼고 있었다.
 어느 날, 동족들의 모임에서 이런 이야기가 나왔다.

"싯다르타 태자는 향락에 빠져 지내면서, 아무런 무예(武藝)도 익히지 않고 있다. 저러다가 만일 전쟁이 난다면 어찌할 것인가."

그들은 석가족의 장래를 걱정하였다. 왕은 태자를 불러 오게 하여 말하였다.

"태자, 동족들이 '태자는 아무런 무예도 익히지 않고 향락에만 빠져 있다'고 한다. 그러니 어떻게 하는 것이 좋겠는가?"

태자는 대답하였다.

"대왕님, 저는 무예를 더 익힐 것이 없습니다. 저는 저의 무예를 보여 드리겠습니다. 북을 두드려 온 성안의 사람들에게 '지금부터 이레째 되는 날 태자의 무예를 보게 될 것이다'고 알려 주십시오."

이리하여, 태자를 비롯한 석가족의 젊은이들이 한 곳에 모여 무예를 겨루게 되었다.

활쏘기를 겨루는 곳에는 무쇠로 된 커다란 북 일곱 개를 백 보 밖에 벌려 놓았다. 많은 무사들이 북을 쏘았으나 맞추지 못하였다. 태자의 종제(從弟)인 데바닷타와 난타(難陀)는 한 화살로 쇠북 세 개를 꿰뚫었다. 끝으로 태자는 한 화살로 일곱 개의 쇠북을 꿰뚫었다. 함성이 진동하는 가운데 태자는 다시 이백 보 밖에 있는 무쇠로 만든 일곱 마리의 돼지를 한 화살로 쏘아 꿰뚫었다. 이같이 태자는 열 두 가지 무예를 차례로 시험하였다. 태자를 이긴 자는 아무도 없었다.

태자의 무예를 본 왕은 대단히 기뻐하였다. 석가족을 비롯하여 대신들과 백성들의 태자에 대한 존경심은 옛날보다 한층 더 하였다. 이를 본 데바닷타는 무예를 겨루어 진 것만으로도 분한 생각을 참지 못하던 차에, 사람들의 존경심이 태자에게 쏠리는 것을 보고 불 같은 시기심을 누를 길이 없었다.

왕은 훌륭히 자란 태자를 보고 이제는 태자비를 간택할 때가 되었다고 생각하였다. 왕은 태자가 열 일곱 살이 되자, 태자비를 간택하도록 신하들에게 명하였다. 신하들은 왕에게 품하였다.

"석가족의 바라문 가운데 선각(善覺)이란 사람이 있습니다. 그에게는 야쇼다라(耶輸陀羅)라는 딸이 있습니다. 얼굴은 단정하고 총명하며, 지혜와 복덕(福德)이 구족하고, 예절이 바른 규수입니다. 태자비로서 합당하다고 생각합니다."

왕은 늙은 궁녀를 선각 장자의 집으로 보내어 야쇼다라를 만나보도록 하였다. 궁녀는 열흘 동안 선각 장자의 집에 머물면서 야쇼다라를 살펴보았다. 궁녀의 눈에는 가을 하늘의 보름달과 같이 보였으며 그 몸가짐과 언행(言行)은 나무랄 데가 없었다. 궁녀는 돌아와 왕에게 그와 같이 아뢰었다. 왕은 곧 날을 택하여 혼인식을 치르게 하였다.

8. 슛도다나 왕의 꿈

왕은 야쇼다라 태자비 이외에도 두 사람의 태자비를 더 간택하였다. 둘째 태자비는 구리(瞿夷)이며, 셋째 태자비는 녹야(鹿野)였다. 왕은 세 사람의 태자비를 한 궁에 한 사람씩 기거하게 하고, 각 궁에는 많은 무희(舞姬)와 채녀(彩女)를 두어 향락하게 하였다.
 태자가 삼시궁을 번갈아 돌면서 향락에 젖어 있던 어느 날, 허공으로부터 한 천자(天子)가 나타나 게송을 읊었다.

> 그대, 나이 젊을 때 출가하여
> 숙세(宿世)의 발원(發願)을 이루시오.
> 세간의 중생은 오욕락(五欲樂)에 빠져
> 헤어날 길이 없는데,
> 그대는 어서 빨리 정각을 이루어
> 그들을 구하시오.

 하늘의 소리가 그치자, 무희들의 춤이 보기 싫어지고 질탕한 음악은 하늘의 게송으로 들려, 태자로 하여금 오욕락을 싫어하게 하였다. 하늘에서 들리는 게송은 언제까지나 태자의 귓속에 울리고 마음을 흔들었다. 태자는 다시 우울해졌고 명상에 잠기는 때가 많아졌다.
 하늘에서 게송이 들린 날 밤이었다. 왕은 일곱 가지 꿈을 꾸었다.
 첫째는 제석천의 깃발이 동쪽 문으로 나오는 꿈이었다.
 둘째는 태자가 커다란 흰 빛의 코끼리를 타고 남쪽 문으로 나오는 꿈이었으며,
 셋째는 네 마리의 말이 끄는 보배로 된 수레를 탄 태자가 서쪽 문으로 나오는 꿈이었으며,
 넷째는 보배로 장식한 큰 수레가 북쪽 문으로 나오는 꿈이었으며,
 다섯째는 성 안의 네거리에 매달린 북을 태자가 치고 있는 꿈

이었으며,

여섯째는 태자가 높은 누각에 올라가 보배를 흩어서 보시하는데, 사방에서 모인 무수한 사람들이 보배를 얻어가는 꿈이었으며,

일곱째는 성 밖 멀지 않은 곳에서 여섯 사람이 땅에 엎드려 큰 소리로 울부짖는 꿈이었다.

꿈에서 깬 왕은 밤이 새도록 이 이상한 꿈의 징조를 알 수 없어 뜬눈으로 샜다. 날이 밝자, 왕은 특히 해몽을 잘하는 나라 안의 유명한 점쟁이들을 불러 꿈을 해몽하게 하였다. 점쟁이들은 꿈 이야기를 듣고 한결같이 말하였다.

"소인들은 지금까지 많은 꿈을 해몽하였습니다. 그러나 이번과 같은 꿈은 처음이오며, 더욱 차례로 여러 가지 꿈을 꾸신 대왕님의 경우는 도무지 알 수 없나이다."

왕은 유명한 점쟁이들이 해몽하지 못하므로 마음에 더욱 괴이하게 생각되어, 며칠을 불안하게 지내고 있었다. 어느 날, 한 사람의 낯선 점쟁이가 찾아와서 스스로 왕의 꿈을 해몽하겠다고 하였다. 왕은 차례로 꿈 이야기를 들려 주었다. 점쟁이는 이렇게 해몽하였다.

"대왕이시여, 대왕의 꿈은 하늘과 인간 세계가 모두 기뻐할 상서로운 꿈입니다. 대왕님의 첫째 꿈은 태자께서 출가할 꿈이며, 둘째는 출가한 태자께서 불과(佛果)를 증득(證得)할 꿈이며, 셋째는 네 가지 두려움이 없는 지위에 오르심을 나타낸 꿈이며, 넷째는 성불(成佛)할 꿈이며, 다섯째는 부처님의 법을 만인에게 알리는 꿈이며, 여섯째는 만인이 부처님의 가르침을 받아 지니는 꿈이며, 일곱째는 여섯 사람의 외도(外道)가 부처님의 위력에

눌려 근심하는 모습입니다. 그러하오니 대왕께서는 마땅히 기뻐하십시오."

해몽을 마친 점쟁이는 홀연 자취를 감추어 하늘로 사라졌다. 왕은 해몽 이야기를 듣고 태자의 출가를 막을 길이 없다고 생각하였다. 그러나 왕은 단념하지 않고 태자의 출가를 어떻게든 막아야겠다고 생각하였다. 왕은 신하들을 불러 궁의 성곽을 더 높이 쌓게 하고 문마다 파수를 두어 성 안팎을 밤낮으로 철저히 경계하도록 명하였다.

제4장 인생에 대한 관조(觀照)
사문유관상(四門遊觀相)

1. 태자의 명상(瞑想)

 겉으로 보기에 태자의 생활은 평온하고 행복한 듯이 보였다. 아름다운 태자비 야쇼다라와의 사이는 매우 좋았다. 참다운 사랑으로 기대어 오는 젊고 아름다운 아내를 대할 때마다 태자는 인간의 진심을 접하는 느낌이었다. 그때마다 태자의 얼굴에는 밝은 미소가 번졌다. 왕은 그러한 태자를 보고 매우 만족하였다.
 여기서 우리는 태자의 젊은 시절을 자세히 살펴볼 필요가 있다.
 태자의 젊은 시절은 매우 안락하고 쾌락이 넘치는 것이었다. 왕은 외아들인 태자의 즐거운 생활을 위하여 시설을 마련하고 정성을 기울였다.
 나라의 크기로 하면, 카필라 국은 마가다 국이나 코살라 국에 비하여 훨씬 작은 나라였다. 군사력도 약하고 재력(財力)도 빈약하였다. 그러나 농토는 기름지고 천연자원(天然資源)이 풍부하고 백성들은 근면하여 카필라 성의 생활수준은 매우 높았다. 식생활만을 비교해 보면, 다른 나라 사람들의 일반 식사는 곡물이나 야채가 보통이지만, 이 곳 사람들의 일반 식사는 쌀밥에 부식을 먹었다. 특히 태자를 위한 식사는 상등품 쌀밥에 고기요리가 보통이었다.
 태자를 위해서 계절에 맞도록 지어진 삼시궁 앞의 많은 연못에는 여러 가지 빛깔의 연꽃이 가득했으며, 못가 언덕에도 온갖 꽃나무가 심어져 있었다. 네 사람의 시녀가 태자를 목욕시키고 몸에 향을 바르고, 언제나 훌륭한 새 옷을 입게 하였다. 밤이나 낮이나 일산(日傘)을 받쳐 밤에는 밤 이슬에 젖지 않게 하고, 낮에는 햇볕에 그을리지 않도록 세심한 주의를 기울였다.
 무더운 여름이면, 높은 전각에 올라 시녀들에게 둘러싸여, 여름의 넉 달 동안을 내려오지 않고 지내는 경우도 있었다. 궁전 안에서의 놀이에 지치면 시종들을 데리고 교외에 있는 별궁에 놀러 나갔다. 이 때는 삼십 명의 기마병이 앞뒤를 호위하였다. 이와 같이 태자는 아버지 슛도다나 왕과 양모 마하프라쟈파티와 태자비 야쇼다라의 자상하고 너그러운 사랑 속에서 비록 작은 나라이지만, 번영과 풍부한 자원의 덕으로 즐거운 청춘을 보내고 있었다. 이보다 더 행복한 생활은 상상할 수 없을 정도였다.
 궁전에서의 생활은 이와 같이 즐거웠으나, 한 걸음 밖에 나가면 생존을 위한 냉엄한 현실을 목격하는 것이었다. 카필라 국은 농업이 주된 나라였다. 농민의 생활은 괴롭고 힘든 것이었으며, 자연과의 싸움은 격렬한 것이었다. 태자는 카필라 국의 후계자로서 파종식(播種式) 등 농사에 관한 행사에 참가할 때마다, 그러한 농민들의 모습을 직접 목격하였다. 태자는 궁중의 호화롭고 안락한 생활과 농민들의 괴로운 생활을 비교하며 가슴 아파하였다. 어떻게 하면 저 같은 불평등을 해소하고, 삶의 괴로움에서 해방시킬 수 있을까 생각하였다. 삶의 괴로움에서 근본적으로 벗어나는 길은 없는가 생각하였다.

어릴 적, 파종식에 참가하였을 때 갖게 된 태자의 명상은 농민의 괴로움이 그 대상이었다. 이 농민의 괴로움이 계기가 되어, 차츰 인간의 고뇌를 대상으로 하는 명상으로 발전하였고, 인간의 생(生)과 병과 늙음과 죽음 등, 구체적이며 보편적인 인간의 고뇌를 없애기 위하여 태자는 궁중의 안락한 생활 속에서도 고뇌하며, 그 길을 찾기 위하여 명상에 잠겼다.

태자는 이렇게 생각하였다.

'어리석은 이들은 남이 병든 것을 보면 싫어하면서도 자기를 돌아보지 않는다. 병을 피할 수 없고, 언젠가 병들 자기이면서도 병든 사람을 싫어한다. 그러나 나는 병을 피할 수 없고, 언젠가는 내가 병들 것을 알고 있다. 그러므로 병든 사람을 싫어해서는 아니 된다. 나와 다름이 없기 때문이다. 지금 병들지 않았다고 해서 자만하면 반드시 자멸(自滅)할 것이다.

또, 어리석은 이들은 늙는 것을 피할 수 없으면서 늙은이를 싫어하고, 자신의 일은 돌아보려고 않는다. 그러나 나는 늙는 것을 피할 수 없고, 언젠가는 늙을 것을 알기 때문에 늙은이를 싫어하지 않는다. 나와 같기 때문이다. 지금 젊고 앞날이 창창하다고 해서 자만하면 자멸할 것이다.

어리석은 이들은 지금 병들지 않았기 때문에, 건강하기 때문에, 젊고 앞날이 창창하다고 해서 멋대로 생활하고 욕망에 맡겨 어리석게 행동하며, 종교 생활을 하려고 하지 않는다.'

태자는 이같이 사색(思索)하여 인간의 존재에는 필연적으로 병과 늙음과 죽음이 따르는 사실을 깨닫고 있었으며, 많은 사람들이 이러한 일을 돌아보지 않는 것을 밝게 알고 있었다. 쾌락과 안일한 궁중 생활 속에서도 태자는 중생의 고뇌를 덜어주기 위하여, 중생의 고뇌를 자신의 고뇌로 삼아 자기를 버리는 보살의 인연을 성숙시키고 있었다. 눈에 뜨이는 것, 귀에 들리는 모든 것이 태자의 사색을 더욱 깊게 하는 계기가 된 것을 알 수 있다.

2. 늙음과 병과 죽음

 태자는 어느 날, 교외의 별궁으로 놀러 가고자 마부에게 수레를 준비하라 하였다. 왕은 태자가 별궁으로 놀러 간다는 말을 듣고 별궁과 별궁에 이르는 길을 청소하게 하고, 향수를 뿌리고 갖가지 꽃과 깃발로 장식하게 하였다. 별궁은 마치 천상의 낙원처럼 꾸며졌다. 그리고 왕은 태자가 지나는 길에 노인과 병든 사람은 물론, 장님과 귀머거리와 벙어리 등 불구자(不具者)의 모습이 보이지 않게 하라고 엄하게 명령하였다.
 태자는 흰 연꽃 빛깔의 네 마리 말이 끄는 화려한 수레를 타고 동쪽 성문을 나섰다. 그 때, 하늘 사람들은 보살이 정각(正覺)을 이룰 때가 가까워진 징조를 보이기 위하여, 정거천(淨居天)을 노인의 모습으로 바꾸어 보여 주기로 하였다.
 태자는 깨끗하게 소제되고 화려하게 장식된 길 복판에, 한 늙은이가 곧 쓰러질 듯 비틀거리며 오는 것을 보았다. 노인의 얼굴은 주름져 일그러졌고, 이는 빠졌으며, 머리털은 희고, 허리는 굽어 지팡이를 짚고 있으나 온 몸을 떨고 있었다. 움푹 파인 눈에서는 눈물이 흐르고 눈꼽이 누렇게 끼었으며, 콧물과 침을 흘리고 있어, 차마 볼 수 없는 모습이었다. 이를 본 태자는 마부에게 물었다.

"이 사람은 어떤 사람인가. 어찌하여 이 같은 모습을 하고 있느냐?"

마부는 정거천의 신통력에 눌려 정직하게 대답하지 않을 수 없었다.

"이 사람은 늙은이입니다. 전에는 젊었으나 점점 쇠약해지고 원기를 잃어 몸은 가누기가 어렵고, 모습은 추해져 사람들이 싫어합니다. 노인의 여생은 얼마 남지 않았습니다. 모든 사람은 이 사람과 같이 늙는 것을 피할 수 없습니다."

태자는 말하였다.

"그렇다면 나도 저와 같이 늙을 것인가?"

"무릇 태어난 모든 사람은 귀하고 천한 것을 가리지 않고, 누구나 늙는 괴로움을 면할 수가 없습니다."

태자는 생각하였다.

'내가 왕궁의 부귀를 한 몸에 지니고 있다 하지만, 장차는 저같이 늙을 것이니, 이 세상의 무엇을 참으로 귀하다 하겠는가. 한 번 태어난 사람에게 늙음과 쇠약함이 따른다는 것은 재앙이로구나.'

생각하니, 태자의 마음은 우울하고 슬퍼졌다. 별궁에 가서 놀 생각이 없어졌다. 그의 마음 속에는 '이 괴로움을 면할 길은 없는가'하는 생각으로 가득하였다. 태자는 곧 수레를 돌려 궁으로 돌아오고 말았다.

이 일을 안 숫도다나 왕은 태자가 탄생하였을 때, 아시타 선인이 한 말이 떠올랐다. 그리고 젊은 교진여 바라문의 말도 생각났다. 왕은 '정말로 그 예언과 같이 태자는 출가하고 말 것인가?' 생각하니, 걱정이 되었다. 왕은 태자가 한층 더 쾌락하고 호화로운 생활을 하도록 강화하였다.

 며칠이 지난 어느 날, 태자는 다시 별궁의 동산으로 가기 위하여 남쪽 성문을 나섰다. 그 때, 정거천은 다시 병든 사람으로 변하여 태자 앞에 나타났다. 몸은 여위고 얼굴은 고통으로 일그러졌으며, 고통을 이기지 못한 신음소리는 창자를 에이는 듯하였다. 병자는 자기의 똥·오줌 속에 누워 악취를 풍기면서 꺼져가는 가쁜 숨을 몰아 쉬고 있었다.

 태자는 마부에게 물었다.
 "저 사람은 어떤 사람인가?"
 "그는 병든 사람입니다."
 "무엇을 병들었다고 하느냐?"
 "사람이 늙어 쇠약해지면 자연 병들게 되는데, 장과 위가 마르고 음식을 먹지 못하며 담이 성하고 고통을 참는 신음소리가 절로 나오며, 몸은 움직일 수 없고 목숨은 경각에 달려, 살고자 하지만 다른 도리가 없습니다."
 "그렇다면, 병은 누구에게나 있는 것인가?"
 "네, 모든 사람에게 있습니다. 모든 사람은 장차 늙고, 늙으면 병들게 마련입니다."
 태자는 탄식하며 생각하였다.
 '모든 사람은 저와 같은 병자를 보고도 자기에게 장차 닥칠 일을 미리 알려고 하지 않는구나. 나의 이 젊음도 장차는 저와 같을 것이 아닌가.' 태자는 가던 길을 되돌아 오고 말았다.

 그 뒤의 어느 날, 태자는 별궁의 동산으로 소풍을 가기 위하여, 이번에는 서쪽 성문을 나섰다. 왕은 태자가 소풍 길에 불길한 일을 목격하고 침울한 생각에 잠겨 있는 것이 못내 걱정이었으므로, 태자가 지나가는 이번의 길목에는 포장을 쳐 길 밖을 가리고, 아무도 그 길에 나가지 못하게 하였다. 그러나, 정거천은 태자가 지나는 길에 죽음을 보여 주었다. 죽은 사람의 친척들이 그를 붙들고 슬피 통곡하며 울부짖는 모습을 본 태자는 마부에게 물었다.

"저것은 무엇인가?"

"사람이 죽은 시체입니다."

"죽음? 죽음이란 무엇인가?"

그 때, 하늘 사람이 나타나 말하였다.

"사람이 태어나는 것은 지·수·화·풍(地水火風)의 네 가지 요소가 만나 이루어지는 것입니다. 그렇게 난 사람은 늙고, 늙으면 병들며, 병들면 죽어, 지·수·화·풍의 네 가지 요소로 각각 돌아갑니다. 그것은 혼이 육체를 떠나 생명의 불이 꺼지는 것입니다. 죽으면 부모형제와 헤어져야 하고, 사랑하는 모든 사람을 다시는 보지 못합니다. 인간의 목숨은 마치 풀잎의 이슬과도 같아 순간에 스러지고 맙니다. 인간의 세상살이는 귀하거나 천하거나, 모두가 죽음 앞의 한 마당 꿈에 지나지 않습니다. 태자여, 당신은 지금 무엇을 생각하고 있습니까?"

말을 마친 하늘 사람은 홀연히 사라졌다. 태자는 놀란 가슴을 억누르며 생각하는 것이었다.

'세상에 이 같은 죽음이 있는 한 주저하고 있을 때가 아니다.'

태자의 마음 속에서는 어떤 결의가 굳어가고 있었다. 태자는 곧 수레를 돌려 되돌아 왔다. 왕궁으로 돌아온 태자는 하루 종일 말없이 명상에 잠기는 날이 많아졌다. 태자의 귓전에는 그 하늘 사람의 말이 떠나지 않았다.
'태자여, 당신은 지금 무엇을 생각하고 있습니까?'
태자는 나고, 늙고, 병들고, 죽는 일을 생각하였다.
늙음과 병·죽음, 이것들은 누구에게나 온다. 그러나 누구도 이것들을 피할 수는 없다. 부처님은 모든 사람이 당연하게 받아들이고 있던 이 절실한 문제들에 대해 회의의 화살을 꽂았다. 늙음과 병과 죽음이 없는 경지, 그것을 모색하기 위해 기꺼이 왕위를 버리고자 결심하였다.

3. 스님을 만나다

태자는, 네번째 북쪽의 성문으로 나갔다. 정거천은 스님의 모습을 하고 태자의 앞에 나타났다. 머리와 수염을 깨끗이 깎고, 붉은 가사로 몸을 감쌌으며, 석장을 짚고, 눈은 높지도 낮지도 않게 뜨고 앞을 똑바로 바라보면서, 늠름하게 걸어오고 있었다. 가까이 다가온 스님을 본 태자는, '이같이 맑고 훌륭한 용모를 한 사람은 누구인가? 그는 무엇을 하는 사람인가?' 생각하였다. 태자는 스님을 놀라움과 존경과 의혹이 엇갈린 눈길로 바라보면서 마부에게 물었다.
"찬다카여, 저 사람은 어떤 사람이니?"
"출가한 스님입니다."
태자는 자신도 모르는 사이에 수레에서 내려와 스님에게 인사를 하고 말하였다.

"스님, 출가하면 무슨 이익이 있습니까?"
스님은 말하였다.
"저는 집에 있을 때, 생(生)과 병과 죽음을 수없이 보았기 때문에, 삶이 무상한 것임을 알았습니다. 생과 병과 죽음이 고통스러운 것을 알았습니다. 인간세상에 취할 것이 하나도 없음을 알았습니다. 그것은 고뇌입니다. 그리하여 저는 가정을 버리고 조용한 곳에서 수행하여, 이 고뇌를 초월하고자 노력하고 있습니다. 제가 닦는 도는 깨끗하고 거룩한 도입니다. 저는 바른 법을 실천하고 관능(官能)을 정복하고, 대자비(大慈悲)를 일으켜 사람들의 마음을 편안하게 해주며, 마음과 행동이 조화되고, 중생을 호념(護念)하고, 세간의 더러운 것에 물들지 아니하여, 나고 늙고 병들고 죽는 일에서 영원히 해탈하고자 합니다. 태자여, 이것이 곧 출가의 법입니다."

태자는 스님의 말을 듣자, '이것이야말로 내가 찾고 있던 것이다. 나도 출가하리라'고 마음 속에 다짐하였다.

그 때, 스님은 커다란 목소리로 게송을 읊었다.

> 변천하는 모든 법은 덧없어
> 모든 것은 났다가 없어지나니,
> 나고 없어지는 법 없어지면
> 그 때, 고요하여 즐거우리라.
> 諸行無常 是生滅法
> 生滅滅已 寂滅爲樂

그리고, 곧 몸을 날려 허공으로 사라졌다.
네 구절의 게송을 들은 태자의 마음은 생(生)과 늙음과 병과 죽음의 불안이 일시에 사라졌다. 태자의 마음은 기쁨으로 가득 찼고, 출가에 대한 결의는 한층 더 굳어졌다. 태자는 수레를 별궁의 동산으로 몰아 그 곳에서 늦도록 산책하며 출가에 대한 생각을 하였다. 태자의 얼굴은 고뇌하던 우울한 구름이 걷히고, 온화하고 다정하며 밝은 빛으로 빛났다.

4. 라후라(羅睺羅)의 탄생

 태자는 자기 생애의 목표가 확실해졌기 때문에 마음은 유쾌하였다. 태자는 별궁의 못에서 목욕을 하고, 몸에 향을 바르고 새 옷으로 갈아입은 다음, 상쾌한 기분이 되어 왕궁으로 돌아갈 준비를 하고 있었다. 그 때, 왕궁으로부터 사신이 말을 달려와 태자비 야쇼다라가 아들을 낳았다는 소식을 전했다. 그것을 들은 태자는 멀리 허공을 바라보며 말하였다.
 "라후라가 태어 났구나!"
 '라후라'라는 말은 장애(障碍)라는 뜻이다. 자식에 대한 사랑이 깊어지고 자식과의 인연이 두터워질수록, 출가하여 수행하는 데 방해가 되기 때문에 '장애가 태어났다'고 한 것이다.
 사신은 한 걸음 먼저 돌아가 슛도다나 왕에게 이 사실을 알렸다. 손자를 보아 기쁨이 충만된 슛도다나 왕은 태자의 그러한 말이 불쾌하였다. 한편, 야쇼다라 태자비는 슬펐다. 태자의 마음 속 생각을 잘 알고 있었기 때문이다. 언젠가는 사랑하는 태자가 출가하리란 것을 알고 체념하고 있었으나, 막상 태자의 그와 같은 말을 들으니 슬프고 외로웠다. 갓 태어난 아기와 자신의 앞날이 어둡기만 하였다.

아기의 이름은 '라후라'라고 하였다.

태자가 돌아오는 성 안은 온통 왕자의 탄생을 경축하는 축제 분위기에 차 있었다. 백성들은 환성을 올리며 태자를 환영하였다. 그 때, 크샤트리야 족(利帝利族)의 딸 고타미는 높은 다락에 올라, 태자가 다가오는 모습을 바라보고 있었다. 그녀는 번뇌가 다한 빛나는 태자의 모습을 보고 기쁜 마음을 이기지 못하여 게송을 읊었다.

> 참으로 행복하리, 저이의 어머니는
> 참으로 행복하리, 저이의 아버지는
> 저 같은 남편을 둔 아내는 참으로 행복하리.

이 게송을 들은 태자는 생각하였다.

'저와 같은 말을 듣는 어머니와 아버지와 아내는 기쁘고 마음의 안정을 얻으리라. 그러나 그러한 기쁨과 마음의 안정도 생과 늙음과 병과 죽음이 있고 번뇌가 있는 한은 오래 가지 않고 진실한 것이 못된다. 무엇이 없어져야 진정한 마음의 안정을 얻을 수 있겠는가?'

그 때, 태자의 마음은 이미 온갖 번뇌에서 벗어나 있었으므로, 이렇게 생각하였다.

'탐욕의 불이 꺼졌을 때 안정이 얻어지고, 분노의 불과 어리석음의 불이 꺼졌을 때 안정이 얻어지며, 교만한 마음이 없어졌을 때 안정이 얻어지며, 번뇌의 고통이 사라졌을 때 안정이 얻어진다. 저 여자는 나에게 좋은 말을 들려 주었다. 나는 열반을 구하기 위하여 출가하려 한다. 오늘 나는 가정을 버리고 집을 떠나 열반을 구하려 하는데, 저 여자는 나에게 그 뜻을 더 굳게 하여 주었다. 저 여자는 나의 스승과 같다. 나는 이것을 저 여자에게 스승에 대한 예물로 주자.'

태자는 머리에 꽂았던 값비싼 장식품을 그 여자에게 주었다.

그녀는 '싯다르타 태자가 나를 사모하는 정표로 이 선물을 주었다'고 생각하며, 못내 기뻐하였다.

제5장 출　가(出家)
유성출가상(踰城出家相)

1. 부왕(父王)과의 대화

싯다르타 태자는 출가할 결심을 아버지인 슛도다나 왕에게 말씀드려야겠다고 생각하였다. 태자는 태자비와 함께 부왕을 찾아가 출가할 뜻을 말씀드렸다. 왕과 태자비는 올 것이 왔구나 생각하였다. 두 사람의 가슴은 치미는 슬픔 때문에 꽉 메이고, 한동안 아무 말도 할 수 없었다. 태자를 바라보는 두 사람의 눈에는 눈물이 가득하였다. 그러한 그들을 보는 태자의 가슴도 슬픔으로 미어졌다. 그는 그를 더없이 사랑하는 아버지와 아내를 버리고 집을 떠나려 하고 있는 것이다. 그들의 사랑과 은혜를 버리려 하고 있는 것이다. 태자인들 그들의 지극한 사랑과 은혜의 고마움을 모를 까닭이 없었다. 그러나 그는 보다 큰 보람을 찾기 위해 그들의 사랑과 은혜를 잠시 잊고자 하는 것이다. 태자는 연약해져서는 안 된다고 생각하였다. 이윽고 왕은 입을 열었다.

"싯다르타, 네가 출가하려는 데는 그럴 만한 충분한 까닭이 있으리라고 생각한다. 그러나 나와 이 나라와 석가족의 장래도 생각해야 한다. 더욱 야쇼다라 태자비와 라후라의 장래는 어찌 되겠느냐. 나는 하루라도 빨리 왕위를 물려주고 편안한 여생을 지내고 싶다. 생각을 돌이켜 다오. 출가 이외의 네 모든 소원을 들어주겠다."

"아바마마, 소자가 원하는 것은 제왕의 권력(權力)도 아니며, 풀잎에 맺힌 이슬 같은 인생의 부귀영화나 관능의 쾌락이 아닙니다. 꿈결같이 한 세상을 지내며 적막한 묘지의 한낱 무덤만을 남길 인생은, 결코 사랑하여 집착할 것이 못되옵니다. 진실로 소자가 바라는 것은 생과 늙음과 병과 죽음을 해탈하는 것이며, 나고 죽는 일이 없는 열반과 생사(生死)의 고통을 여읜 무위(無爲)의 안락함과, 거짓된 나를 버리고 진실한 나를 찾아 번뇌가 없는 깨끗한 진리의 세계에 사는 것입니다. 그리하여, 모든 중생을 제도하여 그들로 하여금 끝내는 열반을 얻게 할 뿐만 아니라, 부모와 친척이 모두 부처님 회상(會上)에 모이기를 소자는 진심으로 바랍니다."

왕의 얼굴은 실망과 분노로 일그러졌다. 자기로서는 도저히 이루어 줄 수 없는 것들이었다. 태자의 진지한 태도에 눌려 화를 낼 수도 없었다.

"오, 싯다르타여, 그런 무리한 이야기가 어디 있느냐."

왕은 자신의 무력함을 한탄할 뿐이었다. 그는 태자의 출가를 도저히 막을 수 없으리라는 생각이 들었다. 왕은 힘없이 자리에서 일어나 방을 나가고 말았다. 왕의 축 처진 어깨, 굽은 등, 힘없는 걸음걸이가 태자의 마음에 측은한 생각을 갖게 하였다. 그러나 동시에 왕의 그러한 모습에서 태자 자신의 미래를 보았으며, 늙음과 병과 죽음을 보았다. 오히려 태자의 결심을 굳히는 데 도움을 주었다.

태자는 태자비의 손을 꼭 쥐고 나란히 태자궁으로 돌아왔다. 태자비의 손은 떨리고 있었다. 태자는 손 안에 든 태자비의 작은 손을 통하여 아내 야쇼다라의 생각을 남김없이 알 수 있었다. 그러나 태자는 아무 말도 할 수가 없었다. 슬픔으로 떠는 그녀에게 말을 해서, 봇물이 터지 듯 그녀의 슬픔이 자기에게로 쏟아져 들 것을 알기 때문이다.

태자는 누구와도 말을 하지 않았다. 오직 침묵할 뿐이었다.

2. 야쇼다라의 꿈

한동안, 영원한 봄날과 같이 화기에 차고 평화로웠던 태자의 궁전에는 이제 차고 쓸쓸한 바람이 불고 침울한 공기가 무겁게 내리눌렀다.

태자비 야쇼다라는 라후라의 탄생을 기뻐하였다. 그런데 라후라로 해서 태자의 출가를 막을 수 있으리라는 한 가닥 희망마저 사라져 가고 있었다. 희망에 부풀었던 때는 짧았으며, 다가올 이별의 슬픔만이 그녀의 전부였다. 천진난만한 귀여운 라후라를 보아도 이제는 즐겁지가 않았다. 눈물만 흘렸다. 이 귀여운 아이도 언젠가는 태자처럼 내 곁을 떠날 지 모른다는 생각이 갑자기 엄습하였다.

이별, 이별…, 사랑하는 사람들과 헤어져야 하는 괴로움은 그녀에게 무한한 두려움을 느끼게 하였다. 그 두려움의 깊고 어두운 수렁으로 빠져들 듯이, 그녀는 잠 속에 빠졌다.

천지가 진동하고, 제석천의 깃발이 꺾어져 땅에 뒹굴고, 하늘의 별들이 한꺼번에 쏟아져 내렸다. 놀란 태자비가 뜰에 나가자, 마부 찬다카가 커다란 일산을 들고 나가는데, 어느새 태자비의 머리털은 깎이어 없어지고, 몸에 걸친 영락과 보배구슬이 냇물에 떨어져 흘러가고 있었다. 그것을 주우려고 물 위에 허리를 굽힌 태자비는 자기 몸에서 옷이 저절로 벗겨지는 것을 보았다. 실오라기 하나 걸치지 않은 자기의 알몸이 물에 비쳤다. 부끄러워 주위를 살피는데, 앉은 자리가 땅 속으로 꺼지며 손발이 떨어져 나가 공중에 떠다니고, 그녀가 누웠던 침대는 네 다리가 꺾어져 주저 앉았다. 온갖 보배로 된 산은 무너지고, 궁전 뜰의 나무들은 바람에 날리고 꺾어졌으며, 밝은 해와 달은 빛을 잃고 궁전에 있던 등불도 성 밖으로 몰려 나갔다. 성을 지키는 신장들의 울부짖는 소리가 진동하고, 카필라 성은 변하여 광야(曠野)가 되었다. 꽃과 과일은 말라 떨어지고, 성을 지키는 군사들은 어디론가 달아나고 없었다.

태자비 야쇼다라는 소스라쳐 잠에서 깨어났다.

이튿날, 태자비는 태자에게 꿈 이야기를 하였다. 흉몽이고 불길한 징조라고 태자비는 생각하였으므로 이야기하는 것을 망설였지만, 불안하여 결국 이야기를 하였다. 태자는 태자비의 꿈이, 자기의 출가에 관한 꿈임을 알았다. 태자는 '꿈이란 본래가 허황된 것이므로 마음 쓸 것이 못된다'고 태자비를 위로하였으나, 그 꿈의 여러 가지는 자기의 출가와 장래 태자비는 물론, 카필라 성의 장래까지를 예언하고 있다고 그는 생각하였다.

태자는 태자비가 가여웠다. 아무 것도 모르는 태자비가 가여웠다. 출가하기 전에 마지막으로 그녀를 즐겁게 해주어야 하겠다고 생각하였다. 그날 밤, 태자는 부왕이 마련한 잔치를 마다하지 않았다. 태자비와 함께 나란히 앉아 맛있는 음식을 먹으면서 무희들의 춤과 노래를 즐겼다. 그러나 마음 속은 조금도 기쁘거나 즐겁지가 않았다.
 무용과 음악에 능숙한 무희들은 천녀(天女)와 같이 꾸미고, 갖가지 악기를 들고 와서 그를 기쁘게 하기 위하여 음악에 맞추어 춤을 추고 노래를 부르며 가진 교태를 부렸으나, 그는 이미 마음이 번뇌를 벗어났기 때문에 그러한 것에 마음이 끌리지 않았다. 다만 태자비를 위해 즐거운 척 할 뿐이었다.
 이윽고 태자는 긴 의자에 기대어 살포시 잠이 들었다. 태자비는 침전(寢殿)에 혼자 들었다. 잠든 태자를 깨우는 것이 미안하였기 때문이다.
 무희들은 서로 말하였다.
 "우리는 저이를 위하여 노래하고 춤을 추는데, 저이가 잠 들었으니, 우리가 노래하고 춤을 춘들 무슨 소용이 있겠는가."
하고, 그녀들도 그대로 쓰러져 잠이 들어버렸다.
 넓은 방안에 향기로운 등불만이 고요히 타고 있었다. 얼마 뒤에 태자는 잠을 깨었다. 그는 가부좌하고 앉아서 무희들이 악기를 버려둔 채 여기저기 널려 자고 있는 모습을 보았다. 어떤 여자는 입을 벌리고 침을 흘리며 자고 있었고, 어떤 여자는 사지를 내던지듯이 활개를 펴고 하늘을 향해 누워서 자고 있었다. 얼굴의 지분은 지워져 얼룩졌고, 이를 갈며 코를 골고 잠꼬대를 하며 자고 있었다. 어떤 여자는 옷이 헤쳐져 있어, 속살이 다 드러난 추한 모습이었다. 그 정경은 보기 좋은 것이 못되었다.
 태자는 여자들의 추한 모습을 보자 한시라도 빨리 이곳을 떠나고 싶은 강렬한 충동을 받았다. 아름답게 꾸며진 제석천의 궁전과도 같은 태자의 큰 누각도 온갖 해골들이 사방에 어지러이 뒹굴고 있는 묘지처럼 보였다. 이 세계가 마치 불붙은 집처럼 느껴졌다.
"참으로 저주스럽고 비참하구나."
라고, 태자는 혼자서 말하였다. 그리고 자리에서 일어나 밖으로 나갔다.

3. 왕성(王城)을 떠나다

"지금이야말로 위대한 출가를 단행하지 않으면 안 된다."
 밝은 달이 낮과 같이 밝았다. 태자는 맑은 바깥 공기를 심호흡하고서, 허공에 대고 힘주어 말하였다. 태자는 마부 챤다카를 불렀다. 챤다카는 졸리는 눈을 비비며 태자 앞에 나타났다.
 "태자마마, 챤다카입니다."
 "챤다카여, 나는 오늘 위대한 출가를 단행하려 한다. 어서 말을 준비하여라."
 챤다카는 힘 세고 날랜 말 칸타카의 등에 안장을 튼튼히 매어서 태자에게로 끌고 왔다. 칸타카는 태자 앞에서 두 발을 높이 들어 한 소리 크게 울었다. 그 소리는 성안에 두루 퍼졌을 것이지만, 하늘 사람들은 그 소리를 막아 사람들이 듣지 못하도록 하였다.
 태자는 칸타카를 챤다카에게 맡기고 잠시 태자비의 침전에 들렸다. 성을 떠나기 전에 태자비와 아기를 한 번 보고 싶었던 것이다. 침전에는 향기로운 향불이 조용히 타고 있었다. 아기는 어머니의 팔을 베고 평화롭게 잠들어 있었다. 태자는 가만히 모자의 얼굴을 살폈다. 태자비는 얼굴에 슬픔과 괴로움이 섞여 있었으나 고요하고 달콤한 깊은 잠에 잠겨 있었다. 태자는 아기를 안고 싶은 충동을 받았다. 그러나 억제하고 생각하였다.
 '내가 아내의 팔을 제치고 아이를 안아 올린다면, 저들이 잠을 깰지도 모른다. 그렇게 되면 이번 걸음에 방해가 될 것이다. 나는 부처가 된 뒤에 돌아와 이들을 만나자.'
 태자는 아쉬운 마음을 누르며 말이 있는 곳으로 돌아왔다. 태자는 말의 깃을 어루만지며 말하였다.
 "칸타카야, 너는 이 밤 안으로 나를 저 멀리 숲으로 데려가 다오. 그렇게 하면, 나는 너의 덕으로 부처가 되어 인간과 하늘 세계에 있는 중생들을 다 구제할 수 있을 것이다."
 태자는 말 잔등에 올랐다. 칸타카는 마치 태자의 속 마음을 안 듯이 발소리를 죽이고 재빠르게 움직였다. 태자는 성문이 닫혀 있으면 어떻게 하나 걱정이었다. 부왕은 태자의 출가를 막기 위하여 밤낮으로 성문을 굳게 지키도록 엄하게 명령하였으므로, 성문마다 군사들이 지키고 있을 것이었다. 성문으로 나갈 수가 없으면 성벽을 넘어서라도 나가리라 생각하였다. 그러나 태자가 성을 나가려고 하는 이 밤에, 깨어 있는 사람은 성 안에 그들 말고는 한 사람도 없었다. 성문에 다다르자 성문은 굳게 잠겨 있었으나, 병사들은 깊은 잠에 빠져있었다. 챤다카가 성문을 열었다. 육중한 성문은 소리없이 열렸다. 태자가 성문을 막 나가려고 할 때, 마왕이 앞을 가로막고 말하였다.
 "태자여, 당신은 나가서는 아니 됩니다. 지금부터 이레 뒤에는 당신에게 전륜성왕의 윤보(輪寶)가 생길 것입니다. 그리하여, 1만 2천의 작은 섬으로 둘러싸인 사대주(四大洲)의 왕이 될 것입니다. 어서 되돌아 가십시오."
 태자는 앞을 가로막는 마왕에게 단호히 말하였다.
 "마왕이여, 나는 나에게 윤보가 나타날 것을 이미 잘 알고 있다. 그러나, 나는 왕위가 필요없다. 나는 1만의 세계에 그 이름이 떨치는 부처가 될 것이다."
 "그렇다면, 나는 지금부터 당신이 탐내고 성내고 해치려는 생각을 품을 때는 언제고 잡아 묶으리라."
 마왕은 태자의 허물을 잡기 위하여 그림자처럼 떠나지 않고 따랐다.
 태자는 동쪽을 향하여 말을 몰았다. 새벽녘에 태자는 옛날 선인(仙人)이 살았다는 아름다운 숲이 바라보이는 강가에 이르렀다.
 태자는 챤다카에게 물었다.
 "이 강의 이름이 무엇인가."
 "아노마, 즉 숭고(崇高)하다는 뜻입니다."
 "챤다카여, 나의 출가는 숭고하다. 출가하여 처음 만난 강이 숭고하다는 것은 좋은 일이다."
 태자는 칸타카에게 박차를 가하여 강을 뛰어 건넜다. 태자가 뛰어 건넌 강은 번뇌와 고뇌의 강이다. 강은 미혹(迷惑)의 세계와 깨달은 세계의 경계이다. 태자는 말에서 내렸다. 허리의 칼을 들어 번뇌와 미혹을 끊어 내듯 스스로 머리를 깎고 깨끗한 강물에 씻었다. 그리고 몸에 지닌 마니보(摩尼寶)를 마부 챤다카에게 주면서 말하였다.
 "챤다카여, 이 보물을 부왕에게 가져다 드리고, '저는 세속적인 욕망이 없으며, 또 선업(善業)을 쌓아 하늘에 태어나고 싶어

하지도 않습니다. 오직 일체 중생이 바른 길을 잃고 생사의 고해(苦海)에 윤회하면서 괴로워하는 것을 보고 이를 구하기 위하여 출가하였습니다. 저는 아직 젊지만, 늙고 병들어 죽는 때가 정해진 것이 아니며, 젊다고 해서 안심하고 있을 수가 없습니다. 옛부터 훌륭한 왕들이 나라를 버리고 출가하여, 도를 구하고자 숲 속에 묻혀 지냈습니다. 그리고, 그들은 수행하는 도중에 세속생활로 돌아가는 일이 없었습니다. 저의 결심도 그와 같아서 무상의 보리를 얻기 전에는 결코 돌아가지 않을 것입니다'고 하는, 나의 이 말을 전하여라."

그리고 몸을 장식한 영락과 그 밖의 장신구를 주며, 양모 마하프라쟈파티와 태자비 야쇼다라에게 전하라 하고, 같은 말을 부탁하였다. 그러자 챤다카는 눈물을 흘리면서 꿇어 앉아 간청을 하였다.

"태자마마, 저는 가지 않겠습니다. 언제까지고 마마를 모시도록 해 주십시오."

"그럴 수는 없다."

"앞으로의 길은 험합니다. 어떻게 살아가시렵니까?"

"밥을 얻어 먹으며 살 것이다. 나를 걱정하지 않아도 좋다. 인간은 혼자 태어나서 홀로 죽어 가는 것이 운명이다. 나의 결심은 움직일 수 없다. 어서 돌아가거라."

"태자마마, 맹수와 해충도 많습니다. 누가 마마를 해치지 않는다고 보장할 수 있습니까. 옆에 모시고 전처럼 시중을 들게 해 주십시오. 헤어지고 싶지가 않습니다."

"챤다카여, 내 말을 들어라. 죽음과 이별은 인간의 숙명이다. 받아들이지 않을 수 없는 것이다. 자, 여기서 헤어지기로 하자.

어서 가거라."

 태자는 뒤돌아보지 않고 숲 속으로 걸어 들어갔다. 태자는 입고 있는 옷이 수행하는 사람에게 적합하지 않다고 생각하면서, 숲속을 가고 있었다. 얼마를 갔을 때, 두 사람의 사냥꾼이 가사를 입고 가까이 오고 있었다. 태자는 그들과 옷을 바꾸어 입었다. 이제 태자는 훌륭한 구도자(求道者)의 모습으로 변하였다. 이 때, 그의 나이는 스물 아홉이었다.

4. 태자(太子)가 떠난 뒤에

 태자가 떠난 것을 안 왕궁과 카필라성은 대소동이 일었다. 사람들은 눈물을 흘리며 비탄에 싸였다. 그에 호응하듯이 성 안팎의 우물물은 마르고 풀과 나무는 메말라 시들었다.
 찬다카는 하루 밤에 갔던 길을 여드레 만에 돌아왔다. 태자의 사랑하는 말 칸타카의 우는 소리를 들은 사람들은 갑자기 활기를 되찾았다. 태자가 돌아온 것으로 알았다. 양모 마하프라쟈파티와 태자비 야쇼다라와 궁녀들까지도 태자가 오는 것으로 알았다. 그러나 돌아온 것은 마부 찬다카와 말 칸타카 뿐이었다. 사람들은 혼자 돌아온 마부 찬다카를 마구 나무랐다. 그 중에서도 양모 마하프라쟈파티의 비탄해 하는 모습은 차마 볼 수가 없었다. 마하프라쟈파티는 찬다카를 꾸중하며 말하였다.
 "오, 이 어리석은 찬다카여, 너는 태자를 저 험한 숲 속에 홀로 두고 왔느냐. 항상 몸에는 여러 가지 향을 바르고, 가장 좋은 음식만을 먹던 태자의 식사는 어찌 되겠느냐. 부드럽고 깨끗한 옷과 잠자리 대신에 밤 이슬, 찬 숲 속에서 태자가 어찌 지낼 것이냐. 늘 시종들이 있어 아무런 불편함이 없던 태자의 연약하고 고운 손발을 가지고 맹수와 독충이 들끓는 험한 산 속에서 어찌 지내며, 더럽고 냄새나는 옷을 입고 가시덩굴에 누워 자다니. 아, 이 어리석은 챤다카여, 너는 태자가 걱정도 안 되어 혼자서 돌아왔느냐."

태자비 야쇼다라도 챤다카를 몹시 꾸중하였다. 챤다카는 엎드려 울면서 자초지종을 설명하고, 지신의 힘으로는 어찌 할 수 없었다고 변명하였다. 태자비는 챤다카의 이야기를 듣고, 가슴을 치면서 눈앞에 없는 남편을 향하여 말하였다.

"저는 지금까지 충실하게 당신을 모셨습니다. 어찌하여 저를 버리고 혼자서 가버렸습니까. 옛부터 왕위를 버리고 숲 속에 들어가 수행한 사람은 많았습니다. 그들은 아내와 자식을 데리고 숲 속에 함께 살면서 수도를 했다고 들었습니다. 부부가 함께 머리를 깎고 출가하여 고행(苦行)을 했습니다. 또, 부부가 함께 신들에게 제사 지내어 쌓은 공덕으로 죽어서는 하늘에 태어났다는 이야기도 들었습니다. 당신은 저를 버리고 혼자서 하늘에 태어나 천녀와 즐겁게 지낼 생각이었습니까? 당신에게 버림받은 나의 가슴이 터지지 않는 것은 돌이나 쇠로 되었기 때문일까요."

태자비는 미친 듯이 괴로워하고 울부짖다가 갑자기 생각에 잠기곤 하였다. 이윽고 그녀는 말하였다.

"오늘부터 태자를 만나기까지는 침상에 누워 자지 않으리라. 향을 뿌린 물에 목욕도 하지 않으리라. 몸을 가꾸거나 화장도 하지 않을 것이며, 맵시 있는 옷도 입지 않을 것이다. 보석이나 꽃

따위로 장식하지 않고, 맛있는 음식도 입에 대지 않을 것이다. 머리도 손질하지 않을 것이다. 비록 이 궁중에 살지만 항상 산속에 사는 심정으로 고행의 생활을 하리라."

 둘째 부인은 커다란 나무가 쓰러진 것처럼 넘어져 일어나지를 못한 채, 태자의 여러가지 미덕(美德)을 생각하며 비탄에 싸여 있었다. 전에는 행복의 상징이었던 영락을 보아도 지금은 슬픔을 더할 뿐이었다.

 그 때, 슛도다나 왕은 태자의 신상(身上)이 걱정되어, 신전에 들어 앉아 밖에 나오지도 않고 기도를 하고 있었다. 그는 태자궁의 소란한 소리를 듣고 태자궁으로 나왔다. 왕은 찬다카가 가져온, 태자가 지녔던 물건들을 보고 슬픈 나머지 정신을 잃고 쓰러졌다. 간신히 깨어난 왕은 '아, 나의 아들아!'하고, 비탄에 잠겨 말하였다.

 "아, 나의 아들아, 나는 너를 위하여 계절에 알맞은 궁전들을 지어 주었다. 지금 너는 어찌하여 그것을 버리고 떠나 인적이 없는 황야에서 짐승들과 살며 산림(山林)의 생활을 즐기고 있느냐. 아, 나의 아들아, 그 옛날, 바라문들이 너의 장래를 예언했을 때, 나는 기뻐서 갓난 너의 발 아래 절을 하였었다. 아, 나의 아들아, 네가 출가하고 없는 이 성은 지켜주던 신들까지도 모두 떠나버리고 말았느니라.…"

 그러나 슛도다나 왕은 언제까지고 비탄에 젖어 있지만은 않았다. 왕은 자식의 행복을 위하여 신들의 수호를 빌었다. 신들의 도움으로 태자가 하루 빨리 무상의 보리(菩提)를 성취하도록 빌었다. 그래도 마음은 불안하고 걱정이 되어 석가족의 청년 교진여 등 다섯 사람을 보내 태자를 돌보도록 하였다.

제6장 고　행(苦行)
설산수도상(雪山修道相)

1. 고독한 출범(出帆)

'아노마', 고상한 강이라는 뜻이다. 강은 대지를 적셔주는 동맥과 같다. 대지를 살찌게 한다. 그것은 평범하지만 고상한 것이다. 우리의 태자도 중생을 진리의 자양으로 살찌게 하기 위하여 출가한 것이다. 그것은 고상한 사명인 것이다. 그의 오랜 전생의 인연과 보살의 수업(修業)이 결실을 향하여 강물과 같이, 도도하게 굽이쳐 흐르기 시작한 것이다. 이제 우리는 그를 태자라고 부르기 보다는 보살, 즉 진리를 찾는 구도자(求道者)라고 부르는 것이 합당하리라.

보살은 어두운 수풀 사이로 뻗친 아침 햇살과 같이 밝은 희망을 안고 숲 속으로 들어갔다. 그는 좌선(坐禪)하기에 알맞은 곳을 찾아 그 곳에 가부좌를 하고 좌선을 하기 시작하였다. 이 곳은 옛날에 선인이 살던 곳으로 조용하고 참선하기에 알맞은 아누브리야 숲이었다.

보살은 눈을 지그시 내리 뜨고, 호흡을 조절하고 단전에 힘을 주었다. 죽어도 물러서지 않겠다는 굳은 결심으로 최초의 싸움에 임하였다. 새들은 지저귀고, 이름 모를 풀잎과 나뭇가지는 바람에 흔들려 사각거리고, 짐승들의 괴이한 울음소리는 멀리,

혹은 가까이에서 들렸다. 그 소리들은 숲의 고요함 속에 섞이고 조화를 이루어 낯선 보살을 포근히 감싸 주었다.
 해가 높이 솟아 머리 위에서 빛났다. 목이 마르고 몹시 배가 고팠다. 그러나 그는 움직이지 않았다. 결의에 빛나는 보살의 얼굴빛은 조금도 변하지 않았다. 그는 황혼이 밀려오고, 이내 차고 어두운 밤이 되어도 그 곳을 떠나려고 하지 않았다. 그는 무심(無心)의 삼매에 들어 모든 것을 잊어야겠다고 했으나, 도리어 과거의 모든 일이 되살아나 뇌리를 스쳐 지나가고, 때로는 어느 한 생각에 맴돌아 오래도록 매여 있기도 하였다.
 집을 나와 처음으로 경험하는 밤은 결코 유쾌한 것이 아니었다. 사납고 날카로운 맹수의 포효는 소름을 돋게 하고, 서늘하고 습기찬 밤 공기는 해어진 가사 속으로 스며들어 오한이 났다. 가까이 흐르는 냇물을 마시고 이름 모를 풀잎으로 주림을 달랜 보살은 고행의 의미를 알 것도 같았다. 처음으로 수행하는 보살에게 있어서 그것은 큰 기쁨이 아닐 수 없었다. 보살은 고통을 이기는 희열을 느끼며 앉은 채 밤을 새웠다. 이제야 자신이 뜻한 대로 수행이 된다고 생각하였다.
 부처가 되어야겠다는 생각만을 하고, 다른 것은 생각하지 않으며, 들리는 소리가 있어도 개의치 않고, 눈은 숲 속의 나무와 풀과 푸르름 속을 나르는 새들을 보지만 보는 것이 아니라 눈에 비칠 뿐, 그것을 식별하지 않고, 스스로의 숨소리마저도 느끼지 않는, 그러한 상태가 끊겼다 이어졌다 하였다. 끊겼을 때는 온갖 잡념이 활개를 치면서 그의 머리 속, 가슴 속을 헤집고 뒤섞여 돌아갔다. 그럴 때면 머리가 아팠다. 먹지 않고 자지 않았기 때문에 원기가 없어 머리가 아프고 가슴이 답답한 것이라고 생각했다. 그러한 생각은 눈 앞에 왕궁의 훌륭한 음식을 상기시켰다. 순간, 안락했던 태자궁의 생활이 몹시도 그리웠다. 그러나 보살은 그러한 생각을 떨어 버리기라도 하듯이 머리를 세차게 흔들고 스스로 다짐하였다.
'나는 결단코 대오(大悟)하리라.'
그렇게 7일이 지났다. 그러나 깨달음을 얻지는 못했다. 어떻게 수행을 하는 것이 옳은 지도 아직은 몰랐다. 그는 수행의 방법에 대해서 생각을 하였다. 너무 급히 서두를 일이 아니라고 생각되었다. 시간에 얽매이지 않고, 장소에 구애를 받지 않고, 자적(自適)하여 유유하게 수행하리라 생각하였다. 혼자 수행하는 것보다는 스승이 있어 지도를 받는 것도 좋겠다고 생각하였다.
보살은 8일만에 그 곳을 떠나 숲을 나왔다.
이제 보살은 가장 선(善)한 법과 가장 뛰어난 적정(寂靜)의 경지를 찾기 위하여, 제2보(步)를 내디딘 것이다.
7일 동안의 고행으로 그의 모습은 몰라보리 만큼 변해 있었다. 기름지고 부드럽던 얼굴은 햇볕에 그을어 거칠어지고 야위어, 예전의 모습을 알아보기 어려웠다. 그러나, 그의 얼굴에는 굳은 의지가 빛나고 있었다. 걸음걸이에 힘은 없었으나, 출가수행(出家修行)하는 구도자로서의 품위를 갖춘 보살에게서는 어떤 위압감이 풍겼다. 남다른 정신력이 그의 전신을 감싸고 있었다. 거리에 들어가 차례로 걸식하는 보살을 본 사람들은, 그를 예사 수행승(修行僧)이 아니라고 생각하였다. 보살은 과거 어느 때보다도 긍지를 가지고 있었다. 희망이 있었다. 육체는 고통을 받고 쇠약해졌으나 마음은 어느 때보다도 안정되어 있었다.
 걸식을 마친 보살은 자신에 넘쳤다. 과거의 생활을 비로소 청산한 기분이었다. 그는 자신이 향상되고 있음을 느꼈다.

2. 고행자(苦行者)들

 보살은 소문에 들은 바르가바 선인이 있는 곳을 찾아갔다. 이 선인이 있는 곳에는 많은 사람들이 함께 수행하고 있었다. 수행자들은 다가오는 보살을 보자, 일어서서 존경심이 넘치는 인사를 하였다. 그들은 보살의 빛나는 모습을 보고, 이는 보통 사람이 아니라고 생각한 것이다.
 그들은 소 젖을 짜서 신에게 제사를 지내며, 한편으로는 열심히 고행을 하고 있었다. 어떤 사람은 나무뿌리와 풀만을 먹고, 어떤 사람은 하루에 한 끼, 이틀에 한 끼, 사흘에 한 끼만을 먹고, 어떤 사람은 소똥을 밥으로 먹었다. 어떤 사람은 삼이나 풀로 옷을 지어 입었고, 혹은 사슴의 가죽을 몸에 걸치고 있었다. 어떤 사람은 땅바닥에 눕고, 어떤 사람은 알몸으로 날카로운 가시 위에 누워 있었다. 가시가 살 속으로 파고 들어 피가 흐르고 있었다. 어떤 사람은 왕개미 집 속에 웅크리고 앉아 있었다. 어떤 사람은 머리에 빗질도 안 했으며, 어떤 사람은 머리털과 수염을 잡아 뽑고 있었다. 어떤 사람은 쓰레기더미 속에 누워 있었는데, 더럽고 냄새나는 것에 무관심한 듯하였다. 또, 뜨거운 불가에서 몸이 벌겋게 달아있는 사람도 있었다. 그들은 남이 흉내낼 수 없는 고행을 하고 있었다. 혹독한 고행을 하는 사람일수록 존경을 받고 있었다.

영혼과 육신으로 이루어진 인간에게 있어서 그 해탈을 방해하는 것은 바로 육신때문이라고 생각하였다. 그래서 육신을 괴롭힘으로써 육신의 결박에서 영혼이 해방될 때, 인간은 해탈할 수 있다고 고행자들은 생각하였다.

그들의 인내력에 보살은 감동하였다. 그러나 그들의 얼굴이 고통으로 일그러지고 평온하지 못한 것을 보았을 때, 도대체 그들이 무엇 때문에 고행을 하는지 의심스러웠다.

보살은 그들에게 물었다.

"무엇 때문에 이 같은 고행을 합니까?"

바르가바 선인은 고행을 하는 것이 당연하다는 얼굴로 말하였다.

"하늘에 나기 위해서요."

또, 어떤 고행자는 이렇게 말하였다.

"다시 인간으로 태어나기 위해서입니다."

또, 어떤 고행자는 이렇게 말하였다.

"지금의 고통을 참아내는 것으로 인하여 후세에 안락한 생활을 얻기 때문입니다."

보살은 실망하였다.

'즐거움을 얻기 위하여 괴로움을 참는다고 하지만, 설사 하늘에 태어나 하늘의 즐거움을 얻었다고 하자. 그 즐거움이 다하면 다시 인간 세계의 고통을 겪어야 한다. 하물며, 고행의 대가로 하늘에 태어나는 것도 믿을 수 없는 일이다. 저들은 다만 확신 없이 고행하는 것을 자랑으로 여길 뿐인 것 같다. 저들은 어처구니 없게도 즐거움을 얻기 위하여 고행을 즐기고 있는 꼴이 아닌가. 하늘에 태어나 어떻게 되리라는 것은 전혀 모르고 있지 않은가. 확신이 없는 고행은 어리석은 것이다. 남이 하니까 나도 한다는 고행은 더더욱 어리석다.'

보살이 생각에 잠겨 있는 것을 본 바르가바는 그가 고행을 두려워하고 있는 줄로 알고 말하였다.

"처음으로 하는 고행은 어렵고 고통스럽지만 수행을 하게 되면 옆에서 보기 보다 참아 낼 수가 있다오."

보살은 말하였다.

"당신들의 고행을 존경은 합니다. 그러나 대가를 바라고 하는 고행은 괴로움을 영원히 떠나는 길이 못됩니다. 즐거움을 얻었다 해도 그것이 다하면 괴로움이 옵니다. 하물며 얻고자 하는 것이 얻어지지 않는 인간의 세계에서 구하는 것 자체는 근본적인 괴로움인 것입니다. 구하는 한 아무리 고행을 한다 해도 괴로움은 없어지지 않습니다."

바르가바 선인은 할 말을 잃었다.

보살은 스승을 찾아왔으나 실망하였다.

3. 두 사람의 스승

보살은 바르가바 선인 이외에도 여러 사람을 만났다. 다음 세상에 태어나 안락한 생활을 하기 위하여 살아 있는 생명을 죽여서 제사 지내는 것을 보았을 때, 보살은 그러한 방법으로는 인생

문제의 궁극적인 해결은 커녕, 살생하는 죄만을 더할 뿐이라고 가르쳐 그들을 깨우치기도 하였다. 보살이 해탈을 구하는 것을 안 어떤 사람이 평판 높은 알라 카라마 선인을 소개하였다. 보살은 전부터 알라 선인에 대한 평판을 듣고 있었으므로 곧 알라 선인을 찾아 나섰다. 보살이 알라 선인의 처소에 가까이 가자 한 사람의 제자가 저 멀리 보살의 모습을 보고 급히 동료들이 있는 곳으로 뛰어가,

"여러분, 큰일이 났소. 멀리서 귀한 손님이 오십니다. 그 사람은 요즈음 소문이 자자한 석가족의 태자가 분명합니다. 저 당당한 태도, 엄숙한 몸가짐은 마치 태양과 같습니다. 예의에 벗어나는 일이 있어서는 안 되겠습니다. 정중하게 맞이해야 합니다. 제사 지내는 일은 쉽시다."라고 하였다.

이윽고 보살이 알라 카라마 선인의 앞에 이르자, 알라 선인은 자리에서 일어나 손을 내밀어 환영하였다. 두 사람은 서로 예의를 갖춘 다음 자리에 앉았다.

보살이 말하였다.

"카라마 스승님, 저는 당신의 법과 계율 속에서 깨끗한 도를 닦고자 원합니다."

알라 선인은 매우 반기며 허락하였다.

"존자(尊者)여, 여기에 머무르시오. 이 법은 지혜있는 사람이면 누구나 배울 수 있고 오래지 않아서 스승의 경지를 스스로 알게 되고, 몸소 나타내며 증득하여 그 경지에 머무를 수 있을 것입니다."

알라 선인이 가르치는 법은 대략 다음과 같았다. 인간은 무지(無智)하기 때문에 생사의 고해에 유전하여 괴로움을 받고 있다.

그러나 바른 수행에 의하여 이 괴로운 세계에서 해탈할 수가 있다. 이 수행에 필요한 것은 신념과 정진과 생각을 한 곳에 집중하는 선정(禪定)이며, 이것에 의하여 지혜를 얻을 수 있다. 그러한 수행 가운데서도 선정은 중심을 이룬다. 선정은 좌선을 통하여 정신을 통일하는 것이며, 그 정신적인 체험에는 여러 가지 단계가 있는데, 대체로 이러한 것을 가르치고 있었다. 알라 선인은 '아무것도 없는 경지(無所有處定)'에 도달하고 있었다. 그러나 그것은 최고의 단계는 아니었다.

알라 선인의 나이는 이미 120세가 되었고, 그의 수도는 최고에 달하지 못하였으며, 자기의 후계자로서 합당한 제자를 찾지 못하고 있을 때, 보살이 찾아 왔으므로 그의 기쁨은 대단한 것이었다.

보살은 오래지 않아 이 법을 이해하게 되었다. 그리하여 말로는 스승의 말을 흉내낼 수 있게 되었으며 그 도를 알고 있는 것으로 여겨졌고 그 길의 장로(長老)인 양 행동하였다.

"나는 그것을 알고 있다. 나는 그것을 보았다."

보살의 이 같은 말을 자타가 인정하기에 이르렀다. 그러나 문득 보살은 생각하였다.

'이 정도의 것이라면 대단한 것이 못 된다. 알라 카라마는 나는 스스로 알고 몸소 나타내며 증득하여 그 경지에 머물러 있다고 하였다. 이 법을 말하고 있는 것은 다만 그렇게 믿고 있기 때문만은 아닐 것이다. 그는 이 법에 대해서 정말 아는 것이 있고 보는 바가 있음에 틀림없다.'

보살은 알라 선인에게 가서 말하였다.

"카라마 스승님, 당신께서는 이 법을 얼마나 깊게 스스로 알며, 몸소 나타내고 증득하여, 설할 수 있게 되었습니까?"
 알라 선인은 보살에게 '아무 것도 없는 경지(無所有處定)'를 설하셨다. 그 때 보살은 생각하였다.
 '카라마 스승에게만 확신이 있는 것은 아니다. 나에게도 확신은 있다. 근면하고 정진하며, 산란하지 않은 마음과 지혜가 있다. 카라마 스승이 설하는 법, 아무 것도 없는 경지를 나 스스로 증득하고 몸소 나타내도록 노력하리라.'
 보살은 오래지 않아 그 법을 스스로 알고 몸소 나타내며 증득하여 그 경지에 머무르게 되었다. 알라 선인은 보살을 칭찬하며 말하였다.
 "존자여, 그대와 같은 사람이 나의 도반(道伴)이란 사실은 나를 위해 커다란 이익입니다. 나의 행운입니다. 그대가 알고 있는 법은 내가 알고 있는 그 법이며, 내가 알고 있는 법은 그대가 알고 있는 그 법입니다. 그대와 나는 같습니다. 자, 우리 두 사람이 함께 저 제자들을 지도하도록 합시다."
 스승인 알라 선인은 제자인 우리들의 보살을 자기와 대등하게 존중하였다. 그러나 보살은 생각하였다.
 '이 법은 아무 것도 없는 경지에 나는데 힘이 될 뿐이다. 세간을 싫어하여 떠나거나, 관능의 욕망을 떠나고, 번뇌를 끊어 없애고, 생활의 안정과 뛰어난 지혜를 위하며, 바른 깨달음과 열반을 위하는데는 아무런 도움도 되지 않는다.'
 이같이 생각한 보살은, 알라 선인의 아쉬워하는 눈길을 등 뒤에 받으며 그 곳을 떠났다. 그러나 보살에게 있어서 이 곳에서의 수행이 전혀 무의미한 것은 아니었다. 그것은 보살이 부처가 되어 맨 처음의 설교 상대로 이 알라 선인의 교단을 생각한 것으로도 알 수 있다.

보살은 알라 선인 이외에도 왕사성 교외의 간지스 강가에서 웃다카 선인을 만났다. 그는 칠백 명의 제자들을 거느리고 있었으며, 사람들로부터 존경을 받고 있었다. 그는 '상념이 있는 것도 아니고 상념이 없는 것도 아닌 경지(非想非非想處)'를 수행하고 있었다. 보살은 웃다카를 찾아가 물었다.

"당신은 누구를 스승으로 하고 있습니까?"

웃다카는 대답하였다.

"나는 처음부터 스승이 없었소. 나는 혼자서 스스로 깨달았습니다. 당신도 나와 같이 수행하여 깨달을 수 있습니다."

보살은 이곳에서 알라 선인의 도량에서와 같이 오래지 않아서 그 법을 스스로 알고 몸소 나타내고 증득하여 그 경지에 머무르게 되었다. 웃다카 선인이 함께 제자들을 교화하자고 제의하였으나 보살은 진정한 깨달음과 해탈의 길에 도움이 되지 않는 법이라 생각하고 그 곳을 떠났다.

4. 빔비사라 왕(頻毘娑羅王)

보살은 마가다 국(摩竭陀國)의 서울인 왕사성(王舍城)으로 향하였다. 마가다 국은 당시 인도의 여러 나라 가운데 강하고 부유한 나라에 속하였다. 이 나라의 왕은 빔비사라 왕(頻毘娑羅王)이었다.

그는 카필라 성의 태자가 출가한 것을 알고 있었다. 빔비사라 왕은 카필라 성의 태자가 태어나면서부터 그에 대한 소문을 들어왔기 때문에, 태자가 진심으로 출가한 것인지 아닌지 알고 싶었다. 카필라 성의 태자가 출가하지 아니하면 전륜성왕이 된다고 하는 예언을 왕은 들었기 때문에 싯다르타 태자가 전륜성왕이 된다면 그의 나라가 정복될 것을 두려워 한 것이다.

왕사성에 이른 보살은 성에서 가까운 산기슭의 동굴을 도량(道場)으로 정하였다. 그는 아침 일찍이 일어나 출가한 수도승의 법도에 따라 왕사성으로 탁발을 갔다. 바루를 손에 들고 탁발하는 보살의 모습을 본 사람들은 깜짝 놀랐다. 이 성에 출입하는 많은 수행자를 보아 왔으나 이같이 엄숙하고 위엄이 있고 거룩한 그러면서도 겸손하고 온화한 사람은 일찍이 본 적이 없었다.

본생담(本生譚)에 의하면, 이 때 왕사성 안은 벌집을 쑤셔 놓은 듯이 대단한 소동이었다. 마치 '미친 코끼리가 성 안의 거리를 헤맬 때와 같이 거리는 혼란하고, 아수라왕이 하늘의 궁전에 들어간 것처럼 소란하였다'고 기록하고 있다. 이것은 보살의 출현이 그만큼 충격적인 것을 말하고자 한 것이다. 사람들은 '저 사람은 신인가? 아니면 신의 사신인가? 그도 아니면 영산(靈山)의 신인가?'라고, 입을 모아 말하였다. 관리들은 왕에게 이같이 보고하였다.

"대왕이시여, 어떤 출가승이 성 안에서 걸식을 하고 있는데 하늘 사람인지 인간인지 알 수가 없습니다. 용의 화신(化身)인지, 금시조(金翅鳥)의 화신인지 모르겠습니다. 그를 보기 위한 사람들로 해서 성안은 큰 소동이 일고 있습니다."

왕은 높은 누각에 올라 보살을 바라다 보았다. 왕은 보살의 높은 기풍에 놀랐다.

왕은 혼자서 말하였다.
'저 사람은 반드시 훌륭한 가계를 가진 사람일 것이다. 어디로 가는지 알아 오도록 해야겠다.'
왕은 신하들을 시켜 보살이 어디로 가는지 알아 오도록 명하였다.
"너희들은 가서 그를 살펴 보아라. 그가 수상한 사람이라면 이 성을 나가 사라질 것이다. 그가 용이라면 땅 속으로 들어갈 것이며, 인간이라면 얻은 음식을 먹을 것이다."
보살은 여러 가지가 뒤섞인 음식을 가지고 성을 나왔다. 산기슭에 이르러 동쪽으로 향하여 앉아서 식사를 시작하였다. 맛은 커녕 보통 사람이면 먹지 않고 버릴 음식을 먹으며, '이만하면 내 목숨을 보존하기에 충분한 음식이다'고 생각하였다.
이를 지켜본 신하들은 뛰어가 왕에게 본 대로 보고하였다. 왕은 곧 훌륭한 수레를 타고 성을 나와 보살이 있는 산기슭을 찾아 갔다. 왕은 적당한 거리에서 수레를 내려 보살이 있는 곳으로 갔다. 보살은 식사를 마치고 가부좌하고 앉아 참선을 하고 있었다. 왕은 보살의 그 뛰어난 위의에 감복하여 한동안 넋을 잃고 바라 보았다.
'저 이는 누구인가. 어디서 왔는가. 이같이 거룩한 위의를 갖춘 수행승은 처음이다. 혹시 싯다르타 태자가 아닌지 모르겠다. 그는 전륜성왕의 상을 지녔다고 했다.'
이렇게 생각한 왕은 곧, 그가 싯다르타 태자임을 확신하였다.
"태자여, 방해가 되어서 미안하오. 나는 왕사성의 빔비사라왕이오."
보살은 왕을 바라보며 조용히 말하였다.

"아닙니다. 대왕이시여, 방해가 되지 않습니다."
왕은 망설이다가 말하였다.
"태자가 출가하였다는 말을 듣고 나는 놀랐소. 무엇 때문에 왕위를 버리고 출가하였습니까? 그대와 같이 신분이 높고 훌륭한 청년이 중이 되는 것은 아까운 일이요. 태자가 원한다면 이곳에 머물러 나와 함께 있어 주시오. 무엇이든 그대가 원하는 것은 다 줄 것이니, 이곳에서 인생을 즐기지 아니하겠소?"
보살은 웃으면서 그러나 근엄하게 말하였다.
"나는 세속적인 욕망이 없습니다. 이승에 희망이 없어 출가하였으므로 어떤 일이 있어도 세속으로 돌아가지는 않을 것입니다."
"그렇다면 무슨 목적이 있습니까?"
"대왕이시여, 아까도 말했지만 나에게는 세속적인 욕망이란 없습니다. 물질에 대한 욕심도 명예와 권력에 대한 욕망도 없습니다. 오직 생과 늙음과 병과 죽음의 고통을 초월하여 최상의 보리(菩提)를 얻고자 출가하였습니다."
"태자는 바라는 일이 이루어지리라고 믿으오?"
"그것을 얻기 까지는 죽어도 물러서지 않을 결심입니다."
빔비사라 왕은 기뻤다. 태자의 말을 믿었다. 태자가 전륜성왕이 되어 마가다국을 정복하지나 않을까 하는 그의 걱정은 덜어진 것이다. 누구나 보살을 만나면 그의 마음에 접하게 되고, 그를 한 번 만난 사람은 깊은 인상을 받았다. 왕은 한 때 지녔던 생각을 부끄럽게 여겼다. 그는 진심으로 보살에게 말하였다.
"구도자(求道者)여, 당신은 확실히 부처가 될 것입니다. 당신이 부처가 되면 우리 나라에 먼저 와주십시오. 그리하여 저에게 생·노·병·사를 끊는 도를 가르쳐 주십시오."
보살은 약속을 하였다.

5. 보살의 고행(苦行)

보살은 알라 선인과 웃다카 선인에게서 그가 바라는 것을 얻을 수 없었다. 그들은 한결같이 보살이 바라는 최고의 진리에 대해서는 아는 바가 없다고 하였다. 이제 보살은 전혀 혼자서 수행을 할 수 밖에 없었다.

보살은 수행하기에 적합한 곳을 찾아 나섰다. 보살은 아름다운 숲 사이로 맑게 흐르는 니련선하(尼連禪河)가 가까운 가야산(伽耶山)을 택하였다. 그 곳은 농가(農家)가 여기저기 흩어져 있고, 온갖 꽃과 과일이 풍성하였으며, 그 곳 사람들은 옛날부터 조용한 생활을 즐기고 있었다. 보살은 이 곳이야말로 수행자가 정진하는데 적합한 곳이라고 생각하였다.

이 때, 웃다카 선인의 제자들 가운데 섞여서 수행하던 교진여 등 다섯 사람은 서로 상의하였다.

"우리는 오랫동안 수행하였으나 스승의 경지에 도달하지 못하였다. 그러나, 저 이는 짧은 기간에 스승과 같은 경지에 도달하였다. 뿐만 아니라, 거기 만족하지 않고 보다 높은 경지를 찾아 노력하고 있다. 우리의 스승에 비하면 얼마나 위대한 사람인가. 이 사람이야말로 반드시 무상의 깨달음을 실현할 것이다. 우리는 그를 따라 배우기로 하자."

이들 다섯 사람은 보살의 뒤를 따라와 멀리서 보살을 지켜 보았다. 이들 다섯 사람에 대해 파리어(巴利語) 경전은 석가족 출신의 교진여(憍陣如) 등 다섯 사람이 아니라, 밧제리카(跋提梨迦)와 마슈바지트(馬勝) 등이라고 한다. 어쨌든 우리들의 보살은 자신의 수도에 적합한 장소를 찾아 숲 속으로 들어갔다. 보살은 가야산(伽倻山)의 중턱에 이르러, 나무 아래 풀을 깔고 앉아 생각하였다.

'사문(沙門)이나 바라문들 중에는 몸과 마음이 방일(放逸)하고, 탐욕스러운 생활을 떠나지 않고, 욕망을 버리지 않은 채 고행을 하는 이가 있다. 이것은 마치 불을 얻으려고 젖은 나무를 물 속에서 비비는 것과 같다. 또 사문이나 바라문 중에는 설사 몸으로 탐욕스러운 행위를 하지는 않아도, 마음 속으로는 아직 애착을 버리지 못한 사람이 있다. 이것은 마치 불을 얻으려고 젖은 나무를 땅에다 대고 비비는 것과 같아서 그것으로는 결코 불을 얻을 수가 없다. 그러나 사문이나 바라문 중에는 몸과 마음을 조복(調伏)하고, 탐욕을 떠나서 고요한 경지에 머물러 고행하며 수행하는 사람도 있다. 이들은 마치 불을 얻으려고 잘 마른 나무를 서로 비비는 것과 같아서 불을 얻을 수가 있다. 이같이 몸과 마음이 청정해야만 참으로 고행하여 최고의 깨달음에 도달할 수가 있는 것이다.'

이같이 수행의 기본적인 태도를 정한 보살은 아름답고 맑은 니련선하를 바라보며 굳은 결의로 고행을 시작하였다. 보살은 또 이렇게 생각하였다.

'몸과 말과 생각으로 행하는 행동이 깨끗하지 않는 한, 모든 생활이 깨끗하지 않는 한, 탐욕하고 맹렬한 애욕에 빠져 있는 한, 마음에 미워하는 생각을 지니고 해치려는 생각을 하는 한, 마음이 우울하고 어둡고 무겁고 들떠 있어 안정되어 있지 않는 한, 의심하는 한, 자기를 칭찬하고 남을 헐뜯는 한, 불안으로 몸이 굳어 있는 한, 이익과 존경과 명성을 바라는 한, 생각이 활달하지 못하고 주의력이 미치지 못하는 한, 마음이 산란하여 안정되어 있지 않는 한, 어리석은 한은 숲 속에 혼자 있으면 마음에 두려움이 생긴다.

그러나 나는 그렇지 않다. 나는 몸과 말과 생각으로 짓는 행동이 깨끗하고, 모든 생활이 깨끗하고 탐욕이 없으며, 남을 위하고, 마음은 우울하지 않고 무겁지도 않고 안정되어 있으며, 의심하지 않으며, 자신을 칭찬하지 않고 남을 헐뜯지 않으며, 불안하지도 않고, 욕심이 적고, 정진하고 노력하는 힘이 있으며, 삼매를 얻고 있으며, 지혜를 가지고 있다. 나는 그와 같은 온갖 덕을 갖추고 숲에 홀로 사는 성인(聖人)들 중의 한 사람이다.'

보살은 확신이 생겼다. 보살은 가부좌하고 앉아 마음을 한 곳에 집중하였다.

보살의 옷은 해어져 거의 알몸이었다. 그는 권하는 공양을 일체 거절하였다. 가져 온 음식을 먹지도 않았다. 그릇에 담긴 음식은 더더구나 먹지 않았다. 처음 얼마 동안은 하루에 한 끼를 먹었으나, 차츰 이틀에 한 끼를 먹고, 사흘에 한 끼를 먹고, 이윽고 7일에 한 끼를 먹었으며, 드디어는 보름에 한 끼를 먹었다. 먹는 것은 오직 채소 뿐이었으며, 때로는 풀잎을 먹기도 하였다. 혹은 나무 뿌리와 열매를 먹기도 하였으나 열매는 자연히 떨어진 것만을 주워 먹었다. 그의 몸은 야위어 뼈가 앙상하게 드러나고 살가죽은 주름지고 때는 마치 이끼처럼 끼어 있었다.

그는 나무꾼이나 목동이 오면 그들을 피하여 숲 속으로 들어갔다. 누구와도 할 말이 없는 고독 속에서 지냈다. 때때로 사슴이 그의 앞에 와서 이상한 눈으로 보았으나 그는 개의치 않았다. 나무 위의 새들이 지저귀며 마른 나뭇가지를 떨어뜨려도 그는 움직이지 않았다.

이를 악물고 혓바닥을 입천장에 대고 숨을 죽이는 고행으로 잡념을 억누르려 했다. 마음으로 마음을 누르려 했다. 숨을 죽이고 이를 악물고 혓바닥으로 입천장을 힘껏 밀자 온 몸에 땀이 났다. 호흡을 정지하는 고행을 할 때는 두 귀에서 큰 소리가 나며 바람이 빠져 나갔다. 그것은 마치 대장간의 풀무에서 나는 소리와 같았다. 또 강한 바람이 머리 속에서 소용돌이쳤다. 그것은 마치 날카로운 칼로 머리를 저미며 돌아가는 것 같았다. 또 강한 바람이 배창자를 끊는 것 같았다. 뿐만 아니라 온 몸에 뜨거운 열이 났다.

보살은 단식을 하기 시작하였다. 먹는 것은 전혀 없었다. 아무 것도 입에 대지를 않았다. 사람들이 와도 보살은 숲 속으로 달아날 힘이 없었다. 지나는 어린이가 풀잎을 입이나 코와 귀에 끼우고 놀려도 움직이지 않았다. 마른 나무토막처럼 육체는 메말라 앉아 있을 뿐이다. 드러난 정골은 마치 헌 집의 서까래와 같았으며 척추는 베틀의 북을 이는 것 같았다. 뱃가죽을 만지면 등뼈가 만져지고 등뼈를 만지면 뱃가죽이 잡혔다. 머리털은 빠지고 머리의 피부는 말라 마치 오이와 같았다. 사람들은 '사문 고타마는 검다' '사문 고타마는 검지 않고 갈색이다' '사문 고타마는 검지도 않고 갈색도 아니며 금빛이다'고 저마다 다르게 이야기하였다. 오직 눈만은 깊숙이 꺼졌으나 깊은 우물 속의 물이 빛을 받아 빛나는 것 같이 살아 있었다.

6. 새 출발(出發)

 과거·현재·미래를 통해서 누구도 흉내낼 수 없는 격렬한 고행을 한 보살은 마른 나무가 쓰러지듯이 쓰러지고 말았다. 그러자 사람들은 "사문 고타마가 죽었다"고 하였다. 보살이 죽었다고 하는 소문은 멀리 숫도다나 왕에게까지 들렸다. 숫도다나 왕은 한동안 넋을 잃고 있다가 소문을 가져온 신하에게 물었다.
 "태자는 부처가 되어서 죽었다더냐? 그렇지 않으면 부처가 못된 채 죽었다더냐?"
 "부처가 되지 못한 채 크게 정진하던 자리에 쓰러져 죽었다 합니다"
 "나는 믿지 않는다. 태자는 보리를 얻지 않고서는 결코 죽지 않는다."
 왕은 단호하게 말하였다. 그는 태자의 출생으로부터 있어 온 여러가지 징조를 믿기 때문이었다. 그러나 태자의 죽음이 마음에 걸려 왕은 사신을 보내 확인해야겠다고 생각하였다. 그 때 지나친 고행과 단식으로 졸도하였을 뿐 살아 있다는 소식이 전해왔다. 왕은 그동안 태자에 대해 너무 소홀했다고 생각했다. 단식 때문에 졸도를 했다면 태자에게 좋은 식량을 가져다 주어야겠다고 생각했다. 왕은 곧 챤다카에게 식량을 보냈다. 마하프라쟈파티와 야쇼다라는 의복을 보냈다. 챤다카가 가져온 의복과 식량을 수도에 방해가 된다고 보살은 받지 않았다. 챤다카는 왕명(王命)이므로 받아 줄 것을 간청하였으나 보살은 기어이 되돌려 보냈다.

여전히 보살의 고행은 계속되었다. 좌선하고 있는 모습에서 살아 있는 사람이라는 느낌을 받을 수 없었다. 숨을 쉬는 것 같지도 않았다. 때때로 움푹 파인 눈의 동공이 빛을 발할 뿐이었다. 더운 여름의 무더위 속에서나 겨울의 추위 속에서도 그의 자세는 한결 같았다. 파리와 모기와 벌레가 몸에 붙어 피를 빨아도 아랑곳하지 않았다. 소나기가 쏟아져 그의 몸을 씻어 내려도 그는 앉은 자리에서 움직이지 않았다. 마치 감각이 없는 썩은 나무토막과 같이 육체는 정신과 떨어져 있었다.

보살은 때때로 그가 정신을 잃고 쓰러졌던 일을 기억하였다. 육체를 버리고 정신만으로 수행이 가능한가 의심스러웠다. 현세에 있어서 보리(菩提)를 이루기 위해서는 육체를 버려서는 아니되리라 생각했다. 정신과 육체가 그 연계(連繫)를 끊으면 그것은 죽음이며 죽음은 현세의 종말이 아닌가. 보살은 그가 보아온 고행자들을 생각했다. 그들은 육체의 고통을 이겨내는 것으로 바라는 일이 내생(來生)에서 이루어질 것을 희망했다.

'그러나 나는 육체를 잊고 정신만으로 살고자 하였다. 그것은 저들과 같지는 않으나 역시 정신에만 치우친 것이다. 치우친 생각으로는 정도(正道)를 이룰 수가 없다.'

보살은 그가 지난 수 년 동안 고행을 해서 얻은 것이 무엇인가 생각하였다. 자신의 무한한 정신력을 믿게는 되었으나 그가 바라는 깨달음을 얻지는 못했다. 어떤 때는 육체의 고통을 참는 정신과 육체와의 싸움이 치열하면 할수록 그만큼 자신이 그 싸움에 말려 들었음을 그는 인정하였다. 그것은 저 고행자들과 다름이 없는 것이었다. 고통을 참는 노력이 크면 클수록 느껴지는 고통도 컸다. 뼈를 깎고 살을 에이는 고통이지만 고통을 이겨내고자 하는 노력을 쉬고 마음이 비었을 때 고통이 느껴지지 않던 것을 생각하였다. 보살은 마음을 비우고 생각을 쉬면 고통이 사라지며 마음과 생각이 일면 고통이 살아난다는 사실을 발견하였다. 그것은 중대한 발견이었다.

보살은 자신을 가리고 있던 베일이 벗겨져 갑자기 밝은 곳에 나온 느낌이었다. 그는 이제야말로 선정에 들어 참구(參究)해야 할 대상을 찾았다고 생각했다. 그는 무익한 고행을 버리고 새 출발을 해야 할 때라고 생각하였다. 그는 육체를 괴롭히는 것으로가 아니라, 육체의 힘을 잘 이용해야 한다고 생각하였다.

이 같은 보살의 생각을 안 마왕은 그동안 7년을 따라다니며 바라던 기회가 왔다고 생각했다. 보살이 성을 나온 그날로 부터 줄곧 그를 떠나지 않고 유혹할 기회를 노리던 마왕은 쾌재를 부르며 보살에게 말하였다.

"당신은 쇠약하여 얼굴빛이 좋지 않소. 당신의 죽음이 가까웠소. 당신은 천에 하나 살 수 있으리다. 사는 것이 좋소. 세상에 생명만큼 소중한 것은 없소. 살아 있고서 수행도 무엇도 있는 것이 아니겠소. 당신과 같이 고행을 해서는 아무 것도 이루어지지 않을 것이오. 차라리 바라문과 같이 불(火)에게 제사를 지내면 손쉽게 공덕을 쌓을 수 있을 것이 아니오. 그런데 되지도 않을 그 같은 수행은 해서 무엇하겠소. 수도에 정진하는 길은 나아가기 어렵고, 행하기 어렵고, 성취하기 어려운 것이오."

보살은 마왕에게 말하였다.

"마왕이여, 내가 구하는 것은 네가 말하는 그러한 공덕도 이익도 아니다. 그러한 것을 원하는 사람을 찾아가 그와 같은 이야기를 하는 것이 좋으리라. 나에게는 확신이 있으며, 정진할 힘이 있고 지혜가 있다. 확고한 신념을 가지고 수도하는 나에게 죽음을 말하는가. 생명이란 언젠가는 끝나게 되어 있으므로 나는 죽음을 두려워 하지 않는다. 바람이 강물을 마르게 하듯이 고행을 계속하면 살과 피는 마를 것이다. 그러나 나의 마음은 안정되어 있다. 내 정신의 청정(淸淨)함을 보아라. 나는 온갖 대상에 대하여 욕망을 일으키지 않는다. 무익하게 살기만을 바란들 무엇하겠는가. 나는 용감한 군인처럼 죽음을 두려워 하지 않고 너와 결전을 하리라. 나는 너의 군사력(軍事力)을 잘 알고 있다. 너의 제1군(軍)은 애욕이다. 너의 제2군은 불만(不滿)이며, 제3군은 목마름과 굶주림이며, 제4군은 갈망(渴望)하는 것이다. 제5군은 의지가 없는 것이며, 제6군은 불안과 공포이며, 제7군은 의구심(疑懼心)이며, 제8군은 자신의 잘못을 감추려고 하는 비루한 마음이다.

　이 세상의 모든 사람이 너의 군사력과 대항하여 싸워 이길 수 없다해도, 나는 너의 군사를 지혜로써 질그릇을 깨뜨리듯이 분쇄할 것이다. 장차 나는 널리 제자들을 교화하여 그들로 하여금 나의 가르침을 실천하도록 하고 그들을 탐욕이 없는 경지에 이르도록 하리라."

　마왕은 말하였다.

"나는 7년 동안, 당신의 뒤를 그림자처럼 따라 다니면서 떠난 적이 없었으나, 마음에 틈이 없는 구도자(求道者)에게 접근하기란 쉽지가 않았소."

마왕은 탄식하면서 사라졌다.
 그 때, 하늘 사람들은 보살의 허약한 몸을 회복시키기 위하여 영양이 많은 하늘 음식을 가져와 이를 공양하였다. 그러나 보살은 이를 거절하였다. 밖으로 보기에는 단식을 하는 것 같으면서 실제로는 음식을 취한 것이므로, 그것은 세간을 속이는 것이기 때문이다. 보살은 차라리 세간의 음식을 법답게 먹기로 하였다. 보살의 이 같은 결정을 안 다섯 사람의 비구는 말하였다.
 "육년 동안을 고행했어도 일체의 지혜를 얻지 못하였는데, 지금 고행을 버리고 음식을 먹는 사람이 어떻게 도를 이루겠는가. 저 사람은 본래가 궁중에서 호사하게 지냈던 사람이므로 더는 견딜 수 없었을 것이다. 우리가 크게 기대했던 것이 어리석었다."
 그들은 보살을 버리고 녹야원(鹿野苑)으로 떠나갔다.

7. 우유죽의 공양

 보살은 쇠약해진 몸의 건강을 회복해야겠다고 생각했다. 그러나 그의 모습은 거리에 나가 공양하기에는 너무도 초라했고, 해어진 옷사이로는 살이 드러나 있었으므로 우선 위의를 갖추어야겠다고 생각하였다. 그는 묘지에 가서 수행인에게 적당한, 한 벌의 분소의(糞掃衣)를 꾸밀 만한 천을 주워서 강으로 갔다. 보살이 그 천들을 세탁하려 하자, 제석천이 나타나 "제가 하겠습니다"하였다. 그러나 보살은 "출가한 사람의 할 일이다"고 거절하였다. 보살은 세탁을 마치고 실로 7년만에 목욕을 하였다. 보살이 목욕을 마치고 강 기슭에 올라서자, 정거천(淨居天)의 신이 옷을 만들어 바쳤다. 보살은 옷을 입고 걸식하기 위하여 거리로 나갔다.

보살이 걸식하러 간 마을에는 선생(善生)이라고 하는 소녀가 살고 있었다. 그 소녀는 간밤에 꿈을 꾸었는데, 마을의 수호신(守護神)이 "보살이 보통 사람의 음식을 공양하기로 하였다"고 일러 주었다. 선생은 새벽에 일어나 천 마리의 젊은 암소의 젖을 짜서 일곱 번을 끓이고, 다시 쌀을 넣어 끓인 죽을 황금의 그릇에 담았다. 선생은 깨끗한 자리를 펴고 향수의 꽃으로 장식한 상 위에 죽그릇을 놓았다. 그리고 하녀 웃다라를 시켜 보살을 모셔 오도록 하였다. 하녀는 보살이 어떻게 생긴 사람인지 몰라 망설이며 밖으로 나왔으나, 그 날따라 걸식하는 수행승이 한 사람도 없었다. 다만 보살만이 거리를 걸어 오고 있었다. 웃다라는 보살을 안내하여 집으로 돌아왔다. 선생은 황금 그릇에 담긴 우유죽을 보살에게 올렸다. 보살은 그것을 받아들면서 '이 우유죽을 먹으면 반드시 힘이 생겨 무상의 깨달음을 얻을 수 있으리라'는 생각이 들었다.

보살은 니련선하 강가에 앉아 우유죽을 공양하였다. 그러자, 보살은 옛날과 같이 젊고 아름다운 모습을 되찾았다. 그리하여, 보살의 특색인 32상(相)을 다시 볼 수 있게 되었다.

이리하여, 선생은 부처님의 생애 중에 가장 의미가 깊은 공양을 드리게 되었다. 선생의 공양은 부처님 생애의 마지막 공양인 대장장이 춘다의 공양과 함께, 불교의 종교적 의식에 속하는 의의가 있으며, 그만큼 상징적이다.

제7장 악마(惡魔)와의 대결(對決)
수하항마상(樹下降魔相)

1. 보리수(菩提樹) 아래 앉다

　보살은 최후의 결전장(決戰場)에 나가는 장수와 같이 천천히, 그리고 굳건한 걸음으로 좌선하기에 알맞은 곳을 찾아갔다. 니련선하로부터 보리수에 이르는 길은 온갖 꽃이 피었고, 아름다운 향내가 피어 올라 보살을 그 곳으로 유도하였다. 보리수 아래에 이르자, 이 곳이 적당하다고 생각했다. 보살은 오른쪽으로 돌아 남쪽에서 북쪽을 향해 서서 바라 보았다. 보살은 이 방향으로 앉아서는 최상의 깨달음을 얻기에 적당하지 않다고 생각했다. 그는 다시 오른쪽으로 돌아 서쪽을 향해 서서 바라 보고, 또한 적당하지 않다고 생각하였다. 그는 또 오른쪽으로 돌아 북쪽에서 남쪽을 향하여 서서 바라보았다. 역시 부적당하다고 생각하였다. 보살은 다시 오른쪽으로 돌아 서쪽에서 동쪽을 향해 섰다. 보살은 생각하였다.
　'동방은 모든 부처님이 가부좌하고 앉는 곳이므로 동요하지 않는다. 이 방향이면 번뇌를 족히 쳐부술 수 있으리라.'
　그는 마치 싸움터에 나간 장수가 공격할 방향과 수비할 방향을 정하듯이 사방을 살핀 다음에 그가 앉을 방향을 정하였다. 그리고 다시 생각하였다.
　'과거에 여러 부처님께서 무상(無上)의 정등각(正等覺)을 이룰

때 어떠한 자리를 펴고 앉았을까?'
 그 때 보살의 오른쪽에 풀을 베고 있는 남자가 있었다. 보살은 그에게 가서 남자가 손에 든 풀을 살펴 보았다. 풀은 푸르고 아름다웠다. 마치 공작의 깃털과 같았고 부드럽고 좋은 향내가 풍겼으며 그 풀은 오른쪽으로 나선을 그리고 있었다. 보살은 남자에게 다가가서 물었다.
 "당신의 이름은 무엇이오?"
 "길상(吉祥)입니다."
 남자의 대답을 들은 순간, 보살은 어떠한 자리를 깔고 앉아야 좋을 것인가를 알았다. 길상(吉祥)은 '반가운 일' '좋은 징조'란 뜻이기 때문에 보살의 앞날에 좋은 징조가 있으리란 암시였다. 이것은 보살이 무상의 정등각(正等覺)을 이룰 것이라는 예언이었다. 보살은 길상에게서 풀을 얻어 보리수 그늘에 와서는 풀을 깔고 동쪽을 향해서 똑바로 앉았다.
 그리고 보살은 이같이 맹세하였다.
 "여기 이 자리에서 나의 몸이 메말라도 좋다. 가죽과 뼈와 살이 없어져도 좋다. 세상에서 얻기 어려운 저 깨달음에 이르기까지는 결코 이 자리를 일어서지 않으리라."
 과거의 모든 부처님이 앉아 무상의 정등각을 이룬 자리에 보살이 앉아서 한 맹세는 과거와 미래와, 그리고 현재의 부처님이 도를 이루기 전에 한 맹세이다. 시간적으로는 과거의 일이 거듭되고 과거·미래·현재가 겹쳐 있으며, 공간적으로는 모든 세계에서 같은 일이 같은 순서로 이루어지고 있는 것이다. 사바세계 이외의 수많은 세계에서도 그 곳의 보살이 우리의 보살과 같은 서원을 세우고 실천하고 있음을 시사한다.

2. 마왕(魔王)의 도전(挑戰)

자리에 앉은 보살은 먼저 이렇게 생각하였다.
'이 욕계(欲界)의 주인공은 마왕 파순(波旬)이다. 그가 모르는 사이에 내가 무상의 정등각을 이루는 것은 나에게 있어서 나답지 않은 일이다. 마왕을 불러 내기로 하자. 마왕을 항복받으면 욕계의 신들은 모두 나의 가르침을 들을 것이다. 마왕의 권속들 중에도 과거세(過去世)에 선업(善業)을 쌓은 자가 있을 것이므로 내가 무상의 정등각을 이루는 것을 보면 그도 무상의 정등각을 이루고자 할 것이다.'

마왕 파순은 욕계에 속하는 하늘 가운데 가장 높은 타화자재천(他化自在天)을 다스리는 대왕이다. 파순이란 말은 '보다 더 나쁘다'는 뜻으로 그 자신은 물론, 그가 지배하는 세계는 욕계 중에서도 더욱 나쁜 세계임을 가리키는 말이다. 욕계(欲界)는 우리가 살고 있는 세계를 포함하여, 아래로는 지옥으로부터 시작해서 위로는 신들의 세계 일부에까지 미치고 있다. 그 세계는 욕망을 떠나지 못한 세계이므로 욕계라고 부른다.

보살은 미간(眉間)의 백호(白毫)로 부터 한 줄기 광명을 발하였다. 광명은 삼천대천세계(三千大千世界)를 비추고 마왕의 궁전에까지 미쳤다. 그 광명 속에서 '지금 보살이 보리도량(菩提道場)에서 부처가 되려 한다'는 소리가 들렸다. 마침 그 때, 마왕은 자기의 궁전이 무너지고 권속들로 부터 배반을 받는 불길한 스물 두 가지 흉몽을 꾸고 일어나 마음이 우울하고 불안하던 차에 보살의 선언을 들었다. 마왕은 전신을 떨면서 그의 악마들에게 외쳤다.
"싯다르타 태자가 나의 영토를 벗어나려고 한다. 그러나, 나는 결코 그를 이 욕계에서 떠나 보낼 수 없다."
마왕의 권속들은 모여서 어떻게 보살을 방해할 것인가 토의하였다. 반대 의견도 있었다. 어떤 악마는 '승산이 없으니 그만두는 것이 좋겠다'고 하였으나, 제1진으로 마왕의 딸들이 서른 두 가지의 교태를 지어 보살을 유혹하기로 하였다.
마왕의 딸들은 갖은 아양과 교태를 지으면서 달콤한 목소리로 보살을 유혹하였다.
"때는 화창한 봄, 나무도 풀도 한창 성장하고 있습니다. 사람도 젊었을 때가 즐거운 것입니다. 청춘은 두 번 다시 오지 않습니다. 보면 볼수록 당신은 아름답습니다. 저희들의 아름다운 모습을 보셔요. 우리들은 잘 어울리는 상대가 아닙니까. 자, 놀러 갑시다. 좌선을 해서 깨달은들 무엇하겠습니까."
보살은 조용하고 상냥하게 말하였다.
"육체의 쾌락에는 괴로움이 따른다. 나는 일찍이 그러한 괴로움을 초월하였다. 이 도리를 모르기 때문에 세상 사람들은 정욕에 젖는다. 나는 지금 절대적인 정신적 자유에 도달하려 한다. 나는 내 자신이 자유롭게 된 다음에, 세상 사람들까지도 자유롭게 해 주리라 생각하고 있다. 하늘을 나는 바람과 같이 자유스러워지고자 하는 나를 어떻게 구속할 수 있겠느냐."
마녀들은 보살의 말을 듣고 망설였다. 보살은 다시 말하였다.
"너희들이 지금 이 같은 천녀의 모습을 할 수 있는 것도 전생에 쌓은 선업 때문이다. 그 근본을 잊고서 악업을 지으면 지옥에 떨어져 괴로움을 당해야 하느니라."

마녀들은 마음으로부터 경의를 표하며 손에 들었던 꽃을 공양한 다음, 마왕에게 가서 말하였다.
"보름달과 같이 맑고 밝은 얼굴은 진흙 속에서 빠져나온 연꽃과 같고, 떠오르는 아침 해와 같이 명랑하고, 수미산과 같이 안정되어 있으며, 타오르는 불길과 같이 맹렬한 위엄을 지닌, 그 분은 반드시 생사의 속박을 초월하여 모든 중생을 제도할 것입니다. 아버님, 무익한 반항은 하지 마십시오. 설사 수미산이 무너지고 해와 달과 별이 떨어지는 일이 있다 하여도, 그분은 조금도 움직이지 않을 것입니다."
마왕은 화가 머리 끝까지 올랐다. 마왕은 수많은 악마를 거느리고 온갖 괴물을 보내어 폭력으로 보살을 굴복시키려 하였다. 몰려오는 마왕의 군사를 보고 보살은 생각하였다.
'저렇게 많은 무리가 나 한 사람 때문에 기를 쓰며 악(惡)을 짓고 있구나. 여기 나를 위해 줄 사람은 아무도 없다. 그러나 내가 닦은 10바라밀은 내가 오랫동안 길러온 시자와 같다. 나는 바라밀을 방패로 삼아 저들과 싸우리라.'
보살은 10바라밀을 차례로 관(觀)하였다. 마왕의 군사가 공격하는 상대는 한 사람이었으나 손가락 하나 다치지 못하였다. 마왕의 군사들이 아무리 맹렬하게 공격을 하여도 보살은 자비심을 일으켜서 조금도 적의(敵意)를 품지 않았다. 때문에 마왕의 군사는 상대하여 싸울 의욕이 없어졌다. 마왕의 아들 가운데 많은 사람이 보살의 자비심에 감화를 받아 싸우기를 포기하였다. 당황한 마왕은 참을 수 없어 자신이 온갖 무기를 들고 손수 공격을 하였다. 그러나 보살의 옷자락도 다치지 못하였다. 화살이나 불덩이를 쏘았지만, 보살 가까이 가면 아름다운 꽃이 되어 흩어졌다.

 마왕은 다시 전략을 바꾸어 공격을 하였다. 마왕은 도시나 촌락을 가루로 낼 만큼 강한 바람을 일으켜 보살을 날려 보내고자 하였다. 그러나 바람은 보살 가까이 오면서 차츰 약해져 옷자락 한 끝도 날리지 못하였다. 마왕은 큰 비를 내려 보살을 격류에 흘려 보내려 하였다. 그러나 비는 내려 오면서 차츰 증발하여 보살의 옷깃을 이슬 방울만큼도 적시지 못하였다. 마왕은 이밖에도 바위를 비처럼 내리고, 숯불을 비처럼 쏟고, 뜨거운 재(灰)를 뿌리고, 뜨거운 모래를 쏟고, 진흙의 비를 쏟았으나, 보살 가까이 이르면 모두가 아름다운 꽃으로 변하였다. 마왕은 마지막으로 보살을 위협하여 내쫓으려고 칠흙 같은 어둠을 몰아왔다. 그러나 그 어둠도 보살 가까이 이르러서는 햇빛과 같이 밝은 광명으로 변하였다.

 마왕은 아홉 가지 이변(異變)을 일으켜 보살을 정복하려 하였으나 실패하고 말았다. 그는 그의 권속들에게,

 "왜, 너희들은 멍청히 서 있느냐. 이 놈을 잡아 죽여라. 어서 쫓아버려라."

 하고 명령을 하였다. 그리고는 자신은 사나운 코끼리를 타고 날카로운 칼날이 수없이 박힌 수레바퀴를 들고 와서 보살을 위협하며 소리쳤다.

 "그 자리에서 일어서라. 그 자리는 네가 앉을 자리가 아니다. 그것은 내 자리이다. 어서 일어나라."

 보살은 단호하게 말하였다.

 "마왕 파순아, 너는 열 가지 바라밀을 수행하지 못하였다. 너는 다섯 가지 보시도 하지 않았다. 세간을 이롭게 하는 보리(菩

提)를 수행하지도 않았다. 이것이 어찌 너의 것이겠느냐."

3. 보살과 마왕의 대화

　화가 난 마왕은 그 분노를 억제하지 못하여, 들고 있던 수레바퀴를 보살을 향해 힘껏 던졌다. 그 날카로운 칼날이 박힌 수레바퀴는 보살의 머리 위에 이르자 연꽃의 일산이 되어 보살의 몸을 가려 주었다. 마왕의 권속들은 큰 돌산을 던졌다. 그러나 그 돌산도 꽃송이가 되어 보살의 주위에 흩어졌다.
　마왕 파순이 씩씩거리며 보살에게 말하였다.
　"너는 내가 아무런 공덕이 없다고 했지만 나도 좋은 일을 하였다. 너만 그 자리에 앉을 것이 아니라, 나와 나누어 앉자. 자리를 비켜라."
　마왕은 보살을 협박하여 굴복시킬 수 없음을 알았다. 그는 보살을 회유하기로 하였다.
　"이봐요. 싯다르타 태자, 부처가 되고 해탈을 얻었다 해서 무엇하겠는가. 또 그것은 되지도 않는 일이다. 차라리, 그보다는 세간의 지배자가 되어 제왕이 되는 것이 좋지 않겠는가? 그것이 싫다면 천상에 올라 나의 지위를 계승하는 것은 어떤가?"
　보살은 말하였다.
　"마왕이여, 너는 단 한 번의 보시를 한 덕으로 욕계의 지배자가 되었기 때문에, 너로서는 부처가 되는 것이 불가능하다. 그러나 나는 셀 수 없을 만큼 많은 생(生)을 통하여 몸과 목숨을 다해 중생에게 보시하였다. 그러므로 나는 이제 부처가 될 수 있다."

마왕은 보살의 말을 듣자, '옳다구나' 하면서 기뻐하였다.

"과거의 생에 있어서 내가 보시한 공덕이 있음을 지금 너는 스스로 증언해 주었다. 그러나 네가 한 것은 누가 증명할 수 있는가. 아무도 없지 않은가. 말을 잘못한 탓으로 내가 이겼다. 네가 아니라도 내가 한 보시를 증명할 사람은 많다. 애들아, 그렇지 않느냐?"

마왕의 권속들이 외쳤다.

"물론, 우리 모두가 보았소. 우리가 증인이오."

그 소리는 대지를 찢는 듯하였다.

보살은 말하였다.

"너의 증인은 의식(意識)이 있는 증인이지만 나의 증인은 의식이 없다. 내가 일체도(一切度)의 몸으로 태어나 7백 번을 보시할 때만 해도 나의 증인은 의식을 갖지 않은, 지금 내가 앉아 있는 이 대지이다."

그리고 게송을 읊었다.

　　만물(萬物)이 의지하는 대지여,
　　살아 움직이는 것과 움직이지 않는
　　모든 것에게 공평한 이 대지가
　　나를 위해 진실한 증인이 되리라.
　　대지여, 나를 위하여 증언을 하라.

게송이 끝나자 마자 대지는 동·서·남·북·상·하로 크게 진동하였다. 그 때, 부동(不動)이라는 대지의 여신은 모든 대지의 여신들을 이끌고 와서 말하였다.
 "보살의 말씀과 같습니다. 저희들이 증인입니다. 당신이야말로 인간의 세계는 물론, 신들의 세계에 있어서도 최고의 권위자이십니다."
 이리하여, 마왕의 계획은 전부 수포로 돌아갔다.
 보살과 마왕의 대화는 여러 가지 문제가 내포되어 있다. 세간의 권력을 미끼로 해서 종교적인 사명을 단념하게 하는 유혹은 현세적(現世的)인 가치관과 종교적인 가치관의 갈등인 것이다. 실제로 마왕의 여러 가지 도전은 비현실적으로 묘사되어 있으나, 그것은 구도자의 내면에 도사린 번뇌와의 싸움을 비유한 것으로 이해되고 있다. 따라서 마왕 파순의 정복은 구도자 자신의 내면에 도사린 번뇌의 정복이며, 현실적인 욕망의 정복이라고 할 수 있다. 그것은 영적 체험(靈的體驗)을 상징한 것이다.
 보살은 이로써 욕계의 지배자인 마왕이 지배하는, 자신의 내면 세계에 자리하고 있던 욕망의 세계를 완전히 극복하게 되었다. 보살은 이제 진실로 모든 번뇌의 속박을 벗어나 선정(禪定)에 들 수 있게 되었다. 마왕을 항복시키므로 해서 부처의 지위는 눈 앞에 다가왔다.

4. 진리의 탐구(探究)

 마왕을 항복받은 보살은 선정(禪定)에 들었다. 제1선정에 들어서는 욕망과 악을 떠났으나, 잡념이 남아 있는 마음을 초월한 기쁨을 맛보았다. 제2선정에서는 잡념을 없애고 고요한 마음의 통일을 얻어 삼매의 기쁨을 느꼈다. 제3선정에서는 제2선정에서 얻은 기쁨까지를 초월하여 바르게 생각하고 바르게 아는 즐거움을 느꼈다. 최후로 제4선정에서는 즐거움도 괴로움도 근심도 없는 편안함만 남았다. 이같이 네 단계의 선정을 차례로 경험한 보살은, 그로 인하여 마음을 바르게 통일하고 번뇌를 떠나 자유로운 상태에 도달하였다. 이제 어떠한 힘으로도 보살의 마음을 움직일 수 없게 되었다. 그리하여 초저녁이 되자, 보살은 걸림 없는 자유를 얻었고 바르게 사물을 관찰하는 천안통(天眼通)을 얻었다.

보살은 천안통으로 중생의 모습을 관찰하였다. 중생은 태어나서는 죽고, 죽어서는 다시 태어나면서, 혹은 아름답게, 혹은 추하게 태어나고, 혹은 안락한 곳에서 태어나고, 혹은 고뇌가 있는 곳에 태어나며, 그 빈부귀천(貧富貴賤)은 백양백태인 것을 보았으며, 그러한 것은 모두가 자신이 지은 업에 따라 일어나는 것임을 알았다. 그리하여 보살은 생각하였다.

'실로 몸으로 나쁜 짓을 행하고, 성인을 비방하며 삿된 생각을 하는 중생은, 삿된 생각에 의하여 행동하기 때문에, 죽어서는 고통스러운 지옥에 떨어진다. 그러나 몸과 마음으로 선행하고, 성인을 비방하지 않고 바른 생각을 하는 중생은, 바른 생각에 의하여 행동하기 때문에 죽어서는 안락한 천상에 태어난다.'

보살은 천안통에 의하여, 이같이 중생의 생사를 바르게 관찰하여 바른 지혜를 실현하였다.

밤은 깊어 어느덧 자정 무렵이 되었다. 보살은 선정에 그대로 머물러, 중생의 많은 과거의 생애를 아는 숙명통(宿命通)을 얻었다. 자신의 과거의 한 생애를 비롯하여, 둘, 셋, 넷⋯⋯, 백천의 과거를 알고, 다른 모든 중생의 무수한 과거의 생애를 알며, 우주의 생성(生成)에 이르기까지를 알았다.

밤은 기울어 새벽이 가까웠다. 보살은 여전히 선정에 들어 인간의 고뇌가 없어지고 번뇌를 깨뜨리는 지혜를 얻어, 다음과 같이 생각하기에 이르렀다.

'참으로 가엾은 일이다. 이승의 사람들은 낳고 늙고 죽어 이승을 떠난다. 이승을 떠나서는 다시 다른 세상에 태어난다. 그러면서도 이 같은 늙음과 병과 죽음의 커다란 고뇌에서 벗어나는 방법을 모르고 있다. 다만 맹종(盲從)할 뿐이다.'

보살은 이렇게도 생각하였다.

'무엇에 의하여 늙음과 죽음은 생기는가. 무엇이 원인이 되어 늙음과 죽음은 생기는가.'

보살은 바른 생각과 지혜에 의하여, '생(生)이 있기 때문에 늙음과 죽음이 있다'고 알게 되었다. 보살은 '생은 무엇에 의하여 있는가?'고, 계속 추구(追求)하였다.

생은 무엇이 원인인가?

생은 윤회하는 생존 즉 유(有)에 의하여 있다.

무엇에 의하여 윤회하는 생존이 있는가? 생존은 무엇이 원인인가?

집착(執着·取)에 의하여 생존이 있다. 집착은 무엇에 의하여 있는가?

집착은 갈망(渴望·渴愛)에 의하여 있다. 갈망은 무엇이 원인이 되어 있는가?

갈망은 느낌(受)에 의하여 있다. 느낌은 무엇에 의하여 있는가?

느낌은 접촉(接觸)에 의하여 생긴다. 접촉은 무엇에 의하여 생기는가?

접촉은 여섯 가지 감관의 작용(六根)에 의하여 일어난다. 무엇을 원인으로 여섯 가지 감관의 작용은 일어나는가?

명(名)과 색(色)을 인하여 여섯 가지 감관의 느낌은 생긴다. 명과 색은 무엇을 의지하여 있는가?

알음알이(識)에 의하여 명과 색은 있다. 무엇을 원인으로 알음알이는 생기는가?

행(行·現象)에 의하여 알음알이는 생긴다.

행은 무엇을 원인으로 해서 생기는가? 행은 무명(無明)에 의하여 일어난다.

이와 같이 탐구한 결과 인간의 모든 고뇌는 무명에 뿌리를 둔 것임을 알았다.

5. 성 도(成道)

보살은 다시 어떻게 하면 그 무명이 없어져, 인간의 고뇌가 없어지겠는가를 생각했다. 보살은 생으로 부터 시작하는 열 두 가지 단계의 생존의 양상에 대해서 세밀한 관찰을 하고 그것을 분명하게 안 다음에는, 그러한 생존의 양상을 소멸시키기 위한 길을 모색하기 시작한 것이다.

만약 무명이 없어지면 무명 때문에 생긴 행(行)이 없어지고,

행이 없어지면 행 때문에 생긴 알음알이(識)가 없어지고, 알음알이가 없어지면 알음알이 때문에 생긴 명색이 없어지고, 명색(名色)이 없어지면 명색 때문에 생긴 여섯 가지 감관의 작용이 없어지고, 여섯 감관의 작용이 없어지면 접촉이 없어지고, 접촉이 없어지면 느낌이 없어지고, 느낌이 없어지면 욕망이 없어지고, 욕망이 없어지면 갈망이 없어지고, 갈망이 없어지면 집착함도 없어져, '나'라고 하는 존재가 없어질 것이며, '나'가 없는데 나에게 따라있는 생과 늙음과 죽음은 어떻게 있을 수 있겠는가? 결국 집착이 없는 곳에 생이 없고, 생이 없으면 늙음과 죽음과 근심과 괴로움도 없다.

 보살은 이같이 열 두 가지 단계의 생존의 양상, 즉 십이인연(十二因緣)을 역순(逆順)으로 고찰하였다. 그렇다면, 어떻게 하면 태어나지 않을 수 있고, 이 같은 생존의 괴로운 상황에서 벗어날 수 있는가. 보살은 무명이 인간에게 실존하는 비극의 근저(根底)임을 알았다. 무명을 없애는 것이 모든 문제를 최종적으로 해결하는 열쇠임을 알았다. 무명 때문에 인간의 비극적인 존재가 있고, 그 존재는 괴로운 것임을 알았다. 중생이 무명(無明)에 싸여 있기 때문에 모르는 사실까지도 보살은 알았다.

 보살은 새벽이 다가올 무렵, 자신이 깨달은 진리를 정리하기 시작하였다.

 첫째로, 인간의 실존(實存)은 괴로움이라고 분명히 아는 것이다. 이 괴로움은 즐거움의 상대가 되는 고(苦)가 아니라, 인간이 설사 행복한 상태에 있다 해도 결국은 필연적으로 벗어날 길이 없는 인간의 조건으로서의 괴로움이다. 둘째로, 그 괴로움의 원인은 무엇인가. 인간의 생존은 그 근저에 욕망이 깔려 있고,

이 욕망으로 인하여 갈등이 생긴다. 무명에 싸여 있기 때문에 인간은 맹목적으로 욕망을 추종한다. 욕망으로 인한 갈등과 갈망은 곧 괴로움의 원인이다. 셋째, 때문에 이 괴로움의 원인인 갈망, 즉 번뇌를 없애는 것은 곧 괴로움을 없애는 것이다. 넷째, 없애는 방법, 즉 길이 있어야 한다.

보살은 인간의 존재를 괴로움이라고 아는 것[苦]이 우선 선결문제라고 생각했다. 그리고 그 괴로움의 원인이 되어 괴로움을 모으는 것[集]을 확실하게 알아야 한다. 괴로움의 원인이 되는 갈망, 즉 번뇌를 없애는 것, 즉 무상한 인간의 존재를 초월하여 집착을 끊는 것이 괴로움을 없앤[滅] 깨달음의 경지라고 생각했으며, 그러한 깨달음에 이르는 실천[道]이 있어야 한다고 생각했다. 보살은 이 거룩한 네 가지 진리를 깨닫고, 이렇게 생각하였다.

'네 가지 진리를 바르게 보아야 하고, 바르게 사유(思惟)해야 하며, 바르게 말해야 하며, 바르게 생활해야 하며, 몸과 말과 뜻을 청정하게 해야 하며, 바르게 정진해야 하며, 삿된 생각이 없이 바른 도를 기억해야 하며, 그러므로써 바른 도에 든다.'

이어서 보살은 생각하였다.

'이 길이 바르고 거룩한 여덟 가지 도(八正聖道)이다. 이는 과거·현재·미래의 부처님들이 실제로 행한 길이며, 열반에 나아가는 길이다. 나도 이제 실천하여 지혜에 통달하고 걸리는 것이 없다.'

이 때, 대지는 열 여덟 가지로 진동하였고, 바야흐로 어둠은 걷히고 밝음이 밀려왔다.

제8장 대법륜(大法輪)
전법륜상(轉法輪相)

1. 부처님의 고민(苦憫)

　성도(成道)한 보살은 자신이 이룬 도를 경험하고 확인하기 위하여, 일곱 군데에서 7일간씩 49일간을 정(定)에 들어 해탈의 기쁨을 느꼈다. 이 49일 동안을 부처님 혼자서만 계신 것은 아니었다. 둘째 주(週)에는 한 사람의 교만한 바라문이 지나다가 부처님에게 말을 걸었다.
　"고타마여, 무엇을 의지해야 참된 바라문이 되며, 어떠한 법이 바라문의 본분이오?"
　부처님께서 말씀하셨다.
　"바라문으로서 악한 일을 하지 않고 교만한 마음을 없애며, 깨끗하게 마음을 조복하고, 베다(吠陀)의 심오한 뜻에 통달하고, 청정한 범행(梵行)에 머물면 이를 곧 올바른 바라문이라고 하는데, 이는 욕망이 끊어져 없기 때문이오."
　그러나 바라문은 교만한 마음에 부처님의 그러한 말이 비위에 거슬려 코웃음을 치고 떠났다. 그는 만나기 어려운 부처님의 법을 듣고도 그 기회를 버린 것이다. 인연이 없는 중생의 제도가 어려운 것을 알 수 있다.
　또, 어느 때는 마왕 파순이 딸들을 보내어 부처님을 마지막으로 시험하였으나 부처님은 요지부동이었다. 마왕 파순의 딸들은 각각 애욕과 혐오와 염착(染着)이란 이름에 합당한 유혹을 하였으나, 부처님께서는 이렇게 말씀하셨다.

"물러가라. 너희들은 부질없는 짓을 하고 있다. 여래(如來)보다는 아직 탐욕에서 떠나지 못한 이에게 가서 하는 것이 좋으리라. 여래는 이미 탐욕을 떠났으며, 분노와 어리석음이 없느니라."

마왕의 딸들은 아버지 마왕이 근심에 싸여 하던 말이 옳다고 생각하였다. 마왕은 보살의 성도하심을 보고 딸들에게 '부처님은 나의 영토를 떠난 아라한이므로 탐욕으로는 유혹할 수 없다'고 했던 것이다.

이 49일 동안의 일 중에서 우리가 가장 주목해야 할 일이 있다. 그것은 부처님께서 중생교화에 대하여 생각하신 일이다.

보살이 성도한 것을 본 신들이 말하였다.

"자, 꽃을 뿌리자. 보살이 성도(成道)하였다."

그러나, 다른 신들은 말하였다.

"꽃을 뿌리는 것은 아직 이르다. 세존께서 상서로운 징조를 나타내기까지는 기다려야 한다. 과거의 모든 부처님들도 상서로운 징조를 보이셨기 때문이다."

그 때, 부처님께서는 신들의 생각을 아시고, 곧 높은 허공에 올라 이렇게 게송을 읊었다.

    번뇌는 이미 사라졌다.
    번뇌의 흐름도 이미 없어졌다.
    이제는 다시 태어나는 일이 없으리니,
    이것을 고뇌의 최후라고 이름한다.

그러자, 신들은 일제히 꽃을 뿌려 부처님을 축복하였다. 또, 모든 어둠은 사라지고 모든 세계는 기쁨으로 충만되었다. 부처님의 머리 위에는 보석의 천개(天蓋)가 걸리고, 그 광명은 삼천대천 세계를 비추었다. 모든 부처님과 보살들은 새로이 탄생한 부처님의 덕을 찬탄하였다. 뿐만 아니라, 마왕과 그 권속까지도 부처님의 탄생을 찬탄하고 경의를 표하며, 대지의 무수한 신들도 꽃과 향을 바쳐 축복하였다.

경전에 의하면, 여래께서 보리수 아래 사자좌에 앉아 깨달음을 얻는 순간, 한 없는 부처님의 상서(祥瑞)가 나타났으며, 그 상서를 이야기한다면 몇 세대를 지나도 다 이야기 할 수 없다고 말한다.

그 때, 부처님께서는 마지막 7일 동안의 선정에 들어 생각하였다.

'나는 오늘을 위해 4 아승지·10만 겁 동안을 고행하였다. 이제 나는 이곳에서 온갖 번뇌를 다하고 할 일을 다 마쳤으며, 본래 바라던 도를 원만히 이루었다. 내가 얻은 법은 매우 깊고 커서 중생이 이해하기가 어렵다. 오직 부처님만이 알 수가 있다. 일체 중생은 다섯 가지로 흐린[五濁] 세상에서 탐내고, 성내고, 어리석고, 삿된 소견에 따르며, 교만하고 아첨하기 때문에 그에 가리고 막혀 있으며, 복이 엷고 근기가 둔하며, 지혜가 없어 나의 법을 전하기 어렵다. 이제 내가 법륜(法輪)을 굴리면, 그들은 반드시 정신이 혼미(混迷)하여 믿어 받들지 않고 오히려 비방을 할 것이며, 바른 법을 비방한 죄업으로 인하여 장차 나쁜 세계에 떨어져 온갖 고통을 받을 것이다. 차라리 잠자코 열반에 드는 것이 좋으리라.'

그리고 게송을 읊었다.

거룩한 도는 오르기가 매우 어렵고
지혜는 얻기가 어렵네.
생사의 고해에 흘러 다니며
즐거움에 집착하고, 어리석어 소경이 된
근원에 돌아갈 줄 모르는 이들을
어떻게 제도할 수 있으리.

그 때, 대범천왕은 여래께서 이미 도를 이루셨음에도 법륜을 굴리지 않음을 보고 생각하였다.

'세존께서는 수없이 많은 겁과 생을 통하여, 중생들을 위하기 때문에 생사를 거듭하면서 왕으로 태어나서는 왕위와 나라를 버리고, 아내와 자식과 자신의 몸과 그 밖의 모든 것을 버렸으면서, 이제 보리도(菩提道)를 이루셨음에도 어찌하여 잠자코 계시며, 법륜을 굴리지 아니 하실까. 아, 중생은 앞으로도 오랜 세월을 생사의 고해에 빠지겠구나. 나는 부처님을 찾아가 법륜을 굴리시도록 청하리라.'

대범천왕은 곧 부처님 앞에 나타나 합장하고, 엎드려 예배하고서 아뢰었다.

"세존이시여, 먼 옛날로부터 무수한 생사의 고해에 나시어, 모든 것을 버려 보시하면서 도를 이루시기를 원하였고, 그것은 오직 중생을 위하는 자비심에서 나온 것이었습니다. 지금 세존께서는 도를 이루셨는데 어찌하여 도를 설하시지 않사옵니까. 중생들은 오랫동안 생사에 빠져 있고 무명의 어둠에 싸여 있으며, 뛰쳐나올 기약이 없습니다.

"세존이시여, 많은 중생 가운데는 그래도 지난 세상에 선한 벗을 친하고 가까이 하여 덕의 근본을 심은 이들이 있습니다. 부디 이들을 가엾이 여기시어 미묘한 법륜을 굴려 주십시오."
　부처님께서 말씀하시었다.
　"나 또한 중생을 위하여 법륜을 굴리고 싶다. 그러나 나의 법이 미묘하고 깊어 이해하기가 어려워, 중생들로 하여금 정법(正法)을 비방하는 악업을 짓게 하여 나쁜 세계에 빠지게 할까 두려워 망설이고 있는 것이다."
　그러나 대범천왕은 거듭 세 번을 간청하였고, 부처님께서도 드디어 허락을 하시었다. 그리고 맨 처음의 대상으로 알라 선인을 생각하였다. 그러나 알라 선인은 이미 죽은 뒤였다. 그 다음 웃다카 선인을 생각하였다. 그러나 그도 이미 죽은 뒤였다. 다음으로 교진여 등 다섯 사람을 생각하였다. 부처님께서는 그들 다섯 사람이 있는 녹야원(鹿野苑)을 찾아가 맨 처음의 법륜을 굴리기로 결정하시었다.
　그리고 부처님은 생각하시었다.
　'옛날의 모든 부처님께서 법륜을 굴리신 곳도 녹야원이었다. 나도 이 곳에서 맨 처음의 법륜을 굴리리라.'
　그 때, 파다라사나(跋陀羅斯那)와 파다라리(跋陀羅梨)라고 하는 두 사람의 상인이 5백의 수레에 상품을 가득 실은 대상(隊商)을 이끌고 지나가고 있었다. 갑자기 맨 앞의 두 마리 소가 멈추어 섰다. 아무리 채찍질을 해도 소가 움직이지 않으므로 상인들은 이상하게 생각하였다. 그 때, 숲의 신들이 상인들에게 말을 하였다.
　"근심하지 말라. 지금 부처님께서 세상에 나오셨다. 정각(正

覺)을 이루시어 이 숲에 계신다. 49일 동안 아무 것도 잡수시지 않았으니, 그대들은 공양을 올리라. 그대들의 공양은 맨 처음의 공양이 되리라."

　두 사람은 숲 속으로 들어가 부처님을 찾았다. 햇빛과 같이 찬란한 부처님의 좌선하는 모습을 보았다. 두 사람은 곧 돌아와 꿀과 미싯가루와 우유를 가지고 맛있는 음식을 만들어 부처님께 올렸다.

　그 때, 부처님께서는 이렇게 생각하시었다.

　'모든 부처님은 음식을 받을 때 맨손으로 받지를 않는다. 반드시 바루에 받는다.'

　사천왕(四天王)들은 부처님의 이 같은 생각을 알고서 황금의 바루를 만들어 올렸다. 그러나 부처님은 '출가자(出家者)의 법도에 맞지 않는다'하시고 받지 않았다. 사천왕들은 다시 네 개의 돌 바루를 드렸다. 부처님께서는 네 개의 바루를 겹쳐 하나로 만들어 상인들이 올리는 음식을 받았다. 부처님께서 공양을 마치자, 두 사람의 상인은 부처님의 발 아래 엎드려 예배하고 말하였다.

　"세존이시여, 저희들은 부처님과 부처님의 법에 귀의(歸依)합니다. 재가신도(在家信徒)가 되도록 허락하여 주십시오. 평생 동안 귀의하겠습니다."

　부처님은 기쁘게 허락하시고, 녹야원을 향하여 대법륜(大法輪)의 첫 걸음을 내딛었다.

2. 다섯 사람의 비구

 우리는 성도 직후의 교화에 대한 부처님의 뜻에 주목해야 겠다. 부처님께서 성도하신 뒤에 교화를 주저한 것은 부처님께서 깨달은 법에 대해 스스로 확신이 없거나, 아직도 의심할 여지가 있었기 때문이 아니다. 대범천왕과의 대화는 교화 받을 중생의 마음 속에 자리한 의혹을 덜어주기 위한 방편이었다. 교만하고 인연이 없는 바라문과의 대화에서 우리는 그것을 알 수 있다. 보다 공고하게, 보다 확신을 가지고 가르침을 받아야 할 중생의 자세를 암시적으로 설한 것이다. 진리를 받아들이는 자가 받아들일 준비가 되어 있지 않을 때, 도리어 그것으로 인하여 해를 입을 것을 알고 걱정하는 부처님의 자비로운 마음을 우리는 알아야 한다.
 부처님께서는 대범천왕의 간청을 받고 교화할 중생을 낱낱이 관찰하신다. 사람은 근기(根機)에 따라 세 가지로 나눌 수가 있다. 가장 낮은 근기를 가진 사람은 부처님이 설법을 하거나 하지 않거나 깨달을 기회는 없다. 또 가장 높은 근기를 가진 자는 법을 설하지 않고 듣지 않아도 언젠가는 깨닫는다. 높지도 낮지도 않은 중간에 위치한 사람들은 부처님의 설법을 들으면 깨달을 것이다. 그러나 듣지 않으면 깨닫지 못할 것이다. 이들을 위해 부처님께서는 설법하기로 결심하신 것이다. 그리하여 부처님께서는 다음과 같이 게송으로 말씀하셨다.

 나는 감로(甘露)를 비 내리 듯 내리리라.

모든 세간의 중생들
믿음이 있는 이는 이 법을 들으라.

그렇다면, 믿음이 있는 자 만이 법을 듣고, 믿음이 없는 자는 듣지 말라는 뜻인가? 아니다. 부처님께서는 믿음이 없는 자를 더 소중히 여기신다. 믿음이 없는 중생으로 하여금 믿음이 일어 법을 듣게 하신다. 그것은 부처님께서 강조한 보살사상으로도 알 수 있다. 교만한 바라문의 이야기는 우리를 경계하기 위한 것이다. 믿음이 없는 자에게 법을 설하여 그를 깨우쳐 준 예는 다섯 비구에게 설한 맨 처음의 설법에서도 볼 수 있다. 이 맨 처음의 설법이 믿음이 없는 자를 대상으로 시작된 것은 그러한 점에서 의미가 크다.

이 다섯 사람은 싯다르타 태자가 출가했을 때, 태자의 신변을 보호하기 위하여 석가족 가운데서 선발되어 보낸 사람들로서, 태자의 출가에 자극을 받아 웃다카 밑에서 출가하여 수행하던 교진여 등 다섯 사람이었다. 그들은 싯다르타 태자의 덕을 사모하여 태자가 6년을 고행한 숲에서 함께 지내며 태자의 맹렬한 고행에 감탄하였으나, 태자가 고행을 버린 것을 보고는 실망하여 떠난 사람들이었다. 그들에게는 성도한 부처님에 대한 믿음도 존경심도 없었던 것이다.

부처님께서 보리수를 떠나 녹야원이 있는 베나레스를 향하여 가는 도중에 우바카라는 외도를 만났다. 외도는 부처님의 얼굴을 보고서 말하였다.

"당신은 맑고 빛나는 얼굴을 하고 있는데, 누구를 따라 출가했으며, 누구를 스승으로 삼고 누구의 가르침을 신봉합니까?"

부처님께서 말씀하셨다.

"나는 모든 사람 가운데서 가장 뛰어난 사람이며, 모든 것을 아는 지혜로운 사람이며, 나는 혼자서 깨달음을 얻었으므로 스승이 없다. 또, 나와 비교할 사람이 없다. 나는 부처이다."

그러나 우바카는 '어쩌면 그럴지도 모른다'고 생각하면서도, 고개를 흔들며 가던 길을 갔다. 우바카는 부처님을 만나고도 가르침을 받을 인연이 없었다. 그러나 부처님을 만난 인연으로 다음에 출가하여 아라한이 되었다는 설이 있다.

부처님께서는 이른 아침에 간지스 강에 도달하셨다. 강을 건너 위해서는 나룻배를 타야 하는데, 부처님에게는 뱃삯이 없었으므로 사공은 배를 태워 주지 않았다. 부처님께서는 허공을 날아 맞은 편 강기슭에 내렸다. 그것을 본 사공은 크게 놀라 정신을 잃고 쓰러졌다. 깨어난 사공은 뉘우치면서 빔비사라 왕에게 뛰어가 보고하였다. 이 때, 왕은 출가한 수행인에게서는 뱃삯을 받지 말라고 명하였다.

허공을 날아 강을 건너 뛴 이 이야기는, 출가할 때 강을 뛰어 건넌 것과 함께 매우 상징적인 의미가 있다. 출가할 때 강을 뛰어 넘은 것은 속세에 모든 것을 뛰어 넘은 것을 상징하며, 성도한 뒤에 강을 뛰어 넘은 것은 현실 세계인 이쪽 언덕(此岸)에서 이상 세계인 저쪽 언덕(彼岸)으로 건너 간 것을 상징한다. 즉, 성도(成道)하여 열반의 세계에 도달한 것을 상징한다.

베나레스에 도착한 부처님께서는, 출가한 수행인의 법에 따라 바루를 들고 탁발을 하여 식사를 마친 뒤에 성 밖에 있는 녹야원으로 가셨다. 다섯 사람의 비구들은 부처님께서 다가오는 것을 바라보면서 말하였다.

"저 사람은 고타마가 아닌가? 그는 고행하기를 포기한 타락한 사람이다. 전에 그처럼 고행을 했어도 도를 이루지 못하였는데, 고행을 버린 지금인들 무엇이 됐겠는가. 가까이 와도 경의를 나타낼 필요가 없다. 고행을 버리고 호강을 했기 때문에 몸은 살찌고 모든 감관은 활짝 열려 있어 풍만하고 황금 빛깔이 되었구나. 다른 곳으로 갔으면 좋겠지만 이곳으로 온다 해도 반길 것이 아니다. 다만 수행인의 습관에 따라 발 씻을 물이나 준비해 주고 먹을 것은 나누어 주지만, 제멋대로 하라고 내버려 두자."

그러나 부처님께서 가까이 오시자, 그들은 자신도 모르는 사이에 자리를 차고 일어나 부처님께 예배하고 마중하였다. 어떤 사람은 깔 것을 가져오고 어떤 사람은 발을 씻어 주고 어떤 사람은 부처님의 가사를 받았다. 다섯 사람은 부처님의 얼굴빛이 전과 전혀 다른 것에 놀랐다. 얼굴은 맑고 밝고 깨끗하였으며, 몸은 황금빛으로 빛났다. 다섯 사람은 '어떻게 되어 이같이 변했는가?' 의심이 되어, 전과 같이 '벗, 고타마여'라고 불렀다. 그러자 부처님께서는 그들의 생각을 아시고 말씀하셨다.

"비구들아, 여래(如來)를 향하여 이름을 부르거나 벗이라고 불러서는 안 된다. 나 여래는 공양을 받음에 합당한, 바르게 깨달은 사람(正等覺者)이다. 나의 가르침에 따라 수행하면, 오래지 않아서 깨달음을 얻어 출가한 목적을 이룰 것이다."

그러나 다섯 사람의 비구들은 믿으려 하지 않았다.

"고타마여, 당신은 지금까지 고행을 하였지만 가장 뛰어난 지견(知見)을 얻지 못하였소. 그런데 지금은 호사스런 생활을 하면서 노력하지도 않고 있습니다. 어떻게 뛰어난 지견을 얻었다고 합니까?"

부처님께서 말씀하셨다.

"나의 마음은 모든 장애를 벗어났고 분별하지 않는다. 너희는 교만하여 믿지 않으므로 해서, 스스로 악한 과보를 부르고 있다. 비구들아, 여래는 결코 호사스럽지도 않고, 노력을 하지 않는 것도 아니다. 여래는 공양을 받음에 합당하며, 바른 깨달음을 얻은 사람이다. 너희는 법을 듣는 귀를 가져야 한다. 법을 듣는 귀를 준비하여라."

다섯 사람의 비구들은 같은 질문을 세 번 하고, 부처님의 답을 세 번 들은 뒤에야, 비로소 믿게 되었다. 두 사람에게 설법을 하면 세 사람이 탁발을 가고, 세 사람이 설법을 들을 때는 두 사람이 탁발을 하여, 여섯 사람이 함께 식사하는 공동생활을 시작하였다. 이렇게 해서 승단(僧團)은 시작되었다.

다섯 사람의 비구들이 처음의 약속을 깨뜨리고 부처님을 예배한 사실은 중요하다. 믿음이 없는 자에게 부처님의 위력이 믿음을 낳게 하고 믿음의 계기를 마련해 주었다. 이것은 믿음이 없는 모든 중생을 제도하고자 하는 부처님의 위신력(威神力)이다. 그럼에도 비구들이 세 차례를 물은 것은 자유스러운 의사에 따라 스스로 선택하게 하기 위해서다. 절대적이고 완전한 자유를 얻기 위한 종교가 불교인 면모를 여기에서 볼 수 있는 것이다.

3. 최초의 설법(說法)

부처님께서는 다섯 비구에게 최초의 설법을 하시었다.

"비구들아, 세간에는 두 가지 극단(極端)이 있다. 출가한 수행인은 이 두 가지 극단에 치우쳐서는 아니 된다. 그 두 가지 극단이란 무엇인가.

하나는 관능을 따라 욕망의 쾌락에 빠지는 것이다. 이것은 야비하고 저속한 것이다. 이것은 범부의 일이며 거룩한 것이 아니다. 출가인의 참다운 목적을 위해서는 아무런 이익이 없다. 다른 하나는 자기를 지나치게 괴롭히는 고행이다. 스스로 육체적인 고행에 열중하는 것은 괴로울 뿐, 거룩한 것이 아니며, 참다운 목적을 위해서는 아무런 이익이 없다.

비구들아, 여래는 이 두 가지 극단을 버리고 중도(中道)를 깨달은 것이다. 이 중도야말로 범부의 눈을 뜨게 하고, 지혜를 낳게 하며, 영원한 평화와 통찰력을 얻게 하여, 적멸(寂滅)과 깨달음과 열반에 이르는데 도움이 된다."

부처님께서는 이어서, 4성제와 8정도를 설하셨다.

"비구들아, 괴로움이라고 하는 거룩한 진리(苦諦)가 있다. 태어나는 것도 괴로움이며, 늙는 것도 괴로움이며, 병을 앓는 것도 괴로움이며, 죽는 것도 괴로움이다. 근심과 걱정과 슬픔과 안타까움도 괴로움이다. 미워하는 사람끼리 만나는 것도 괴로움이며, 사랑하는 사람과 헤어지는 것도 괴로움이다. 바라는 것을 얻지 못하는 것도 괴로움이며, 우리들의 인생 전부가 괴로움이다.

비구들아, 이와 같은 괴로움이 생기는 원인을 말하는 거룩한 진리(集諦)가 있다. 미혹(迷惑)한 생존을 있게 하고, 기쁨과 탐욕을 동반하고, 모든 것에 집착하는 애욕과 갈망이 곧 괴로움의 원인이다. 그것은 정욕적인 애욕과 생존에 대한 갈애(渴愛)와 생존이 없어질까 봐 집착하는 갈망의 셋이다.
 비구들아, 이같은 괴로움을 없애기 위한 거룩한 진리(滅諦)가 있다. 이 갈애를 남김없이 없애고 버리며, 떠나고 벗어나 집착하지 않는 것이다.
 비구들아, 괴로움을 없앤 상태에 도달하는 길인 거룩한 진리(道諦)가 있다. 그것은 여덟 가지 거룩한 실천이다. 즉, 그것은 바른 견해와 바른 생각과 바른 말과 바른 업(業)과 바른 생활과 바른 정진과 바른 기억(念)과 바른 선정(禪定)이다.
 비구들아, 나는 괴로움에 대한 거룩한 진리를 발견하고 그것을 철저히 인식하였으며, 괴로움의 원인을 발견하고 그것을 끊어 없앴으며, 따라서 괴로움을 없애는 길을 발견하고 그것을 실제로 실천하였다. 나는 이 네 가지 거룩한 진리를 각각 세 가지 단계로 나누어 고찰했고, 그 열 두 가지 행상(十二行相)을 바르게 인식하므로 해서 부처가 되었다. 무릇 생긴 모든 것은 소멸(消滅)하는 성질을 가졌고, 그 지은 업에 따라 다시 태어나지만, 나의 해탈은 확고부동한 것이므로 이것은 나의 최후의 생애이며, 이후로는 다시 태어나는 일이 없다."
 이 같은 최초의 설법을 들은 다섯 비구는 차례로 깨달음을 얻어, 아라한(阿羅漢·諦師)이 되었다.

4. 야사(耶舍)의 출가와 포교(布敎)의 선언

 그 무렵, 베나레스에 야사라고 하는 부호의 아들이 있었다.

그는 젊고 어여쁜 아내와 많은 시녀들에게 둘러싸여 애욕의 생활에 빠져 있었다. 어느 날의 밤이었다. 그는 놀이에 지쳐 그 자리에 쓰러져 잠이 들었다. 여자들도 지쳐서 잠이 들었다. 등불만이 밝게 빛나고 있었다. 밤중에 문득 잠이 깬 야사는 잠든 여자들의 흐트러진 모습을 보았다. 비파를 옆구리에 낀 여자, 북을 베고 누운 여자, 북을 배 위에 올려 놓고 자는 여자, 머리는 풀어 헤쳐있고 침을 흘리며 얼굴에 지분이 얼룩진 여자, 잠꼬대를 하고 몸을 뒤척이며 자는 모습들은 참으로 볼 수가 없었다. 마치 썩은 시체들이 악취를 풍기며, 여기저기 뒹굴고 있는 것 같았다. 이것을 본 야사는 구역질이 치미는 것을 느꼈다. 그는 견딜 수 없어 밖으로 뛰어 나오면서 말했다.

"아, 보기가 싫다. 보기가 괴롭다. 괴롭다!"

그는 수없이 되뇌이면서 성을 빠져 나와, 어느덧 부처님이 계시는 녹야원에 이르렀다. 야사는 부처님 앞에 와서도, '아, 괴롭다. 괴롭다'하면서, 허공을 쳐다보며 한숨지었다. 그것을 본 부처님께서 말씀하시었다.

"야사야, 여기에는 싫어할 일도 괴로운 일도 없다. 야사야, 여기에 앉아라, 너를 위하여 법을 설하여 주리라."

야사는 부처님의 말씀을 듣자 크게 기뻐하며, 곧 황금의 신발을 벗고 부처님께 예배하고 앉았다. 야사는 본래가 현명하였으므로, 부처님께서 설하시는 네 가지 거룩한 진리(四聖諦)와 여덟 가지 바르고 거룩한 길(八正聖道)과 열 두 가지 인연(十二因緣)을 금방 이해하고 깨달았다. 야사가 없어진 것을 안 그의 아버지는 사방으로 사람을 놓아 아들을 찾았다. 자기 자신은 바라문들이 수도하는 숲을 찾아 헤맸다. 야사의 아버지는 길에서 아들의 황금 신발을 발견하고 아들이 녹야원으로 간 것을 알았다. 부처님께서는 야사의 아버지가 아들을 찾아 가까이 오는 것을 보고 생각하시었다.
'그렇다. 나는 신통력으로 장자가 이 곳에 와서 앉아도, 여기 앉아 있는 그의 아들을 볼 수 없도록 하리라.'
그리고 곧 신통의 변화를 나타냈다. 장자는 부처님의 처소에 이르러 말하였다.
"세존께서는 양가(良家)의 아들 야사를 보지 못하셨습니까?"
부처님께서 말씀하시었다.
"우선 앉으시오. 여기 앉아 있으면, 당신은 여기 앉아 있는 양가의 아들 야사를 반드시 볼 수 있을 것이오."
장자는 '여기 앉아 있으면, 여기 앉아 있는 양가의 아들 야사를 볼 수 있으리라'생각하고, 부처님께 예배한 다음 자리에 앉았다. 장자가 자리에 앉자, 부처님께서는 보시에 관한 이야기, 사람이 지켜야 할 것, 하늘에 태어나는 이야기, 모든 욕망에는 환난이 따르며 저속하다는 이야기와, 미혹을 벗어나는 것이 중생에게 이롭다는 이야기들을 하시었다. 그리고 이어서 네 가지 거룩한 진리를 설하신 다음, 이렇게 말씀하시었다.
"무릇 인연에 의하여 모이고 생긴 것은 모두가 소멸(消滅)한다."
장자는 부처님의 설법을 듣고서, 곧 법을 보고 법을 알고, 법을 얻고, 법에 깊이 들어 의심하지 않고, 망설이지 않고 확신을 얻었으며, 스승의 가르침 안에 있어, 다른 사람에게 의지하지 않는 경지에 이르렀다. 그는 부처님께 사뢰었다.
"훌륭하십니다. 세존이시여, 훌륭하십니다. 넘어진 자를 일으켜 세워 주듯이, 감추어진 것을 드러내듯이, 방향을 몰라 헤매는 자에게 길을 가리키듯이, 눈이 있는 자가 볼 수 있도록 어둠 속에 등불을 밝히듯이, 세존께서는 여러 가지 방법으로 진리를 밝혀 주셨습니다. 저는 이제 세존께 귀의하여 받들고자 합니다. 또, 세존의 가르침[法]과 스님에게 귀의하여 받들겠습니다. 세존이시여, 저를 재가신도로 받아 주십시오. 저는 오늘부터 목숨이 다하기까지 귀의합니다.”

이렇게 해서 부처님과, 부처님의 가르침과, 부처님과 부처님의 가르침을 따르며 실천하는 스님에게 귀의하는, 삼귀의(三歸依)가 처음으로 이루어졌다. 야사는, 아버지를 위한 설법이 진행되는 동안, 스스로의 마음을 관찰하고 집착이 없어져 번뇌로부터 해탈하였다. 그 때, 부처님께서는 이같이 생각하시었다.

'아버지를 위해 설법하는 동안, 야사는 스스로의 마음을 관찰하고, 집착이 없어져 마음이 번뇌로부터 해탈하였다. 이제 야사가 집에 돌아간다 해도, 전과 같이 자기를 욕망 속에 내던지는 향락을 하지는 않을 것이다. 그러므로 이제 신통에 의한 변화를 거두어도 좋으리라.'

그리고 신통에 의한 변화를 거두었다. 그 때, 야사는 부처님을 우러러 보고 있었다. 부처님께서는 야사의 아버지에게 말씀하시었다.

"거사(居士)여, 당신은 어떻게 생각합니까. 야사는 당신과 같이 배우는 자의 지식에 의하여, 배우는 자의 직관에 의하여 이미 법을 보았습니다. 그는 본 대로 아는 대로 스스로의 마음을 관찰하고 집착이 없어져 마음이 번뇌로부터 해탈하였습니다. 거사여, 야사가 세속에 돌아가 전과 같은 생활을 한다면, 여러 가지 욕망을 향락하리라 생각합니까?"
 "세존이시여, 그렇지는 않을 것입니다."
 "그렇습니다. 그렇지 않을 것입니다."
 "세존이시여, 야사가 집착이 없어지고, 마음이 번뇌에서 해탈한 것은, 야사를 위하여 이로운 일입니다. 세존이시여, 야사로 하여금 시봉을 하게 하시고, 저의 집에 오셔서 공양을 받아 주십시오."
 부처님께서는 침묵으로 승낙을 하셨다. 거사는 부처님께 정중하게 예배한 다음 돌아갔다. 야사는 부처님께 사뢰었다.
 "세존이시여, 저는 출가하여 세존에게서 계를 받고자 합니다."
 부처님께서 말씀하시었다.
 "오라. 비구여, 법은 훌륭하게 설해졌느니라. 괴로움을 바르게 끊어 없애기 위하여, 수행승(修行僧)으로서 깨끗한 행을 하여라."
 야사는 계를 받고 아라한(阿羅漢)이 되었다.
 다음날, 부처님께서는 교진여 등 다섯 비구와 야사를 데리고 야사의 옛집으로 가서 공양을 하시고, 네 가지 거룩한 진리를 설하시었다. 설법을 들은 야사의 어머니와 아내는 부처님과 부처님의 가르침과 스님들에게 귀의하였다. 이리하여 최초의 여자 신도가 생기게 되었다.
 야사의 출가는 베나레스의 상류층 자제들에게 충격을 주었다. 특히 야사와 친했던 친구들 가운데 이후(離垢)와 선비(善臂)와 만승(滿勝)과 우주(牛住) 네 사람은, 야사의 출가에 대해서 이렇게 생각하였다.

'야사는 좋은 집안의 아들이다. 그 좋은 집안의 아들이 출가함에는 반드시 까닭이 있을 것이다. 세존의 가르침과 계율은 결코 낮은 것이 아닐 것이다. 왜냐하면, 좋은 집안의 아들인 야사가 머리와 수염을 깎고, 노란 옷을 입은 출가자가 되었기 때문이다.'

그들 네 사람은 야사가 있는 곳을 찾아갔다. 야사는 네 사람을 부처님의 처소로 데리고 가서, 그들을 위하여 법을 설해 주실 것을 청하였다. 부처님께서는 네 가지 거룩한 진리를 설하였으며, 설법을 들은 그들 네 사람도 계를 받고 출가하였다. 야사와 그 친구 네 사람이 출가한 사실은, 야사의 출가로 해서 충격을 받았던 보다 많은 상류층의 젊은이들에게 출가할 용기를 주었다. 그들 50명이 이후(離垢) 등 네 사람과 같은 생각을 하고 출가하여 깨달음을 얻었다. 이로써 아라한은 부처님을 포함해서 예순 사람이 되었다.

그 때, 부처님께서는 예순 사람의 비구들에게 말씀하시었다.

"비구들아, 나는 신과 사람을 속박하는 모든 속박으로부터 해탈하였다.

비구들아, 너희도 신과 사람을 속박하는 모든 속박으로부터 해탈하였다.

비구들아, 가거라! 모든 중생의 이익을 위하여, 모든 중생을 안락하게 하기 위하여, 세간을 가엾이 여기기 때문에, 신과 사람의 복지(福祉)와 이익과 안락을 위하여, 가서 가르침을 베풀어라.

비구들아, 처음과 중간과 끝을 한결같이 모두 잘 해야 한다. 내용도 있고 말도 분명하게 교법(敎法)을 설하여라. 한결같이 완전하게, 맑고 깨끗한 수행을 알려라. 이 세간에는 더럽혀지지 않은 사람들이 있다. 그들은 교법을 듣지 못하면 퇴보할 것이지만, 들으면 깨달을 것이다.

비구들아, 나도 우루빈나(優樓頻那)의 세에나 마을로 가서 교법을 설할 것이다."

이렇게 해서, 예순 한 사람의 아라한들은 포교 활동을 시작하였다. 부처님 자신은 베나레스를 향해서 오던 길을 되돌아, 항하를 건너 가시게 되었다. 마가다 국을 향하여 가는 도중, 길에서 떨어진 숲을 지나게 되었다. 그 숲에서는 그 지방의 상류층 젊은이들 30명이 아내와 함께 와서 놀고 있었다. 그러나 그 중의 한 젊은이는 창녀를 데리고 와서 놀았다. 모든 사람이 놀이에 열중해 있을 때, 그 창녀는 여러 사람의 옷과 장신구(裝身具)를 가지고 달아나 버렸다. 젊은이들은 물건을 잃어 버린 것을 알자, 당황하여 그 여자를 찾아 숲 속을 헤매었다. 그들은 부처님께서 좌선하고 있는 곳까지 이르렀다.

젊은이들은 부처님께 여쭈었다.

"한 사람의 여자를 보지 못하셨습니까?"

"여자를 어쩔 셈인가?"

"도둑을 맞았기 때문에 찾고 있습니다."

"젊은이들, 여자를 찾는 것과 자기 자신을 찾는 것중 어느 쪽이 더 중요한가?"

"물론 자기 자신을 찾는 일입니다."

"좋다. 그러면 여기 앉아라."

이리하여, 30명의 젊은이들은 부처님에게서 법을 듣고 그 자리에서 출가하였으며, 제자는 90명으로 불어났다.

5. 우루빈나 카샤파(優樓頻那迦葉)와 그 형제의 귀의

그 때, 마가다 국은 빔비사라 왕이 통치하고 있었으며, 종교활동이 매우 활발하였다. 그 중에서도 우루빈나 카샤파(優樓頻那迦葉)의 삼형제는 국왕인 빔비사라 왕을 비롯하여, 마가다 국과 그 동쪽에 있는 앙카 국에 많은 신도를 가지고 있었으며, 그들의 존경과 신망을 받고 있었다. 세 사람은 니련선하 주변에 살고 있었으며, 맏형인 우루빈나 카샤파는 5백 명의 제자를, 둘째인 나디 카샤파는 3백 명의 제자를, 셋째인 가야 카샤파는 2백 명의 제자를 각각 거느리고 있었다. 그들은 바라문의 집안에 태어나 출가한 고행승(苦行僧)으로, 불의 신을 숭배하고 있었다. 그들은 머리를 묶었으므로 결발행자(結髮行者)라고 불렸다.

세에나 마을에 도착한 부처님께서는 우루빈나 카샤파가 있는 곳으로 가셔서 이렇게 말씀하시었다.

"카샤파여, 만약 그대에게 지장이 없다면, 불을 섬기는 제각(祭閣)에서 하루 밤을 지내고 싶은데 어떻겠소?"

"대사문(大沙門)이시여, 저에게는 지장이 없습니다만, 그 곳에는 신통력을 가진 포악한 용왕이 있고, 무서운 독을 가진 독사가 있습니다. 그것이 당신을 해칠까 두렵습니다."

"나를 해치는 자는 없을 것이오. 승락해 주겠소?"

"대사문이시여, 당신의 뜻대로 하십시오."

부처님께서는 제각에 들어가 풀을 깔고 똑바로 앉으셨다. 그 때, 흉악한 용은 부처님께서 들어오신 것을 보자, 불쾌하고 괴로워 연기를 뿜었다. 부처님께서는 '이 용의 가죽과 살과 뼈를 다치지 않고, 불을 가지고 불을 끄리라'고 생각하시고, 신통력으로 그와 같이 하셨다. 그러자, 용은 분노를 참을 길 없어 사나운 화염을 내뿜었다. 부처님께서도 몸으로 화염을 내뿜는 화계삼매(火界三昧)에 들어 화염을 내뿜었다. 양쪽에서 서로 화염을 내뿜으므로 제각은 마치 불을 지른 것처럼 타올랐다. 그 때, 카샤파와 그 제자들은 제각을 둘러싸고 서서 이렇게 말하였다.

"저 단정한 사문은 반드시 용왕의 해침을 받을 것이다."

밤이 새자, 제각의 불길은 잠잠해졌다. 부처님께서는 용의 가죽과 살과 뼈를 조금도 다치지 않고, 신통력을 잃은 용을 바루에 담아 카샤파에게 보이셨다.

"카샤파여, 이것이 당신의 용입니다. 그의 불은 나의 불의 힘에 의하여 꺼지고 말았습니다."

카샤파는 생각하였다.

"이 대사문은 실로 커다란 위신력을 지녔으며, 커다란 신통력을 지닌 사람이다. 이 대사문은 신통력이 있는 포악한 용왕의 불을 불의 힘으로 껐다. 그러나 그는 나와 같은 아라한(眞人)은 아닐 것이다."

부처님께서는 이 같은 카샤파의 생각을 아시고, 무려 3천 5백의 기적을 나타내시었다고 경전에 말하고 있다. 그것은 카샤파가 스스로 아라한이라고 자처하면서 부처님을 인정하려고 아니함으로, 아라한이 갖춘 공덕과 힘을 보여주기 위한 것이었다. 그 몇 가지만을 소개하기로 하자.

어느 날이었다. 카샤파가 큰 제사를 지내는 날이 다음 날로 다가 왔을 때였다. 마가다와 앙카 지방의 많은 사람들이 모여 들었다. 그 때, 카샤파는 이렇게 생각하였다.

'많은 사람이 모인 곳에서 저 대사문이 신통력을 행하면, 군중들은 나보다 저 대사문을 더 존경하게 되고 나는 존경을 잃을 것이다. 그가 제사 지내는 곳에 오지 않았으면 좋겠다.'

부처님께서는 우루빈나 카샤파의 그러한 생각을 아시고, 다른 곳으로 가서 탁발을 하셨다. 얻은 음식을 아누닷타 못가에서 잡수시고, 그 곳에서 제사가 끝나도록 기다리셨다. 제사가 끝난 다음, 카샤파가 부처님의 처소를 찾아와 말하였다.

"대사문이시여, 식사 때가 되었습니다. 함께 가시지요. 대사문이시여, 어제는 어찌하여 오시지 않았습니까? 여러 가지 음식을 준비해 놓고 기다렸으나, 오시지 않아서 저희들은 걱정을 하였습니다."

"카샤파여, 그대는 제사가 행해지고 있는 동안 내가 오지 않기를 바라지 않았소? 내가 신통력을 행하여 군중의 존경을 받을 것이 두려웠기 때문에 오지 않기를 바라지 않았소? 그래서 나는 다른 곳으로 가서 탁발을 했습니다."

카샤파는 놀라서 얼굴을 붉히며 생각하였다.

'이 대사문은 큰 위신력을 가졌으며, 커다란 신통력을 지녔다. 마음으로 마음을 알기 때문이다. 그러나 나와 같은 아라한은 아닐 것이다.'

또, 눈이 오는 추운 어느 때였다. 카샤파의 제자 5백 명이 니련선하의 강물에 들어가, 잠겼다 떠올랐다 하는 의식을 8일 동안 계속하고 있었다. 이 때, 부처님께서는 5백 개의 화로에 불을 피우셨다. 물에서 올라온 카샤파의 제자들은 불을 쬐면서 생각하였다.

'이 많은 불을 피운 사람은 다른 사람이 아닌 저 대사문일 것

이다.'
 이 때, 카샤파는 이렇게 생각하였다.
 '저 대사문은 큰 위신력과 신통력을 가지고 있다. 그것은 5백 개의 화로에 5백 개의 불을 일시에 피웠기 때문이다. 그러나 나와 같은 아라한은 아닐 것이다.'
 그 때, 하늘에서 큰 비가 쏟아져 큰 홍수가 졌다. 부처님이 계신 곳도 물에 잠겼다. 부처님께서는 '나는 이 홍수에 한복판의 물을 없애고, 먼지가 이는 곳을 만들어 그 곳을 거닐리라' 생각하시고, 곧 그와 같이 하셨다. 카샤파는 부처님이 물에 휩쓸려 떠내려 가서는 안 되겠다고 생각하여, 제자들을 독려해서 배를 저어 부처님이 계시는 곳에 이르렀다. 그들은 부처님께서 물이 없는 마른 땅을 거닐고 계시는 것을 보았다. 카샤파가 말하였다.
 "대사문이시여, 당신은 여기 계셨습니까?"
 "카샤파여, 나는 여기 있습니다."
 부처님은 곧 배 위에 뛰어 오르셨다. 카샤파는 생각하였다.
 '이 대사문은 큰 위신력과 신통력을 가지고 있다. 그러나 나와 같은 아라한은 아니다.'
 부처님께서는 어리석은 카샤파가 '나와 같은 아라한이 아니다'는 생각을 버리지는 않고 있으나, 그의 마음이 동요한 것을 아시고 카샤파를 분발시키기로 하셨다. 부처님께서 카샤파에게 말씀하시었다.
 "카샤파여, 그대는 아라한(阿羅漢)이 아니오. 또 아라한으로서의 도를 실천하는 사람도 아니며, 아라한이 되는 도(道)를 실천하는 사람도 아니오. 그대는 그러한 길을 아직 얻지 못하고 있소."

그 때, 우루빈나 카샤파는 부처님의 발 아래 예배하고 사뢰었다.

"세존이시여, 저는 계를 받고 출가하고자 합니다."

"카샤파여, 그대는 5백 명의 스승이며 지도자입니다. 우선 제자들에게 그들의 뜻대로 행동할 것을 허락하시오."

카샤파는 곧 제자들에게 말하였다.

"벗들이여, 나는 대사문의 밑에서 깨끗한 수행을 하리라 생각하고 있습니다. 그대들은 자기가 원하는 대로 행동하기를 바랍니다."

"카샤파여, 우리는 오랫동안 저 대사문을 신뢰하여 왔습니다. 만약 당신께서 대사문의 밑에서 깨끗한 수행을 하신다면, 우리도 대사문 밑에서 깨끗한 수행을 하겠습니다."

그리하여 그들은 묶었던 머리를 깎고, 불에게 제사 지내는 도구들과 휴대품들을 강물에 버렸다. 그리고 부처님에게서 구족계(具足戒)를 받았다.

우루빈나 카샤파의 아우 나디 카샤파는 강물에 떠내려 오는 묶인 머리 다발과 수행인의 휴대품과 제사 도구들을 보고, 형 우루빈나 카샤파에게 어떤 나쁜 일이 생긴 것으로 생각하였다. 그는 곧 3백 명의 제자들과 함께 상류(上流)에 있는 형의 처소를 찾아갔다. 나디 카샤파는 형과 그의 제자 5백 명이 머리를 깎고 출가한 것을 보고서 놀라 물었다.

"형님, 도대체 저 사람의 어디가 형님보다 뛰어납니까?"

형 카샤파는 그동안의 이야기를 들려 주었다. 아우 카샤파와 그 제자들은 이야기를 듣고, 곧 출가하기를 결심하고 부처님에게서 계를 받았다.

　두 사람의 형과 그 제자들이 버린 머리 다발과 물건들이 흘러 오는 것을 본 가야 카샤파는, 두 사람의 형에게 나쁜 일이 일어 나지 않았기를 바라면서, 곧 제자 2백 명을 데리고 상류의 형들 처소를 찾아갔다. 그도 지난 이야기를 듣고, 제자들과 함께 계를 받고 출가하였다.

　이렇게 해서 비구대중(比丘大衆)은 1천을 넘게 되었다.

　이 때 부터, 많은 경전의 첫 머리에 '大比丘衆千二百五十人俱 ····· 큰 비구 1천 2백 50인과 함께······'라고, 회상(會上)을 묘사 하게 되는 중요한 인원이 갖추어진 셈이다. 부처님 회상에 운집 (雲集)한 대중 가운데, 반드시 이들 1천 2백 50인의 비구가 참석 하는 것은 경전 서술의 한 양식이 되고 있는 점을 감안하면, 이 때 출가한 비구가 승단의 기초가 된 것을 알 수 있다. 승단(僧團)을 승가(僧伽)라고 한다. 이 말은 범어(梵語) 상가(Sangha)의 음역(音譯)이다. 상가란 화합(和合)이란 뜻이다. 초기교단(初期敎團)에 있어서는 상가(僧伽)는 출가자(出家者)만을 가리키지 않았다. 출가자와 재가신도(在家信徒)까지를 포함하여 부처님의 가르침을 따르는 자는 모두 상가에 들었다. 이러한 모임인 상가는 화합을 제일 중요하게 여겼다. 훨씬 뒤에 일어나 발달한 대승불교의 교리 가운데 4바라이(波羅夷)라는 것이 있다. 바라이에 해당하는 죄를 범하면 교단(敎團)에서 추방되는 가장 무거운 죄이다. 그 중의 하나가 화합을 깨뜨리는 것(破和合僧)이다. 따라서 승단의 질서를 깨는 것은 가장 엄한 죄로써 다스렸다는 것을 알 수 있다.

제9장 승단(僧團)의 출현(出現)

1. 빔비사라 왕의 귀의

  부처님께서는 한 동안, 가야산(伽耶山, 혹은 靈山)에 머무른 다음, 도가 이루어지면 맨 먼저 자기를 제도해 달라고 청한 빔비사라 왕과의 약속을 지키기 위해, 마가다 국의 서울인 왕사성(王舍城)으로 가셨다. 1천 명의 제자들을 거느리고 왕사성 밖의 장림원(杖林苑)으로 들어가, 선주(善住)라고 하는 영묘(靈廟)에 머무르셨다. 이 영묘는 그 지방 사람들이 여러 가지 종교 행사를 하는 곳으로, 종파에 관계 없이 수행인들이 여행 중에 머무르기도 하는 곳이다. 경전에 의하면, 부처님과 그 제자들도 이 영묘를 자주 이용하고 계셨다.
  부처님께서 영묘에 머물고 계신다는 소식을 들은 빔비사라 왕은 말하였다.
  "저 석가족(釋迦族) 출신의 세존 고타마는 아라한이며, 바르게 깨달은 사람〔정등각(正等覺)〕이며, 밝은 지혜와 행을 갖춘 사람〔명행족(明行足)〕이며, 깨달음에 이른 행복한 사람〔선서(善逝)〕이며, 세간을 아는 사람〔세간해(世間解)〕이며, 위 없는 사람〔무상사(無上士)〕이며, 사람을 잘 다스리고 길들이는 사람〔조어장부(調御丈夫)〕이며, 하늘과 사람의 스승〔천인사(天人師)〕이며, 깨달은 이〔불(佛)〕이며, 세간에서 가장 존귀한 분〔세존(世尊)〕

이시다. 그분은 스스로 알고 증득하여 중생을 가르치신다. 그분은 처음과 중간과 끝이 모두 좋은, 내용도 있고 표현이 완전한 교법을 설하시며, 완전하고 원만하며, 모든 것에 두루 깨끗하고 맑은 행을 설하신다. 그와 같은 아라한을 만나는 것은 참으로 행복한 일이다."

왕은 곧 12만의 바라문과 장자에게 둘러싸여, 부처님의 처소로 찾아갔다. 그들은 부처님에게 예배하고 앉았다. 그들은 부처님과 함께 앉아 있는 우루빈나 카샤파를 보고서 의아하였다. 그들은 카샤파를 존경하고 있었기 때문에 머리를 깎은 그를 이상하게 생각하였으며, 그들은 늙은 카샤파에 대해서는 잘 알지만, 젊고 낯선 부처님에 대해서는 잘 모르기 때문에, 이렇게 생각하였다.

'도대체 대사문이 우루빈나 카샤파 밑에서 청정한 수행을 하는지, 우루빈나 카샤파가 대사문 밑에서 청정한 수행을 하는지 알 수가 없구나.'

부처님께서는 그들의 생각을 아시고, 우루빈나 카샤파에게 게송(偈頌)으로 말씀하시었다.

"우루빈나의 사람이여, 여윈 그대는 무엇을 보았기에 불을 제사(祭祀)하는 일을 그만 두었는가. 나는 그대에게 그 도리를 묻고 싶소. 그대는 왜 불을 제사하는 일을 버렸습니까?"

카샤파는 대답하였다.

"바라문의 제사는 형상과 소리와 맛과, 그리고 애욕과 여자에 대한 것입니다. 참다운 삶에 있어서 그것이 잘못임을 알았기 때문에, 제사하는 것을 바라지 않게 되었습니다."

"그대는 형상과 소리와 맛을 바라지 않는다고 했소. 카샤파여, 그렇다면 그대는 하늘과 인간의 세계에 있어서 무엇을 바라고 있습니까?"

"저는 집착이 없어 소유(所有)함이 없으며, 욕망으로 속박된 상태에 집착하지 않으며, 다른 세계에 다시 태어나지 않고, 다른 세계에 다시 태어나는 일이 없는 적정(寂靜)의 세계를 보았기 때문에, 제사하는 일을 버렸습니다."

그리고 자리에서 일어나 부처님의 발에 머리를 대고 예배한 다음, 부처님께 사뢰었다.

"세존이시여, 당신은 저의 스승이십니다. 저는 당신의 가르침을 듣는 제자〔성문(聲聞)〕입니다."

이 말을 들은 12만의 바라문과 장자들은, '우루빈나 카샤파는 대사문의 밑에서 청정한 수행을 하고 있구나'라고, 생각하게 되었다. 부처님께서는 이들의 그러한 생각을 아시고, 그들이 알기 쉽도록 보시(布施)에 관한 이야기와, 살아가면서 지켜야 할 일과, 하늘에 태어나는 이야기와, 욕망이란 것은 모든 것의 화근(禍根)이며 저속하고 더러운 것이라는 이야기와, 미혹을 벗어나는 것이 이롭다는 이야기를 차례로 들려 주셨다. 부처님께서는 그들이 이야기를 듣고, 건전하고 온화한 마음과 편견에 사로 잡히지 않는 마음과 환희심과 맑은 마음을 갖춘 것을 아시고서, 괴로움과, 괴로움의 원인과, 괴로움을 없애는 것과, 괴로움을 없앤 경지에 이르는 길의 네 가지 진리를 설하시었다. 네 가지 진리를 들은 빔비사라 왕과 12만의 바라문과 장자들은, 마치 새하얀 천에 맑고 깨끗한 물감이 번져 물들듯이, 진리에 물들어 법을 보는 눈이 생겼다. 그들은 "무릇 인연으로 해서 모이고 생긴 것은 이윽고 모두 소멸(消滅)된다"는 진리를 깨달았으며, 그 중

1만의 사람은 재가신도가 되었다.

그 때, 빔비사라 왕은 법을 보고, 법을 알고, 법의 세계에 깊이 들어가 의혹이 없어지고, 주저함이 없는 확신을 얻었으며, 스승의 가르침 이외의 가르침에 의지하지 않는 경지에 들었기 때문에, 부처님께 이같이 사뢰었다.

"세존이시여, 저는 왕자였을 때부터 다섯 가지 소원이 있었습니다. 지금, 저는 그것들을 모두 성취했습니다. 첫째는 왕이 되는 것이었으며, 둘째는 저의 영토에 아라한[진인(眞人)]과 바르게 깨달은 이가 오시는 것이었으며, 셋째는 세존에게 귀의하는 것이었으며, 넷째는 세존께서 저에게 설법해주시는 것이었으며, 다섯째는 제가 세존의 설법을 잘 아는 것이었습니다. 저는 지금 그것을 모두 이루었습니다.

세존이시여, 매우 희유하고 훌륭하십니다. 마치 넘어진 자를 일으켜 세우듯이, 혹은 감추어진 것을 드러내듯이, 혹은 길을 잃고 헤매는 자에게 길을 가리키듯이, 혹은 눈이 있는 자가 볼 수 있도록 어둠 속에 불을 밝히듯이, 세존께서는 여러 가지 방편으로 법을 밝혀주셨습니다.

세존이시여, 때문에 저는 세존께 귀의합니다. 또, 법과 스님들(僧伽)께 귀의합니다. 세존이시여, 저를 재가의 신도로 받아주십시오. 저는 오늘로부터 목숨이 다하기까지 귀의합니다. 세존이시여, 내일은 비구들과 함께 저의 공양을 받아 주십시오."

2. 처음으로 정사(精舍)를 세우다

왕은 밤새 공양할 음식을 마련하여, 부처님과 비구들을 초청하였다. 부처님께서는 가사와 바루를 들고, 1천의 비구들과 함께 왕사성으로 들어가셨다. 주민들이 부처님과 그 제자들을 보기 위하여 길을 메우고 있어, 부처님의 일행이 앞으로 나아갈 수가 없었다. 사람들은 부처님 앞에 엎드려 예배하고 물러갈 줄을 몰랐다.

이 때, 제석천이 동자의 모습으로 변하여 부처님 일행의 앞에 서서 길을 인도하였다. 그 동자를 본 사람들은 동자의 존엄하고 아름다운 모습을 보고 서로 말하였다.

"이 동자는 아름답기가 그지없구나. 이같이 아름다운 사람을 우리는 일찍이 본 적이 없다. 이 동자는 어디서 왔을까? 누구의 아들인가?"

이 말을 들은 동자는 다음과 같은 게송을 낭랑하게 읊었다.

> 뛰어난 이, 어디서나 온화하고
> 견줄 이 없는 부처님,
> 아라한이시며 깨달은 이,
> 나는 그를 모시는 종일세.

부처님 일행은 제석천이 터 준 길을 따라, 왕궁에 이르러 마련된 자리에 앉았다. 빔비사라 왕은 부처님의 식사를 손수 시중 들면서 생각하였다.

'세존께서 거처하실 알맞은 곳이 어디 없을까. 마을에서 멀지도 않고 너무 가깝지 않고, 교통이 편리하여 사람들이 세존을 찾아 뵙고자 할 때 가기 쉽고, 낮에는 혼잡하지 않고 밤에는 소리가 없어 조용하며, 사람들이 다니지 않고 사람들로 해서 번거롭지 않은, 홀로 앉아 있기에 알맞은 곳이 좋겠는데…'

빔비사라 왕은 자기 영토의 여러 곳을 생각해 보았다. 그리고 죽림(竹林)의 동산이 적합하다고 생각하였다.

'나의 죽림원(竹林園)이 마을에서 멀지 않고, 너무 가깝지도 않고, 다니기에 편리하며, 세존을 만나고자 하는 사람들이 가기 쉽고, 낮에는 혼잡하지 않고, 밤에는 소리가 없이 조용하고, 사람들이 다니지 않고 번거롭지 않아서, 혼자 앉았기에는 알맞은 곳이다. 나는 이 곳을 부처님과 그 제자들에게 증정해야겠다.'

뜻을 정한 왕은 황금의 물병을 들어, 식사를 마친 부처님의 손을 씻어 드리고서 사뢰었다.

"세존이시여, 저는 죽림의 동산과 거기에 지을 정사를 부처님과 부처님의 제자들께 증정합니다."

부처님께서는 이 뜻을 받아들이시고, 법에 따라 가르침을 설하시었다.

"대왕이여, 법(法)에는 '나'와 '내 것'이 없습니다. 그러나 사람들은 전도(顚倒)된 생각을 갖고 있기 때문에, '나'와 '내 것'이 있다고 생각하지만 실제로 그러한 법은 없습니다. 만약, 이 전도된 생각을 끊을 수 있다면, 그것이 곧 해탈인 것입니다."

빔비사라 왕은 이 말씀을 듣고 생각하였다.

'만약 나(我)가 없다면 누가 과보를 받을까?'

부처님께서는 왕의 생각을 아시고, 다음과 같이 설하시었다.

"일체 중생이 행하는 선과 악과 그 과보는 '나'가 있어 짓는 것이 아니고, '나'가 있어 받는 것도 아닙니다. 다만, 감관[感官·情]과 경계[境界·塵]와 알음알이[意識·識]가 합하여 경계에 물들고 여러 생각이 일어나, 이를 반연하기 때문에 생사에 헤매며, 온갖 과보를 받습니다. 만약, 그 경계에 물드는 일이 없어 여러 생각이 쉬면, 그것이 곧 해탈입니다. 감관과 경계와 알음알이의 세 가지 인연으로 해서 선과 악을 짓고 과보를 받는 것이지, 따로 '나'가 있는 것은 아닙니다. 비유하면, 불을 만들기 위하여 손을 비빌 때 손을 빨리 비비면 불이 일어나지만, 불의 타는 성질이 손에 있거나, 손에서 생긴 것이 아니면서도 얻어진 불이 손을 여읜 것이 아닌 것과 같이, 과보와 '나'와의 관계도 이와 같습니다."

그 때, 빔비사라 왕은 생각하였다.

'만약 감관과 경계와 알음알이가 어울려 합하였기 때문에 선과 악의 과보를 받는다고 하면, 그것은 항상 합하여 있는 것이며 떠났거나 끊어진 것이 아니니, 해탈은 있을 수 없다. 만약 항상 합하지 않았다면 이는 끊어진 것이니, 이미 해탈한 것이 아닌가?'

부처님께서는 왕의 그러한 생각을 아시고, 다음과 같이 설하시었다.

"이 감관과 경계와 알음알이는 항상(常)하는 것이 아니며, 끊어져 없는 것[斷]도 아닙니다. 합하였기 때문에 없는 것이 아니며, 여의었기 때문에 항상하는 것도 아닙니다. 마치 씨앗과도 같아서 씨앗이 땅의 물을 반연하고 씨앗 자신을 원인으로 해서 싹트고, 싹과 잎이 나면 종자는 이미 썩고 없어집니다. 그러므로 씨앗으로 항상한다고 할 수 없습니다. 그러나 싹과 잎이 났기 때문에 아주 끊겨 없다고도 할 수 없는 것과 같습니다. 따라서 이 끊어져 없는 것과 항상하는 것을 떠났기 때문에 중도(中道)라 하거니와 탐욕과 성냄과 어리석음의 세 가지 일의 인연도 역시 그와 같습니다."

부처님의 설법을 들은 왕과 많은 사람들이 번뇌를 여의고, 법의 밝은 눈을 얻었다. 이 때 부처님께서는 게송을 읊으셨다.

> 만약 사람이 보시할 수 있으면
> 탐욕을 끊어 없애게 되고,
> 인욕을 할 수 있으면
> 영원히 성냄을 여의게 되고,
> 사람이 선(善)을 지으면
> 어리석음을 여의게 된다.
> 이 세 가지 행을 갖출 수 있으면
> 빨리 열반에 이르게 된다.
> 가난하여 보시할 수 없어도
> 다른 이가 보시하는 것을 보고
> 따라 기뻐하는 마음을 내면
> 그 복은 보시함과 같다.

3. 사리불(舍利弗)과 목건련(目犍連)

왕사성에는 산자야라고 하는 수행인이 있었다. 그 수행인은 2백 50명의 제자를 거느리고 있었으며, 그 중에는 사리불과 목건련 두 사람이 끼어 있었다. 이 두 사람은 장자의 집안에서 한 날 한 시에 태어나 부족한 것 없이 자랐다. 그들은 늘 함께 있었다. 어느 해, 왕사성의 연중 행사인 산정제(山頂祭)가 있었을 때, 두 사람은 함께 구경을 갔다.

전처럼 재미가 없었다. 두 사람은 생각하였다.

'도대체 이런 것을 구경해서 무엇하겠는가. 이 요란스러운 행사도 이윽고 자취도 없이 사라지고 말 것이다. 백년 뒤에는 무엇이 남겠는가. 내가 구해야 할 것은 이러한 것이 아니다. 다만 해탈이 있을 뿐이다. 그렇다. 해탈의 방법을 구하기로 하자.'

이렇게 생각한 그들은 서로 말하였다.

"사리불, 너도 옛날처럼 즐겁지가 않은 모양이로구나. 무슨 불만이라도 있느냐? 무엇을 생각하고 있지?"

"응, 이렇게 보고 있으니 확실한 것은 하나도 없구나. 모든 것이 의미가 없다. 어떻게 하든지 해탈의 방법을 구해야겠다. 나는 지금 그것을 생각하고 있었다. 너도 불만이 있느냐?"

두 사람은 서로 뜻이 같은 것을 발견하였다. 사리불이 말하였다.

"우리 두 사람이 함께 좋은 생각을 하였구나. 해탈의 방법을 구하기 위해서는 출가를 해야 하는데, 좋은 스승이 있어야 한다. 누구의 제자가 되는 것이 좋겠는가."

두 사람은 당시 왕사성에 있는 산자야라고 하는 수행인이 많은 제자를 지도하고 있다는 소문을 듣고, 친구들과 함께 산자야를 찾아가서 출가하였다. 두 사람은 오래지 않아서 산자야가 가르치는 것을 모두 알게 되었다. 두 사람은 스승에게 물었다.

"스승님, 당신께서 알고 있는 가르침은 이것 뿐입니까? 또 다른 것이 있습니까?"
스승은 대답하였다.
"이것이 전부다."
그리하여 두 사람은 생각하였다.
'그렇다면, 이 이상 산자야 스승 밑에서 수행하는 것은 부질없는 노릇이다. 우리는 해탈의 방법을 구하여 출가하였는데, 여기서는 그 목적을 달성할 수 없다. 그러나 세상은 넓다. 마을과 도시를 모조리 찾아 다니면, 해탈의 방법을 가르쳐 줄 수 있는 스승을 만날 수 있을 것이다.'
두 사람은 현명한 바라문이나 사문(沙門)이 있다는 소식을 들으면, 곧 그를 찾아가 물었다. 그러나 두 사람을 만족시켜 주는 사람은 아무도 없었다. 여러 곳을 편력한 끝에 실망한 두 사람은 고향인 왕사성으로 되돌아 왔다. 두 사람은 누구든 먼저 불사(不死・解脫)의 길을 발견한 사람이 다른 사람에게 알려 주기로 약속을 하였다.
이 두 사람이 고향에 돌아 왔을 때는, 빔비사라 왕이 죽림의 동산에 정사를 지어 증정한 무렵이었다. 부처님께서는 죽림정사(竹林精舍)에서 천 명의 비구들과 함께 지내고 계셨다. 어느 날, 녹야원에서 최초의 설법을 들은 다섯 비구 중의 한 사람인 마승 존자(馬勝尊者)는 아침 일찍이 바루를 들고, 왕사성의 거리에서 탁발을 하고 있었다. 그 때, 사리불은 아침식사를 마치고 수행인들이 모이는 곳으로 가고 있었다. 길에서 마승 존자와 마주친 사리불은 마승의 모습을 보고 놀랐다. 앞으로 가고 뒤로 물러서고, 앞을 보고 뒤를 돌아보며, 굽히고 뻗는 그러한 행동이 모두 단정하고, 눈은 땅을 향한 마승 존자의 위의를 갖춘 행동을 보고서, 사리불은 생각하였다.
 '나는 지금까지 이 같은 수행인을 본 적이 없다. 세상에는 아라한이라고 불리우는 성인이 있다고 들었는데, 어쩌면 이 사람이 그 사람인지 모르겠다. 아니, 틀림이 없다. 저 사람은 누구 밑에서 출가했으며, 누구를 스승으로 받들고 있으며, 누구의 가르침을 믿고 있을까?'
 사리불은 다가가서 묻고 싶었으나, 탁발에 방해가 되어서는 안 된다고 생각했으므로 조용히 뒤를 따라갔다. 이윽고 마승 존자가 음식을 얻어 어느 공지에 들어가는 것을 보고, 자기가 가지고 있는 자리를 펴서 앉기를 권하였다. 마승 존자가 식사를 마치자 사리불은 자기의 물병에서 물을 따라 주었다. 앉는 자리와 물병은 수행인의 휴대품으로, 그것을 깔아주고 물을 권하는 것은 스승에 대한 예우이다. 사리불은 마승 존자에게 이같이 스승에 대한 예우를 하고, 예의를 갖추어 정중하게 인사를 한 다음, 물었다.
 "벗이여, 당신의 감관은 빛나고 피부는 맑고 깨끗합니다. 당신은 누구를 따라 출가하였습니까? 당신은 누구입니까? 당신은 누구의 가르침을 믿고 있습니까?"
 마승 존자는 대답하였다.
 "벗이여, 석가족 출신의 위대한 사문, 석존(釋尊)이 계십니다. 나는 그분을 따라 출가하였습니다. 그분은 나의 스승이시며, 나는 그분의 가르침을 믿습니다."
 "당신의 스승께서는 무엇을 주장하며, 무엇을 설하십니까?"
 그러나, 마승 존자는 주저하였다. 그것은 당시의 많은 수행인들 중에는 진리를 구하기 보다는 오히려 토론하는 것을 즐겨, 무턱대고 반대하는 사람이 있었기 때문이다. 마승 존자는 사리불을 경계하면서 이렇게 말하였다.
"벗이여, 나는 출가한 지 얼마 되지 않은 신참자(新參者)이므로, 교법과 계율을 겨우 알고 있을 뿐입니다. 나는 당신에게 교법을 자세하게 가르쳐 줄 수가 없습니다. 그러나 요약해서 그 뜻만을 말하겠소."
"좋습니다. 벗이여, 조금이라도 좋으니 말해 주시오. 나에게 뜻만이라도 말해 주시오. 나에게 필요한 것은 뜻입니다. 많은 말은 소용이 없습니다."
사리불의 진지한 태도를 본 마승 존자는 다음과 같이 게송을 읊었다.

> 모든 것은 원인이 있어 생긴다.
> 그 원인을 여래(如來)는 설하신다.
> 그리고, 그것을 없애고 끊는 것도 설하신다.
> 위대한 사문은 이같이 가르치신다.

사리불에게 있어서는 이것으로 충분하였다. 처음의 두 구절을 들었을 때, 그는 미혹(迷惑)을 벗어나 처음으로 법의 흐름에 들었으며, 다음의 두 구절을 듣고서는 깨달음의 경지를 찾아 나아가는 힘(預流果)을 얻었다. 그리하여, "무릇 인연으로 해서 모이고 생기는 것은 모두가 소멸한다"고 하는 진리에 눈을 떴다.
사리불은 마승 존자에게 말하였다.
"대덕(大德)이시여, 이것으로 충분합니다. 우리들의 스승께서는 어디 계십니까?"
"죽림정사에 계십니다."

"그럼, 먼저 가십시오. 저는 친구를 데리고 가겠습니다."
사리불은 수행인들이 모이는 곳으로 갔다. 그곳에 있던 목건련은 가까이 오는 사리불을 보고, 그에게 무슨 일이 있었다고 직감했다. 목건련은 사리불에게 물었다.
"벗이여, 그대의 감관은 청정하고, 피부의 빛은 맑고 깨끗하다. 죽지 않은 길을 알았는가?"
"벗이여, 불사(不死)를 얻었다."
그리고 마승 존자를 만났던 이야기와, 그가 일러 준 게송을 읊었다. 게송을 들은 목건련은 곧 깨달음을 찾아 나아가는 힘을 얻었다. 두 사람은 죽림정사로 부처님을 찾아 가기로 하였다.
두 사람은 스승을 아끼고 존경하는 사람들이었으므로 자기들이 찾은, '죽지 않는 길'을 스승인 산자야에게도 알려 함께 가는 것이 옳다고 생각하였다. 두 사람은 함께 산자야를 찾아가, 부처님이 세상에 나타나 법을 훌륭히 설하며, 그 밑에서 비구들이 훌륭히 수행하고 있는 것을 알렸다. 그리고 함께 가자고 권하였다. 그러나 산자야는 이미 명성과 신뢰를 얻어 생활이 안정되어 있었고, 늙은 나이가 되어 이제 새삼스럽게 남의 제자가 되는 것은 싫다고 거절하였다. 뿐만 아니라, 두 사람이 가는 것을 막으려 했다. 산자야는 두 사람에게 말하였다.
"가면 안 된다. 가지 말아다오. 우리들 세 사람이 함께 이 교단을 이끌어 가자."
산자야가 두 번, 세 번 거듭 청하였으나, 사리불과 목건련은 그들을 따르는 2백 50인의 수행인을 이끌고, 부처님이 계시는 죽림정사로 갔다. 그것을 본 산자야는 뜨거운 피를 토하고 죽었다. 사리불과 목건련은 죽림정사에 닿자 부처님의 발에 머리를 대고 예배한 다음, 부처님께 사뢰었다.

"세존이시여, 저희들은 세존의 밑에서 출가하고자 합니다. 구족계(具足戒)를 받고자 합니다."

부처님께서 말씀하시었다.

"오라. 수행인들아, 교법은 잘 설해지고 있다. 괴로움을 바르게 없애기 위하여 깨끗한 수행을 하라."

사리불과 목건련과 그를 따르는 2백50인의 수행인들은 계를 받았다. 이렇게 해서 비구의 수는 1천2백50인이 되었으며 경전의 서두에 등장하는 1천2백50인의 비구의 무리는 여기서 유래한다. 이렇게 해서 승단이 출현하게 되었다. 이때까지 출가한 비구의 무리는 실제로 1천2백50인 보다 훨씬 많았다.

대부분의 경전에 따르면, '부처님께서는 큰 비구들 1천 2백 50인과 함께……' 계셨다든가, 이들에게 설법을 하셨다든가, 이들과 함께 공양에 초청을 받았다든가, 부처님의 일상 생활 속에 이들이 있음을 기술하고 있다. 이들 1천 2백 50인은 승가의 기본적인 인원으로, 그들은 모두가 아라한이었다. 때문에 그들을 큰 비구라고 불렀다.

사리불과 목건련이 데리고 온 2백 50인의 수행인들은 부처님의 네 가지 거룩한 진리에 대한 설법을 듣고 곧 아라한이 되었다. 그러나 이 두 사람은 그릇이 큰 만큼 그릇을 채우는데 시일이 걸렸다. 이들의 그릇이 큰 것은, 이 두 사람이 부처님을 찾아 죽림정사에 들어섰을 때, 부처님께서 '비구들아, 두 사람의 벗이 오고 있다. 이들은 나의 대제자(大弟子)가 될 것이다'한 것으로 알 수 있다.

목건련은 출가한 지 7일이 되는 날 좌선을 하고 있었는데, 갑자기 졸음이 와서 잠이 들었다. 잠결에 부처님의 말소리를 듣고 깨어나, 부처님의 말씀에 귀를 기울이는 동안에 깨달음을 얻어 아라한이 되었다.

　사리불은 출가한 지 반 달이 되는 날, 부처님을 따라 어느 동굴에 머물고 있었다. 그 때, 사리불의 친척인 장조(長爪)라고 하는 장자를 위하여 부처님께서 설법하고 계시었다. 사리불은 이 설법을 듣고 깨달음이 열려 아라한이 되었으며, 장조 장자는 깨달음을 향하여 나아가는 힘을 얻었다.

4. 외도(外道)의 모함

　당시 왕사성에는 많은 수행인들이 여기저기에 무리를 지어, 저마다의 수행을 하고 있었다. 불교에서는 이들을 외도(外道)라고 불러, 불교승단(佛敎僧團)의 비구들과 구별하였다. 우루빈나 카샤파와 사리불과 목건련 등이 제자를 거느리고 부처님께 귀의한 사실은 이들 외도들에게 위협이 되었다. 국왕과 대신과 장자와 많은 백성들이 부처님께 귀의하고, 훌륭한 집안의 자제들이 부처님 밑에서 출가하는 것도 걱정이었다. 사람들의 존경과 신뢰가 부처님에게로 향하고 자기들은 소외되는 것 같았다. 더욱이 산자야가 피를 토하고 죽자, 충격을 받은 외도들은 어떤 방법을 강구하지 않으면 안 된다고 생각하였다.

　그 무렵, 산자야의 죽음은 외도들 이외에도 많은 사람들에게 충격을 주었다. 산자야의 죽음으로 충격을 받은 주민들은 부처님의 제자를 보면, 이렇게 노래하였다.

　　마가다 국에 고승(高僧)이 나타나
　　산자야의 제자를 모두 빼앗았네.
　　자, 다음은 누구의 차례일까.

　제자들이 이 이야기를 부처님께 알렸다. 부처님께서는 말씀하셨다.
　"그런 소문은 7일이 지나면 없어질 것이니 걱정할 것이 없다. 그러한 노래를 들으면 다음과 같이 답하여라."

　　위대한 여래는
　　정법(正法)에 의하여 교화하신다.
　　법에 의하여 교화하는 지혜로운 이에게
　　질투하는 마음은 조금도 없다.

　주민들이 그와 같은 노래를 부르자, 외도들은 때가 왔다고 생각하였다. 때마침 죽림정사를 찾아다니며 부처님의 법문을 즐겨 듣던, 캄바라(欽波羅) 외도의 여제자인 마나기(摩那耆)를 이용하기로 하였다. 외도들은 마나기의 배가 불러 보이도록 꾸미고서, 사문 고타마가 마나기를 범하여 아이를 잉태하였다고 소문을 퍼뜨리는 한편, 외도들을 이끌고 부처님께 항의하러 갔다.
　이 때, 부처님께서는 1천 2백 50인의 비구와 무수한 하늘 사람과 신도들에게 둘러싸여 설법을 하고 계셨다. 캄바라는 마나기를 앞세우고 부처님 앞에 나아가 소리쳤다.
　"이 더러운 사문 고타마여, 그대는 음행을 범하였음에도 어찌 도를 얻었다고 감히 설법을 하는가. 그대의 신통이란 것도 한낱 환술(幻術)에 지나지 않거늘, 어찌 사람들을 속이는가. 이 여자의 몸을 보라. 도를 깨달았다는 사문의 몸으로 여자에게 이같이 아이를 배게 하였으니 부끄럽지도 않은가."

이 때, 부처님의 설법을 듣고 있던 제석천이 쥐로 변하여, 여자의 치마 밑으로 들어가 배가 불러 보이도록 허리에 감은 천을 물어 뜯어 나무 바가지가 땅에 굴러 떨어지게 하였다. 불렀던 마나기의 배는 홀쭉해지고, 외도들은 부끄럽고 놀라 뿔뿔이 달아났다. 마나기는 달아나다가 스스로 열린 땅 속으로 떨어져 죽었다고 한다. 이로부터 주민들 사이에 불리던 노래는 불리지 않게 되었고, 외도들의 비방도 없어졌다.

5. 대가섭(大迦葉)의 출가

부처님께서 죽림정사에 머물러 계실 때, 마하 가섭이 귀의하였다. 마하 가섭의 본래 이름은 비바리(毘婆離)였으나, 부처님께서 그를 마하 가섭(摩訶迦葉), 즉 '위대한 가섭'이라고 불렀기 때문에, 마하 가섭 또는 대가섭이라고 불리게 되었다.

마하 가섭은 매우 부유한 바라문의 집안에 태어나, 학덕(學德)을 고루 갖추고 있었다. 스무 살이 되었을 때, 부모들은 아들을 장가 들이기로 하였다. 그러나 마하 가섭은 분명하게 이를 거절하였다.

"그러한 말씀은 하지 마십시오. 어머니와 아버지가 살아 계시는 동안은 열심히 받들겠습니다만, 돌아 가신 뒤에는 집을 버리고 출가할 생각입니다."
 그러나 어머니는 장가 들기를 계속해서 권하였다. 그는 어머니의 뜻을 꺾기 위해서 순금으로 된 등신대(等身大)의 여인상(女人像)을 만들어 좋은 옷을 입히고, 여러 가지 장신구로 아름답게 꾸며 어머니에게 보이면서, 이와 같은 여자가 있으면 장가를 들겠다고 하였다. 어머니는 많은 바라문들에게 이 여인상을 보이고서 부탁하였다.
 "우리의 신분과 재산에 알맞은 집안의 딸로, 이같이 생긴 처녀를 찾으면, 이 여인상을 선물하고 구혼을 해주시오."
 바라문들은 전국을 누벼, 열 여섯 살이 되는 고샤의 딸을 찾았다. 마하 가섭은 그의 생각이 틀어진 것을 보고, 상대방 처녀에게 '당신에게 합당한 사람과 결혼하는 것이 좋겠소. 나는 언젠가는 출가할 사람이므로 나와 결혼해서는 후회할 것입니다.' 하는 편지를 보냈다. 한편, 고샤의 딸도 전부터 출가할 생각이 있었으므로, 가섭과 같은 내용의 편지를 보냈다. 두 사람의 심부름꾼이 길에서 만났다. 서로 편지를 뜯어 보고, '뭐야, 이런 철 없는 짓을 하다니'하고서, 전혀 반대되는 내용의 편지를 써서 두 사람에게 전하였다. 그리하여, 두 사람은 할 수 없이 결혼을 하였다. 결혼한 두 사람은 잠자리에 들어서도 살을 대지 않고 잤으며, 깊이 잠드는 일이 없었다. 그들은 항상 웃고 지내면서도 그러한 기색을 조금도 나타내지 않았으므로, 사람들은 그들의 결혼 생활이 원만한 줄로 알았다. 그들이 결혼한 지 5년이 되는 해에 부모들이 돌아가셨다. 두 사람은 부모가 남겨준 막대한 재산을 관리하지 않으면 안 되었다.
 남편은 어느 날, 들에 나갔다가 파헤쳐진 흙 속에서 나온 벌레를 날짐승이 쪼아 먹는 것을 보고, 그 살생의 원인이 자기에게 있다고 생각했다. 그것은 자기가 토지를 가졌기 때문이라고 생각하니, 막대한 재산을 지니고 있는 것이 싫어졌다. 그는 모든 재산과 노예와 집을 아내에게 주고 출가하리라 결심하였다. 같은 날, 아내는 뜰에 호마(胡麻)를 널어 말리고 있었다. 새들이 날아와 호마에 붙은 벌레를 쪼아 먹는 것을 본 아내는 그 살생의 책임이 자기에게 있다고 생각하였다. 그녀는 모든 재산과 집을 남편에게 맡기고 출가할 결심을 하였다.

두 사람은 여느 때와 같이 식사를 마쳤다. 하인들이 물러가고 두 사람만이 있게 되자, 서로 자기의 결심을 말하였다. 두 사람은 세속의 생활이 불붙은 초막과 같이 생각되었다. 다음 날, 두 사람은 시장에 가서 갈색의 옷을 사서 입고, 서로의 머리를 깎아 준 다음, 바루를 자루에 담아서 들고, 아무도 모르게 집을 나왔다. 그러나 두 사람의 출가를 안 노예들이 뒤 쫓아와 출가를 만류하였다. 마하 가섭은 그들을 위로하고, 또 노예들을 자유로운 신분으로 만들어 주고서 길을 재촉하였다. 두 사람은 남녀가 함께 길을 가는 것은 출가자에게 합당하지 못하다고 생각하여, 길 양편으로 떨어져 걸었다. 그들은 죽림정사를 찾아갈 생각이었으나, 부처님의 교단에서는 아직 여자를 받아 주지 않고 있었으므로, 아내는 도중에 있는 수행인의 집단에 끼어 수행을 시작하였고, 남편만 부처님이 계시는 죽림정사를 향하여 갔다.

그 때, 부처님께서 가섭이 굳은 결심을 하고 찾아온 것을 아시고 아무도 모르게 정사를 나와, 가섭이 오고 있는 길가의 나무 아래 단정히 앉아 좌선을 하고 계시었다. 이윽고 그곳을 지나던 가섭은 빛나는 부처님의 모습을 보고, 자기가 찾는 스승이라고 믿었다. 그는 부처님의 발에 머리를 대고 예배하였다. 부처님께서는 가섭에게 말씀하시었다.
 "가섭아, 여기 앉아라."
 가섭이 자리에 앉자, 부처님께서는 그 한 사람을 위하여 설법을 하시었다. 가섭은 부처님의 말씀을 극히 자연스럽게 받아 들였다. 그는 아주 짧은 시간 동안에 불교의 깊은 뜻을 이해하고, 동시에 덕을 갖추게 되었다. 부처님과 함께 8일을 지내는 동안, 가섭은 부처님만이 지니는 32상(相) 중에 일곱 가지 상을 갖추게 되었다. 『과거현재인과경(過去現在因果經)』에는 32상을 다 갖추고 있다고도 말하고 있다.
 부처님께서 죽림정사로 돌아가시는 도중 어느 나무 밑에서 잠깐 쉴 때, 마하 가섭은 자기의 웃옷을 벗어 깔고 부처님을 앉게 하였다. 그 때, 부처님께서는 손으로 웃옷을 만지시며 그 부드러운 촉감을 칭찬하시었다. 그러자, 마하 가섭은 웃옷을 부처님께 드렸다. 부처님께서 '너는 무엇을 입으려고 나에게 웃옷을 주는가?'고 묻자, 그는 부처님께서 입고 계시는 분소의(糞掃衣)를 주셨으면 한다고 말하였다. 가섭은 부처님께서 주신 분소의를 입었다. 분소의란, 묘지에 있는 죽은 사람의 옷으로 만든 넝마와 같은 옷이다. 수행인이 이같은 분소의를 입는 것은 검소한 생활과 겸손함과 인욕을 닦는 두타행(頭陀行)을 상징한다. 마하 가섭이 이 분소의를 입은 것은 과거의 부유했던 생활을 버린 것을 말해주고 그가 얼마나 검소한 생활을 하였는가를 말해 준다.
 뿐만 아니라, 부처님께서 입으신 분소의를 전해 받은 사실은 부처님의 법을 전승하는 것을 상징한다. 실제로 마하 가섭은 부처님이 입멸한 뒤에 교단을 지도하며, 경전을 결집(結集)하는 일을 주도(主導)한다. 경전의 결집은 부처님의 가르침을 집대성하는 일이며, 이것은 부처님의 가르침을 잇는 일이므로, 분소의를 전해 받은 사실은 중대한 의의가 있다. 오늘날에 이르기까지 불법의 전승을 의발(衣鉢)의 전수(傳受)로 상징되는 것도 여기에서 유래한다.

마하 가섭은 분소의를 전해 받은 사실을 그에게 있어서 최대의 영광이라고 생각했으며, 그는 사람들에게 이 이야기를 자주 하였다. 한편, 그가 분소의를 입은 것은 그의 두타행(頭陀行)을 상징한다. 즉 번뇌의 티끌을 떨어 없애고, 의식주(衣食住)에 탐착하지 않으며, 청정하게 불도를 수행하는 마하 가섭의 수도 생활을 말해 준다. 그는 집안에 살지 않고, 산이나 들에서 자며, 바루에 넣은 음식 이외에는 먹지 않았으며, 분소의만을 입는 검소한 생활을 하면서 정진하여, 부처님의 제자 가운데 두타행의 제1인자가 되었다. 따라서 부처님을 만나자 최초로 분소의를 물려받은 것은, 그의 생애를 통한 엄격한 수도 생활의 시작을 의미하기도 한다.

많은 경전에 나타난 다른 설화(說話)에 의하면, 마하 가섭이 전해 받은 분소의는 불교에 있어서 보다 중요한 의미를 지니고 있다. 그것은 장차 이승에 나올 미륵불(彌勒佛)과 관계가 있기 때문이다. 마하 가섭은 경전의 결집을 마친 다음 입멸할 때, 교단을 아난(阿難)에게 맡기고, 왕사성이 가까운 계족산(鷄足山)으로 들어갔다. 그러자, 계족산은 둘로 갈라졌고, 마하 가섭이 그 사이로 들어가자 산은 다시 합해졌다. 마하 가섭은 이 산에서 미륵불이 나타나기를 지금도 기다리고 있는데, 미륵불이 나타나 성도(成道)한 뒤에 제자들을 거느리고 계족산에 이르면 산이 열리고, 마하 가섭은 석가모니 부처님께서 맡긴 가사를 미륵불에게 바친다고 하는 설화이다.

이 설화에는, 장차 오실 미륵불이 석가모니 부처님으로부터 그 권위와 법과 교화사업을 전승한다는 뜻이 나타나 있다. 이것은 또, 과거와 현재와 미래에 걸친 무수한 겁의 세계에 출현하는 무수한 부처님이 한 부처님임을 강조하는 설화이기도 한 것이다.

6. 기원정사(祇園精舍)를 세우다

부처님께서 죽림정사에 계실 때, 수닷타(須達多)라고 하는 장자가 장삿일로 왕사성에 들렸다. 그는 처형이 왕사성에 살고 있으므로, 여느 때와 같이 처형의 집에 들렸다. 처형의 집은 대단한 부호였다. 처형의 부부는 언제나 수닷타 장자를 반갑게 맞이했는데, 오늘 따라 그 두 사람이 보이지 않아 이상하게 생각하였다. 그는 집안이 잔치를 차리느라고 온통 법석이는 가운데, 부부가 함께 일에 열중한 것을 보고서, 이 집에 빔비사라 왕이라도 오는가 생각하였다. 동서가 간신히 일에서 손을 떼고 수닷타에게로 왔을 때, 수닷타는 이 집에 무슨 일이 있는가 물었다. 동서는 수닷타에게 답하였다.

"나는 큰 공양을 준비하고 있는 참일세. 내일 부처님과 그 스님들을 초청하였지."

"부처님이라고 했습니까?"

"그래, 부처님—."
수닷타는 세 번을 거듭 물었다. 그리고 말하였다.
"부처님이라니? 부처님이라고 하는 말조차 듣기 어려운데, 부처님을 만날 수 있다니…. 저는 지금 곧 찾아가 뵙고 싶습니다."
"지금은 찾아가 만날 때가 아니네. 내일 아침에 가는 것이 좋네."
수닷타는 내일 아침이면 부처님을 만날 수 있다고 생각하니, 잠이 오지 않았다. 그는 날이 밝기를 기다리다 지쳐, 세번씩이나 밖으로 나가 보았다. 날이 밝는 것을 기다리다 못해 수닷타는 거리를 지나 왕사성을 나왔다. 그 때, 갑자기 모든 새벽의 광명이 없어지고 어둠이 덮쳤다. 어찌나 어둡고 캄캄한지 두려운 마음이 생겨 발이 떨어지지 않았다. 그 때, 야차가 "지금 한 걸음 내디디는 것은 어떠한 재보(財寶)보다도 귀중하다. 어서 앞으로 나아가라. 물러서서는 안 된다"고 말했다. 그러자, 밝은 빛이 밝게 비쳤다. 수닷타는 용기를 내어 앞으로 나아가려고 했다. 순간 다시 광명은 사라지고, 무서운 어둠이 덮쳤다. 그리고 야차의 소리가 다시 들리고, 밝은 빛이 비쳤다. 수닷타가 앞으로 나아가려 하면, 빛이 없어지고 어둠이 깔리고……, 이렇게 세 번을 거듭하는 사이에 수닷타는 한림(寒林)이라고 하는 적적한 묘지에 이르렀다. 그 때, 부처님께서는 언제나와 같이 새벽에 일어나 조용히 거닐고 계시었다. 부처님은 수닷타가 가까이 오는 것을 보시고 길가에 자리를 깔고 앉아서 수닷타가 오는 것을 기다리셨다. 수닷타가 가까이 오자 부처님께서 말씀하셨다.
"잘 왔다. 수닷타여."

수닷타는 자기의 이름을 부르자 기뻐하면서, 부처님 발 아래 예배하였다. 부처님께서는 수닷타를 위하여 보시를 설하시고, 지켜야 할 생활의 규범을 설하시고, 천상에 나는 것을 설하셨다. 수닷타는 그 자리에서 부처님의 가르침을 이해하였기 때문에, 이어서 괴로움과 괴로움의 원인과 괴로움을 없애는 것과 괴로움을 없애는 길을 설하셨다. 수닷타는 이 네 가지 거룩한 진리도 곧 이해하였다. 수닷타는 일어나 부처님께 예배하고, 부처님과 부처님의 가르침과 승단의 삼보(三寶)에게 귀의하고, 평생토록 재가신도가 될 것을 서약하였다. 그리고 다음날, 자기의 공양을 받아 주시도록 청하였다. 부처님께서는 침묵으로 이를 승락하셨다.

처형의 집에 돌아온 수닷타는 동서에게 이 사실을 말하였다. 동서는 수닷타가 여행 중이고 집이 없으므로, 자기가 준비를 맡아서 하겠다고 하였다. 그러나 수닷타는 자기가 준비를 하겠다고 말하였다. 집이 없는 수닷타가 부처님을 공양에 초대했다는 소문을 들은 사람들은 자기 집에서 준비를 하겠다고 청했다. 심지어는 빔비사라 왕까지 수닷타를 대신해서 공양을 준비하겠다고 청하였으나, 수닷타는 거절하고 동서의 집에서 손수 준비를 하여 부처님과 그 제자들에게 공양하였다. 그리고 부처님께 사뢰었다.

"세존이시여, 다음의 장마철에는 부디 사위성(舍衛城)에 오셔서 안거(安居)를 지내 주십시오."

부처님께서는 이를 승락하셨다. 수닷타는 일을 마치고, 집으로 돌아가면서 만나는 사람들에게 말하였다.

"스님들이 거처할 곳을 만드시오. 정사를 짓고 공양을 준비하시오. 부처님께서 이승에 나오셨습니다. 부처님께서 나의 초대를 받아 주셨습니다. 이제 곧 이 길을 지나실 것입니다."

수닷타는 많은 친구와 아는 사람이 여러 곳에 있었고, 그들의 신용이 두터웠으므로, 많은 사람들은 수닷타의 말을 믿고 부처님과 그 제자들을 맞이할 준비를 하였다.

사위성의 집에 돌아온 수닷타는 곧 정사를 짓기에 알맞은 곳을 여기저기 찾았다. 마을에서 멀지 않고 너무 가깝지도 않으며, 왕래하기에 편리하고, 그러면서도 조용한 곳을 찾아다닌 끝에, 파사익 왕(波斯匿王)의 제타 왕자(祇多王子)가 갖고 있는 제타 숲(祇多林)을 발견하였다. 제타 왕자에게 수닷타는 정사를 짓겠으니, 동산을 팔아 달라고 청하였다. 그러나 왕자는 거절하였다.

"설사, 당신이 저 동산 가득히 황금을 채워 준다면 몰라도 팔고 싶지 않소."

수닷타는 그만한 황금을 줄 터이니 팔라고 하였다. 왕자는 팔지 않겠다고 고집하였다. 수닷타는 왕자와 입씨름을 해서는 소용이 없다 생각하고 재판관에게 호소하였다. 재판관은 왕자가 동산에 황금을 채우면 팔겠다고 한 이상, 그 조건에 팔아야 된다고 판결하였다. 수닷타는 전 재산을 다 거두어 황금으로 바꾸었다. 그리고 그 황금을 실어다 동산에 깔았다. 이것을 본 왕자는 수닷타의 굳고 뜨거운 신앙심에 감동하였다.

"수닷타 장자여, 그만 두시오. 정사 짓는 것을 당신에게 맡깁니다. 그리고 입구의 빈 터를 나에게 양보해 주지 않겠소. 나도 선물을 하고 싶습니다."

수닷타는 쾌히 승락하였다. 그것은 제타 왕자와 같은 유력한 사람이 불교에 귀의하는 것은, 교단의 장래를 위해 힘이 되리라고 생각했기 때문이기도 했다. 태자는 그 빈터에 문을 세우고, 정사를 위한 부속건물을 지었다. 그리고 수닷타 장자가 짓는 정사에 필요한 나무를 기증하기도 하였다.

완성된 정사를 사람들은 기수급고독원(祇樹給孤獨園)이라고 불렀다. 그것은 제타(祇多)와 수닷타가 함께 이룩한 동산이라는 뜻이다. 수닷타는 그의 본명이지만, 수닷타가 고독하고 가난한 이들에게 보시를 많이 하므로, 사람들은 그를 가리켜 급고독(給孤獨)이라고 불렀다. 또 사람들은 이 기수급고독원을 줄여서 기원정사(祇園精舍)라고도 불렀다.

기원정사가 완성되자, 부처님께서는 사위성을 향하여 북쪽으로 길을 떠나셨다. 그 길은 수십 일이 걸리는 노정(路程)이었다. 수닷타가 집으로 돌아오면서 사람들에게 퍼뜨린 말 때문에, 그 노정에 사는 사람들은 곳곳에 커다란 절을 짓고 있었다. 부자와 가난한 사람 할 것없이, 저마다 자기 힘에 맞는 재물을 기증하여 절을 짓고 있었다. 부처님께서는 태자의 몸으로 출가하여 남쪽을 향하여 오던 길을, 지금은 부처님이 되어 거슬러 가고 계셨다. 이 길의 중간에 카필라 성이 있었으나, 들리지 않고 곧장 사위성으로 가셨다.

제10장 부처님과 석가족(釋迦族)

1. 부처님의 귀향

　부처님께서 고향인 카필라 성에 가신 사실에 대해서는, 두 가지 이야기가 경전에 전하고 있다. 그 하나는 부처님께서 성도하신지 2년 뒤의 죽림정사에 계실 때라는 설과, 다른 하나는 기원정사에 계실 때라는 설이다. 후자는 성도한 지 6년이 되므로 부처님의 귀향은 무려 12년 만의 일이며, 부자의 상봉은 12년 만에 이루어졌다. 이 두 가지 사실에는 부처님께서 카필라 성을 찾아가신 연대에 차이가 있고, 또 찾아가시게 된 설화에 차이가 있다. 우리는 부처님의 생애에 의혹을 가질 아무런 이유가 없으므로, 두 가지 경우를 모두 살펴 보는 것도 무익하지 않다고 생각된다. 위대한 인물을 사실적(史實的)으로만 파악하려는 경향은 자칫 그가 지닌 위대한 내면(內面)의 세계를 소홀히 할 우려가 있으므로, 여기에서 부처님의 내면에 중점을 두고자 한다. 우선 사실에 가까운 이야기는 이렇다.
　부처님께서 기원정사에 계실 때이다. 부처님께서 성도하신 지 6년 뒤의 일이었다. 당시 카필라 국은 작은 나라로서 인접한 강대국인 사위국의 보호를 받고 있었으며, 사위국에 대사(大使)를 두고 있었다. 숫도다나 왕은 우다이 대사를 통하여 부처님이 된 태자가 사위국의 기원정사에 머물러 계시다는 소식을 들었다.

왕은 파사익 왕과 우다이 대사를 통하여 부처님께서 카필라 성을 방문해 주도록 부처님께 청하여 승락을 받았다.
  한편, 죽림정사에 계실 때의 경우는 이렇다.
  싯다르타 태자가 출가하자, 숫도다나 왕은 태자의 신변을 걱정하여 사람들을 보내 태자의 신변을 보호하도록 하였으므로, 늘 태자의 소식을 듣고 있었다. 태자가 6년 고행끝에 성도하여 죽림정사에 머물고 있을 때, 즉 성도 후 1년 뒤 일이다. 숫도다나 왕은 당신의 아들이 부처가 되어 나날이 높아가는 명성을 듣고, 만나고 싶은 생각이 간절하였다. 왕은 사신을 보내어 부처님을 자주 초청하였다. 그러나 부처님을 찾아간 사신마다 부처님의 설법을 듣고 출가하였기 때문에, 사신들은 돌아오지 않았다. 숫도다나 왕은 생각 끝에 천 명의 백성을 이끌고 가서 부처님을 모셔 오도록 대신을 보냈다. 왕의 생각에는 카필라 성의 백성들이 가서 청하면 물리치지 못할 것이라는 생각이었다. 그러나 그 천 명의 백성들과 대신도 부처님의 설법을 듣고는, 그 자리에서 출가하여 아라한이 되었다. 왕은 이렇게 아홉 사람의 대신과 9천 명의 백성을 보냈으나, 그 때마다 그들은 출가하여 부처님 곁에 머물러 버렸다. 왕은 생각하였다.
  '그들은 태자가 오지 않겠다 하므로, 나의 마음이 더욱 상할까 염려가 되어 돌아오지 않고 있을 것이다. 가부간의 회답을 얻어 올 사람이 없을까?'
  왕은 왕궁에 사는 신하들을 두루 생각해 보았다. 그리고 우다이(優陀夷)가 적당하다고 생각하였다. 우다이는 왕의 신임이 두터울 뿐 아니라, 싯다르타 태자와는 동갑으로 어렸을 때부터 태자와 함께 자란 친한 친구였으므로, 어쩌면 우다이의 호소를 부처님께서 받아들일 것이라고 생각하였다. 왕은 우다이에게 말하였다.

"우다이, 나는 태자가 보고 싶어 9천 명을 보냈으나, 한 사람도 돌아와 회답을 준 사람이 없었다. 나는 이제 늙었으며 언제 죽을 지 모른다. 죽기 전에 만나고 싶다. 너는 태자를 만나게 해 줄 수 있겠느냐?"

"대왕님, 만일 저의 출가를 허락하여 주신다면 가능하리라 생각합니다."

"네가 출가하는 것은 너의 뜻이다. 태자를 만나게만 해다오."

우다이는 왕의 편지를 가지고 왕사성의 죽림정사로 갔다. 그 때, 부처님께서는 대중들에게 설법을 하고 계셨다. 우다이는 대중의 끝에 앉아 부처님의 설법이 끝나기를 기다렸다. 기다리는 동안 우다이는 부처님의 설법을 듣고 출가하였다. 부처님의 제자 중에 우다이라는 이름을 가진 사람이 세 사람이 있었다. 그들과 구별하기 위하여, 이 때 이후의 경전에서는 가루다이라고 부른다. 그것은 그의 얼굴이 검기 때문에 불리운 이름이다.

우다이는 출가한 지 수 개월이 지난 뒤의 어느 날 생각하였다. '겨울이 지나고 봄이 되었다. 벼농사는 끝나 식량이 넉넉하고, 대지에는 푸른 풀이 덮이고 숲에는 아름다운 꽃이 피었다. 이제는 부처님께서 그 친족들에게 호의를 보일 때가 되었다.'

우다이의 이 같은 생각은 카필라 국이 경제적으로 마가다 국이나 사위국에 비해 빈약한 것을 말해 준다. 비록 경제적으로 큰 어려움이 없는 카필라 국이지만, 농경국가(農耕國家)인 카필라 국에서 부처님과 수많은 제자들을 여러 날 동안 대접하는 것은 쉬운 일이 아니었을 것이다. 우다이는 벼농사를 거두어 들여 식량이 넉넉한 때를 선택한 것이다.

 그것은 나라는 작고 부강(富强)하지 않지만, 자존심이 강한 석가족의 입장을 고려한 것이라고 생각된다. 부처님께서도 그와 같은 생각으로 때를 기다리고 계셨을 것이다. 먹을 것이 넉넉하지 않을 때, 많은 대중이 공양을 받고 탁발을 해서 경제적으로 궁핍하면, 살기가 어렵고 어리석은 백성들의 원성이 일어날 것을 예상하였기 때문이다. 그것은 부처님을 비방하고 승단을 원망하는 결과를 초래할 것이므로 피해야 할 일이라고 생각하신 것이다. 그것은 삼보를 비방하고 원망하며 욕하는 죄를 초래하기 때문이다.

 보통 사람도 부모에 대한 효성이 있고, 부처님 자신도 세속을 살아가는 데 지켜야 할 규범으로 부모에 대한 효성을 가르치고 있으면서, 자신은 아버지가 만나고 싶어하는 갈망을 외면한다는 것은 있을 수 없는 일이다. 부처님께서는 다만 때가 오기를 기다리신 것이다. 부처님을 비방하지 않고 승단을 욕하지 않을 때를, 그리고 백성들에게 피해가 되지 않을 때를 기다리신 것이다.

 우다이는 부처님께 게송을 읊었다.

> 세존이시여,
> 지금이 법을 나누어 주실 때입니다.
> 너무 춥지도 않고 덥지도 않아
> 걸식하기에 알맞은 때이니,
> 주리는 일이 없고
> 대지에는 초목이 푸르거니

"세존이시여, 지금이 바로 그 때입니다."

그러자, 부처님께서 말씀하시었다.
"우다이여, 그대는 어찌하여 그토록 여행을 찬양하는가?"
"세존이시여, 당신의 아버지 숫도다나 왕께서는 당신을 만나고 싶어하십니다. 친족들에게 호의를 보여주십시오."
"우다이여, 그렇게 하자. 나는 친족에게 호의를 보이리라. 비구들에게 일러 여행을 준비하도록 하여라."
우다이는 비구들에게 알렸다. 부처님께서는 사위 국과 마가다 국의 상류층 출신의 비구 1만과, 카필라 국 출신의 비구 9천과, 카샤파 형제와 함께 출가한 1천의 비구 등, 번뇌가 없어진 2만의 아라한을 데리고 길을 떠나셨다. 죽림정사에서 카필라 성까지는 2개월이 걸리는 먼 거리였다. 우다이는 한 걸음 먼저 카필라 성을 향하여 걸음을 재촉하였다.
이 두 가지 이야기 사이에는, 부처님께서 고향을 찾은 연대에 7년과 12년의 현저한 차이가 있고, 출발한 장소도 다르다. 그러나, 부처님 생애에 있어서 그 교화의 여정(旅程)에 차이가 있음에도 부처님의 생애와 사상을 이해하는데 중요한 것이다. 때문에, 여기서는 두 가지 이야기를 모두 들었다. 전자는 부처님 생애의 사실(史實)에 근거를 두고 있고, 후자는 본생담(本生潭)에 나오는 설화로써 석가족 교화의 상황을 이해하는데 도움이 된다. 본생담은 그러한 점에서 취하고, 이야기의 전개는 사실에 입각하여 진행하기로 한다. 그러나 본생담이 하나의 설화에 그치지 않고 사실에 근거를 두고 있는 점을 우리는 주의해야 한다. 그것은 우다이라는 인물이 양쪽에 다 등장하고 있는 점이다. 즉 우다이는 싯다르타 태자와 같은 해에 태어나 태자와 함께 궁중에서 자랐으며, 우다이의 얼굴이 검기 때문에 가루다이라고 부르는 점과, 태자가 출가한 뒤 오래지 않아 대신이 된 점과, 죽림정사에서 출가했거나 사위 국의 대사로 있었거나 간에 그가 정반왕의 명을 받아 부처님을 초대한 점과, 부처님에 대한 이해와 부처님의 가르침에 대해 깊은 이해를 가졌던 점과, 부처님보다 한 걸음 먼저 카필라 성에 도착한 점과, 그리고 슛도다나 왕과 석가족에게 부처님의 근황과 그 가르침을 설하여 석가족을 교화한 사실은, 양자가 일치하고 있는 점이 그것이다.

그러한 우다이가 한 걸음 카필라 성에 도착하여 왕에게 소식을 전하였다.

2. 고향에서의 걸식(乞食)

부처님 일행보다 한 걸음 먼저 도착한 우다이를 맞이한 슛도다나 왕과 석가족은 흥분을 누를 길이 없었다. 슛도다나 왕은 부처가 되어 돌아오는 아들을 생각하며, 그 오랜 세월의 괴로움도, 전륜성왕이 되어 세계를 지배하지 않았던 아쉬움도 스러졌다.

태자를 키운 마하프라쟈파티의 마음은 야릇한 기대감에 충만되어 있었다. 부처님에 대한 이야기는 들었으나, 막상 자신이 키운 아들과 다름없는 태자가 부처님이 되어 돌아온다는 것은 믿기지 않았다. 그러나 한편으로는 왕위와 아내와 자식과 세속의 모든 영화를 버릴 만큼 부처가 되는 일이 값진 것이라면, 자신도 부처가 된 태자를 따르고 싶은 충동을 느꼈다. 이 같은 충동은 뒤에 가서, 마하프라쟈파티를 출가하게 하는 힘이 되고, 승단에 비구니가 생기는 동기가 된다.

한편, 야쇼다라는 모든 것이 종잡을 수가 없었다. 술렁이는 왕궁의 분위기나 왕족들의 흥분이나, 부처님과 그 일행을 맞기 위한 부산한 준비, 왕궁 안의 대신과 노비에 이르기까지 들떠 있는, 그러한 것들이 자기와는 먼 일로 여겨졌다. 그 옛날의 즐겁고 기뻤던 일들은 생각되지도 않았다. 왕의 따뜻한 사랑을 받으면서 라후라를 의지하고 살아온, 그런대로 안정된 생활에 검은 먹구름이 덮치는 것 같은 느낌을 금할 수 없었다. 생각하면 지난 12년은 공백이었다. 그 공백이 무너지는 느낌이었고, 그것이 아프게 가슴에 와 닿았다. 야쇼다라의 가슴은 공허하고 부처가 된 태자의 모습을 그릴 수도 없었다. 막연한 불안이 그녀의 주위에 떠돌았다.

왕은 우다이에게 자신의 식사를 제공하였다. 우다이는 출가한 비구의 법에 따라 바루에 든 음식을 가지고 일어서려 하였다. 그러나 왕은 우다이를 만류하면서 부처님의 근황을 여러 가지로 물었다. 마하프라쟈파티를 비롯하여 야쇼다라와 아난다와 라후라와, 싯다르타 태자의 뒤를 이어 태자가 된 이복 동생 난타와, 대신들과 많은 왕족들이 부처님에 대한 우다이의 이야기를 들었다.

우다이는 부처님의 가르침에 대해서 이야기했고, 2만의 비구들이 출가한 이야기를 했고, 두 곳에 세워진 정사에 대해서 이야기를 했으며, 마가다 국과 사위성의 왕과, 그 두 나라의 많은 장자와 백성들이 부처님을 얼마나 존경하는가에 대해서 이야기 했으며, 또 외도들을 항복받은 이야기와, 6년의 고행을 들은대로 이야기하였다. 우다이의 이야기를 들은 왕족들은 아직 부처님을 만나기도 전에 부처님에 대한 믿음이 열렸다.

　부처님께서는 이같이 왕족들을 교화한 우다이에 대해서 말씀하셨다.

　"비구들아, 나의 제자 비구 중에서 세속에 있는 신도의 교화는 우다이가 제1이니라."

　이것은 본생담에 있는 이야기이다. 한편, 율장(律藏)에 의하면, 우다이는 나쁜 일이 잦아 그로 인해서 계율을 제정하기 시작하였다고 한다. 그러나 이 때까지는 우다이가 그렇게 나쁜 짓을 많이 한 것은 아닌 것 같다. 우다이는 본래 싯다르타 태자의 몸종이었다.

　그는 태자의 출가 후에도 궁중에 남아 있으면서, 슛도다나 왕에게 충성을 다해 봉사했기 때문에 인정을 받아 대신이 된 사람이다. 때문에 그는 출가하여 부처님의 제자가 되고, 뒤에 장로(長老)가 되었으나, 그가 세속적인 욕망을 아주 끊기까지는 대단한 진통이 따랐으리라 생각하기는 어렵지 않다.

　우다이에게서 정사를 지은 이야기를 들은 왕족들은 비구들이 지낼 곳을 마련해야겠다고 생각하였다. 그들은 카필라 성에서 너무 가깝지도 않고 멀지도 않으며, 교통이 편리한 곳을 찾았다. 그들은 니그로다 숲이 비구들이 수행하기에 알맞은 곳이라고 생각하였다. 그들은 그 곳에 비구들이 거처할 곳을 만들고, 부처님 일행을 맞이할 준비를 서둘렀다. 한편, 슛도다나 왕은 매일같이 사신을 보내어 부처님께서 얼마나 가까이 오셨는가를 확인하였다.
 부처님께서 도착하셨다. 숫도다나 왕은 실망하였다. 대단한 위의를 갖추고 왕궁으로 곧바로 올 줄로 알았다. 그러나 부처님께서는 니그로다 숲에서 밤을 새우고, 새벽에 비구들과 함께 카필라 성에서 탁발을 하셨다. 그러나 어느 한 사람도 부처님을 초대하는 이도 없고, 그 바루를 받으려는 사람도 없었다. 부처님께서는 길가에 서서 생각하셨다.
 '옛날, 부처님들은 자기 고향에서 어떻게 탁발을 하셨을까. 차례가 없이 부잣집만을 골라 탁발하시지는 않았다. 차례로 집을 돌며 탁발을 하셨다. 나도 이 전통과 습관을 따라 차례로 탁발을 하리라. 나의 제자들도 본받아 탁발의 의무를 수행해야 한다.'
 부처님께서는 조용히 걸어 차례를 따라 집을 돌며 탁발을 하셨다. 2만의 비구가 카필라 성 안에 흩어져 탁발하므로, 조용했던 새벽 거리는 갑자기 술렁거리기 시작하였다. 사람들은 음식을 공양하는 일을 잊고, 이 기이한 풍경에 넋을 잃고 있었다. 그들은 부처님이 그 옛날 태자였을 때와 같이 위풍 당당하게 왕궁으로 들어갈 줄로 알았다. 그러나 부처님과 일행의 복장은 남루하고 모습은 초라하였다. 사람들은 창을 열고 내다보거나 길에 나와 서서 구경을 하면서 서로 말하였다.
 "저 기고(氣高)하던 싯다르타 태자가 탁발을 한다."
 그 중의 어떤 사람은 부처님의 모습을 보고 이렇게 말하였다.
 "저 고귀한 왕자는, 옛날에는 성 안을 왕의 위대한 위엄과 영광으로 황금 수레를 타고 돌아다녔다. 그런데, 지금은 머리와 수염을 깎고, 노란 빛깔의 남루한 옷을 입고, 손에는 흙으로 된

그릇을 들고 탁발을 하며 다니고 있다. 그러나 그는 지금 욕심을 떠난 빛나는 얼굴을 하고 있으며, 실로 위대한 인간만이 지니는 모습을 하고 있다."

사람들은 곧 슛도다나 왕에게 탁발하는 부처님의 소식을 전하였다. 왕은 실망과 불쾌함과 반가움이 뒤섞인, 그리고 노여움으로 어찌할 바를 모른 채 부처님에게로 뛰어갔다. 왕은 부처님의 앞을 가로막아 서며 말하였다.

"내 아들아, 왜 우리를 창피하게 만드는가. 무엇 때문에 탁발을 하느냐. 너희가 먹을 음식은 충분히 준비되어 있는데, 어찌하여 탁발을 하며 왕궁에 오지 않았느냐?"

실로 헤어진 지 12년 만에 만나는 아버지와 아들의 상봉이다. 부처가 된 아들에 대한 기대가 큰 만큼 왕의 실망과 노여움도 컸다. 더구나 긍지(矜持)가 높은 석가족의 왕인 아버지에게는 참기 어려운 일이었다. 그러나 부처님께서는 조용히 말씀하시었다.

"이것은 우리 집안의 오랜 전통이며, 우리들의 법입니다."

"무슨 말을 하느냐. 우리 집안은 명예 있는 왕족이다. 우리 집안에 걸식한 사람은 한 사람도 없다."

"제가 말하는 가계(家系)는 세속의 왕통(王統)이 아닙니다. 연등불・교진여불, 내지 가섭불에 이르는 과거의 모든 부처님의 불통(佛統)을 말합니다. 이 여러 부처님과 다른 모든 부처님께서도 다 걸식을 하셨고, 또 걸식으로 생명을 보존하셨습니다."

그리고 게송을 읊으셨다.

분발하라 방일(放逸)하지 말라.

선행(善行)의 법을 닦아라.
　　법을 따라 행하는 이는
　　이승이나 저승에서 행복하리.
　　선행의 법을 닦고
　　악행(惡行)의 법은 닦지 말라.
　　법을 따라 행하는 이는
　　이승이나 저승에서 행복하리.

　이 게송을 들은 숫도다나 왕은 부처님의 바루를 받아들고, 부처님과 그 일행을 왕궁으로 인도하였다. 왕의 얼굴에는 아직도 노여움과 실망의 빛이 서려 있었다. 뿐만 아니라, 석가족의 실망도 컸다.

3. 부처님과 야쇼다라

　숫도다나 왕은 부처님과 그 일행, 2만의 비구에게 온갖 맛있는 음식을 공양하였다. 부처님과 비구들이 마치자, 궁중의 모든 사람들이 부처님께 예배하였다. 태자비 야쇼다라만은 시녀들이 아무리 권하여도, '만약 나에게 덕이 있으면 태자가 나를 찾을 것이다. 그 때 나는 예배하겠다'하고, 끝내 그 곳에 나타나지를 않았다. 왕은 며느리인 야쇼다라의 심정을 잘 알고 있으므로, 부처님에게 야쇼다라를 만나도록 청하였다.
　부처님께서는 두 사람의 장로 비구를 데리고 야쇼다라가 있는 곳으로 가셨다. 부처님께서 정해진 자리에 앉자 야쇼다라는 부처님의 발목을 잡고 발등에 이마를 조아려 예배하였다. 왕은 야쇼다라의 지난 생활과 태자에 대한 깊은 사랑이 얼마나 큰 것이었는가를 말하였다. 그가 다시 태자로 돌아와 주기를 야쇼다라와 함께 기대하면서 말하였다.

"아들아, 야쇼다라는 네가 노란 옷을 입었다는 소식을 듣고 곧 노란 옷을 입었으며, 네가 하루에 한 끼만을 먹는다는 이야기를 듣고서 하루에 한 끼만을 먹었으며, 네가 큰 침대를 버렸기 때문에 자신도 낡고 딱딱한 침대에 누워 잤으며, 네가 온갖 장신구(裝身具)를 버린 것을 알고 자신도 그 모든 것을 몸에 붙이지 않았으며, 네가 고행하는 소식을 듣고는 자신도 그에 못지 않은 고행을 하였고, 개가할 것을 권하는 사람이 있었으나 거절하였으며, 오직 너의 아내로서의 부덕(婦德)을 키우는데 힘썼느니라."

"대왕이시여, 지금 지각이 충분히 발달한 그녀가 당신의 보호를 받으면서 그 자신을 잘 지켰다는 것은 대단한 일이 아닙니다. 그녀는 옛날 지각이 충분히 발달되지 않았을 때도 누구의 보호도 받지 않고 험한 산기슭에서 자기를 잘 지켰습니다."

그리고, 야쇼다라의 전생(前生) 이야기를 하시었다.

"먼 옛날, 설산에 한 보살이 살고 있었습니다. 그 보살의 아내는 월희(月姬)이며, 그녀는 남편과 함께 살고 있었습니다. 어느 날, 그 나라의 왕이 사냥을 나왔다가 월희의 아름다움에 매혹되어, 남편인 보살을 죽이고 그 아내를 빼앗고자 하였습니다. 왕은 가만히 화살을 쏘아 남편을 죽였습니다. 그리고, 보살의 아내에게 자기와 함께 왕궁으로 가서 살자고 하였습니다. 그러나 월희는 남편을 죽인 왕이 두려워 산으로 달아났습니다. 그녀는 왕이 돌아가기를 기다렸다가 남편이 있는 곳으로 돌아와, 아직 숨이 끊어지지 않은 남편을 제석천왕에게 빌어 소생시켰습니다.
　대왕이시여, 그 때의 보살이 지금의 나이며, 그 월희는 야쇼다라입니다. 그녀가 나에 대해서 사모하는 정을 억누르지 못하고, 다른 남자의 유혹을 이긴 것은 지금만이 아니며, 전생에도 그러했습니다."
　이 설화는 듣기에 따라서는 부처님의 야쇼다라에 대한 애정을 나타낸 것 같지만, 야쇼다라의 욕정을 끊기 위한 방편으로 설한 것이라고 생각된다.
　부처님께서는 자리에서 일어나, 왕궁을 나와 니그로다 숲으로 가셨다. 카필라 성의 첫 날을 이같이 보냈다.

4. 석가족(釋迦族)에 대한 교화

　부처님께서는 다음날, 니그로다 숲을 찾아온 석가족을 상대로 설법을 하고 계셨다.
　그 때, 석가족들은 긍지가 강하고 오만한 성격을 지닌 민족이었기 때문에, 부처님에 대해서도 겸손하지가 않았다. 그들은 서로 말하였다.
　"싯다르타 태자는 우리보다 나이가 적어 동생 벌이 되기도 하고, 혹은 조카나 아들 벌이 되며, 누구에게는 손자 벌이 된다. 어찌 우리가 그에게 예배를 하겠는가."
　그리하여, 그들은 설법을 들으러 모인 왕자들에게 말하였다.

"그대들은 부처님께 예배를 하고 앞에 앉아라. 우리는 그대들의 뒤에 앉으리라."

부처님께서는 그들의 그러한 생각을 알고서 생각하시었다.

'우리 친족들은 나에게 예배를 하려고 하지 않는다. 나는 이제 저들이 예배하도록 해야겠다.'

그리고 곧 때와 장소에 따라 그에 맞는 몸을 나타내어, 뜻대로 날아다니는 신족통(神足通)의 선정에 들었다. 그리고 선정(禪定)에서 나와 하늘에 올라, 석가족의 머리 위에서 발에 묻은 흙을 떨어뜨렸다. 흙은 떨어지면서 온갖 꽃으로 변하였다. 숫도다나왕과 석가족들은 이 기이한 현상을 보고 놀랐으며, 왕은 부처님 앞에 나아가 말하였다.

"세존이시여, 당신이 탄생하시던 날, 내가 어린 당신을 아시타 선인에게 예배시키려고 그 곁으로 데리고 갔을 때, 당신의 발이 그 선인의 머리 위에 있는 것을 보고, 나도 모르는 사이에 당신의 발에 예배하였습니다. 그것은 나의 첫 번째 예배였습니다. 또 파종식(播種式)을 하던 날, 나무 아래 앉아 명상에 잠긴 당신에게 나도 모르게 예배하였습니다. 그것이 나의 두번째 예배였습니다. 그 때, 나는 영문을 모르고 당신의 발에 예배하였으나, 지금은 잘 알고 있습니다. 당신은 이 세상에서 가장 높고 귀한 스승이십니다. 이제 나는 스승에게 예배합니다. 이것은 나의 세 번째 예배입니다."

왕이 예배를 하자, 부처님께 예배하지 않던 석가족들은 모두가 예배하였다. 그들은 비로소 부처님을 민족의 자랑으로 여겼다. 그들은 싯다르타 태자가 전륜성왕이 되어 세계를 지배하지 않은 것을 크게 불만으로 여기고 있었다. 그 점은 숫도다나 왕과 같았다. 그들은 그들의 나라가 약하고 작은 것을 늘 불만스럽게 여기고 있었다. 긍지가 크고 오만한 만큼, 강대국이 되고 싶은 욕망도 강했다. 때문에 그들은 싯다르타 태자에게 그만큼 큰 기대를 걸었으나, 그가 출가함으로 해서 그 기대가 무너졌기 때문에, 부처가 된 태자에 대해 몹시 마땅치 않은 생각을 지니고 있었다. 그러나 지금은 그 생각들이 없어졌다. 그들은 마음을 한 곳에 집중하고 부처님의 설법을 들었다.

5. 난타(難陀)의 출가

부처님께서 카필라 국에 오신지 사흘 뒤였다. 슛도다나 왕은 부처님을 설득하여 태자로 돌아오게 하는 것을 포기하였다. 그리고, 이미 정해진 난타(難陀)의 결혼식과 태자 즉위식(太子卽位式)을 거행하였다. 난타는 마하프라쟈파티에게서 태어난 부처님의 배다른 동생이다. 태자가 된 난타는 자기의 입장이 난처하게 생각되었다. 싯다르타 태자가 돌아와 있는데 자기가 왕위를 계승하기로 하는 것은 옳지 않다고 생각하였다. 그는 어려서부터 형인 싯다르타 태자를 존경해 왔기 때문에, 더욱 그러했다. 뿐만 아니라, 그는 부처님에게서 강한 인상을 받고 있었기 때문에 왕위에 대한 욕심은 없었다. 왕위가 차라리 라후라에게 전해지기를 바랐다. 그러나, 아름다운 여인과의 결혼은 그 자신을 매우 만족하게 하였다. 난타의 아내로 간택된 처녀는 나라 안에서 가장 아름다웠다. 그래서 국미(國美)라는 이름으로 불릴 만큼 아름다웠으며, 난타는 그녀에게 매혹되어 있었다.

부처님께서는 태자궁으로 가셔서 난타에게 바루를 들려 앞세우고, 태자궁을 나와 니그로다 숲으로 돌아오셨다. 난타는 중간에 몇 번이고 바루를 부처님에게 돌려 드리고 돌아서려고 하였으나, 끝내 돌려 드리지 못하고 니그로다 숲까지 왔다. 부처님께서는 아무 말 없이 난타의 머리를 깎아 출가시키고 말았다. 강제로 출가한 난타는 아름다운 신부를 잊을 수가 없었다. 그는 오래도록 신부를 잊지 못하여 괴로워 하였다. 난타가 헤어진 아내를 잊지 못하여 열심히 수행하지 않고, 멍청히 나날을 보내고 있는 것을 본 부처님께서는, 어느 날 신통력으로 난타를 설산의 깊은 골짜기로 데리고 가셨다. 부처님께서는 얼굴이 빨갛게 탄 아주 추한 원숭이를 가리키면서 난타에게 물으시었다.

"난타야, 이 원숭이와 너의 아내와는 어느 쪽이 아름다운가?"

난타는 소리를 높여 대답하였다.

"비교가 되지 않습니다. 저의 아내가 훨씬 아름답습니다."

부처님께서는, 이 번에는 난타를 천상으로 데리고 가서 천녀(天女)들을 가리키면서 물으셨다.

"난타야, 저 천녀들과 네 아내와는 어느 쪽이 더 아름다운가?"

천녀와 자기 아내를 비교한 난타는 입을 딱 벌리고 다물 줄을 몰랐다. 난타는 자기의 아내가 천녀의 아름다움에 비하면 원숭이와 같다고 인정하지 않을 수 없었다. 부처님께서 말씀하시었다.

"만약 이 천상의 세계에 나서 천녀를 아내로 삼고자 하면, 수행에 힘써야 한다."

 난타는 열심히 수행한 결과, 이윽고 천녀의 일도 잊어버리게 되었다.

6. 라후라(羅睺羅)의 출가

 숫도다나 왕은 난타의 출가로 또 다시 마음에 상처를 입었다. 난타에게 왕위를 물려 주고 부처님이 된 아들을 자랑하면서 여생을 즐기려고 한 왕에게 난타의 출가는 타격을 주었다. 왕은 어쩔 수 없이 라후라를 태자로 임명하기로 하였다.

 부처님께서 돌아오신 지 7일째 되는 날이었다. 야쇼다라는 우울한 심정을 어쩔 수 없었다. 마침 부처님께서 왕궁에서 공양하는 때를 타서 라후라에게 일렀다.

 "라후라야, 보아라. 저 2만의 비구를 데리고 와서 식사를 하는, 황금빛으로 빛나는 범천(梵天)과 같은 이가 바로 너의 아버지시다. 저 이는 본래 많은 보물을 집에 쌓아 두고 계셨지마는, 집을 나가신 뒤로는 그것을 조금도 돌아 보시지 않는구나. 너는 아버지께 가서, '아버지, 저는 라후라입니다. 관정식(灌頂式)을 거행하면 저는 전륜왕이 됩니다. 저에게는 재산과 보물이 필요합니다. 저에게 보물을 주십시오. 아들은 아버지 재산의 주인입니다'라고 해서, 왕가의 재산을 이어 받도록 하여라."

 라후라는 부처님께서 식사를 마치기를 기다렸다가, 다가가서 말하였다.

"대사문이시여, 당신의 아들은 매우 기분이 좋습니다."
 부처님은 아무런 말씀 없이, 자리에서 일어나 왕궁을 나오셨다. 라후라는 따라가면서 말하였다.
 "대사문이시여, 저에게 왕가의 재산을 주십시오. 저에게 왕가의 보물을 주십시오. 저에게 재산을 상속해 주십시오."
 그러나 부처님께서는 아무런 대답을 않으신 채, 니그로다 숲의 정사까지 라후라가 따라 오도록 하셨다. 부처님께서는 생각하시었다.
 '이 아이는 보물을 갖고 싶어한다. 그러나 그것은 윤회를 계속하게 하고, 고통과 근심을 끌어오고 일으키는 것이다. 이 아이에게는 내가 보리도량(菩提道場)에서 얻은 일곱 가지 귀중한 보물을 물려 주는 것이 좋겠다. 이 아이에게는 세간을 뛰어넘은, 아버지의 재산을 물려주어야겠다.'
 부처님께서는 사리불에게 명하여 라후라를 출가시키도록 하였다. 그 때, 라후라의 나이는 열 두 살이었다. 라후라는 우선 사미(沙彌)가 되었으며, 스무 살에 구족계를 받아 비구가 되었다. 이렇게 해서 승단에는 최초의 사미가 등장하였다.
 야쇼다라가 재산의 상속을 가르친 그 숨은 뜻을, 경전의 글에서 정확하게 파악하기란 어렵다. 그러나 세속적인 재산의 상속을 의미한 것 같지는 않다. 난타까지 출가하였으므로 왕위를 계승할 왕자는 라후라밖에 없는데, 새삼스럽게 재산의 상속을 출가한 아버지에게 청할 이유가 없기 때문이다. 야쇼다라는 언젠가는 아버지를 따라 갈 아들과, 그렇게 하고야말 부처님의 뜻을 살펴 알았기 때문이라고 생각한다.
 라후라의 출가는 정반왕을 더욱 괴롭게 하였다. 의지했던 난타와 라후라를 함께 빼앗긴 셈이 되었다.
　왕은 부처님께 간청하였다.
　"세존이시여, 앞으로는 부모의 승락이 없이 어린 아들을 출가시키지 말아 주십시오."
　부처님께서는 승락하시었다. 이 이후로는 부모의 승낙이 없는 미성년자의 출가를 금하게 되었다.

7. 슛도다나 왕에 대한 교화

　어느 날, 부처님께서는 왕궁에서 공양을 하셨다. 슛도다나 왕은 식사를 마친 부처님께 말하였다.
　"세존이시여, 당신이 고행하고 있을 때 어떤 사람이 와서, '당신의 왕자는 죽었소'라고 하였으나, 나는 그것을 믿지 않았습니다. 나는 그에게 '내 왕자는 보리를 얻기까지는 결코 죽지 않는다'고 그를 물리쳤습니다."
　부처님께서 말씀하셨습니다.
　"대왕이시여, 당신의 전생에 어떤 이가 뼈를 가지고 와서 '당신의 아들이 죽었소. 이것이 당신의 죽은 아들의 뼈입니다'하였으나, 당신은 믿지 않았는데, 지금 와서 그것을 믿겠습니까?"
　부처님께서는 슛도다나 왕의 청을 받아 전생 이야기를 하셨다.
　"옛날, 호법(護法)이라고 하는 바라문이 있었습니다. 그와 그의 가족과 노비에 이르기까지 보시를 행하고, 계율을 잘 지켰기 때문에 얻은 이름입니다. 그 집에 아들이 있었는데, 역시 호법이라고 불렀습니다. 아버지는 아들을 먼 곳으로 유학을 보냈습니다. 아들 호법은 5백의 제자들 사이에 끼어 학예(學藝)를 닦은 지 오래지 않아, 5백 제자 중의 으뜸이 되었습니다. 어느 날, 스승의 아들이 죽었습니다. 스승은 물론, 5백의 제자와 친척들이 슬퍼하였으나, 호법은 슬퍼하지 않았습니다. 5백의 제자들이 장례를 치루고 돌아와 스승의 아들이 젊어서 죽은 것을 아까와 하고 있을 때, 호법은 자기 집안에는 젊어서 죽는 일이 없다고 말하였습니다. 호법의 집안에서는 늙어서만 죽는다고 말하였습니다. 이 이야기를 들은 스승은 호법의 말을 확인하고자, 어린 염소의 뼈를 가지고 호법의 고향집에 가서, 아버지 호법에게 뼈를 내보이면서 아들이 죽었다고 했습니다. 그러나, 아버지 호법은 믿지 않았습니다. 호법의 스승은 아버지에게 물었습니다.

'바라문이여, 젊어서 죽지 않는 당신의 집 가풍에는 반드시 이유가 있을 것입니다. 그 까닭을 알고 싶습니다.'

아버지 호법은 게송으로 답을 하였습니다.

  바른 법을 행하고 거짓말을 하지 않으며
  삿되고 악한 행위를 피해
  온갖 더러운 업을 여의었나니
  그러므로 우리 젊은이는 죽지 않네.
  선하지 않은 법에 물들지 않고
  악한 벗을 버리고 선한 벗 친하며,
  보시할 때는 마음으로 기뻐하고
  보시하고서 뉘우치지 않으며,
  사문·바라문·나그네와

행자와 거지・가난한 이에게
　　　우리는 음식을 공양하나니
　　　그러므로 우리 젊은이는 죽지 않네.
　　　우리는 아내를 가벼이 여기지 않고
　　　아내도 남편을 가벼이 여기지 않으며,
　　　어디서나 함께 범행(梵行)을 닦나니
　　　이같이 미덕을 갖춘 여자에게서 난 아들은
　　　총명하고 지혜가 깊거니
　　　그러므로 우리 젊은이는 죽지 않네.

　아버지 호법의 게송을 들은 스승은, "실로 바른 법은 바른 법을 잘 닦고 수호하는 이를 잘 보호합니다. 나는 당신을 시험하고자 하였으나 당신은 속지 않았습니다. 당신의 아들은 건강하며 학예를 연마하고 있으니, 걱정을 마십시오"하고 돌아갔습니다. 그리고 공부를 마친 호법에게 많은 제자를 거느려 보냈습니다. 대왕이시여, 그 때의 아버지는 당신이시며, 그 스승은 사리불(舍利佛)이며, 호법을 따라 온 제자들은 지금의 비구들이며, 아들 호법은 바로 저였습니다."

　부처님의 말씀을 들은 슛도다나 왕은 믿음을 향한 의지가 생기고, 차츰 확고한 믿음을 얻었으며, 부처님께서 카필라성을 떠나실 무렵에는 불환과(不還果), 즉 욕계(欲界)의 번뇌를 다 끊어 남은 것이 없으므로, 다시 욕계에 돌아오지 않는 성인의 지위에 도달하였다.

　부처님께서는 슛도다나 왕의 청을 받아 설법을 하시었다. 석가족을 위한 설법도 여러차례 있었으나, 이 날은 특히 주목할 만한 설법을 하셨다. 그것은 당시 인도의 네 가지 계급을 타파하는 설법이었다. 그것은 커다란 인간 선언(人間宣言)이며, 인간 본연(人間本然)의 자유에 대한 선언이었다.

"인간이 이 세상에 태어나는 것은 그가 지은 업(業)에 따라 날 뿐입니다. 빈부 귀천(貧富貴賤)의 종자가 따로 있는 것이 아닙니다. 사람들이 굳이 지은 업에 따라 그렇게 태어났을 뿐, 거기에 차별이 있을 수는 없습니다. 그러한 업을 짓지 않으면 그렇게 태어나지도 않습니다.

불법은 바다와 같습니다. 흐르는 모든 강물이 한 바다에 들고, 강물이 섞여도 그 짠 맛이 변하지 않는 것과 같이, 불법은 모든 인간을 차별하지 않고 받아들입니다. 빈부 귀천을 가리지 않고, 어떠한 지위에 속하든, 바라문(婆羅門)과 크샤트리야(刹帝利)와 바이샤(吠舍)와 수드라(首陀羅)를 가리지 않고 평등하게 받아들입니다. 불문(佛門)에 들면 그들은 모두가 한 몸이며, 한 형제인 것입니다.

더욱 인간은 지·수·화·풍(地水火風)의 네 가지 요소(四大)가 모여서 된 것입니다. 거기에 차별은 없습니다. 바라문의 네 가지 요소와 수드라의 네 가지 요소가 달라서 차이가 있는 것은 아닙니다. 사람이 지은 업이 다를 뿐입니다. 오히려 지·수·화·풍의 네 가지 요소가 모였다가, 죽어 흩어지는 무상함 앞에 '나'라고 하는 것이 없고 보면, 바라문도 크샤트리야도 바이샤도 수드라의 종족도 주장할 근거는 없는 것입니다.

인생은 무상한 것입니다. 인간은 늙고 병들고 죽는 그 괴로움을 피할 수 없습니다. 항상 예측할 수 없는 일에 대한 불만이 떠나지 않고 있습니다. 나는 그러한 인생에 절망을 느꼈으며, 늙음과 병과 죽음에서 해탈하여, 대자유를 얻고자 출가하였습니다. 나는 오랜 수행끝에 죽음을 두려워 하지 않게 되었으며, 모든 고뇌가 끊어 없어진 적정(寂靜)한 평화를 이루었습니다. 인생은 무상하고 괴로운 것입니다. 이 괴로움에서 벗어나는 길은 나에 대한 집착을 버리는 것으로만 가능합니다. 탐욕과 성냄과 어리석음을 버리면 가능합니다."

그리고, 네 가지 거룩한 진리와 여덟 가지 바른 길과 열 두가지 인연을 반복해 가면서 설하시었다.

부처님께서는 슛도다나 왕을 교화하신 다음, 카필라 성을 떠나 왕사성의 죽림정사로 향하시었다. 이 때, 마하프라쟈파티와 야쇼다라가 출가하기를 원하였으나, 끝내 뜻을 이루지 못하였다. 부처님께서 허락하지 않았기 때문이었다.

8. 아니룻다(阿泥婁駄)와 밧제리카(拔提利迦)의 출가

정반왕은 자기의 가문에서 부처님이 나신 것을 자랑으로 삼고 있었다. 때문에 석가족의 청년들이 부처님의 승단에 출가하는 것을 권장하였다. 그러나 자신이 의지했던 싯다르타 태자와 난타와 라후라가 출가했기 때문에, 자신이 당한 곤혹(困惑)을 생각해서 다음과 같은 규정을 세웠다.

'석가족의 각 가정은 원칙적으로 한 사람만 출가하라. 그러나, 외아들의 경우는 출가할 수 없다. 형제가 다섯인 경우는 세 사람까지 출가할 수 있고, 네 사람 또는 세 사람인 경우는 두 사람까지 출가할 수 있으며, 아들이 둘인 경우는 한 사람만 출가하

라.'

 이 같은 규정이 알려지자, 5백 인의 석가족 청년들이 출가하게 되었다. 부처님께서 카필라 성을 떠나신 지 오래지 않아, 숫도다나 왕은 왕위를 밧제리카(拔提利迦)에게 양위하였다. 이 무렵의 일이다. 부처님의 종제(從弟)가 되는 마하나만과 아니룻다의 두 형제가 있었다. 형 마하나만은 두 사람 중 누구 한 사람이 출가해야 한다고 생각하였으므로, 동생인 아니룻다에게 말하였다.

 "네가 출가하겠느냐? 아니면 내가 출가를 할까?"

 아니룻다는 어려서부터 매우 호강을 하며 컸기 때문에, 출가하여 고행하는 것은 원하지 않았다.

 "저는 몸이 약합니다. 출가해서 고행을 감당할 수 없을 것입니다. 형님이 출가하시면 어떻겠습니까?"

 "그러면 네가 가업(家業)을 이어야 한다. 우리 가업은 농업이므로, 논과 밭을 갈고 씨를 뿌리고 가꾸어 거두어 들여야 한다. 풀을 뽑고 물을 대고, 거두어 들인 곡식은 탈곡(脫穀)을 해서 창고에 넣어야 한다. 해마다 이런 일을 해야 하는데 네가 당해 내겠느냐?"

 "형님, 한정이 없이 계속한다는 말입니까? 편한 때라고는 없습니까?"

 "아니룻다야, 일이라고 하는 것은 끝나는 때가 없다. 아버지도 할아버지도, 또 그 앞의 조상들도 모두가 평생 동안 일을 하면서 살았다. 그리고 죽어서야 겨우 일을 하지 않게 되었느니라."

 "그렇다면, 가업을 잇기 보다는 출가를 하겠습니다."

이렇게 해서 두 형제 사이에는 동생이 출가하기로 결정이 되었다. 이 일을 어머니와 상의하였다. 어머니는 두 아들 중 누구도 출가시키고 싶지 않았다. 어머니는 출가하겠다고 하는 아니룻다에게, 만약 밧제리카 왕이 출가를 하면 허락하겠다고 하였다. 밧제리카는 왕위에 오른 지 오래지 않았으므로 아직 왕위에 연연하여, 출가하지 않으리라 생각하였기 때문이다. 또 밧제리카 왕과 아니룻다는 어려서부터 친한 친구였으므로, 고행을 싫어하는 몸 약한 친구의 출가를 왕명으로 막아 주리라고도 생각하였다. 그러나 아니룻다가 왕을 찾아간 결과는 어머니의 생각한 바와는 달랐다. 밧제리카 왕은 찾아온 아니룻다에게 물었다.
 "무슨 일인가? 심부름을 시키면 될 일을 직접 온 것이 아닌가? 도대체 무슨 일이지?"
 "왕의 일이기도 하고, 저의 일이기도 해서 직접 왔습니다."
 "내 일 같으면 자네에게 맡길 테니 알아서 하게나."
 "그러한 일이 아닙니다. 저의 출가에 관한 문제입니다."
 "자네가 출가하는 일이라면 자네 뜻대로 하면 되지 않나. 내가 관여할 바가 아니지 않는가?"
 "대왕이시여, 그러나 일이 그렇지가 못합니다. 어머니는 대왕께서 출가하지 않으면 저의 출가를 허락할 수 없다고 하셨기 때문입니다. 대왕이시여, 부디 저와 함께 출가해 주십시오."
 왕은 난처하였다. 친구의 간절한 부탁도 부탁이지만, 본래 출가하고 싶었으나 왕위를 계승했기 때문에 출가하지 못한 그는 언젠가는 출가하리라 생각하고 있었으므로, 친구와 함께 출가하고 싶기도 했다. 그러나 당장 왕위를 물려 줄 사람이 문제였다.

왕은 아니룻다에게 말하였다.

"아니룻다, 7년만 기다리기로 하자. 그 동안 여러 가지 일을 정리한 다음 함께 출가하기로 하자."

"대왕이시여, 어떻게 7년을 기다립니까? 그 동안, 두 사람에게 무슨 일이 생길지 모릅니다."

"그럼, 6년이면 기다릴 수 있겠지?"

"기다릴 수 없습니다."

"그럼, 5년은?"

"……"

"그럼 4년은? 1년은? 6개월은? 3개월은? 2개월은? 1개월은? 15일은……"

이렇게 해서 7일 뒤에 출가하기로 결정되었다. 밧제리카 왕은 7일 동안 모든 일을 끝맺고, 아니룻다와 함께 출가하였다.

그 때, 부처님께서는 카필라 성에서 그리 멀지 않은 바루라국에 머물고 계셨다. 밧제리카 왕과 아니룻다의 출가 소식을 들은 석가족의 왕족 청년 금비라(金毘羅)·아난다(阿難)·난제카(難提迦)·데바닷타(提婆達多) 등이 밧제리카 왕을 따랐으며, 이발사인 우파리(優波離)도 일행에 끼었다. 일행은 국경에 이르러, 우파리에게 옷과 몸에 지녔던 보물과 장신구(裝身具) 등을 주면서 말하였다.

"우파리, 이것을 가지고 가거라. 이만한 재물이면 사는데 곤란하지 않을 것이다."

일행은 우파리를 떼놓고 부처님이 계시는 바루라 국으로 향하였다.

우파리는 생각하였다. 석가족의 젊은이들이 세속의 영화를 버리고 출가하는 데는 그만한 이유가 있을 것이다. 만약 자기와 같은 천민(賤民)도 출가할 수 있다면, 출가하고 싶다고 생각하였다. 우파리는 아니룻다 일행이 준 물건을 길가의 나무에 걸어두고, 그들의 뒤를 따라갔다.

  우파리의 출가에 대해서는 장을 달리하여 자세하게 이야기 하기로 한다. 이 우파리의 출가에 대해서는 경전마다 약간의 차이가 있으나, 다음 장에서는 사분율(四分律)에 의거 하기로 한다.

제11장 계율(戒律)의 제정(制定)

1. 승단(僧團)의 규범(規範)

　마하 가섭이 출가할 당시, 승단의 인원은 이미 천 명을 넘고 있었다. 그들 중에는 우루빈나 카샤파와 같이 많은 제자와 함께 출가한 자도 있었다. 부처님 앞에 출가하자, 옛날의 스승과 제자는 동등한 비구가 되었으나, 여전히 옛날의 스승을 존경하는 사람도 있었고, 혹은 옛날의 스승과 동등한 비구라고 우쭐대는 사람도 있었다. 옛날의 스승을 두고 의견이 둘로 갈라져 대립하는 경우도 종종 생겼다. 또, 천 명이 넘는 비구들 중에는 배운 사람도 있고, 배우지 못한 사람도 있으며, 귀족의 출신과 바라문의 출신이 있는가 하면, 아주 미천한 계급의 출신도 있어서, 승단의 화합에 금이 가는 일도 때로 있었다.
　또 외도 출신으로 부처님께 귀의하여 비구가 되었으나, 아직도 외도와 같은 행위를 서슴치 않는 비구도 있었다.
　당시의 왕사성에는 부처님 이외에도 많은 종교 지도자가 있어서 종교 행사가 성행하였다. 국왕을 비롯하여 국민들이 부처님을 믿고 존경을 하고는 있었으나, 아직도 외도들에 대한 존경과 믿음이 있었으므로, 불교와 외도를 구별하지 않았다. 때문에, 외도 출신의 비구가 외도와 같은 행위를 해도 왕사성 백성들의 지탄을 받지는 않았다. 당시의 사회적인 여망(與望)에 위배되지만 않으면 굳이 문제가 되지 않았다.

초기의 승단에서 출가하는 자는 단순히 '부처님께 귀의합니다'라든가, '부처님과 법과 승단의 삼보에 귀의합니다'하는 것으로 믿음을 표시하면, 부처님께서 '오라, 비구여'하는 것으로 비구가 되었다. 이 때까지만 해도 부처님에게서 직접 감화를 받은 사람들이 귀의하여 출가하였으므로, 믿음을 확인하는 것으로 충분했을 것이다. 그러나 비구의 수행이나 생활에 대한 규범이 없었기 때문에, 비구들이 앞에서 지적한 바와 같이 왕왕 탈선을 해도 그것을 통제할 길이 없었다. 실제로 이 때까지의 비구들은 교진여 등의 다섯 비구를 필두로 해서, 우루빈나 카샤파의 삼형제와 사리불·목건련·마하 가섭 등 우수한 비구가 출가하는 때였으며, 부처님의 감화를 직접 받고 출가한 비구들이었으므로, 규범이 없다고 해서 고의로 탈선하는 비구는 없었다. 다만 옛날의 습관이나 관례에 따라 행동한 것이 승단에 작은 파문을 일으켜 문제가 되는 경우가 생겼다. 문제가 될 때마다 부처님께서는 "그것은 옳지 않다. 앞으로는 이러 이러한 까닭으로 하지 말라"고 타이를 뿐이었다.

마하 가섭이 출가하여 부처님에게서 남다른 대우를 받는 것을 보고도, 불평하는 비구가 없었던 것은 부처님에 대한 신뢰가 얼마나 크고 강했는가를 알게 한다. 우루빈나 카샤파는 마하 가섭보다 나이가 많으며, 마하 가섭은 혼자서 출가했으나 우루빈나 카샤파는 오백의 제자들을 이끌고 출가하였을 뿐 아니라, 마하 가섭보다 먼저 출가하였으므로, 당연히 남다른 대우를 받아야 할 사람은 우루빈나 카샤파이어야 한다고 생각하는 비구가 없는 것은 아니었으나, 비구들은 부처님을 신뢰하고 있었으므로, 마하 가섭에 대한 부처님의 남다른 예우에 대해서 항의하는 일은 없었다. 훨씬 뒤의 일이지만, 아난다가 대중의 그러한 의혹을 풀어주기 위하여 부처님께 물었을 때, 부처님께서는 마하 가섭의 출가에서 이야기한 바와 같이 미륵불에게 부처님의 분소의를 전하는 이야기와, 또 마하 가섭의 전생 인연을 이야기하여 대중의 의혹을 가시게 하였다. 이 이야기는 다음 기회 '미륵불(彌勒佛)과 금란가사(金襴袈裟)'의 장(章)에 자세히 하기로 한다.

이같이 부처님에 대한 신뢰가 크고 강하며, 부처님에게서 직접 감화를 받고 출가하던 때는 승단의 규범이나 계율의 필요가 없었다. 그러나 차츰 출가한 비구의 수가 많아지고 한 곳에 많은 비구가 함께 기거하는 것이 어렵게 되자, 일관된 규범이 필요하게 되었다.

부처님께서 2만의 비구를 이끌고 고향인 카필라 성을 향해 여행을 할 때였다. 병든 비구가 있었으나 간호하는 사람이 없어, 병든 비구를 죽게 한 일이 있었다. 이 때부터 비구는 혼자 있지 않도록 하였다. 두 사람 내지 세 사람이 함께 지내도록 규범을 세웠다. 그러나 병든 비구의 몸에서 악취가 나고 피고름이 흘러, 함께 기거하던 비구들이 떠나버리고 돌보는 이가 없는 일이 있었다. 그 때, 부처님께서는 병든 비구를 남모르게 간호하고 치료하여 병을 낫게 하셨다. 이로부터 비구가 고의로 병든 비구를 저버리면 가벼운 죄가 된다고 계율을 정하게 되었다.

병든 비구를 간호하지 않아서 죽게 한 뒤에, 두 가지 조치가 취해졌다. 하나는 두 세 사람의 비구가 함께 기거할 것과, 다른 하나는 사제관계를 제도화(制度化)한 것이다. 사제관계의 제도화에는 크게 두 가지 의도가 있었다. 하나는 비구의 수가 많아짐에 따라, 부처님의 지도의 손이 미치지 않는 예가 있어, 부처님을 대신하여 새로 출가한 비구를 지도하도록 하는 것이다. 출가하기를 싫어하는 난타를 사리불에게 맡겨 출가시킨 것과, 라후라를 사리불에게 출가시키게 한 것이 그 예이다. 또한 장로 비구(長老 比丘)들이 여러 곳에 나가 포교하며, 부처님이 계시지 않는 곳에서 구족계를 설할 수 있도록 하기 위해서였으며, 이 경우 화상은 구족계를 받는 비구의 증인이 된다. 다른 하나는 비구들이 개개인(個個人)으로 고립되어 있어, 사람과 사람 사이의 교분이 없어서 병든 비구를 죽게 하였다고 생각했기 때문에, 사제관계를 제도화하여 유대를 강화시키자는데 있었다. 스승이라고는 하지만 실제로 부르기는 한역(漢譯)에서는 화상(和尙)이라고 불렀으며, 그 뜻은 '성전(聖典)을 가르쳐 주는 선생'이며, 부처님을 스승이라고 부르는 것과는 구별을 했다.

이같이 몇 개의 규범이 생긴 이후, 부처님께서 카필라 성의 교외 니그로다 숲에 계실 때, 우파리의 출가로 승단에 또 하나의 규범이 생겼다.

2. 우파리(優波離)의 출가

숫도다나 왕이 두 사람 이상의 아들을 가진 석가족의 가정에서, 한 사람 이상을 출가시키라는 포고문을 내게 된 동기는 다음과 같다.

숫도다나 왕이 니그로다 숲으로 부처님을 찾아가 만나고 돌아온 어느 날이었다. 숫도다나 왕은 석가족을 모아 놓고 이렇게 말하였다.
"너희 석가족들은 마땅히 명심하여라. 나의 태자 싯다르타가 만약 출가하지 않았다면 반드시 전륜성왕이 되었을 것이며, 그대들 석가족들은 그를 섬기고 받들었을 것이 아닌가. 그러나 그는 출가하여 이미 보리(菩提)를 성취하여 법륜을 굴리며, 인간과 하늘의 으뜸가는 스승이 되었다. 옛날에는 크샤트리야(刹帝利)의 왕자로서, 사람들이 기꺼이 우러러 보았다. 그러나 지금은 바라문을 제자로 삼아 그들이 좌우에서 호위하고 있다. 이것은 참으로 사리에 맞지 않다. 그러므로 이 크샤트리야의 석가족 왕자는 크샤트리야의 석가족이 호위해야 마땅하다. 그러므로 석가족은 다섯 아들의 경우 세 사람을 출가 시키며……, 아들이 두 사람인 경우 한 사람은 출가하고 한 사람은 집에 남을 것이며, 외아들인 경우에는 출가하지 말라. 왜냐하면 우리 석가족의 가계가 끊이지 않게 하기 위해서다."
이같은 이유로 포고문이 선포되자, 석가족의 청년 5백인이 출가하게 되었다. 숫도다나 왕은 출가하는 5백인의 석가족 청년들을 군대로 하여금 호위하여 가도록 했다. 이 때부터 석가족이 출가할 때면 군대가 호위하게 되었으며, 아니룻다와 밧제리카 일행이 출가할 때도 군대가 국경까지 호송을 하였다.
5백인의 석가족 청년들이 출가할 때, 우파리는 성 밖까지 따라가 머리를 깎아 주었다. 5백인의 석가족 청년들은 그들이 지녔던 값진 옷과 영락(瓔珞) 등, 보배로 된 장신구를 우파리에게 주었다. 그들은 우파리가 그들에게 그 동안 봉사한 보답으로 그것을 주었다. 그러나 우파리는 생각하였다.

'저들 석가족들이 이 진귀한 보배를 버렸는데, 내가 가져서야 되겠는가. 석가족 청년들이 높은 관직과 재물과 권력을 버리고 출가하는데, 나에게 출가하지 못할 이유라도 있는가. 그러나 나와 같이 미천한 사람도 부처님의 제자가 될 수 있을 지 모르겠다. 부처님을 만나 간청을 해야겠다.'

이같이 뜻을 정한 우파리는 5백의 석가족 청년들보다 한 걸음 먼저 부처님이 계시는 니그로다 숲에 이르러, 부처님의 발에 이마를 대고 예배한 다음, 부처님께 사뢰었다.

"세존이시여, 원하옵건대 저도 부처님을 따라 출가할 것을 허락하여 주십시오."

부처님께서는 '석가족은 교만하므로 출가해서 수도하기가 어렵다. 어떻게 해서든지 그 교만한 마음의 뿌리를 뽑아야겠다. 조금 뒤에 올 5백의 석가족 청년들을 위해서도 우파리를 먼저 출가시켜, 저들로 하여금 존경하게 해야겠다'고 생각하신 다음, 곧 우파리에게 구족계(具足戒)를 설하시었다. 뒤이어 5백인의 석가족 청년들이 숫도다나 왕의 인솔을 받으며, 부처님 계시는 곳에 도착하였다. 그들은 부처님의 발에 이마를 대고 예배한 다음, 출가를 허락해 달라고 청하였다. 부처님께서는 그들의 청을 허락하시면서 말씀하시었다.

"너희들은 다 함께 우파리 상좌(上座) 비구에게 정례(頂禮)하라."

5백의 비구들은 우파리에게 정례한 다음 구족계를 받았다. 이때, 부처님께서는 말씀하시었다.

"지금 석가족들은 스스로 교만한 마음을 항복시키고 출가하였으며, 그 교만한 마음을 꺾었다."

그리고 우파리가 5백인의 석가족 청년들의 정례를 받게 된 전생의 인연을 설하시었다.

이로부터 출가하여 구족계를 받을 사람은, 누구나 선배 비구에게 존경심을 나타내어 정례를 하게 되었으며, 이것은 승단의 유지를 위한 하나의 질서가 되었다. 또 출가하여 구족계를 받은 차례에 따라, 앉는 순서도 정해지기에 이르렀다. 대중이 모이는 곳에서는 반드시 이 질서가 지켜졌다. 즉 늦게 출가한 비구는 선배 비구를 존경하고 받들어야 하며, 출가한 순서에 따라 뒷자리에 앉아야 한다. 이러한 질서는 인도 전래(傳來)의 사성제도(四姓制度)를 타파한 새로운 질서였다.

승단은 이같이 사성제도를 타파한 전혀 새로운 질서에 따라 움직이게 되었으나, 세속의 신도들에 대해서는 아직 그것을 요구할 수 있는 단계는 아니었다. 모든 계층의 속인들에게 비구의 출신을 묻지 말고 존경할 것을 가르치기는 했으나, 부처님께 귀의한 순서에 따라 크샤트리야와 수드라가 섞여 앉도록 하지는 않았다. 『범망경』에서, 계 받을 사람은 왕족은 왕족의 자리에 순서를 따라 앉고, 종은 종의 자리에 순서를 따라 앉도록 규정하고 있는 것과 같이, 그 때도 그러했다.

3. 아난다(阿難陀)와 데바닷타(提婆達多)의 출가

우파리가 출가한 뒤 오래지 않아서, 부처님께서는 카필라 국을 떠나 왕사성으로 향하시었다. 그 도중에 카필라 국에 인접한 마루라 국의 마누비야 마을에 잠깐 머물러 계실 때였다. 아니룻다와 밧제리카 일행이 출가하기 위하여 이 곳에 왔다. 그들 일행은 부처님께 출가할 것을 사뢰었다. 부처님께서는 규범에 따라 선배 비구들에게 정례하도록 일렀다.

아니룻다를 비롯하여 밧제리카와 파샤와 금비라와 난제와 아난다는 차례로 비구들에게 정례하였다. 그러나 데바닷타만은 우파리에게 정례를 하지 않았다. 우파리를 본 데바닷타는 부처님께 사뢰었다.

"세존이시여, 우파리는 미천한 이발사 출신이며, 석가족의 종이었습니다. 어떻게 왕족인 제가 그에게 정례할 수 있겠습니까?"

부처님께서는 슬픈 눈으로 데바닷타를 바라보시며 말씀하시었다.

"데바닷타, 불법은 바다와 같다. 마치 온갖 강물이 흘러 들어 한 맛이 되는 것과 같이, 네 가지 계급이 불법 속에 들면 모두 하나가 되느니라. 또 계를 받고 계를 지키는데 귀천이 있을 리 없지 않느냐. 사람이란 사대(四大)가 모여 된 것이므로, 사대가 흩어져 없어지면 나라는 인간도 없다. '나'라고 하는 것은 공허한 것이다. 어찌 크샤트리야의 나와 수드라의 나를 구별하느냐. 장로 비구가 되었다 해도 한 가지다. 장로 비구가 되었다는 생각으로 교만한 마음을 가져서는 안 된다. 또한 편벽되어서도 안 된다. 데바닷타, 어서 우파리 장로에게 교만한 마음을 버리고 정례를 하여라."

부처님께서는 세 번까지 데바닷타에게 권하셨다. 그러나 데바닷타는 끝내 정례를 하지 않았다. 그리하여, 데바닷타는 부처님 앞에서 출가하는 것이 허락되지 않았다. 이 때, 아난다도 구족계를 받지 못하였다. 아난다가 구족계를 받지 못한 까닭은 잘 알려져 있지 않다.

두 사람은 그 길로 설산(雪山) 기슭으로 가서, 발야필타승가(跋耶瑟陀僧伽)라고 하는 장로를 찾아가 구족계를 받았다. 한 동안 그 곳에 머물면서 수행을 하던 그들은 발야필타승가의 허락을 받아 부처님의 회상(會上)에 돌아와서 수행을 계속하게 되었다.

여기에서, 우파리의 출가와 데바닷타 등의 출가에 대한 기록을 살펴 보기로 하자.

우파리의 출가에 대한 경전의 기록에는 약간의 차이가 있다. 불본행집경(佛本行集經)의 기록 이외에는 우파리가 5백인의 석가족보다 앞서 출가한 것이 아니고, 아니룻다와 함께 출가한 것으로 되어 있다. 이 때, 밧제리카는 부처님께 "저희들 석가족은 교만하기 때문에 가장 먼저 우파리를 출가시켜주십시오. 우파리는 지금까지 오랫동안 저희들에게 충실하게 봉사해 주었습니다. 우파리가 먼저 구족계를 받으면 저희들은 우파리를 선배로서 존경하고 합장 배례할 것입니다. 그러면 저희들의 교만한 마음을 없앨 수 있을 것입니다"하였다. 이렇게 해서, 우파리가 먼저 구족계를 받게 되었다고 한다.

석가족의 교만한 이야기는 또 있다. 아니룻다 등이 출가하기에 앞서 우파리에게 그들이 지녔던 영락 등 보배를 주면서 돌아가 여생을 잘 지내라고 일렀을 때, 우파리는 이렇게 생각하였다.

'석가족은 난폭하기 때문에, 내가 저들 젊은이들을 유인해서 출가시켰다고 성을 내며 나를 때리고 죽일지도 모른다. 재산이 있고 신분이 높은 사람까지도 출가하는데, 나도 출가하는 것이 좋지 않을까.'

이런 우파리의 생각 말고도, 석가족의 교만한 것에 대한 이야기는 또 있다. 5백인의 비구를 인솔하고 숫도다나 왕이 부처님 처소인 니그로다에 갔을 때, 부처님께서는 석가족의 교만한 성품을 꺾기 위하여 숫도다나 왕에게 우파리를 존경하고 예배하게 했다.

경전들이 우파리의 출가와 석가족의 교만한 성품을 관련시켜 이같이 기록하고 있는 것은, 석가족이 얼마나 교만했는지를 상상할 수 있게 한다. 또 이것은 사성제도의 타파를 주장하는 부처님께서 봉착한 시련의 심각함을 나타내고 있다. 데바닷타가 우파리에게 예배할 것을 거절한 것은 석가족의 저항을 나타낸 것이라고 볼 수 있다. 특히 데바닷타가 뒤에 부처님을 해치려고 한 것도 부처님의 평등사상에 대한 저항일 수 있다. 따라서 사성제도를 타파하려는 부처님의 노력이 당신의 종족에게서 저항을 받은 것을 가리키며, 부처님의 계급타파에 대한 노력이 얼마나 컸는가를 알게 한다.

그러나 한편, 다른 설화에 따르면 데바닷타에 대한 이해는 전혀 달라진다. 어느 날, 부처님께서는 부처님을 해치려고 한 죄로 무간지옥(無間地獄)에 떨어져 고통을 받고 있는 데바닷타에게 문수보살을 보내, 다음과 같이 묻도록 한다.

"문수사리야, 너는 무간지옥에 있는 데바닷타에게 가서 언제쯤 그 무간지옥을 벗어나 이승에 올 것인가 물어 보고 오너라."

문수보살은 곧 무간지옥으로 가서 데바닷타에게 부처님의 뜻을 전한다. 그 때, 데바닷타는 이렇게 말한다.

"문수사리여, 당신은 세존께 가서 여쭈시오. '세존께서는 언제쯤이면 이곳 무간지옥에 오시게 됩니까'고. 세존께서 이 무간지옥에 오시는 날이 데바닷타가 무간지옥을 벗어나는 날이라고 덧붙여 말해주시오."

이 데바닷타의 이야기에는 '세존은 무간지옥에 떨어질 만한 악업을 짓지 않았으므로 무간지옥에 올 인연이 없으며, 인연이 없기 때문에 무간지옥의 중생을 제도할 사람이 없다. 그러니 나라도 중생을 제도하기 위하여 이 곳에 있어야 하지 않겠는가? 만약 세존이 온다고 하면, 그 때 내가 나가겠노라'하는 오만함이 섞여 있지만, 대승적인 긍지를 엿볼 수가 있다. 이 같은 설화의 창작은 전혀 다른 의도에서 이루어진 것이지만, 그가 매우 교만한 성품을 가진 사람임을 알게 한다. 어쨌든 이같이 교만한 데바닷타였으니, 우파리에게 인사를 할 까닭이 없었다.

한편, 아난다의 출가가 부처님에 의해서 허락되지 않은 것은 데바닷타와 비교해서 매우 상징적이다. 데바닷타가 부처님을 살해하고서 자신이 부처님의 위치를 차지하고자 한 것에 비해, 아난다는 가장 충실한 부처님의 제자가 되었다. 부처님께서 쉰 다섯 살이 되어 시봉을 두게 되었을 때부터 줄곧 부처님 곁을 떠나지 않고 부처님을 시봉하였을 뿐 아니라, 부처님의 설법을 가장 많이 듣고, 잘 이해하고 기억한 다문(多聞) 제일의 제자가 되어, 경전을 결집(結集)할 때 가장 중요한 역할을 한 것은 대조적이 아닐 수 없다. 데바닷타는 부처님의 법을 깨뜨리고자 했고, 아난다는 불법의 전승(傳承)에 있어서 가장 중요한 부처님의 설법을 결집하여 후대에 전하였는데, 이 두 사람이 함께 출가를 허락받지 못한 것을, 어느 학자는 아난다로 하여금 교단의 죄를 한 몸에 지고 속죄하게 하기 위함이라고까지 말하고 있다. 그러한 생각을 하는 학자는 다른 모든 사람이 부처님의 설법을 듣고 수행하여 오래지 않아서 아라한(阿羅漢)이 되었는데도, 아난다만은 겨우 깨달음을 향하여 나아가는 수행자의 경지인 예류과(預流果)를 얻은 것이 그 증거라고 한다. 아난다는 언젠가 아라한이 된다고 하는 보증인 예류과에 오래도록 머물다가 부처님께서 열반하신 뒤, 결집 직전에야 겨우 아라한이 된다. 데바닷타는 아라한이 된다는 보증도 없이 다만 신통력만을 얻는다.

이 같은 데바닷타에 대해서 부처님께서는 다음과 같이 말씀하시었다.

"데바닷타는 삼보에 귀의하였으나, 마음이 진실하지 않고 삼귀의가 원만하지 않았으며, 언제나 이익과 이름을 구하고, 스스로 일체지(一切智)를 지녔다고 말하면서 부처님과 다투었으므로, 이 인연으로 무간지옥에 떨어졌으며, 삼보가 비록 큰 힘이 있다고 해도 그를 구호할 수가 없느니라."

삼귀의가 원만하지 않았다고 하는 것은, 지계(持戒)가 원만하지 않다는 뜻이다. 초기 승단에는 삼귀의로써 구족계를 주었기 때문이다. 우파리를 예경하지 않는 데바닷타는 삼귀의가 원만하지 않아 지옥에 떨어졌고, 우파리가 지계(持戒)제일의 제자가 된 것은 아난다의 경우와 같이 대조적이다. 더욱 결집에 있어서 아난이 경(經)을, 우파리가 율(律)을 정하게 된 것은 공교롭기까지 하다.

4. 삼귀계(三歸戒)

초기 교단이 삼보에 귀의하는 것으로 구족계를 대신하던 때에, 우파리는 부처님께 다음과 같이 여쭈었다.

"세존이시여, 무엇을 삼보라 이름하오며, 삼보에 귀의하는 이는 삼보를 어떻게 받들어 행해야 합니까?"

이렇게 물은 우파리는 이어서 구체적으로 여쭈었다.

"세존이시여, 어디에 귀의하는 것을 부처님께 귀의한다고 합니까?"

그 때, 부처님께서는 이같이 대답을 하시었다.

"부처라고 함은 깨달음이다. 온갖 법의 모양을 깨달아 환히 알기 때문이며, 또 부처는 도안(道眼)이 이미 열려, 일체 중생이 삼악도에서 긴 잠을 자고 있는 것을 일깨우기 때문에 깨달음이라고 한다."

우파리는 여쭈었다.

"부처님께 귀의한다 함은 석가모니 부처님께 귀의하는 것이옵니까? 또는 삼세(三世)의 부처님께 귀의하는 것이옵니까?"

부처님께서 말씀하시었다.

"삼세의 부처님께 귀의하는 것이다. 그것은 부처님의 법신(法身)이 같기 때문이다. 또한 부처님께 귀의하는 것은 곧 삼세의 모든 부처님께 귀의하는 것이니라. 이는 부처님이 다름이 없기 때문이다."

우파리는 법에 대해서 여쭈었다.

"가르침(法)에 귀의한다 함은 어디에 귀의하여야 가르침에 귀의한다 하옵니까?"
 "귀의한다는 것은 욕심이 끊어지고, 욕심이 없어 다한 곳인 열반에 돌아가 의지한다는 말이니, 이것을 가르침에 귀의한다 하느니라. 또한 귀의는 자기와 남의 몸을 다하여 귀의하여야 한다."
 우파리는 승가(僧伽)에 대해서 여쭈었다.
 "만약 승가(僧伽)에 귀의하려면 어디에 귀의하여야 합니까?"
 "귀의한다는 것은 어진 복밭(福田)인 성문(聲聞), 즉 배울 것이 있는 이나 배울 것이 없는 이를 가리지 않고, 부처님의 가르침에 따라 출가 수행하는 이의 공덕에 돌아가 의지함이니, 이것을 승가에 귀의한다고 하느니라. 부처님은 온갖 대중 가운데서 부처님의 대중이 첫째라고 스스로 말씀하셨느니라. 그것은 마치 우유에서 타락(酪)이 나오고, 수(酥)가 나오고, 수에서 가장 훌륭한 제호(醍醐)가 나오는 것과 같이, 부처님의 제자들도 그와 같다."
 이같이 삼귀계(三歸戒)의 내용을 물은 우파리는, 다시 부처님께 삼귀계의 형식에 대해서 물었다.
 "세존이시여, 만약 삼귀계를 받을 때, 먼저 법보(法寶)를 일컬은 뒤에 부처님을 일컬으면 삼귀의가 성립되나이까?"
 부처님께서 대답하시었다.
 "분명히 몰라서 차례를 뒤바꿔서 말했다면 스스로 죄가 되지 않고 삼귀의가 성립이 되느니라. 그러나 만약 차례를 알면서 짐짓 차례를 바꾸어서 말했다면, 죄도 되고 삼귀의는 성립이 되지 않는다."
 "만약 부처님과 가르침만을 일컫고 승가를 말하지 않아도 삼귀의가 성립됩니까? 만약 가르침과 승가만을 일컬었을 때는 어떠합니까?"

"성립되지 않느니라."

이같이 해서, 삼귀계의 내용과 형식이 비로소 갖추어지게 되었다.

5. 비구(比丘)의 사의(四依)

삼귀계만으로 구족계(具足戒), 즉 비구가 될 수 있었던 때는 승단의 인원이 비교적 적었고, 비구들이 수행하는 곳도 여러 곳으로 확산되지 않았을 때였다. 부처님을 중심으로 해서 가까이 있었기 때문에, 계율이 없어도 수행에 지장이 있거나, 다른 사람에게 폐를 끼치는 일은 없었다. 그러나 비구들이 여러 곳에 흩어져 지내게 되고, 비구들의 수가 많아짐에 따라 문제가 생기기 시작하였다.

비구들이 머물고 있는 고장의 승단에 대한 요구를 충족시키기 위한 종교 행사도 있어야 했고, 이러한 행사는 지금까지 개인의 수행에 치중했던 승단 내지는 비구 개인을 사회에 노출시키는 일이 되므로, 사회적 율법과 비구의 생활 사이에 가로 놓인 문제가 생기게 되었다. 초기에는 승단의 유지와 질서를 위한 규범 이외에는 대부분의 계율이 사회적 율법과 다르지 않았다.

밖으로 노출되는 승단 내부의 사정과 비구 개인을 규제하기 위한 대내적(對內的)인 어떤 조치가 필요하게 되었다. 우선 비구

생활의 기본적 규범이 정해졌다.

첫째, 출가한 비구는 걸식을 해야 한다. 걸식(乞食)한 음식은 끓이거나 조리하지 않고 먹을 수 있는 것이어야 하며, 제 때에 먹어야 하고, 저장해 두어서는 아니 된다. 또 식사는 오전 한 끼만을 해야하며, 병자는 증세에 따라 두 끼를 먹어도 좋고 때를 지키지 않아도 좋다. 오전 중에 신도로부터 식사를 초대받은 경우는 걸식하지 않아도 좋다. 공양을 받은 비구는 초대한 신도를 위해 반드시 법을 설해 주어야 한다. 비구는 음식을 반드시 바루에 담아서 먹어야 한다.

둘째, 출가한 비구는 분소의(糞掃衣)만을 입는다.

셋째, 출가한 비구는 나무 아래서 기거(起居)한다. 나무 아래서 참선을 하고 설법을 하고 잠을 자는 것을 원칙으로 하였다. 그러나 이 항목은 정해지기 전이나 뒤에도 잘 지켜지지 않고 있었다. 이미 정사(精舍)가 지어져 있어서 정사가 이용되고 있었으며, 여행 중에는 사당(祠堂)에 들어가 잤으며, 동굴이 이용되고 있었다. 특히 비가 올 때면 나무 아래서 지낼 수가 없었다.

넷째, 출가한 비구는 진기약(陳棄藥)만을 복용한다. 진기약이라고 하는 것은 동물의 대소변이나 이것을 원료로 해서 만든 약을 말한다. 그러나 꿀, 기름, 그 밖의 보통약을 복용하는 것은 허락하고 있다. 보통약의 복용을 허락한다고 하는 것은, 아프지도 않은데 어떤 목적을 위해서 먹거나 기호로 먹는 약을 허용치 않는다는 것이다.

이같은 네 가지 기본적인 생활 규범은 승단이 형성되기 이전부터 사실상 지켜져온 것들이다. 다만 이 같은 생활 규범을 재확인하는 것은 최소한 이 같은 생활을 각오한 자 만이 출가가 허용

된다는 뜻에서였다. 따라서 출가한 비구는 이 네 가지 생활 규범에 의지해서 수행을 해야 하므로, '네 가지 의지처(依持處)'라고 해서 보통은 사의(四依)라고 말한다.

사의(四依)에 대한 각오가 서 있는 자는 출가가 허용되었으며, 삼귀계는 당시까지만 해도 구족계에 해당되었으므로, 지금과 같이 비구가 2백50계를 받아 지키는 일은 없었다. 삼귀계 이외의 금계(禁戒)가 없어도 대부분의 수행인은 수행에 장애가 되는 일은 하지 않았다. 비단 비구들 만이 아니라 바라문의 세계에 있어서도 그러했다. 예를 들어서, 남의 것을 훔치는 것은 사회적인 통념으로도 죄가 된다. 때문에 수행인은 남의 것을 훔치지 말라는 계율이 없어도 훔치는 일을 하지 않았다. 또 음계(婬戒)가 없어도 여인과의 관계는 수행에 지장을 주므로, 여자를 가까이 하는 비구나 바라문은 없었다.

불교가 있기 전부터 바라문들은 자식이 장성하여 가업(家業)을 이을 만하면 출가하여 수행을 하면서 스스로 여자를 멀리해 왔다. 자손이 없는 젊은 사람이 출가한 경우에는 집에 돌아가 일정 기간 동안 결혼 생활을 하면서 자식을 낳아 기른 뒤에, 자식이 장성하면 다시 출가하는 관습이었으므로, 굳이 성적 순결을 강요하지 않아도 수행인의 음계는 지켜지고 있었다. 때문에 승단에 사의 이외의 생활 규범이 필요하지 않았다.

그러나 앞에서도 잠깐 언급한 바와 같이, 승단과 개개인의 비구가 사회의 요구에 따라 자기를 개방하게 되면서 사의 이외의 규범이 필요하게 되었다. 당시 인도 사회에 있던 수많은 종교단체는 매월 정해진 날에 신도들을 위한 집회나 행사를 하고 있었다. 빔비사라 왕은 불교 교단에 신도를 위한 집회가 없는 것을 아쉽게 생각하고 부처님께 이 일을 권하였다. 부처님께서는 빔비사라 왕의 청을 받아들여 재일(齋日)을 정하고, 신도들을 위한 법회를 열기로 하셨다.

  그러한 법회는 처음엔 부진하였으나, 차츰 시일이 지나면서 성황하게 되었다. 처음에는 비구와 신도들이 한 자리에 모여 부처님의 설법을 들었다. 그 설법의 내용은 대개가 네 가지 진리와 열 두 가지 인연의 전개와 여덟 가지 바른 길에 대한 것이었다. 그러나 재가신도(在家信徒)의 신앙과 생활이 주제가 되는 설법을 하는 경우와, 또는 수행인의 신앙과 수행에 관한 설법을 하는 경우가 생기게 되었다. 이러한 설법은 곧 사회의 요구에 따른 것이었다. 그리하여 때때로 계율에 해당하는 내용의 설법을 하는 때가 있게 되었다. 예를 들면, 재가신도가 어떻게 삼보에게 귀의하는가. 불교신도는 어떠한 일상 생활을 해야 하는가. 출가한 비구의 생활은 어떠해야 하는가 하는 문제들이 언급되었다. 그 결과 오늘날 전해지고 있는 범망경의 보살계본(菩薩戒本)과 같은 내용이 설해지게 되었다. 때문에 범망경 보살계본의 내용은 비구와 재가신도를 구별하지 않고 설해진 계율이다. 즉 불교도면 누구나 지키고 닦아야 할 신앙 생활과 수도 생활의 덕목(德目)을 설하게 되었다. 이것은 부처님께서 세간(世間)과 출세간(出世間)을 염두에 두고 설하신 것이다.

6. 계율(戒律)의 제정

  재가신도나 출가한 비구를 막론하고 실생활을 위한 정신적 자세를 가르친 덕목을 계(戒)라고 불렀다. 이러한 계는 넓게는 인간이 인간답게 살기 위해서 지녀야 할 성품에 대한 것이며, 좁게는 재가신도는 재가신도다운 성품을 지니게 하기 위해서이며, 출가 비구에 대해서는 출가한 비구로서 지녀야 할 성품을 밝힌 것이다. 때문에 초기에 설해진 계의 내용은 '사람으로서 해야 할 일에 노력을 하라'든가, '자기가 해야 할 일을 하는 사람을 세상 사람은 좋아한다'든가, '나쁜 짓을 하고서 남이 모르도록 감추는 사람은 천한 사람이다'든가, '나쁜 짓은 하지 않는 것이 좋다. 나쁜 짓을 하면 후회한다. 좋은 일은 해서 후회하지 않는다. 좋은 일을 하여라'라고 윤리적인 면을 구체적으로 설한다. 이러한 계는 비구나 신도에게 구별없이 해당한다.

또 부부간에 있어서는 남편은 아내를 존경하라고 가르치며, 아내는 남편을 존경해야 한다고 가르친다. 남편은 아내를 신(神)과 같이 존중해야 하며, 하인과 같이 경멸해서는 안 되며, 다른 여자와 간음해서는 안 되며, 집안을 다스리는 아내의 권위를 인정해야 한다고 설한다. 뿐만 아니라, 남편은 아내에게 자기의 재력(財力)에 알맞은 장신구(裝身具)를 마련해주라고까지 설한다.

이러한 초기 교단을 보면, 불교를 남존여비(男尊女卑)의 종교라고 결코 말할 수가 없다. 오히려 여권운동가(女權運動家)들이 여권의 신장을 위해 주장하고 있는 주장을 부처님께서는 이미 설파하신 것이다. 최근의 가정에 있어서의 여권신장(女權伸長)과 관련하여 주목이 가는 것은, 남편은 아내를 존경해야 한다는 점과 함께, 아내의 권위를 존중하라는 덕목에서 '가정을 다스린다'는 점이다. 이 다스린다는 말은 가정에 있어서 아내의 우월한 입장을 나타낸 것으로, 한역경전(漢譯經典)에서 자재(自在)라고 번역한 것은 흥미가 있다. 가정을 자재한다고 하면, 많은 남성이 이의를 제기하거나 입맛이 씁쓸할 것이지만, "여자가 구하는 것은 남성(男性)이며, 마음이 끌리는 것은 장신구와 화장품이며, 의지하는 곳은 아들이며, 집착하는 것은 남편이다. 여자의 궁극의 목표는 지배권을 갖는 것이다"고 하신, 부처님의 말씀은 오늘에도 해당이 된다. 오늘의 현상이 다분히 그러한 것을 많은 사람이 인정하리라.

한편, 아내에 대해서는 밥짓는 일로부터 시작하여 모든 집안 일을 잘 처리해야 하며, 상하의 가족을 잘 대우해야 하며, 간음하지 말며, 재산을 잘 갈무리할 것이며, 수입에 맞는 의식주(衣食住)의 생활을 잘 이끌어가야 한다고 설한다.

그리고 가정 문제에 대해서는 "술을 과음하여 재산을 탕진하는 남편이나 아내에게 집안 일을 맡기지 말라. 이것은 파멸의 문이다"라고도 설한다. 애정 문제에 대해서는 순수한 사랑은 존귀한 것이라고 설하고, 설사 천한 계급의 여자의 사랑이라고 해도 사랑에는 차별이 없다고 설한다.

사랑에 차별이 없는 것은 인간에 차별이 없기 때문이다. 특히 출생에 따라 네 가지 계급으로 나누고 있던 인도의 계급 사상을 타파한 부처님으로서는 이 점에 대해서 늘 관심을 표명하고 있다. 비구의 집단을 '화합한 무리'라는 뜻의 승가(僧伽)라는 말로 부르고 있는 근본 취지에 계급 사회는 위배되기 때문에, 승가의 화합을 위해서도 부처님께서는 많은 관심을 나타낸 것이다. 즉 부처님께서는 "몸을 받은 생물 사이에는 종류에 따라 구별이 있지만, 사람과 사람 사이에는 구별이 없다. 인간에게 있어서 구별이 있는 것은 다만 이름 뿐이다"고 말씀하신다.

　이와 같은 형식으로 세간에 대한 계를 설하시는 부처님께서는, 계를 지키는 공덕에 대해서 이렇게 설하신다.

　"계를 잃은 성품이 나쁜 사람에게는 다섯 가지 재앙이 있다. 즉 게으르기 때문에 막대한 재산의 손해를 보며, 나쁜 평판을 들으며, 착한 사람들이 모이는 곳에는 두려워 가까이 가지 못하며, 죽을 때는 마음이 혼미하고, 죽어서는 지옥에 떨어진다. 그러나 계를 잘 지키는 행동이 바른 사람에게는 다섯 가지 이익이 있다. 즉 근면하므로 막대한 재산을 벌어들이며, 좋은 평판을 듣게 되며, 착한 사람들의 어떠한 모임에도 확신을 가지고 참석하며, 죽을 때는 마음이 안정되어 편안하게 죽으며, 죽은 뒤에는 좋은 세계에 태어난다."

　이같은 인과 응보(因果 應報)의 설법은 비구들에게도 해당되었다. 비구들에 대해서는 종교적인 청정한 생활을 찬미하고, 이윽고는 그 찬미하는 집착까지도 버리는 수행, 즉 아집(我執)을 벗어난 마음의 평안함을 얻는 방향으로 계는 설해진다. 예를 들면, '일체의 계율과 서약까지도 버리고, 세간의 죄나 잘못이 있는 행위를 버리고, 세간에 있어서 잘못이 없고 죄가 아닌 모든 행(行)까지도 버리며, 청정하거나 청정하지 않은 것도 버리며, 바라고 구하는 것도 없으며, 그러한 것에 얽매이지 않으며, 결코 적멸(寂滅)에 안주(安住)하지도 않는……' 수행을 위한 계가 설해진다. 그러나 최소한의 계를 지키지 않을 수 없는 것이 현실이다.

　그리하여 비구는 최소한의 필수품을 제외하고는 아무런 것도 갖기를 거부하며, 철저한 금욕생활을 한다. 따라서 걸어다니는 것(行)과, 머무는 것(住)과, 앉는 것(坐)과, 잠 자는 것(臥)에 대해서도 규율이 정해진다. 이것을 비구의 네 가지 위의 '사위의(四威儀)'라고 한다.

비구의 네 가지 위의는 원만한 수행을 하기 위한 몸가짐을 가르치고 있으며, 동시에 계를 지키며, 행하는 기본적인 요건(要件)으로 설해졌다. 그 기본적인 요건으로써 행하여질 네 가지 위의는, 궁극적으로 악을 피하고 선을 지키며 미덕(美德)을 실천하는데 있었다. 수행을 위해서는 잠을 적게 자야 한다든가, 잠을 적게 잔다고 해서 수행을 자만하지 말라고 설한다. 또 "쾌락의 맛은 짧고 고통이 따른다. 그러므로 쾌락을 멀리 하라"고 설한다.

이렇게 설해진 계는 초기의 바라제목차(波羅提木叉), 즉 계율을 성립하기에 이르렀으며, 악을 피하고 선을 지키며 미덕을 행하기 위한 네 가지 위의를 갖춘 생활을 위해서, 화상과 제자 사이의 유대는 강화되어야 했다. 뒤에 결집된 율장(律藏)에서는 출가한 비구는 최소한 10년간 화상의 밑에서 수행해야 하며, 화상은 제자를 그 동안 지도하여 독립된 비구로 키울 의무가 있다고 했다. 이 때의 화상을 아사리(我闍利)라고 했는데, 그 뜻은 '규범을 가르치는 스승'이다.

아사리에 의해서 가르쳐진 규범이 실천되고 있는가를 점검하는 기회가 있어야 했다. 계율은 수행하는 비구의 자기완성(自己完成)에 그 목적이 있는 것은 물론이다. 그러나 계율이 설해진 동기의 하나가 세간의 요구에 있었으므로, 부처님께서는 재일(齋日)에 갖는 법회를 이용해서 재가신도의 신앙 생활을 점검할 것을 생각했으며, 출가한 비구의 점검은 재가신도들이 없는 비구들 만의 집회에서 점검하기로 하였다. 비구들에 대한 부처님의 이 같은 배려는, 승단과 비구의 오점(汚點)을 밖으로 나타내어 재가신도의 삼보에 대한 믿음과 존경심에 금이 가지 않게 하기 위해서였다. 요즈음과 같이 출세간의 일을 세간법(世間法)에 호소하여 불법을 욕 보이는 사례가 잦은 것은 깊이 반성해야 할 일이며, 출세간의 진정한 의미를 잃는 일이라 하겠다. 부처님께서는 결코 승단이나 비구의 잘못을 감추기 위한 것이 아니었다. 보다 자유스럽고 철저하게 점검하기 위해서였으며, 재가신도로 하여금 삼보를 비방하는 죄업을 짓지 않게 하기 위해서였으며, 동시에 승단을 청정하게 지키기 위해서였다.

 비구들은 한 달에 두 번, 15일마다 정해진 장소에 모여, 그때까지 정해진 계율의 조항을 아사리가 하나하나 큰 소리로 외우면, 범한 사람은 그 자리에서 고백을 하게 되었다. 아사리가 세 번을 반복해서 외우고, 아무도 고백하는 자가 없으면 범한 자가 없는 것으로 간주되었다. 만약 범한 자가 있음에도 짐짓 고백을 하지 않으면, 그는 거짓말을 한 죄를 범하게 된다. 이 행사를 포살(布薩)이라고 한다. 이 포살은 교단의 행사 중 가장 중요한 행사이며, 비구가 병들었거나 참석할 수 없는 어쩔 수 없는 경우를 제외하고는 포살에 참석하지 않는 것이 허락되지 않았다.

 재가신도들의 모임에서도 정해진 날에 재가신도에 관한 계율을 외우면서 포살을 하게 되었으며, 이로 인하여 비구의 계율과 재가신도가 지켜야 할 계율로 나누어지게 되었다.

7. 음계(婬戒)의 제정과 십구의(十句義)

부처님께서는 비구들에게 "방일(放逸)하지 말며 애욕과 환락에 젖지 말라. 게으르지 않고 부지런히 정진하면 큰 기쁨을 얻는다"고 설하셨다. 한편, 재가 신도에게는 "여자는 비구를 유혹하지 말며, 여자로 하여금 비구를 유혹하게 해서는 안 된다"고 설하시었다. 이 같은 계를 설하신 것은 이미 사음(邪婬)에 대한 금계(禁戒)를 설했음에도 불교에 귀의하지 않은 사람들이 자주 비구를 유혹했기 때문이다. 아난다가 마등녀(摩鄧女)의 딸에게서 유혹을 받은 것이 그 예이다. 당시의 인도 사회에 있어서 불교를 제외한 출가한 바라문이 집에 돌아와 결혼하는 것은 흔한 일이었기 때문에, 미혼의 비구를 유혹하는 일은 당시의 사회에서 그렇게 나쁜 일로 간주되지 않았고, 미혼의 비구를 유혹하는 일이 자주 있었다. 이러한 사태가 빈발하자 아난다는 부처님께 여쭈었다.

"세존이시여, 여자를 어떻게 대하는 것이 좋겠습니까?"

부처님께서 말씀하시었다.

"아난다, 보지를 말아라."

"그러나 보았을 때는 어떻게 합니까?"

"서로 말을 주고 받지 말아라."

"그래도 말을 걸어오면 어떻게 합니까?"

"그 때는 잠자코 있어라."

이러한 모양으로 부처님께서는 비구들에게 여자를 멀리 하도록 가르치셨다. 그 결과 부처님께서는 다른 사람을 대동하지 않고 비구와 여자가 단 둘이 서로 만나는 것을 금하시었다. 그러나 음계(婬戒)는 뜻밖의 일로 해서 정해지게 되었다.

　부처님께서 베살리 성(毘舍離城)에 계실 때였다. 크게 흉년이 든 해였다. 비구들은 걸식을 할 수가 없어 굶어 죽는 사람이 많았다. 이 때, 비구들 가운데 수제나(須提那)라고 하는 비구가 있었다. 수제나는 가란타(迦蘭陀) 마을의 가란타 장자의 외아들이었다. 그는 부모의 집요한 만류와 사랑하는 아내의 읍소(泣訴)를 물리치고 출가했다. 굶주리는 비구들을 본 수제나는 생각하였다.

　'우리 집은 40억의 금전을 소유한 큰 부호이다. 창고에는 수많은 양식이 쌓여 있지 않은가. 비구들이 굶주릴 때, 그 많은 양식을 풀어 부처님과 비구들에게 공양을 한다면 공덕이 크리라.'

　그는 곧 집에 가서 부모들에게 이 뜻을 말하였다. 장자와 어머니는 돌아온 아들을 반겨 맞으며, 쾌히 승락하였다. 그러나 수제나의 어머니는 아들에게 호소하였다.

　"비구들에게 공양하는 것은 너의 뜻대로 하여라. 그러나 집안을 이을 후손이 없어, 장차 이 많은 재산은 국고에 귀속되고 말 것이다. 네가 집에 돌아와 자식을 낳고 가업을 이어주기를 부탁한다."

　수제나는 눈물을 흘리며 간청하는 어머니에게 말하였다.

　"어머니, 사람으로 태어나기는 어렵고, 불법을 만나기는 더욱 어렵습니다. 지금 이 몸으로 해탈을 얻지 못하면 언제 해탈하겠습니까? 어머니, 환속(還俗)하는 것은 어렵습니다."

　어머니는 아들의 결심이 굳은 것을 알고 이렇게 부탁하였다.

　"네가 끝내 집에 돌아오지 않으려면 씨라도 남겨다오."

수제나는 어머니의 그 청까지를 거절하지 못하여 아내와 동침을 하였다. 이렇게 해서 태어난 아들을 종자(種子)라고 이름 지었으며, 종자는 뒤에 출가하여 아라한이 되었으므로 종자 존자(種子尊者)라고 불렀으며, 수제나를 종자부(種子父)라고 불렀다. 수제나가 아내와 동침했다는 말을 들은 부처님께서는 수제나에게 말씀하시었다.

"수제나, 네가 한 일은 위의(威儀)가 아니며, 사문(沙門)의 법이 아니다. 청정한 행이 아니며, 수순(隨順)하는 행이 아니다."

부처님께서는 수제나를 이같이 크게 꾸중하시고, 승단의 기강을 세우고 교법을 진흥시키기 위하여, 계를 정하는 열 가지 의의를 설하시고, 음계(婬戒)를 제정하시었다. 그 열 가지 의의란 다음과 같다.

첫째, 승단을 통솔하기 위하며,
둘째, 승단의 화합을 위하며,
셋째, 대중의 안락을 위하며,
넷째, 다스리기 어려운 자를 잘 다스리기 위하며,
다섯째, 뉘우치는 자가 안락하도록 하기 위하며,
여섯째, 믿지 않는 자를 믿음으로 이끌어 들이기 위하며,
일곱째, 믿는 자의 신심을 증장(增長)하기 위하며,
여덟째, 현세(現世)의 번뇌를 끊기 위하며,
아홉째, 후세의 악을 끊기 위하며,
열째, 정법(正法)이 영구히 유통하게 하기 위해서이다.

이 같은 열 가지를 십구의(十句義)라고 하며, 이러한 뜻에 의하여 제정된 계를 범한 자는 승단에 머무를 수 없다고 설하시었다. 이로부터 모든 계는 이 십구의에 입각하여 설해지게 되

었다.

 계는 차츰 그 목적과 의도에 따라 오계·팔계·십계가 제정되고, 계의 성격에 따라 열 가지 무거운 계(十重禁戒)와 마흔 여덟 가지 가벼운 계(四十八輕戒)로 나뉘며, 비구가 지켜야 할 2백50계에까지 발전한다. 뒤에 결집된 비구의 구족계(具足戒)는 이 2백50계를 말한다. 또, 20세 미만의 출가자에게는 사미계(沙彌戒)를 설하는 제도가 확립되었으며, 훨씬 뒤 승단에 여자가 출가하면서는 3백48의 비구니계(比丘尼戒)가 성립한다. 어쨌든 이러한 계는 모두가 악을 짓지 않고, 악을 없애며 온갖 선을 짓고 선을 행하기 위하여 제정되었다.

제12장 교화(敎化)의 바다

1. 교화(敎化)의 거점(據點)

부처님께서 성도하신 뒤, 45년 동안 포교한 지역은 북의 사위성(舍衛城)으로부터 동남쪽의 왕사성(王舍城)에 이르는 넓은 지역이다. 북의 사위성은 간지스 강(恒河)의 상류에 위치하고 있으며, 왕사성은 중류를 벗어나 거의 하류에 위치하고 있다. 그 거리는, 경에 의하면 2개월의 노정(路程)으로 기록되어 있다. 부처님께서는 이 2개월의 노정을 왕복하며 교화하시었다.

이 넓은 지역 가운데서 부처님과 인연이 깊었던 곳은 사위성과 왕사성은 물론, 카필라 성과 베살리 성(毘舍離城)·녹야원(鹿野苑)이 있는 사르나트·바라나시·붓다가야·파타리푸트라(華子城)·나란타·쿠시나가라 등이다. 쿠시나가라는 부처님께서 열반하신 곳으로 특별한 의의가 있는 곳이며, 베살리 성은 부처님께서 특별히 좋아하신 아름다운 고장이었다. 부처님께서는 열반을 향하여 최후의 여로(旅路)에 올랐을 때, 베살리 성을 떠나면서 "이 아름다운 도시를 보는 것도 이것으로 마지막이다"라고 말씀하실 만큼 좋아하시었다. 이 베살리 성과 왕사성과 사위성은 교화 활동의 중심지였다.

왕사성이 있는 마가다 국은 아리아 족(族)의 나라로 당시 인도 최대의 강국(强國)이었으며, 빔비사라 왕은 부처님에 대한 믿음이 강한 사람이었다. 베살리 성의 사람은 릿쟈비(拔祇)라고 불리우는 종족으로, 말을 잘 타며 무역에 탁월한 재능이 있었다. 이들은 황색인종(黃色人種)으로 티벳이나 히말라야 산에 사는 종족과 같은 종족이었다. 사위성의 사람은 카필라 국에 인접한 강대한 국가로 석가족과 같은 종족이라고 하지만, 반드시 같은 종족이라고는 할 수 없다는 설이 지배적이다. 카필라 국은 이 사위국의 보호아래 있었다.

  부처님께서는 3·4개월 동안의 장마철에는 여행을 할 수 없으므로 비구들과 함께 한 곳에 머물러 생활하시었다. 그 밖의 시기에는 항상 각지를 돌며 교화를 하시었다. 장마철에 한 곳에 정착하여 생활하는 습관은 승단이 생기기 이전, 바라문에 의해서 시작되었으며, 이러한 제도를 불교가 도입하였다. 우리 나라의 경우는 이 시기가 여름 안거〔夏安居〕에 해당한다. 이 장마철 안거 동안에 비구는 특별한 이유 없이 정사(精舍)를 떠날 수 없으며, 특별한 이유가 있어 정사를 떠나 여행을 하는 경우라도 칠일을 넘기지 못하도록 제도화 되어 있다. 그것은 칠일 이상을 떠나 있게 되면 포살에 참가하지 못할 우려가 있기 때문이다. 그만큼 한 달에 두 번 있는 포살은 비구에게 중요한 행사였다.

2. 출가의 즐거움

  이야기는 아니룻다와 밧제리카가 출가한 때로 돌아가 계속하기로 한다.

밧제리카는 출가한 지 오래지 않아서 아라한이 되어 엄격한 수행을 하고 있었다. 어느 때는 조용한 숲 속에 홀로 들어가 참선을 하고, 어느 때는 나무 아래 앉아 삼매에 들면 해가 지는 것도 몰랐다. 그는 빈 집이거나 길가의 어디를 가리지 않고 앉아서 참선에 정진하였다. 그는 참선을 하다가 갑자기 환희심이 솟아, '아, 즐겁다. 참으로 즐겁다!'고 혼자서 소리 내어 말하였다. 이것을 들은 비구들은 부처님께 사뢰었다.

"세존이시여, 밧제리카 비구는 항상 '아, 즐겁다. 참으로 즐겁다!'고 탄성(嘆聲)을 지르고 있습니다. 아마 밧제리카 비구는 출가의 깨끗한 생활을 기뻐하지 않고, 왕이었던 옛날의 환락에 찬 생활을 생각하면서 즐거워하고 있을 것입니다."

부처님께서는 밧제리카를 불러 물으시었다.

"밧제리카, 저 비구들의 말이 진실인가?"

"네, 참말입니다."

"밧제리카, 무엇이 그렇게 즐거운가?"

"세존이시여, 기쁘지 않을 수가 없습니다. 제가 왕이었던 때는 후궁에 있거나 정궁(正宮)에 있어도 항상 높은 담에 둘러 싸여 있었습니다. 또 어디에 있든지 엄중한 경호를 받고 있었습니다. 많은 군인이 무기를 가지고 지키며, 성벽은 높고 일곱 겹으로 견고하게 둘러 싸여 있어도 늘 적이 나타날까 두려웠습니다. 밤중에 조그만 소리를 들어도 소스라쳐 놀라 살아 있는 것 같지 않았습니다. 그러나 출가한 지금은 호위하는 군인도 없고 성벽도 없지만 아무런 위협을 느끼지 않습니다. 마음은 항상 평온합니다. 혼자서 숲 속 나무 밑에 유유자적하게 앉아 있으면 무어라 말할 수 없는 즐거움이 마음에 충만합니다. 한밤중에 숲 속에 혼자 앉아 있을 때, 맹수의 짖는 소리를 들어도 조금도 두렵지가 않습니다.

　옛날, 저는 화려한 옷을 입고 맛있는 음식을 먹으며 안락하게 지냈지만, 늘 생활에 권태를 느끼고 마음은 평온하지가 않았습니다. 그러나 지금은 해진 옷을 입고 음식은 맛이 없으며, 기거하는 거처는 왕궁만 못하나 조금도 불편하지 않고, 마음은 편하고 자유스럽습니다. 번민은 사라지고 괴로움을 모르며 지냅니다.

　세존이시여, 이 보다 더 기쁠 수가 있습니까. 그래서 저도 모르는 사이에, '아, 즐겁다. 참으로 즐겁다!'고 말하였습니다. 저는 출가하기를 아주 잘했다고 생각합니다."

　부처님께서는 밧제리카의 말을 듣고 그를 칭찬하신 다음, 석가족의 귀족 출신 비구 가운데 가장 뛰어난 제자 중의 한 사람이라고 말씀하셨다. 그리고 다음과 같이 게송을 읊으시었다.

　　안으로 성내는 마음을 없애고
　　여러 가지 번뇌를 버리고
　　두려움이 없고 근심이 없어 안락한 사람,
　　신(神)들도 묻지 않고는 알 수 없네.

3. 마음의 눈

　한편, 밧제리카와 함께 출가한 아니룻다는 여전히 게을러 수행에 진전이 없었다.

어느 날, 부처님께서 설법을 하고 계실 때 아니룻다는 졸고 있었다. 부처님께서는 설법을 마치고 아니룻다에게 물으시었다.

"아니룻다, 네가 출가하여 불도(佛道)를 닦는 것은 무슨 까닭인가?"

"세존이시여, 제가 출가하여 도를 닦는 것은 늙고 병들고 죽는 괴로움에서 벗어나기 위함이며, 번뇌에서 해탈하기 위해서입니다."

"아니룻다, 너의 말과 같다. 너는 괴로움과 번뇌에서 해탈하기 위해 출가하였고, 굳은 믿음을 가지고 수행해 왔다. 그러나 너는 내가 설법하는 동안 졸고 있었는데, 무슨 까닭이라도 있느냐?"

아니룻다는 부처님의 발에 이마를 대고 예배한 다음, 합장하고 무릎을 꿇은 채 부처님께 사뢰었다.

"세존이시여, 오늘부터는 결코 여래(如來)의 앞에서 잠을 자지 않겠습니다. 비록 몸이 무너져내리는 한이 있어도, 여래의 앞에서는 결코 잠을 자지 않겠나이다."

이 때부터 아니룻다는 잠을 자지 않았다. 부처님 앞이거나 부처님 앞이 아니어도 잠을 자지 않았다. 몇 일이 지나면서 아니룻다의 눈은 충혈이 되고 부었다. 부처님께서는 걱정이 되어 아니룻다에게 말씀하시었다.

"아니룻다, 잠을 자도록 하여라. 너무 지나친 것은 좋지 않다. 또 미치지 못하는 것도 좋지 않다. 그 중도(中道)를 행하는 것이 좋으며, 여래는 이 중도를 가르치느니라."

아니룻다는 부처님께 사뢰었다.

" 세존이시여, 저는 여래 앞에서 잠을 자지 않겠다고 서약을 했습니다. 여래와의 약속을 어길 수는 없습니다."
 "아니룻다, 약속은 중요한 것이며 값진 것이다. 여래와의 약속이든, 수드라와의 약속이든 약속은 다 같다. 그러나 그것에 얽매이지 않는 것도 중요하다. 아니룻다, 여래께서 허락하나니 눈을 아끼도록 하여라."
 그러나 아니룻다는 듣지 않았다. 부처님께서는 의사 출신인 지바카에게 아니룻다의 눈을 진찰하도록 하였다. 지바카는 자면 낫는다고 하였다. 부처님께서는 다시 아니룻다에게 잠자기를 권하시었다.
 "아니룻다, 자거라. 너는 자야 한다. 사람이 밥을 먹어야 사는 것과 같이 눈에게는 잠이 밥이니라. 열반에도 먹이가 있는데 그래도 너는 잠을 자지 않으려 하느냐?"
 "열반은 무엇을 먹습니까?"
 "방일(放逸)하지 않는 것이 열반의 먹이이다."
 "세존이시여, 저는 방일하지 않기 위해서라도 잠을 자지 않겠습니다."
 결국 아니룻다는 잠을 자지 않은 탓으로 눈이 어두워지고 말았다. 눈이 어두워진 뒤에도 아니룻다는 잠을 자지 않고 계속해서 정진하였다.
 어느 날, 아니룻다는 옷을 꿰매기 위해서 바늘에 실을 꿰려 했으나 펠수가 없었다. 몇 번을 꿰려 했으나 허사였다. 그의 마음 속에 바늘 구멍은 좁고 실 끝은 흡사 황소 같다는 생각이 들었다. 그가 작은 바늘 구멍에 황소 같이 큰 실 끝을 꿰려 노력하면 할수록, 마음 속의 바늘 구멍은 자꾸 작아지고 황소 같은 실 끝은 자꾸만 커졌다. 그의 가슴은 지금까지 경험하지 못한 안타

까움으로 미어져 어찌 할 바를 모르고 있었다. 이 때, 부처님께서는 아니룻다의 그러한 형편을 아시고 찾아와 바늘에 실을 꿰어 주셨다. 그리고 비구들과 함께 아니룻다의 옷을 만들어 주시었다.

아니룻다는 부처님과 동료 비구들의 따뜻한 보살핌 속에서 정진하여 잃은 육안(肉眼) 대신에 심안(心眼)을 얻어 부처님 제자 가운데 천안(天眼) 제일이 되었다.

4. 거문고줄의 비유

문이백억(聞二百億)이라고 하는 비구가 있었다. 그의 본래 이름은 수롱나(守籠那)였다. 그는 재산이 많은 장자의 집안에 태어나, 맨발로 땅을 밟은 적이 없이 자랐다. 그는 맨발로 땅을 밟지 않고 자랐기 때문에 발바닥에 털이 까맣게 나 있었다. 빔비사라 왕은 이 소문을 듣고 괴이하게 생각하여, 수롱나를 왕궁으로 불러와 그의 발바닥을 보았다. 빔비사라 왕은 수롱나의 괴이한 발바닥의 인연을 알 수 없어, 수롱나와 그 집안 사람을 데리고 부처님 처소로 가서 그 까닭을 여쭈었다. 부처님께서는 수롱나가 전생에 지은 공덕으로 현세에는 재산이 많은 장자의 집안에 태어나 맨발로 흙을 밟지 않고 자라게 되었다고 설하셨다. 그리고 수롱나의 장래에 대해서 묻는 빔비사라 왕의 물음에 따라, 부처님께서는 보시의 공덕과 계율을 지킨 공덕과 과보로 인하여 수롱나는 장차 하늘에 날 것이라고 말씀하셨다. 수롱나는 부처님의 말씀을 듣고 그 자리에서 출가하였다.

　이렇게 해서 출가한 수롱나는 열심히 수행을 하리라 결심을 했으나 뜻과 같지가 않았다. 그는 어느 날, 걸식을 하기 위하여 마을로 들어갔다. 그는 그날 따라 험한 자갈길을 많이 걸어야 했다. 그의 발은 돌에 부딪치고 나무 뿌리와 가시에 찔려, 찢어지고 터져서 피가 나고 쓰리고 아팠다. 그는 처음으로 당하는 아픔을 견디다 못하여 이렇게 생각하였다.

　'나는 출가하여 수행은 했지만 아직 번뇌를 끊지 못하여 이 만한 괴로움도 참지를 못하는 구나. 차라리 집에 돌아가 있는 재산을 모두 풀어서 보시하여 내세의 공덕을 쌓는 것이 좋겠다. 이만한 괴로움을 참지 못하면서 장차 더한 괴로움을 어떻게 이겨내겠는가. 집에 돌아가 보시의 공덕을 지으며 편안히 지내는 것이 좋겠다.'

　그는 곧 집으로 돌아가기 위하여 짐을 챙기기 시작하였다. 이것을 본 비구가 그 까닭을 묻자, 수롱나는 정직하게 대답하였다. 비구는 부처님께 가서 수롱나가 집으로 돌아가려 한다고 사뢰었다. 부처님께서는 수롱나를 불러 물으시었다.

　"수롱나, 저 비구가 한 말이 정말이냐? 참으로 너는 집으로 돌아가려 하느냐?"

　"세존이시여, 저 비구의 말은 정말입니다. 저는 출가한 수행인의 생활이 어떠한지도 모르고, 그만 기쁜 마음에 출가하여 남보다 더 잘 수행하고자 노력하였습니다. 그러나 몸이 뜻과 같지 않습니다. 지금까지 맨발로 흙을 밟은 적이 없는 저는, 맨발로 걸어 다니면서 걸식을 하고 산과 숲에서 살자니 발바닥은 터지고 찢기어 피가 나고, 그 고통은 매우 심하여 더 견딜 수가 없습니다. 이래서야 어떻게 수행을 하겠습니까.

세존이시여, 저는 집에 돌아가 집안 일을 잇고, 보시를 많이 해서 공덕을 쌓을까 합니다."

부처님께서는 수롱나에게 물으시었다.

"수롱나, 네가 나에게 오기 전에는 무엇으로 소일을 하였느냐?"

"세존이시여, 음악을 좋아해서 거문고를 즐겨 탔습니다."

"거문고 줄이 너무 팽팽하게 당겨져 있을 때는 소리가 어떠하더냐?"

"제 소리가 나지 않습니다."

"거문고 줄이 늘어져 있을 때는 소리가 어떠하더냐?"

"역시 제 소리가 나지 않습니다."

"수롱나야, 거문고 줄이 지나치게 팽팽하지도 않고 늘어져 있지도 않아 알맞게 매어져 있을 때는 소리가 어떠하더냐?"

"세존이시여, 그때는 제 소리가 나고, 아름다운 소리가 나며, 어떠한 곡조라도 맞추어 탈 수가 있습니다."

"수롱나야, 수행도 그와 같느니라. 너무 게을러도 안 되지만 지나치게 고행만 하는 것도 장애가 된다. 알맞게 중도를 취해야 하느니라."

그리고 부처님께서는 수롱나의 전생 이야기를 거듭 설하시면서, 그 전생이야기로 인하여 이름을 문이백억(聞二百億)이라 부른다고 하셨다. 문이백억 비구는 이후로 중도를 지킨 수행을 해서 아라한이 되었다.

5. 물싸움

　석가족과 강을 사이에 두고 코리야 족이 있었다. 이 코리야 족은 이 곳에 정착하면서부터 석가족과 빈번한 혼인관계를 가져왔기 때문에 원주민인 석가족과 동화되어 석가족으로 간주되어 왔으며, 부처님의 생모(生母) 마야 부인과 양모(養母) 마하프라쟈파티와 태자비(太子妃) 야쇼다라도 이 종족의 출신이었다.
　어느 해 혹심한 가뭄으로 이 두 종족 사이에 물싸움이 벌어졌다. 이 두 종족은 강에 제방을 쌓아 물을 나누어 농사를 지으며 사이 좋게 지내왔었다. 그러나 가뭄이 들어 강물이 말라 논밭에 물을 댈 수 없어 농작물이 타 죽게 되자, 두 종족은 강물을 사이에 두고 마주서서 협상을 시작하였다. 코리야 족의 대표가 제의하였다.
　"이 많지 않은 물을 양쪽에서 끌어 쓰게 되면, 물이 모자라 결국은 양쪽의 농작물이 모두 타 죽게 된다. 그러므로 어느 한쪽이 물을 쓰기로 하자. 양쪽의 농작물을 모두 태울 바에야 그것이 좋지 않겠는가? 그러니 물은 우리가 끌어쓰겠다."
　석가족도 만만치가 않았다.
　"무슨 소리를 하느냐. 너희들만 살고 우리는 죽으란 말이냐. 너희 곡식을 나누어 주겠는가! 광주리와 자루에 금은보배를 잔뜩 메고 가서, 너희들의 곡식을 나누어 달라고 사정을 하란 말인가. 씨도 먹히지 않는 소리는 하지도 말아라. 물은 우리가 끌어 쓰겠다."
　이렇게 물을 서로 끌어 쓰겠다고 주고 받는 입씨름이 점차 격해져서, 누가 누구를 어떻게 때린지도 모르게 서로 치고 받는 싸움이 되고 말았다. 싸움은 격화하여 무엇 때문에 싸우는지도 모르는, 이성을 잃은 싸움으로 변하여, 주먹이 몽둥이로 바뀌고, 몽둥이가 칼과 창으로 바뀌어, 드디어는 군대를 동원하기에 이르렀다.

코리야 족이 석가족의 친족혼(親族婚)을 가리켜 욕설을 퍼부었다.

"야, 제 누이와 함께 자는 개만도 못한 인종들아, 싸울테면 싸워 보자. 너희들은 모든 젊은이에게 무기를 들려 코끼리와 말을 몰고 와서 덤벼도 우리와 상대가 되지 않는다. 일찍이 어디로 가 버리는 것이 좋을 것이다."

석가족은 코리야 족의 왕 가운데 문둥병을 앓은 왕이 있었던 것과, 떠돌아 다니다가 겨우 정착한 종족인 점을 들어 맞서 욕을 했다.

"문둥이 자손들아, 떠돌아 다니던 너희나 가거라. 몸붙일 곳도 없고 갈 곳도 없어, 나무 위에 둥지를 틀고 사는 녀석들아, 너희가 코끼리와 말을 몰아 무장하고 와도 두려울 것이 없다."

이 소식을 들은 양쪽의 관리들도 격분하여 군대를 동원하였다. 처음에는 농사꾼들의 물싸움이 격해져 상대방의 조상들을 욕하고 풍속을 욕하게 되어, 국가와 종족의 명예를 건 싸움으로 발전한 것이다. 두 종족의 왕이 이끈 군사는 격돌(激突) 일보 직전이었다.

이 때, 부처님께서는 이 소식을 듣고 생각하시었다.

'내가 가지 않으면 두 종족은 모두가 싸워서 멸망하고 말 것이다.'

부처님께서는 하늘을 날아 강 복판의 허공에 떠서 좌선하는 모습을 나타내시었다. 부처님의 모습을 본 양쪽 군사는 무기를 버리고 부처님께 예배하였다. 부처님께서는 두 종족의 왕에게 물으시었다.
"대왕이여, 무엇 때문에 서로 싸웁니까?"
왕들은 대답하였다.
"저희는 모릅니다."
"그러면 누가 압니까?"
"장군이 알고 있을 것입니다."
"장군은 알고 있소?"
"저희도 모릅니다. 관리들이 알 것입니다."
부처님께서는 이같이 싸움의 원인을 아는 사람을 찾아서 차례로 물으시었다. 맨 끝에 가서 농부의 대답으로 이 싸움의 원인이 물 때문이라는 것이 밝혀졌다. 그리하여 부처님께서 다시 왕들에게 물으시었다.
"대왕이여, 물과 사람 중 어느 쪽이 더 중합니까?"
"세존이시여, 물론 물보다 사람이 훨씬 중합니다."
"물 때문에 귀중한 사람의 목숨을 죽이는 싸움을 해서는 안 된다. 오늘 내가 이 자리에 오지 않았더라면, 강은 피바다가 되고 시체는 산처럼 쌓였을 것이며, 서로의 원한은 더욱 깊어 그 끝을 알 수 없게 되었을 것이다. 원한은 원한을 풀기 위해 싸움을 하게 되고, 싸움은 또 원한을 만들어 그칠 날이 없을 것이다. 그대들이 원한을 지니고 사는 것은 옳지 않다. 여래는 원한이 없다. 원한은 괴로운 것이며 탐욕에서 나온다."
그리고 다음과 같이 게송을 읊으시었다.

원한을 가진 사람들 가운데 살면서
아무도 미워하지 말고 행복하게 살자.
원한을 가진 사람들 가운데 살면서
우리는 원한 없이 행복하게 살자.
근심으로 지친 사람들 가운데 살면서
근심에서 벗어나 행복하게 살자.
탐욕으로 지친 사람들 가운데 살면서
우리는 탐욕하지 않고 행복하게 살자.

부처님의 말씀과 게송을 들은 그들은 이성을 되찾고 전쟁을 하지 않게 되었다.
양쪽 왕은 서로 손을 잡고 말하였다.
"부처님께서 오시지 않았더라면 우리는 서로 살상(殺傷)을 하였을 것이다. 부처님 덕분에 목숨을 건지게 되었다."
양쪽 왕은 이렇게 말하고, 각각 이백오십 인의 젊은이를 선발하여 부처님을 모시도록 하였다. 부처님께서는 이들 오백인을 데리고 거처로 돌아와 출가시켰다.

6. 숫도다나 왕(淨飯王)의 죽음

물싸움이 있었던 때로부터 오래지 않은 때였다. 부처님께서 성도하신 지 2년 뒤에 카필라 성을 찾아간 설에 따르면, 이 때는 성도 후 5년이 되는 해이다.
숫도다나 왕은 노쇠하여 병상(病床)에 누워 있었다. 나라 안의 명의를 불러 치료를 했으나 회복하지 못하고 있었다. 뼈마디가 아프고 천식은 그치지 않았으며, 고통을 참는 신음소리는 옆에서 지켜보는 사람들의 가슴을 아프게 하였다. 밧제리카의 뒤를 이어 왕위에 오른 백반왕(百飯王)과 대신들과 석가족 사람들은 슛도다나 왕이 죽은 뒤에 국운이 기울 것을 걱정하며 눈물을 흘리고 있었다. 그들은 괴로워하는 슛도다나 왕에게 말하였다.

"대왕께서는 악을 싫어하셨으며, 덕을 쌓는 일을 조금도 쉬지 않았으며, 백성을 편안하게 해주셨으며, 대왕의 명성은 시방세계(十方世界)에 퍼졌습니다. 그런데 지금 대왕께서는 무엇을 걱정하십니까?"

슛도다나 왕은 그들에게 말하였다.

"나는 죽는 것을 괴로워 하지 않는다. 그러나 나의 아들 싯다르타를 보지 못하는 것을 한탄한다. 그리고 난타가 음욕과 세간의 모든 탐욕에서 벗어나는 것을 보지 못하고 죽는 것을 한탄하며, 아난다가 부처님의 법장(法藏)을 잘 지녀서 한 마디도 잊지 않는 것을 보지 못하고 죽는 것을 한탄하며, 라후라가 계행을 잘 지켜 결함이 없는 것을 보지 못하고 죽는 것을 한탄할 뿐이다."

이같이 말하는 슛도다나 왕의 가슴 속에는 부처님이 된 아들을 자랑으로 여기고 있었으나 쓸쓸함이 있었을 것이다. 자기가 의지했던 둘째 아들 난타와 조카인 아난다와 손자 라후라와, 그리고 사랑하는 그들이 떠난 다음 왕위를 계승한 밧제리카까지 출가해버린 지금, 죽음을 눈 앞에 둔 그의 주변은 그만큼 삭막하였을 것이다. 슛도다나 왕은 그들이 간절히 보고 싶었다. 그러나 말로는 출가한 그들이 도를 이루지 못한 것을 한탄하고 있었다.

그 때, 부처님께서는 왕사성 밖의 기사굴산(耆闍崛山)에 계시었다. 부처님께서는 난타와 아난다와 라후라를 데리고 급히 카필라 성으로 오시었다. 카필라 성에 이른 부처님께서는 대광명을 놓으셨다. 석가족 사람들은 부처님을 보고서 몰려와, 소리 높여 울부짖으며 말하였다.

"세존이시여, 대왕께서 돌아가시면 카필라 국은 반드시 멸망하고 말 것입니다."

그들은 스스로의 가슴을 치고, 옷을 찢으며 울부짖고, 어떤 사람은 몸에 지닌 영락을 잡아뜯어 땅에 내동댕이치며 울부짖었다. 부처님께서는 그들에게 말씀하시었다.

"예나 지금이나 이별은 무상한 것이다. 너희는 마땅히 알아야 한다. 생사는 괴로운 것이니, 이것은 진리이니라."

부처님께서는 법우(法雨)를 내려 그들의 마음을 편안하게 해준 다음, 다시 대광명을 놓아 숫도다나 왕을 비추시었다. 빛이 숫도다나 왕의 몸에 닿자 괴로움은 가시었다. 숫도다나 왕은 부처님께서 가까이 오신 것을 알았다. 이윽고 부처님께서 숫도다나 왕의 앞에 이르시자, 숫도다나 왕은 부처님께 사뢰었다.

"여래시여, 바라옵나니 당신의 손으로 나의 몸을 만져주시오. 그리하여 나로 하여금 편안하게 해주시오."

부처님께서는 손을 들어 숫도다나 왕의 이마에 올려 놓고, 아버지를 위한 최후의 설법을 하시었다.

"부왕(父王)이시여, 걱정하지 마십시오. 당신은 계행이 청정하여 마음의 때를 오래 전에 벗었습니다. 그러므로 지금 번뇌는 없고 괴로워 할 일도 없습니다. 마땅히 여래의 말씀을 잘 기억하고 생각하십시오. 지금까지 행한 선근을 믿고 죽음에 임하여, 스스로 마음을 너그럽게 가지십시오."
 숫도다나 왕은 부처님께 사뢰었다.
 "여래를 뵈온 나는 이미 소원을 이루었습니다. 마음은 기쁘고 얻는 바 이익이 많습니다."
 숫도다나 왕은 부처님의 손을 잡아 가슴 위에 올려 놓고, 두 손을 모아 합장하였다. 그리고 조용히 눈을 감았다. 숫도다나 왕이 운명하자 석가족 사람들은 다시 울부짖으며, 땅을 치고 옷을 찢고, 영락을 뜯어 내동댕이치며, 혹은 자기의 머리를 쥐어뜯고 가슴을 치면서 슬피 울었다. 그들은 말하였다.
 "아, 이제 작은 나라들은 의지할 곳을 잃었다. 왕 중에서도 가장 높은 왕은 갔다. 나라의 위엄은 사라졌다."
 석가족은 비탄에 싸여 장례 준비를 하였다. 난타와 아난다와 라후라는 숫도다나 왕의 관을 메도록 허락해 달라고 부처님께 청하였다. 부처님께서는 이를 허락하시었다. 그리고 부처님께서는 장래에 사람들이 포악해져, 부모가 길러준 은혜에 보답하지 않고 불효할 것을 아시고, 그들에게 모범을 보이고자 당신 스스로도 관을 메고 화장터로 가셨다. 그 때 삼천대천세계는 여섯 가지로 진동하였으며, 사천왕들은 사람 모양을 하고 와서 관을 메었다. 부처님께서는 가장 좋은 전단향의 나무를 모아 화장을 하고, 유골을 모아 황금의 함에 담아 탑묘(塔廟)에 안치하였다.
 장례가 끝난 다음, 사람들은 숫도다나 왕이 어디에 날 것인가 묻자, 이렇게 말씀하시었다.
 "부왕 숫도다나 왕은 청정한 사람이므로, 번뇌가 없는 세계인 정거천(淨居天)에 태어나신다."
 이 때, 숫도다나 왕의 나이는 아흔 일곱 살이라고 전한다. 숫도다나 왕의 죽음을 비통해하는 석가족들의 말 가운데, '작은 나라들이 의지할 곳을 잃었다'고 한 것은, 카필라 국을 비롯하여 주변의 작은 부족 국가(部族國家)가 항상 강대국의 위협을 받고 있었으며, 슛도다나 왕의 위덕(偉德)이 그러한 강대국의 위협으로부터 약소 국가들을 보호해주었음을 알게 한다.

7. 미륵불(彌勒佛)과 금란가사(金襴袈裟)

　석가족은 남녀가 한 자리에 모이지 못하는 풍속이 있었다. 때문에 부처님께서 처음으로 카필라 성에 돌아와 법을 설하실 때도, 석가족의 여자들은 설법을 들을 기회가 없었다. 그리하여 석가족의 여자들은 원망을 하였다.
　"남자들은 운이 좋아 부처님의 설법을 듣지만 우리 여자들은 들을 수 없다. 부처님께서 돌아오셨으나 우리에게는 아무런 보람도 없다."
　부처님께서는 여자들의 뜻을 아시고 석가족의 남녀가 교대로 설법을 듣도록 하셨다. 그 때, 부처님을 기른 마하프라쟈파티는 부처님을 뵙고 설법을 듣게 되자 기쁨이 솟아, 싯다르타 태자가 출가한 이후 슬픔 속에서 짠 황금빛 천을 황금의 실로 꿰매어 한 벌의 금란가사(金襴袈裟)를 만들었다. 마하프라쟈파티는 금란가사를 가지고 부처님이 계시는 니그로다 숲의 정사(精舍)를 찾아가 부처님께 바쳤다.
　"부처님께서 집을 떠나신 뒤, 늘 마음으로 그리워하면서 이

천을 짰습니다. 이 뜻을 가엾이 여기시어 받아주십시오."
 부처님께서는 거절하시었다. 마하프라쟈파티는 세 번을 거듭 간청하였으나 부처님께서는 거듭 거절하시었다. 이 때, 아난다는 부처님과 함께 있다가 이 광경을 보고, 어린 부처님을 키워준 공과 삼귀계(三歸戒)를 받고 오계를 지키는 믿음이 깊은 점을 들어, 마하프라쟈파티의 청을 들어주시도록 권하였다. 그러자 부처님께서는 보시의 공덕에 대해 설하시고 가사를 대중에게 보시하도록 권하시었다.
 "이모님께서 정성을 다하여 나에게 주려고 만드신 것은 잘 압니다. 그러나 개인의 은혜와 사사로운 정에 마음이 치우치면, 그 복은 엷고 크지 못합니다. 그러므로 저 대중에게 보시하면 그 과보는 더욱 클 것입니다. 나는 이 같은 이치를 알기 때문에 대중에게 보시할 것을 권합니다. 그리고 가려서 보시하는 것보다는 가리지 않고 차례로 보시하는 것이 더욱 좋습니다."
 마하프라쟈파티는 부처님의 말씀을 듣고 마음이 열려 대중에게 보시하려 하였으나, 아무도 화려한 가사를 입을 자신이 없기 때문에 받지 않았다. 이윽고 미륵 비구의 차례가 되었을 때, 미륵 비구는 금란 가사를 받았다. 금란가사는 그에게 잘 어울렸으며, 부처님과 같이 32상이 그의 몸에 나타났다.
 어느 날, 미륵 비구가 금란 가사를 입고 걸식을 나갔을 때, 사람들은 그의 범할 수 없는 위의와 빛나는 용모에 매혹되어, 음식을 줄 생각을 잊고 바라볼 뿐이었다. 미륵 비구는 빈 바루를 들고 차례로 걸식을 하다가, 보석을 세공하는 사람의 집 앞에 이르렀다. 집 주인은 미륵 비구를 보자 공경하는 마음이 생겨 그를 집 안으로 인도하여 공양을 올렸다. 집 주인은 미륵 비구의 식사가 끝나기를 기다려 설법을 청하여 들었다. 집 주인은 미륵 비구의 설법이 웅장하고 묘하여 일을 잊고 열심히 들었다. 설법을 듣는 동안 십만 금의 값비싼 일감이 찾아왔으나, 그는 물리치고 오직 미륵 비구의 설법을 듣는데 열중하였다. 설법을 마치고 돌아온 미륵 비구를 보신 부처님께서는 말씀하시었다.

"비구들아, 나의 회상(會上)에서 제도받지 못하고 남은 중생을 미륵 비구는 장차 부처가 되어 구제할 것이며, 그 때도 미륵이라 불리우리라."

부처님께서는 미륵 비구에게 수기(授記)하신 다음, 그의 전생 이야기를 비구들에게 설하시었다. 수기를 받은 미륵 비구는 녹야원이 있는 베나레스의 어느 대신 집 아들이었다. 그는 바라문의 교육을 받았으며, 바라문 스승의 허락을 받아 15인의 동료와 함께, 부처님의 설법을 듣고 비구가 되었다. 그는 마하프라쟈파티의 금란가사를 보시 받은 지 12년 뒤에 고향에 돌아가 입적(入寂)하여 도솔천(兜率天)에 태어났다. 이 도솔천은 부처님께서 이승의 부처로 출현하기 위해 마지막 인행(因行)을 쌓으신 곳이다.

미륵 비구가 부처님의 수기를 받고 금란가사를 얻은 기사는 여러 경전에 나와 있다. 그러나 대당서역기(大唐西域記)에 의하면, 부처님께서 열반하시기 직전, 마하프라쟈파티에게서 받은 금란가사를 가져 오게 하여 대가섭에게 법과 함께 가사를 부촉(付囑)하셨으며, 대가섭은 결집(結集)을 마치고 입적하기 직전에 계족산으로 가서 산정(山頂)의 바위를 열고 들어가, 미륵불이 오는 것을 기다렸다가 금란가사를 전한다고 하였다. 대가섭이 미륵불에게 전하는 가사에 대하여 분소의와 금란가사의 두 가지로 기록되어 있으나, 이 두 가지 기록은 석가모니 부처님의 법을 이어받은 미륵불이 중생을 제도한다는 점은 같다.
 어쨌든, 장차 오실 부처님과 관계가 깊은 금란가사를 지어 바친 마하프라쟈파티는 슛도다나 왕이 죽자, 오래 전부터 생각했던 출가를 결행하기로 결심하였다. 마하프라쟈파티는 야쇼다라를 비롯하여, 5백 인의 여인을 거느리고 부처님이 계시는 곳으로 찾아갔다.

8. 비구니(比丘尼)의 출현(出現)

 부처님께서 카필라 성 밖의 니그로다 숲에 계실 때였다. 마하프라쟈파티는 석가족의 5백인의 여인들과 함께 부처님 앞에 나아가 예배하고 사뢰었다.
 "세존이시여, 여자들도 불법에 출가하여 도를 닦도록 해 주십시오."
 부처님께서 말씀하시었다.
 "그만두시오. 고타미(瞿曇彌)여, 여자가 출가해서 도를 닦겠다는 말을 하지 마시오. 여자들이 불법에 출가하여 도를 닦으면 불법이 오래가지 못할 것입니다."
 '고타미'란 말은 석가족의 여자를 통칭(通稱)하는 말이다. 사람들은 부처님을 '고타마'라고도 부른다. 그것은 석가족 출신의 남자란 뜻이다.
 마하프라쟈파티는 부처님께 눈물을 흘리며 세 번을 간청하였으나, 끝내 뜻을 이루지 못하고 성으로 돌아왔다. 부처님께서는 오래지 않아 2천 5백 인의 비구와 함께 카필라 성을 떠나 사위국의 기원정사로 가셨다. 그 때, 마하프라쟈파티와 5백 인의 석가족 여인들은 머리를 깎고 가사를 입고 부처님이 계시는 기원정사로 갔다. 기원정사의 문 앞에 당도한 그들의 모습은 말이 아니었다. 험한 길을 걸어 오느라고 발은 터져 피가 나오고, 먼지를 뒤집어 쓴 얼굴은 눈물로 얼룩져 있었다. 이것을 본 아난다는 부처님께 가서 여인들의 출가를 허락해 주시도록 간청하였다. 그러나 부처님께서는 여인이 출가하면 불법이 오래 가지 못한다는 이유를 들어 여전히 허락하시지 않았다. 아난다는 거듭 부처님께 사뢰었다.

"세존이시여, 마하프라쟈파티는 부처님께 큰 은혜를 주셨습니다. 그녀는 부처님의 어머님께서 세상을 떠나신 뒤에 젖을 먹여 기르시었습니다."

"그렇다. 마하프라쟈파티는 나에게 큰 은혜를 입혔다. 그러나 나도 마하프라쟈파티에게 큰 은혜를 주었다. 나는 그녀로 하여금 삼보를 알게 하여 삼보에 귀의하고 오계를 받아 지니게 하였으며, 네 가지 거룩한 진리를 깨달아 바른 도에 들게 하였느니라."

아난다는 거듭 세 번을 간청하였으나 부처님께서는 허락하지 않으셨다. 아난다는 부처님께 방법을 달리해서 여쭈었다.

"여자들이 불법에 출가하여 계를 받고 수행하면, 남자들과 같이 수행의 효과가 있어 아라한이 될 수 있습니까?"

"될 수 있느니라."

"세존이시여, 여자들이 불법에 출가하여 구족계를 받고 수행해서 아라한과(阿羅漢果)를 얻을 수 있다면, 출가하여 구족계를 받도록 허락해 주십시오."

　머리를 깎고 와서 눈물로 호소하는 마하프라쟈파티와 아난다의 꾸준한 간청에 부처님께서는 뜻을 굽혀 여자의 출가를 허락하시었다. 그러나 다음과 같은 여덟 가지 법을 제정하시고 평생토록 지킬 것을 조건으로 하여 구족계를 설해 주도록 하셨다.

　첫째, 비록 백 살이 된 비구니일지라도 모든 비구를 일어서서 맞이하고, 조촐한 자리를 권하고, 예배하며 존경해야 한다.

　둘째, 비구니는 비구를 욕하지 말며, 책망하지 말며, 계나 위의(威儀)를 깨뜨렸다고 비방하지 말아야 한다.

　셋째, 비구니는 비구의 죄를 드러내거나 자백시키지 못하며, 비구가 하는 일과 자자(自恣)하는 것을 막지 못한다. 또 비구는 비구니를 꾸짖을 수 있으나 비구니는 비구를 꾸짖을 수 없다.

　넷째, 최소한 2년 동안의 수련을 거쳐 식차마나(式叉摩那)의 계를 확정한 다음에 구족계를 받아야 한다.

　다섯째, 비구니가 중대한 죄, 즉 승잔(僧殘)을 범하면, 비구 승단과 비구니 승단으로부터 15일 동안 떨어져 있다가 참회를 하고 용서를 받아야 한다.

　여섯째, 비구니는 15일 마다 비구로부터 계율을 배우고 설법을 청해 받아야 한다.

　일곱째, 비구니는 비구가 없는 곳에서 장마철의 안거(安居)를 지내지 말라.

　여덟째, 비구니는 안거를 마친 다음, 세 가지 일, 즉 보고 듣고 의심한 일을 살펴, 그 동안의 수행을 비구에게 점검받아야 한다.

　이같은 여덟 가지 법을 존중하고 공경하며 찬탄하여, 목숨이 다하도록 어기지 말아야 한다고 부처님께서는 낱낱이 강조하시었다. 아난다로부터 이 여덟 가지 법에 대한 이야기를 전해 들은 마하프라쟈파티는 말하였다.

"세존께서 여자들을 위해 어기지 말아야 할 여덟 가지 법을 정하시었다면, 젊은 여인이 머리를 감고 아름다운 꽃으로 장식하는 것을 좋아하듯이, 우리는 여덟 가지 법을 일생 동안 소중하게 지닐 것입니다."

이렇게 해서 마하프라쟈파티와 야쇼다라와 5백 인의 석가족 여자들은 그 여덟 가지 법을 지킬 것을 서약하고 구족계를 받아 비구니가 되었다.

이 때, 부처님께서는 아난다에게 말씀하시었다.

"아난다야, 만약 불법에 여자가 출가하지 않았다면 정법이 천년은 존속할 것이었다. 그러나 여자의 출가로 인하여 정법(正法)은 5백년 밖에 존속하지 못하게 되었느니라. 그것은 여자가 많고 남자가 적은 집안에 도둑이 잘 드는 것과 같이 여자의 출가로 해서 수행의 순결이 지켜지기 어렵게 되었기 때문이다. 그러므로 나는 물이 범람하지 않도록 제방을 쌓는 것과 같이, 비구니에게 여덟 가지 법을 정한 것이다."

9. 일곱 가지 아내와 옥야(玉耶)의 교화

부처님께서 기원정사에 계실 때였다. 기원정사를 지어서 부처님께 바친 급고독(給孤獨) 장자의 며느리 옥야(玉耶)는 매우 아름답고 단정한 여인이었다. 그러나 예의를 지키지 않고, 시부모와 남편을 가볍게 여기며, 행동은 방자하였다. 급고독 장자와 그의 아내는 그러한 며느리를 여러 가지로 타이르고 가르쳤으나 옥야는 듣지 않았다. 두 사람은 부처님만이 옥야의 나쁜 성품을 고칠 수 있으리라 믿고, 부처님께 그 일을 부탁하였다. 부처님께서 승락하시자, 장자는 부처님을 집으로 초대하여 공양을 올리게 되었다. 부처님께서 장자의 집에 이르시자, 장자를 비롯하여 집안의 모든 사람이 나와 부처님께 예배를 올리는데, 옥야만은 교만한 생각으로 나와서 예배하지 않았다. 부처님께서는 옥야를 가엾이 여기시어, 신통력으로 장자의 집을 유리의 집으로 변화시켰다. 집의 안팎이 훤히 트이어 숨어 있는 옥야가 보였다. 옥야는 부처님의 거룩하고 빛나는 모습을 보고, 송구스러워 한동안 어찌할 바를 모르다가, 부처님 앞에 나와 묵묵히 섰다. 부처님께서는 옥야에게 말씀하시었다.

"여자는 얼굴이 아름다운 것으로 미덕을 삼지 않는다. 남편에게 순종하고 마음이 곱고 행동이 바른 것이 여자의 미덕이니라.

옥야야, 여자가 남편과 시부모와 어른을 모시는데는 다섯 가지 미덕과 세 가지 악덕(惡德)이 있다. 미덕의 첫째는 늦게 자고 일찍 일어 나는 것이며, 둘째는 맛있는 음식을 어른에게 먼저 드리는 것이며, 셋째는 꾸중을 듣고도 분한 생각을 내지 않는 것이며, 넷째는 남편을 한 마음 한 뜻으로 사랑하며, 간사하고 음란하지 않는 것이며, 다섯째는 남편이 오래 살기를 원하여 몸소 받들어 섬기며, 남편이 집을 떠나 멀리 갔을 때, 집안 일을 잘 정리하고 두 마음이 없는 것이다. 악덕의 첫째는 남편을 소홀히 여기고 어른에게 불손하며, 맛있는 음식을 제가 먼저 먹고, 어둡기도 전에 잠자리에 들고, 해가 떠도 일어나지 않고, 꾸중을 들으면 성내어 대답하는 것이다. 둘째는 남편을 사랑하지 않고 다른 남자를 그리는 것이며, 셋째는 남편이 일찍 죽어 다시 시집 가기를 원하는 것으로, 이는 여자의 악덕이니라.

　옥야야, 세상에는 일곱 가지 아내가 있다. 어머니 같은 아내와 누이 같은 아내와 친구같은 아내와 며느리 같은 아내와 종같은 아내와 원수 같은 아내와 생명을 빼앗는 아내이다.

　어머니 같은 아내란, 남편을 사랑하되 어머니가 자식을 사랑하듯이 항상 남편을 어여삐 여기고 모든 것을 희생하는 아내이니라.

　누이 같은 아내란, 남편을 받들어 섬기되 공경과 정성을 다하고, 형제와 같은 정리로 누이가 오빠를 섬기 듯하는 아내이니라.

　친구같은 아내란, 남편을 받들어 섬기되 정성을 다하며 공경하고 따르면서 항상 의지하고, 어떤 일이든 서로 의논하고 잘못이 없도록 항상 돕고, 서로 가르쳐 지혜로운 생활을 하도록 돕는 아내이니라.

　며느리 같은 아내란, 남편을 공경하고 섬기되 어른을 모시듯 하며, 아내의 예를 다하고 의를 지키며 항상 집안의 화목을 도모하는 아내이니라.

　종 같은 아내란, 남편을 두려워 하고 조심스럽게 남편을 섬기며, 교만하지 않고 충성스러우며, 고락(苦樂)을 달게 여겨 두 마음을 가지지 않으며, 아내의 도리를 닦아서 옷과 음식을 가리지 않으며, 남편을 받들어 섬기기를 백성이 임금을 받들듯이 하는 아내이니라.

원수 같은 아내란, 남편을 싫어하고 미워하며, 항상 남편에 대해 불만을 품고 저주하여 집안일을 등한히 하고, 아이들의 양육에 힘쓰지 않고 음란하며, 나쁜 짓을 하고도 부끄러운 줄을 몰라 남편과 친척을 욕되게 하는 아내이니라.

생명을 빼앗는 아내란, 간통을 하고 간부로 하여금 남편을 죽이게 하거나, 남편이 죽은 뒤에 다른 남자에게 시집 가기를 바라는 아내이니라.

옥야야, 착한 아내는 영광과 명예가 있어 친척에게까지 영화를 가져다 준다. 그러나 악한 아내는 집안에 재앙을 불러오고 자기도 몸을 버리게 된다. 착한 일을 하면 좋은 과보를 받으나, 악한 일을 하면 스스로의 앞길을 막게 된다. 옥야야, 너는 일곱 가지 아내 중에서 어떤 아내가 되고자 하느냐?"

옥야는 눈물을 흘리며 부처님께 사뢰었다.

"세존이시여, 저는 본래 어리석고 미련하여 남편에게 불손하였습니다. 이제부터는 마땅히 종 같은 아내가 되어 제 수명이 다하도록 교만하지 않겠습니다."

옥야는 그 자리에 꿇어 앉아 삼귀의를 외우고 십계를 받았다.

첫째, 살생을 하지 않고, 둘째 도둑질을 하지 않으며, 셋째 음란하지 않고, 넷째 거짓말을 하지 않으며, 다섯째 술을 마시지 않으며, 여섯째 악한 말을 하지 않으며, 일곱째 말을 꾸며서 하지 않으며, 여덟째 질투하지 않으며, 아홉째 눈을 흘기지 않고 성내지 않으며, 열째 착한 일을 하여 좋은 과보를 받도록 노력할 것 등이다.

이렇게 해서 여자 신도가 지킬 십계가 설해졌다.

10. 목건련(目犍蓮)과 부모의 은혜

부처님께서 사위국의 기원정사에 계실 때였다. 목건련은 여섯 가지 신통을 얻었다. 그는 죽은 부모를 제도하여 길러준 은혜를 갚고자, 신통의 힘으로 그의 죽은 어머니를 관하였다. 그 때, 그의 어머니는 아귀의 세계에 태어나 음식을 먹기는 커녕 구경도 못하여 피골이 상접해 있었다. 목건련은 슬피 울며 바루에 밥을 담아 어머니에게 드렸다. 어머니는 밥을 맨손으로 움켜쥐어 입으로 가져갔다. 밥은 입으로 들어가기 전에 불덩이로 변하여 먹을 수가 없었다. 이것을 본 목건련은 슬피 울며 부처님에게로 와서 이 일을 사뢰었다. 부처님께서는 목건련에게 말씀하시었다.
  너의 어머니는 죄의 뿌리가 아주 깊어, 너 한 사람의 힘으로는 어쩔 수 없느니라. 네가 비록 효성이 지극하여 그 이름이 천지를 진동할지라도, 그 소리를 들은 천신(天神)과 사천왕들도 어쩔 수가 없다. 반드시 시방의 여러 스님들의 힘을 빌어야 해탈할 수 있을 것이다. 내가 이제 너에게 구제하는 방법을 말해 주어, 곤경에 처한 모든 사람이 근심과 괴로움을 여의고 죄업이 소멸하게 하리라.
  돌아가신 부모나, 살아 계신 부모가 액난을 받고 있을 때, 그 부모의 액난이 면하고 좋은 곳에 나게 하려면, 7월 15일의 자자(自恣)하는 날, 음식과 스님들에게 필요한 물건을 정성껏 공양할 것이니라. 그러면 그 부모는 삼도(三途)의 괴로움을 벗어날 것이다."
  부처님의 말씀을 들은 목건련은 7월 15일, 자자하는 스님들에게 공양을 올려 그 공덕으로 어머니를 아귀지옥의 고통에서 벗어나게 하였다. 부처님께서는 목건련의 이 일이 있은 뒤, 비구들에게 시주하는 이의 부모를 위하여 선정에 안주하고, 마음이 안정된 다음, 공양을 받아야 한다고 비구의 자세를 설하셨다. 그리고 이어서 효도에 대해서 설하시었다.

 "아이를 잉태한 어머니는 중병을 앓는 것 같고, 해산할 때는 생명의 위험을 무릅써야 하며, 아버지는 두려워 하나니, 그 정성은 이루 말할 수가 없다. 낳은 다음에는 마른 자리와 젖은 자리를 가려 눕히고, 피가 젖이 되도록 먹이고 옷과 밥을 주며, 타이르고 가르치며, 아이가 즐거워 하면 어버이도 기뻐하고, 아이가 슬퍼하면 어버이는 슬퍼하고 근심하며, 아이가 집안에 있거나 밖에 있을 때 잠시도 아이를 잊지 않고, 늘 착한 사람이 되도록 보살펴 기른다.

 이러한 어버이에게 맛있는 음식과 좋은 옷과 온갖 즐거운 일로 봉양하는 것도 좋지만, 부모로 하여금 불법에 귀의하도록 하는 것이야말로 진정한 효도이니라.

 오른편 어깨에 아버지를 메고 왼쪽 어깨에 어머니를 메어, 천년이 지나도록 등에 대소변을 받는 한이 있어도 부모를 원망하여서는 아니 되며, 그것으로 부모의 은혜가 다 갚아지는 것은 아니니라. 부모에게 불법의 믿음이 없으면 불법을 믿게 하여, 마음이 편안하도록 해드려야 한다. 만일 계가 없으면 계를 지니게 하고, 법을 듣게 하고 보시하도록 하여, 마음이 편안하고 즐겁게 해드려야 한다.

 낳은 어버이와 기른 어버이를 구별하지 말고, 어버이로 하여금 삼보에 귀의하고 오계를 받아 지니도록 하는 것이 가장 큰 효도이니라."

11. 파사익 왕(波斯匿王)의 귀의

　파사익 왕(波斯匿王)은 부처님과 같은 날, 사위 국 마라왕(摩羅王)의 아들로 태어났다. 경전에 따르면, 그의 어머니는 종의 출신이었던 모양이다. 그의 성품은 거칠고 사나워 전쟁을 즐겼으며, 왕위에 오르자 곧 카시(迦尸) 족과 코살라(憍薩羅)를 정복하여 국위를 널리 떨쳤다. 왕의 성품이 포악하다고 하는 것은 주로 석가족의 이야기에 근거를 두고 있다. 그러나 다른 한편의 경전의 기록에 의하면 그는 용맹한 왕이었으며, 어려서 탁사시라(恒又始羅) 국에 유학하여 학문을 쌓아 박학다식하고, 학자나 바라문과 학예(學藝)를 논하기 좋아하였다.
　부처님께서 성도하신 직후, 아직 녹야원에 계실 때였다. 파사익 왕은 석가족의 여인을 아내로 맞기 위하여 사신을 카필라 성으로 보내었다. 그는 석가족이 말을 듣지 않으면 무력으로 뜻을 관철하겠다고 위협하였다. 석가족은 그들의 여인을 파사익 왕에게 시집보내고 싶지가 않았다. 성이 난 석가족은 말하였다.
　"우리는 큰 성받이이다. 무엇 때문에 종의 자식과 혼인을 하겠는가."
　그러나 파사익 왕이 군사를 일으켜 침략할 것을 생각하면, 파사익 왕의 뜻을 거역할 수가 없었다. 석가족은 '보내야 한다' '보낼 수 없다'고 뜻이 둘로 갈라져 아무런 결론을 얻지 못하고 있었다. 그 때, 석가족의 왕 마하남(摩訶男)이 제안을 하였다.
"여러분 저 파사익 왕은 성품이 포악합니다. 그가 여기 오게 되면 우리는 멸망하고 말 것입니다. 내가 파사익 왕을 만나 보겠습니다."

마하남은 그의 종의 딸 가운데서 용모가 단정한 말리(末利)라는 처녀를 곱게 꾸며 파사익 왕에게 데리고 갔다. 그는 파사익 왕에게 자기의 딸이라고 속였다. 왕은 매우 기뻐하며 제 일 부인으로 삼았다. 오래지 않아서 잉태한 말리는 달이 차자 용모가 단정한 아들을 낳았다. 왕은 바라문을 불러 왕자의 이름을 짓게 하였다. 바라문은 왕자의 어머니가 시집 올 때 석가족의 의견이 엇갈렸기 때문에 '엇갈렸다(流離)'라는 말을 따서 '비유리(毘流離·惡生)'라고 이름을 지었다.

파사익 왕은 비유리 왕자를 매우 사랑하였다. 왕자가 여덟 살이 되자, 왕은 카필라 성으로 왕자를 보내어 궁술(弓術)을 익히게 하였다.

그 때, 석가족은 강당을 새로 세우고, 맨 처음으로 부처님과 그 제자를 긍지로써 그곳에 맞이할 생각이었다. 그들은 강당을 꽃과 향으로 장식하고, 새로운 자리를 펴고 온갖 천과 깃발과 일산으로 장식하였다. 궁술을 익히던 비유리 왕자는 호기심이 일어 강당에 들어가 사자좌에 앉았다. 그것을 본 석가족들은 비유리 왕자를 끌어내어, 차고 때리며 욕설을 퍼부었다.

"이 종의 자식아, 아직 천·인(天·人)의 누구도 앉은 적이 없는 이곳에 너 같은 종의 자식이 들어와 더럽히느냐."

이 때, 비유리 왕자는 '이 석가족은 나를 때리고 욕을 하였다. 언젠가 내가 왕이 되었을 때, 이들에게 보복을 해 주리라'고 결심하였다. 그리하여 비유리가 왕이 되었을 때, 석가족은 그의 침략을 받아 멸망하게 된다.

한편, 파사익 왕은 외도를 숭상하고 포악하였기 때문에, 여러 가지 악행과 비법(非法)을 자행하고 있었다. 그는 부처님의 가르침을 비웃고 듣지 않으며 그 계율을 어기고, 심지어는 한 비구니가 아라한의 도를 얻은 것을 알고서, 12년 동안을 가두어 두고 음행을 하기도 하였다.

여기서 잠깐, 파사익 왕의 주변을 정리할 필요가 있다. 우선 파사익 왕에게는 말리 부인 이외에도 수닷타가 지은 기원정사의 동산을 가지고 있었던 제타(祇多) 태자를 낳은 왕비가 있었다. 제타 태자는 그 때, 수닷타의 강한 믿음에 감동하여 부처님께 귀의하였다. 그 어머니에 대한 이야기는 별로 전해진 것이 없으나, 말리 부인 보다 먼저 파사익 왕의 아내가 된 것은 분명하다. 그것은 부처님께서 녹야원에 계실 때, 파사익 왕이 말리에게 장가를 들었다고 하면, 그 수년 뒤에 기원정사가 건립되었고, 그 때 제타 태자는 이미 성년이었으므로 말리 부인 이전, 파사익 왕이 아직 태자일 때 아내가 있었던 것이 된다. 그런데 어떻게 해서 뒤에 혼인한 말리 부인이 제 일 부인이 되었는지 잘 알 수 없다. 말리 부인의 다른 이야기가 있다. 말리는 어렸을 때 이름을 명월(明月)이라 할 만큼 아름다웠다. 아버지는 카필라 성 사람으로 마납파(摩納婆)였으며, 어머니는 바라문 출신이었다. 커 가면서 아름다운 용모는 더해가고 총명함은 뛰어났다. 말리는 아버지가 죽은 뒤에 마하남의 종이 되어 마하남의 소유인 말리화원(末利花園)에서 꽃을 가꾸는 일을 하게 되었다. 말리화원에서 일하게 된 것을 인연으로 말리라고 불리우게 된 그녀는, 꽃다발을 잘 엮었으므로 마하남은 그녀를 승만(勝鬘)이라고도 불렀다. 아요다 국으로 시집 간, 파사익 왕과 말리 부인 사이에 난 딸의 이름이 승만인 것은, 어머니의 이 별명을 딴 것이라고 생각된다.

부처님께서 카필라 성에 돌아와 니그로다 숲에 계실 때였다. 말리화원은 카필라 성과 니그로다 숲의 중간이 되는 길목에 있어서 말리는 자주 꽃다발을 엮어 부처님께 바쳤으며, 설법도 들을 기회가 많아 부처님께 귀의한 지 오래였다.

어느 날, 파사익 왕은 군사를 이끌고 사냥을 나왔다가 우연히 아름답게 가꾸어진 화원에 이끌려 말리화원에 들리게 되었다. 말리는 왕의 발 씻는 물은 따뜻한 물을, 얼굴 씻는 물은 미지근한 물을, 마실 물은 찬 물을 가져다 주었다. 그리고 왕이 잠 들었을 때는 나쁜 사람과 원한을 가진 사람들로부터 왕을 보호하기 위하여 문을 단단히 닫아 걸었다. 이같은 말리에게 감동한 파사익 왕은 말리를 마하남에게 청하여 아내로 맞아 제 일 부인을 삼았다.

말리는 파사익 왕과 결혼하자, 파사익 왕의 포악한 성품을 고치고, 또 부처님께 귀의하도록 노력을 기울였다. 항상 온화하며 부지런한 말리 부인에 대한 파사익 왕의 사랑과 신뢰는 두터웠다. 그러나 파사익 왕의 어머니와 후궁들은 말리 부인을 미워하고 질투하였다.

어느 때, 파사익 왕의 어머니와 후궁들은 외도들과 결탁하고 말리 부인을 모함하여 해치고자 하였다. 그것을 알게 된 파사익 왕은 외도들과 후궁들을 죽이려 하였다. 그러나 말리 부인은 왕에게 그들을 자비로써 살려주도록 간청하였다. 왕은 원수들을 용서하라는 말리 부인의 간청에 감동되어 그들을 용서하였다. 왕은 자비를 가르치는 부처님에게 외도들과 다른 면이 있음을 알았다. 그리고 부처님에 대한 종전의 인식을 달리하게 되었다.

파사익 왕은 성품이 포악했으나, 한편으로는 학문을 숭상하였으므로, 항상 종교인들과 만나 학문을 담론하기를 좋아하였다. 당시 불교는 신흥 교단이었으므로, 파사익 왕은 불교에 관하여 그다지 관심을 갖고 있지 않았다. 뿐만 아니라, 자기의 행동이 불교의 계율과 부처님의 가르침에 어긋나므로 의식적으로 피하였으며, 그러한 불교에 대한 반발로 아라한이 된 비구니를 가두고 음행을 하였던 것이다. 그러한 파사익 왕은 말리 부인의 꾸준한 노력으로 부처님에 대한 생각을 바꾸게 되었다. 그가 악몽(惡夢)에 시달리고 있을 때, 말리 부인은 부처님을 만나도록 권하였다. 부처님을 만난 파사익 왕은 부처님의 말씀을 듣고는 꿈에 얽힌 여러 가지 의혹을 풀고, 비로소 마음의 안정을 얻었다. 그러나 아직 부처님께 진심으로 귀의하지는 않았다.

그 무렵, 한 바라문이 지극히 사랑하던 외아들이 갑자기 죽었다. 아들을 잃은 바라문은 침식을 잃고, 죽은 아들을 생각하며 헤매다가 부처님을 만났다. 부처님께서 그 까닭을 물으시자, 바라문은 죽은 아들을 잊지 못하여 그렇다고 말하였다. 부처님께서 바라문에게 말씀하시었다.

"바라문이여, 애정이 생기면 거기에는 슬픔과 눈물과 근심과 괴로움과 번민이 생기느니라"

그러나, 바라문은 부처님 말씀을 믿지 않고, 이렇게 말하였다.

"고타마여, 애정이 생기면 거기에는 기쁨과 즐거움이 생깁니다."
 바라문은 돌아와, 장바닥에서 노름하는 사람들에게 부처님께서 하신 말씀을 들려 주고 누가 옳은가 물었다. 그러자 도박꾼들은 한결같이, '애정이 생기면 기쁨과 즐거움이 있을 뿐'이라고 말하였다. 그리하여 부처님과 바라문이 주고 받은 이야기는 온 성안에 퍼지고, 드디어는 파사익 왕의 귀에까지 들렸다. 왕은 말리 부인에게 부처님의 말씀이 진실한가 물었다. 말리 부인은 그렇다고 대답하였다. 믿기지 않으면 스스로 부처님을 찾아가 여쭈라고 권하였다. 그러나 파사익 왕이 가기를 꺼려하므로, 사람을 보내어 알아보아도 좋을 것이라고 권하였다.
 '부처님과 같은 사람은 결코 허튼 말을 하지 않을 것이다. 그러나 믿기지 않는다. 왜 애정이 생기면 슬픔과 눈물과 근심과 괴로움과 번민이 생기는가. 애정이란 기쁘고 즐거운 것이 아닌가.'
 파사익 왕은 나리앙카(那利鴦伽) 바라문을 부처님께 보내어, 더욱 자세한 것을 알아 오게 하였다. 나리앙카 바라문은 부처님께 가서 파사익 왕의 말을 사뢰고, 그 까닭을 물었다. 부처님께서는 말씀하시었다.
 "나리앙카여, 만일 사랑하는 어머니가 죽었을 때, 너는 슬프지 않고 울지 않고, 괴로워 하지 않고, 번민하지도 아니 하겠는가? 이러한 것은 모두가 어머니에 대한 애정이 있기 때문에 생기는 것이다. 어머니의 경우만이 아니다. 사랑하는 모든 사람 사이에 있는 일이다. 나리앙카여, 사랑하기 때문에 사랑하는 사람에게 불행한 일이 있을까 근심을 하고 괴로워 하며, 사랑하기 때문에 사랑하는 사람과 헤어질까 근심을 하고 괴로워 하며, 사랑하기 때문에 사랑하는 사람이 죽거나 불행한 일을 만나면 슬퍼하고 괴로워 하고 울며 번민하는 것이 아니냐. 때문에 애정이 생기면 거기에는 슬픔과 눈물과 근심과 괴로움과 번민이 생긴다고 하느니라."

파사익 왕은 부처님의 말씀을 전해 듣고, 애욕에 차고 탐욕스러운 생활은 슬픔과 괴로움과 번민을 가득 잉태하고 있는 것을 알았다. 파사익 왕은 말리 부인과 부처님의 말씀에 대하여 여러 가지로 토론을 한 다음, 이렇게 말하였다.

"말리 부인, 나는 이 일로 인하여 오늘부터 사문 고타마의 제자가 되기로 하였소. 오늘부터 사문 고타마는 나의 스승이오. 나는 지금부터 부처님과 부처님의 제자들에게 귀의하겠소. 다만 부처님께서 나를 받아주실까 걱정이 되오. 자, 부처님께로 갑시다."

파사익 왕과 말리 부인은 곧 부처님을 찾아갔다. 파사익 왕은 부처님께 귀의하고, 전부터 외도들에게 들어 의심하던 일들을 여쭈었다.

"세존이시여, 저는 세존께서 스스로 '아뇩다라삼먁삼보리를 이루었다'고 말씀하셨다는 말을 들었습니다. 여러 사람이 전하는 이 말은 거짓이거나 과장된 것이 아닙니까? 그 말은 참으로 법다운 말입니까? 아니면 다른 사람이 법을 해치기 위해 꾸민 말이옵니까?"

"대왕이여, 그 말은 진실입니다. 나는 진실로 아뇩다라를 얻었습니다."

"세존이시여, 부루나 카샤파와, 말가리 코살라와, 산자야 비라지자와, 아지타 게사캄파라와, 가라쿠타 카트야야나와, 니건타 야제사 등 여섯 사람은 나이도 많고 오래도록 수행했으며 그 이름이 널리 알려져 있으나, 스스로 아뇩다라삼먁삼보리를 얻었다고 하지는 않습니다. 그러나 세존께서는 아직 젊고 출가한 지도 오래지 않았는데, 어떻게 아뇩다라삼먁삼보리를 증득(證得)할 수 있었습니까?"

부처님께서 말씀하시었다.

"대왕이여, 작아도 가벼이 여길 수 없는 것이 네 가지가 있습니다. 크샤트리야(刹帝利)의 왕자는 어리더라도 가벼이 여길 수 없으며, 용왕의 아들은 어리더라도 가벼이 여길 수 없으며, 불씨가 비록 작지만 가벼이 여길 수 없으며, 비구는 젊어도 가벼이 여길 수 없습니다."

파사익 왕은 자기의 물음이 어리석은 것을 깨달았다. 그는 부끄러웠다. 그가 묵묵히 있자, 부처님께서는 게송을 읊으시었다.

　불씨는 비록 작아도
　그 태우는 힘은 한량이 없네.
　섶을 태우고,
　이윽고는 촌락을 모두 태우네.

파사익 왕은 부처님께 다시 여쭈었다.

"여래께서는 '내게 보시하면 많은 복을 얻지만, 다른 사람에게 보시하면 복을 적게 얻는다. 내 제자에게는 보시하되 다른 사람에게는 보시하지 말라'고 말씀하셨습니까? 만일 어떤 사람이 이런 말을 한다면, 그는 여래를 헐뜯는 것이 아니겠습니까?"

부처님께서 말씀하시었다.

"나는 그런 말을 한 적이 없소. 만약 비구가 먹다 남은 밥을 물에 던지면 벌레들이 먹을 것이며, 그것만으로도 복을 받을 것인데, 어찌 사람에게 보시하는 것을 막겠소. 대왕이여, 나는 다만 '계율을 가진 이에게 보시하는 것은, 계율을 범한 이에게 하는 보시보다 그 복이 많다'고 말할 뿐이오."

파사익 왕은 부처님의 말씀을 듣고 감탄하였다. 참으로 부처님의 말씀이 옳다고 생각하였다. 그는 또 여쭈었다.

"세존이시여, 참으로 그렇습니다. 계율을 가진 이에게 보시하는 것은 계율을 범한 이에게 하는 보시보다 공덕이 큽니다.

세존이시여, 외도들은 '사문 고타마는 환술(幻術)을 써서 세상 사람들을 현혹시킨다'고 합니다. 세존이시여, 이 말에 대해서 말씀해 주십시오."

"대왕이여, 그렇소. 살생하는 이는 그 죄를 헤아리기 어렵지만, 살생하지 않는 이는 받는 복이 한량 없습니다. 도둑질을 하는 이는 죄가 한량이 없으나, 도둑질을 하지 않는 이는 받는 복이 한량 없습니다. 음탕한 이는 받는 죄가 한량 없으나, 음탕하지 않은 이는 받는 복이 한량 없습니다. 삿된 소견을 가진 이는 죄가 한량 없으나, 바른 소견을 가진 이는 받는 복덕이 한량 없습니다. 내가 아는 환술이란 바로 이런 것이며, 이것은 삿된 소견을 가진 사람의 눈에는 현혹시키는 것으로 보이지만, 바른 소견을 가진 사람의 눈에는 진리입니다."

파사익 왕은 부처님께 사뢰었다.

"세존이시여, 세상 사람들을 비롯하여 악마들까지도 이 환술을 깊이 알면 큰 행복을 얻을 것입니다. 앞으로는 외도들이 내 나라 안에 들어오는 것을 금하겠습니다. 그리고 부처님과 부처님의 제자들과 신도들이 항상 저의 궁중에 출입하고 머무는 것을 환영합니다. 또한 필요한 모든 물건은 언제든지 공양하겠습니다."

부처님께서 말씀하시었다.

"대왕이여, 축생에게 보시하여도 복을 받는데, 외도이지만 계를 지닌 사람에게 보시하는 것을 끊어서야 되겠습니까. 누구에게나 가리지 말고 보시해야 합니다."

파사익 왕은 배타적인 외도들에 비하여, 부처님의 원대한 덕에 깊이 감화되었다. 그리하여 그는 그의 생애가 다하도록 불교교단의 유수한 후원자가 되었다.

일설에 의하면, 이 때 부처님께서는 파사익 왕에게 설한 오계 중에서 음주계(飮酒戒)와 망어계(妄語戒)를 방편으로 설하지 않았다고 한다. 파사익 왕이 삼귀계를 받은 훨씬 뒤에 오계를 구족하게 받았다고 하는 이같은 주장은, 파사익 왕의 생활과 성품이 술을 즐기고 거짓말을 잘한 것을 입증한다. 그러나 어쨌든 파사익 왕은 뒤에 진실한 불교도가 되었으며, 부처님께서는 말리 부인에 대해서, '여자신도 가운데 여래에게 공양을 제일 잘한 신도'라고 말씀하시었다.

12. 승만부인(勝鬘夫人)의 열 가지 서원

부처님께서 기원정사에 계실 때였다. 파사익 왕과 그 부인 말리(末利)는 부처님의 가르침을 듣고 기쁨에 넘쳐, 딸 승만(勝鬘)에게도 부처님의 가르침을 듣도록 해 주어야겠다고 생각하였다.

말리 부인은 딸의 시가(媤家)인 아요다 국의 왕궁으로 사람을 보내어, 딸 승만에게 부처님의 공덕을 찬탄하는 소식을 전하였다. 승만 부인은 어머니의 소식을 전해듣고 매우 기뻐하였다. 전부터 듣던 부처님의 소문이 진실임을 알았다. 그리고 하루라도 빨리 부처님을 뵙고 싶은 마음에 사위국을 향하여 합장하였다.

그 무렵, 부처님께서는 제자들과 함께 아요다 국으로 오셨다. 승만 부인은 그의 권속들을 데리고, 부처님께 나아가 발에 이마를 대고 예배한 다음, 부처님의 공덕을 찬탄하고 귀의하였다. 그리고 세세생생토록 거두어 주실 것을 간청하였다. 부처님께서는 승만 부인의 전생을 이야기하시고, 그 전생에서도 바른 교법을 깨닫도록 부처님께서 설법하신 인연을 말씀하시었으며, 여래의 참된 공덕을 찬탄한 인연으로 한량 없는 미래의 세계에서 자유를 얻어 늘 여래를 보며, 2만 아승지겁 뒤에는 부처가 되어 보광여래(普光如來)라고 불리울 것이라는 예언을 하시었다. 수기를 받은 승만 부인은 스스로 열 가지 서원을 세우고, 그것으로 계율을 삼겠다고 부처님께 사뢰었다.

"세존이시여, 저는 오늘부터 보리(菩提)를 이룰 때까지 열 가지 서원을 세우고 지키겠습니다."

첫째는 계율을 받아 지니며, 범할 생각을 하지 않겠습니다.

둘째는 교만한 생각을 하지 않겠습니다.

셋째는 성내는 마음을 내지 않겠습니다.

넷째는 시기하거나 값진 패물을 탐하지 않겠습니다.

다섯째는 몸과 재물을 아끼지 않겠습니다.

여섯째는 제 자신을 위한 재물을 모으지 아니하고, 가난하고 외로운 이를 제도하기 위한 재물만을 모으겠습니다.

일곱째는 보시와 자비로운 말과 중생에게 이익되는 행을 하되, 중생과 같은 입장에서 중생을 거두고, 항상 때 묻지 않고 싫어하지 않으며, 거리낌 없는 마음으로 중생을 대하겠습니다.
여덟째는 의지할 곳 없는 외로운 이와 구금 당한 이와, 병을 앓는 이와 고난을 당한 이를 만나면 그들을 도와 편안하게 하고, 그들이 고통에서 벗어난 다음에야 떠나겠습니다.
아홉째는 사냥하는 사람과 살아 있는 짐승을 가두어 기르는 사람과 계율을 범하는 사람을 만나면, 제 힘이 닿는 데까지 그들을 타일러 잘못을 뉘우쳐 고치도록 하겠습니다. 또 붙들린 짐승을 놓아주도록 제 힘을 다하겠습니다. 그렇게 하면 바른 법이 오래 머물고 나쁜 일이 줄어들어, 부처님의 가르침이 세상에 널리 퍼질 것입니다.
열째는 바른 법을 깊이 기억하여 잊어버리지 않겠습니다. 바른 법을 잊어버리면 대승(大乘)을 잊어버리게 되고, 대승을 잊어버리면 열반에 이르는 길도 잊어버리게 되기 때문입니다. 만약 보살이 대승의 교법(敎法)을 잊어버리면 바른 법을 지니지 못할 것이며, 스스로 삿된 길에 떨어져 영원히 범부의 세계를 벗어나지 못할 것입니다.
세존이시여, 저는 이와 같은 열 가지 서원을 지킬 것을 맹세합니다."
열 가지 서원을 세운 승만 부인은 열 가지 서원으로 성취할 공덕에 대한 세 가지 서원을 다시 세웠다.
"세존이시여, 저는 이 진실한 서원을 이루어 끝없는 중생을 안락하게 하겠습니다. 이 선근(善根)의 인연으로 태어날 때마다 바른 법의 지혜를 얻겠습니다. 저는 바른 법의 지혜를 얻고자 하며, 제가 바른 법의 지혜를 얻은 뒤에는 중생에게 바른 법을 부지런히 전하겠습니다. 또, 제가 바른 법을 말할 때는 몸과 목숨을 돌보지 아니 하겠습니다."

부처님께서는 승만 부인의 서원을 듣고 말씀하시었다.

"모든 물건이 허공 속에 있는 것과 같이, 보살의 무수한 원도 그대가 세운 서원 속에 있느니라."

그리고 승만 부인으로 하여금 바른 법을 거두어 들이는 크고 넓은 이치를 말하게 하시었다. 승만 부인은 부처님의 위신력을 받들어 이렇게 말하였다.

"보살의 모든 원(願)은 끝내 하나의 커다란 원으로 들어갑니다. 하나의 큰 원이란 바른 법을 거두어 들이는 것입니다. 바른 법을 거두어 들이는 것은 모든 부처님의 교법을 배워, 8만 4천의 법문(法門)을 지니는 것이므로 크고 넓습니다.

대지(大地)가 바다와 산과 초목(草木)과 온갖 중생을 지고 있는 것과 같이, 바른 법을 거두어 들이는 이는 스스로 네 가지 짐을 집니다. 첫째는 선지식을 만나지 못하여 법문을 듣지 못하는 사람들에게 행해야 할 착한 일을 가르치는 일입니다. 둘째는 부처님의 가르침을 듣기만 하고 혼자 깨달음을 얻으려는 성문(聲聞)에게 알맞은 법을 가르쳐 주는 일입니다. 셋째는 자기 혼자서 깨달음을 얻으려는 독각(獨覺)에게 알맞은 법을 가르쳐 주는 일입니다. 넷째는 자신과 모든 중생이 다 함께 불국토(佛國土)를 이루는 크나큰 진리를 깨닫고자, 수행하는 대승보살에게 알맞은 법을 가르쳐 주는 일입니다.

또 깨달음의 언덕에 이르는 것과 바른 법(法・眞理)을 거두어 들이는 것은 다르지 않습니다. 그것은 곧 바라밀(波羅蜜)입니다.

보시로써 성숙시킬 사람에게는 내 몸을 버려서라도 그들의 뜻에 맞도록 보살펴, 그로 하여금 바른 법을 이루게 하는 것이 보시 바라밀입니다. 또 지계(持戒)로써 성숙시킬 사람은 그로 하여금 감관(感官·六根)과 마음을 맑게 하고 몸가짐을 바르게 하여 바른 법을 이루게 하는 것이 지계 바라밀입니다. 또 인욕(忍辱)으로써 성숙시킬 사람은 비록 꾸짖고 욕하고 헐뜯고 위협하더라도, 성내지 않고 두려워 하지 않고, 그를 이롭게 하려는 마음과 참고 견디는 마음으로 그의 뜻에 따라 보호하여, 그로 하여금 바른 지혜를 이루게 하는 것이 인욕 바라밀입니다. 또 정진(精進)으로써 성숙시킬 사람은 그로 하여금 부지런히 힘쓰게 하고, 선정(禪定)으로써 성숙시킬 사람은 그로 하여금 마음이 산란하지 않게 하며, 지난 모든 일과 말을 잊지 않도록 하며, 지혜(智慧)로써 성숙시킬 사람은 그의 의혹을 풀어 주되, 두려움이 없도록 온갖 방편으로 막힘 없이 설하여, 각각 바른 법을 이루게 하는 것이 정진 바라밀이며, 선정 바라밀이며, 지혜 바라밀입니다."

그리고 승만 부인은 바른 법을 거두어 들이는 온갖 공덕에 대해서 이야기하였다.

부처님께서 말씀하시었다.

"승만이여, 바른 법을 거두어 들이는 공덕은 끝없는 세월을 두고 말해도 다할 수 없느니라."

13. 비샤카(毘舍佉)의 보시

부처님께서 기원정사에 계실 때였다.
사위성에 미가라(彌迦羅)라고 하는 장자가 있었다. 그는 쟈이나교(耆那敎)의 독실한 신도였으며, 그에게는 비샤카(毘舍佉)라는 며느리가 있었다. 비샤카는 앙카국(鴦伽國)의 문타카(文茶迦) 장자의 딸로서 뛰어난 미모의 여인이었다. 비샤카는 일찍이 부처님의 교화를 입고 깨달음을 구하여 정진하고 있었다.
그녀는 늘 부처님과 스님들을 청하여 공양을 올리고 설법을 듣고 싶어 했다. 그러나 좀처럼 기회가 없었다. 어느 날, 비샤카는 시아버지 미가라에게 스님들을 청하여 공양을 올리고 싶다고 말하였다. 미가라는 쾌히 승낙을 하고 비샤카에게 음식을 만들도록 일렀다.
다음 날, 스님들이 왔다고 해서 나가 본 비샤카는 놀랐다. 부처님의 제자들이 아닌, 발가벗은 나형외도(裸形外道)의 고행자(苦行者)들이 집안에 가득하였기 때문이다. 쟈이나교의 수행인들은 극단적인 고행을 찬미하며, 몸에 실오라기 하나 걸치지 않는 것을 자랑하고 있었다. 비샤카는 자기 방으로 쫓기듯이 들어가 나오려고 하지 않았다. 고행자들은 미가라에게 그러한 며느리는 내쫓는 것이 좋다고 비샤카를 비난하였다. 그러나 미가라는 잘못이 없는 며느리를 친정으로 돌려 보낼 수가 없었다. 발가벗은 고행자들 앞에 나가 음식을 권하지 않는 것은 결코 잘못이라 할 수 없었기 때문이다. 미가라는 도리어 며느리의 설득으로 시험삼아 부처님과 그 제자들을 초청하기로 하였다.

부처님과 그 제자들을 초청한 날은 몹시도 비가 퍼부었다. 비샤카는 음식을 준비하고서 하녀를 시켜 부처님 처소에 가서 모셔오도록 하였다. 때마침 비구들은 부처님의 허락을 받아 빗물에 목욕을 하고 있었다. 하녀는 스님들은 없고 외도뿐이라고 생각하고서 그냥 돌아왔다. 비샤카는 스님들이 목욕을 했을 것이라고 생각하고 다시 하녀를 보냈다. 하녀가 기원정사에 이르렀을 때는, 스님들이 모두 집안에 들어가서 참선을 하고 있어 인적이 없었다. 하녀는 사람이 없다고 생각하고 그냥 돌아왔다. 비샤카는 하녀가 어리석어 집안에 사람이 있는 것을 모르고 그냥 돌아온 것을 알고, 이번에는 절에 가서 큰 소리로 '공양 준비가 다 되었습니다'고 소리쳐 알리게 하였다. 하녀는 기원정사에 가서 그와 같이 큰 소리로 외쳤다.

부처님께서는 하녀를 먼저 보낸 다음, 천2백50 인의 비구들과 함께 비샤카의 집으로 향하시었다. 비샤카는 부처님과 비구들이 식사를 마친 다음, 부처님께 나아가 사뢰었다.

"세존이시여, 저에게 여덟 가지 소원이 있는데 허락하여 주십시오."

부처님께서 말씀하시었다.

"비샤카, 여래는 그 바라는 것이 어떤 것인지를 알기 전에는 승낙하지 않느니라."

"세존이시여, 결코 나쁜 일이 아니므로 반드시 들어 주시기 바랍니다.

세존이시여, 나그네 스님이 먼 곳으로부터 와서 머물 곳이 없을 때, 저로 하여금 그 스님에게 공양하도록 허락하여 주십시오. 또 멀리 길을 떠나는 스님이 공양 때문에 동행해야 할 스님과 동행할 수 없을 때, 저로 하여금 그 스님에게 공양하도록 허락하여 주십시오. 또 병든 스님에게 알맞은 음식을 공양하도록 허락하여 주십시오. 또 병든 스님에게 알맞은 약을 공양하도록 허락하여 주십시오. 또 병든 이를 간호하는 스님이 걸식하기 위하여 병 간호를 소홀히 할 우려가 있습니다. 그러므로 저로 하여금 병을 간호하는 스님에게 공양하도록 허락하여 주십시오. 또 부처님께서 스님들 죽 잡수시는 것을 허락하시면, 저는 목숨이 다하도록 죽을 공양할 것이오니, 허락하여 주십시오. 또 비구 스님들께는 비옷을, 비구니 스님들께 목욕하는 옷을 공양하도록 허락하여 주십시오."

부처님께서 말씀하시었다.

"비샤카, 그대는 무슨 이익을 바라고 이 여덟 가지 보시를 서원하는가?"

"세존이시여, 저는 스님들이 저의 공양을 받았다는 것을 생각하면 기쁜 마음이 날 것이며, 그 기쁜 마음은 온갖 죄악을 버릴 것이며, 죄악이 없어지면 몸의 안락을 얻을 것이며, 몸의 안락을 얻으면 마음이 안정되어지고, 마음이 안정되면 능히 수도에 정진할 수 있기 때문입니다."

부처님께서는 비샤카의 말을 들으시고 그 소원을 들어 주셨다. 그리고 '보시는 비샤카와 같은 뜻으로 해야 한다'고 말씀하시고, 여러 가지 설법을 하시었다. 미가라는 부처님께서 설법하시는 동안 처음에는 숨어서 들었다. 그러나 말씀에 감동한 그는 자기도 모르는 사이에 부처님 앞에 나와 꿇어 앉아서 열심히 들었다. 설법이 끝나자, 그는 부처님께 귀의하여 삼귀계를 받고, 쟈이나교로부터 불교로 개종을 하였다.

비샤카는 뒤에 친정에서 시집 올 때 가지고 온, 9억전(九億錢)의 값이 나가는 옷을 희사하여 정사를 지었다. 이 때, 공사를 목건련이 맡아서 완성하였다. 이 정사의 이름을 비샤카의 다른 이름인 녹자모를 따서 녹자모 강당(鹿子母講堂)이라고 하였다. 이 녹자모 강당은 삼층으로 되어 있으며, 층마다 오백 개의 방이 마련되어 있었다. 비샤카는 그가 세운 원을 다하기 위해서 열심히 보시하였다. 때문에 당시의 사위성 사람들은 스님들께 보시할 기회를 비샤카에게 빼앗겼다고 불평을 할 정도였다.

14. 앙갚음은 새로운 앙갚음을 낳는다

부처님께서 기원정사에 계실 때였다. 부처님께서는 원한과 앙갚음에 대해서, 다음과 같은 부처님 인행시(因行時)의 설화를 말씀하시었다.

옛날 장수왕(長壽王)은 부강한 나라의 왕이었으며, 그에게는 장생(長生)이라는 왕자가 있었다. 장수왕은 나라를 바른 법에 의하여 다스리기 때문에, 나라는 평화롭고 경제적으로 부유하였다. 그러나 인접국의 탐왕(貪王)은 성품이 포악하고 욕심이 많아, 바른 법에 의하여 나라를 다스리지 아니해서 나라가 가난하기 때문에, 부유한 이웃 나라를 빼앗을 생각만 하고 있었다.

어느 해, 탐왕은 군사를 일으켜 이웃인 장수왕의 나라를 침공하였다. 그러나 이기지 못한 탐왕은 포로가 되었다. 장수왕은 탐왕을 죽일 것이지만, 살생은 나쁘기 때문에 살려서 돌려 보내니, 장차 착한 왕이 되라고 타일러서 석방을 하였다. 살아남은 군사를 데리고 돌아온 탐왕은 여러 해 동안 군사력을 키웠다. 그런 다음 다시 침공을 하였다.

장수왕은 대신들을 모아 놓고 전쟁을 피할 수 있는 방법을 상의하였으나 피할 방법이 없었다. 대신들은 싸워서 이길 힘이 있으므로 싸워야 한다는데 의견이 일치하였다. 그러나 장수왕은 전쟁에 이기든 지든, 두 나라의 많은 군사와 백성이 죽을 것을 염려하여, 장생 왕자를 데리고 성을 나와 깊은 산에 숨었다. 장수왕의 나라를 정복한 탐왕은 장수왕과 그 왕자에게 막대한 상금을 걸고서 잡아들이도록 포고하였다.

어느 날, 장수왕은 한 바라문을 만났다. 그 바라문은 장수왕에게 "장수왕이 많은 보시를 한다는 소문을 듣고 먼 길을 찾아왔는데, 지금도 보시하기를 즐기는지 모르겠다"고 말하였다. 장수왕은 나라를 잃은 것도 모르고 먼 길을 찾아온 바라문이 측은하였다. 왕은 생각한 끝에 바라문에게 이렇게 말하였다.

"그대가 찾는 장수왕은 바로 나입니다. 그러나 지금은 나라를 잃은 몸이므로 가진 것이 없소. 다행히 새 왕이 많은 상금을 걸고 나를 찾고 있으니, 내 목을 가지고 가서 그 상금을 타도록 하시오."

바라문은 말하였다.

"대왕께서 많은 사람에게 보시하여 구제한다는 소문을 멀리서 듣고 찾아와 남은 목숨이나마 유지할까 하였는데, 이제 대왕이 나라를 잃었으니, 그것은 나의 복이 박한 탓입니다. 어찌 대왕의 목을 베겠습니까?"

장수왕은 말하였다.

"그대가 일부러 이 먼 곳까지 나를 찾아 왔는데 나는 줄 것이 없소. 언젠가는 죽을 몸이므로 보시하는 것이니, 사양을 하지 마시오. 지금 그대가 내 목숨을 취하지 않아도 누군가 나의 목숨을 취할 것이오."

"차마 대왕을 죽일 수는 없습니다. 만약 대왕에게 큰 자비가 있어 나를 구제하시려면 저를 따라 와 주십시오."

장수왕은 바라문을 따라 가 탐왕에게 붙들리었다. 탐왕은 바라문에게 상금을 주어 보내었다. 그리고 장수왕을 네 거리에서 화형(火刑)을 하도록 명령하였다. 장수왕을 화형에 처한다는 소문을 들은 사람들은, '장수왕이 무익한 죽음을 한다'고 한탄하며 동정을 하였다. 장수왕이 화형을 당한다는 소문을 들은 장생은 나무꾼으로 가장하고 성 안으로 들어와 사람들 사이에 섞여서 아버지를 지켜 보았다. 장생은 슬픔과 원한으로 가슴이 메이고 온 몸이 떨렸다. 그 때, 아들의 모습을 본 장수왕은 아들이 원수를 갚기 위하여 살생을 할까 두려워, 하늘을 우러러 크게 한숨 짓고 말하였다.

"아들이 아버지에게 효도를 하려면 그 아버지로 하여금 죽어서 한이 없도록 해야 한다. 아버지는 죽기를 바라나니, 원수를 갚으려 하지 말아라. 원한을 품어 그 재앙을 숙세에 길이 남기는 것은 효자의 도리가 아니니, 원한을 원한으로써 갚지 말라. 원한을 원한으로 갚으면 그 원한은 새 원한을 낳고, 그 원한은 그칠 날이 없다."

장생은 아버지가 불에 타 죽는 것을 차마 볼 수가 없었다. 그는 비통함과 원한으로 전신을 떨면서 산으로 돌아오고 말았다. 장수왕은 화형을 당하여 죽었다. 장생은 어두운 밤을 타서 아버지의 뼈를 모아 산으로 돌아와 장사를 지냈다. 그리고 탐왕에게 복수할 것을 결심하였다. 장생은 성 안으로 들어와 어느 대신의 집에 고용살이를 하면서 복수할 기회를 노렸다. 한편 탐왕은 장수왕의 뼈가 없어진 것을 알고 아들 장생의 짓이라고 믿었다. 장생이 살아있다고 생각하니, 탐왕은 갑자기 두려움을 느꼈다. 탐왕은 '장생이 살아 있는 한은 반드시 복수를 해 올 것이다. 장생을 하루 빨리 잡아서 죽여야 한다'고 생각하였다. 그는 많은 상금을 걸고 장생을 잡아 들이도록 성화같이 명령하였다.

  탐왕의 성화가 날로 심해져 가는 어느 날, 장생이 고용된 대신의 집에서는 탐왕을 위한 잔치가 벌어졌다. 대신은 장생의 요리 솜씨를 알므로 그에게 탐왕을 위한 음식을 만들도록 하였다. 장생이 만든 음식을 먹은 탐왕은 장생을 왕궁으로 데리고 가서 자신의 요리사로 고용하였다. 어떤 기회에 왕은 장생이 무예(武藝)에 뛰어난 실력을 가진 것을 알고 자신을 경호하도록 하였다. 장생은 쾌재를 불렀다. 이제야 원수를 갚을 날이 다가왔다고 생각하였다.

  어느 날, 왕은 대신과 군사를 거느리고 사냥을 나갔다. 장생은 왕을 호위하는 척 하면서 짐승을 쫓아 깊은 산으로 말을 몰았다. 얼마 가지 않아서 대신과 군사들은 뒤에 처지고 탐왕과 장생만이 깊은 산속에 떨어져 있게 되었다. 왕은 말에서 내려 피곤한 몸을 쉬기 위하여 장생의 무릎을 베고 누웠다. 왕은 곧 잠이 들었다. 잠든 왕을 내려다보며, 지금이 탐왕을 죽일 때라고 장생은 생각하였다. 장생은 곧 칼을 뽑아 탐왕의 가슴을 내리찌르려 했다. 순간 그는 아버지 장수왕의 말이 떠올랐다. 그는 망설였다. 아버지의 마지막 말씀을 어겨서는 안된다는 생각과 타오르는 복수심이 얽혀 그를 괴롭혔다. 장생은 복수심과 아버지 말씀을 따르고자 하는 갈등 사이에서 세 번이나 탐왕을 죽이려 했다. 그러나 끝내 죽이지 못하고 말았다. 장생이 칼을 칼집에 넣었을 때, 탐왕이 소스라쳐 잠에서 깨었다. 탐왕은 두려움에 떨면서 말하였다.

"장수왕의 아들이 나를 죽이려는 꿈을 꾸었다. 두려움에 놀라 깨었는데, 아무 일도 없었느냐?"

장생이 말하였다.

"장수왕의 아들 장생은 바로 저입니다. 저는 원수를 갚기 위하여 짐짓 당신을 이곳으로 유인하였습니다. 당신이 잠들었을 때, 당신을 세 번이나 죽이려 하였지만, 원한을 원한으로 갚지 말라고 하신, 아버지의 유훈(遺訓)을 어길 수 없어 당신을 죽이지 않았습니다. 그러나 아직도 저에게는 원수를 갚고자 하는 살의(殺意)가 있습니다. 부디 저를 죽여서 저의 악한 뜻을 없애 주십시오."

탐왕은 장생의 말을 듣고 놀랐다. 그리고 뉘우쳤다.

"장생이여, 나는 성품이 포악하여 선과 악을 분별하지 못하였다. 이제 네 부자(父子)의 이야기를 듣고서야 깨닫게 되었다. 너의 아버지는 참으로 성인이시다. 비록 나라는 잃었으나 그 덕은 잃지 않았으며, 죽음 앞에서도 굽히지 않은 선행은, 너로 하여금 나를 용서하여 목숨을 살려준 결과가 되었다. 목숨을 살려준 은인을 죽일 수 있겠는가."

두 사람은 손을 잡고 숲을 나왔다. 숲 밖에는 왕을 찾는 군사들이 여기저기 흩어져 있었다. 왕은 곧 대신과 군사들을 불러 모으고 말하였다.

"여기 있는 이 사람이 바로 장생 왕자이다. 나는 이 나라를 장생 왕자에게 돌려주고 내 나라로 돌아가려 한다. 앞으로 두 나라는 형제의 나라가 되어 서로 도우며 지낼 것이다."

이같은 이야기를 마친 부처님께서는 말씀하시었다.

"비구들아, 그 때의 장수왕은 지금의 나이며, 장생은 아난다이며, 탐왕은 데바닷타이니라."

그리고 부처님께서는 세세생생에 얽힌 데바닷타와의 악연(惡緣)으로 해서, 금생(今生)에도 데바닷타가 부처님을 해치려 한다는 인연을 말씀하시었다. 데바닷타의 이야기는 장을 바꾸어 아쟈세왕(阿闍世王)과 함께 이야기하기로 한다.

제13장 수난(受難)과 영광(榮光)

1. 다섯 나라의 왕(王)들

　부처님께 귀의한 파사익 왕은 즐기던 전쟁을 하지 않게 되었다. 그는 전쟁보다는 평화를 사랑하게 되었다. 협상을 통하여 국제간의 문제를 해결하고자 노력하였다. 때문에 인접한 국가의 왕들과 자주 만나게 되었다. 만나면 늘 부처님과 부처님의 가르침에 대한 이야기를 즐겨 하게 되었다. 그러던 어느 날, 파사익 왕은 멀리 왕사성의 빔비사아라 왕과 코삼미국(拘睒彌國)의 우전왕(優塡王)과 카필라 성의 악생왕(惡生王)과 남해(南海)의 우타연왕(優陀延王)을 사위성으로 초청하였다. 다섯 왕은 모여서 부처님의 가르침에 대해서 담론을 하고, 함께 기원정사로 부처님을 찾아가 뵙고 설법을 들었다.
　이같은 사실은 전에 없던 일이었다. 외도들은 놀랐다. 파사익 왕이 부처님에게 귀의하였 때, 충격을 받은 그들은 다섯 왕이 함께 부처님을 찾아간 일로 해서 더 큰 충격을 받았다. 왕이 불교에 귀의하자 외도를 따르던 많은 사람들 가운데서 개종(改宗)하는 자가 늘었다. 특히 귀족과 장자와 대신과 그 사회의 유력한 사람들이 불교에 귀의하였다. 이같은 현상은 외도들의 생활에 직접 영향을 주었다. 다섯 왕의 모임에서 일어난 지 얼마 되지 않은 신흥종교인 불교가 전 인도를 석권할 기미를 외도들은 보았다. 왕과 국민의 후원으로 교단을 유지하고 있는 그들에게는 커다란 위협이었다. 부처님을 향한 왕과 일반의 신뢰를 되찾아야 한다는 생각이 급했다.

불교로 개종한 사람 가운데 대표적인 사람으로 베사리 성(毘舍離城)의 시바 장군(尸婆 將軍)이 있다. 베사리 성은 유마거사(維摩居士)로 해서 불교와는 깊은 인연이 있는 곳이지만, 쟈이나교의 발상지로도 유명한 곳이다. 이 쟈이나교의 발상지에서 유력한 쟈이나교의 신도가 불교로 개종한 사실은, 쟈이나교 이외의 외도들에게 도리어 충격을 주었다. 당시 인도의 종교계에서 가장 큰 세력을 가진 쟈이나교가 신흥종교인 불교에 의해 침식된다면, 세력이 약한 작은 외도의 교단이 설 곳은 조만간 없어지리라 생각했기 때문이다.

시바 장군은 본래 열렬한 쟈이나교의 신도였다. 그는 불교가 나쁜 종교라는 생각을 가지고 있었다. 그러나 어느 날, 부처님을 만나 부처님의 말씀을 들은 그는, 부처님의 인품에 감화를 받아 쟈이나교를 버리고 불교에 귀의하였다. 그 때, 부처님께서는 시바 장군에게 말씀하시었다.

"시바 장군, 당신과 같이 사회적인 지위가 높은 사람이 가볍게 믿음을 바꾸어서는 아니 됩니다. 깊이 생각해서 하십시오. 그리고 갑자기 쟈이나교의 수행인들을 배척해서도 안 됩니다. 더욱 그들에게 보시하는 일을 끊어서는 아니 됩니다. 불교의 스님들을 대하듯이 대해야 합니다."

아무리 옳은 일도 과격하면 바라지 않던 일이 일어나기 때문에 중도(中道)를 취할 것을 가르치셨다. 또 시바 장군과 같이 베사리 지방의 주요한 인물이 갑자기 개종했을 때, 일어날 사회적

물의를 사전에 막고자 하셨다. 그리고 그러한 사태가 시바 장군 개인에게 있어서도 결코 이롭지 않은 것을 지적하여 깨우치셨다.

시바 장군은 외도에 대한 부처님의 너그러움과, 자기를 아끼는 자비심에 더욱 감동하였다. 그리하여 자기로서는 불교의 스님과 쟈이나교의 수행인과 다른 교단의 수행인들을 차별하지 않고 대등하게 대하려고 노력하였다. 그러나 때때로 시바 장군이 소를 잡아 불교의 스님들에게 공양한다는 소문이 나돌았다. 때문에 시바 장군은 베사리 지방의 주민들과 외도들로부터 심한 비난을 받았다. 소를 숭상하는 인도 사람들에게 있어서 시바 장군의 처사는 용서할 수 없는 반사회적(反社會的)인 처사였다. 더욱 살생을 가장 엄중히 금하는 쟈이나교에서 불교로 개종하여 지은 처사이므로 시바 장군과 함께 불교교단도 지탄을 받았다. 시바 장군의 반사회적인 처사가 불교로 개종했기 때문에 생겼다고 본 것이다. 쟈이나교의 발상지가 베사리 지방이라는 점을 감안하면, 그 거센 비난의 물결을 상상하는데 어렵지 않을 것이다.

그 거센 비난의 물결은 오래지 않아서 잠잠해졌다. 그것은 불교를 해치려는 외도들의 모함이란 것이 밝혀졌기 때문이다. 이 사건은 불교를 해치기는 커녕 도리어 돕는 결과를 가져 왔다. 베사리의 주민들은 자기를 모함한 자를 용서하는 시바 장군이나 부처님의 자비심에 감동하여, 너도 나도 앞을 다투어 불교에 귀의하였다.

시바 장군은 모함을 한 쟈이나교의 수행인을 체포하여 벌을 주려고 하였다. 그러나 부처님께서는 이렇게 말씀하시었다.

"시바 장군, 사람은 누구나 잘못을 저지릅니다. 잘못을 저지른 사람으로 하여금 잘못을 깨달아 뉘우치도록 용서해 주어야 합니다. 잘못을 용서하지 않고 벌을 주면, 벌을 받은 그는 원한을 갖고 더욱 나쁜 길에 빠질 것입니다. 벌을 주는 것은 그의 죄를 없애기 보다 더 큰 죄를 짓게 합니다. 너그럽게 용서하여 그로 하여금 잘못을 깨닫게 해서, 그가 뉘우치면 그의 죄는 없어집니다."

시바 장군은 모함한 외도를 용서하였다. 이 소문이 퍼지자 사람들은 부처님의 가르침을 믿게 되었다.

외도들이 부처님을 향한 사람들의 믿음을 자기들에게로 되돌리기 위하여 꾸민 모함에는 이런 일도 있었다.

부처님께서 기원정사에 계실 때였다. 스탄리라고 하는 젊고 아름다운 외도의 여자 수행인이 있었다. 외도들은 스탄리를 이용하여 부처님을 모함하기로 모의하였다. 그들은 스탄리로 하여금 자주 기원정사 부근을 서성대게 하였다. 매일같이 기원정사의 부근에서 스탄리의 모습이 사람들의 눈에 뜨였다. 그러던 어느 날부턴가 갑자기 스탄리의 모습이 보이지 않았다. 외도들은 스탄리를 죽여서 기원정사 부근의 숲에 감추었다. 그리고 스탄리가 매일같이 기원정사에 출입을 했는데, 요즈음 갑자기 보이지 않는다고 소문을 퍼뜨렸다. 그들은 매일같이 그 소문 끝에 부처님과 비구들에게 화살이 겨누어지도록 여러 가지 꼬리를 달았다. 까닭을 알 수 없는 스탄리의 행방불명은 여러 가지 의혹을 사람들에게 뿌렸다. 그럴 즈음 외도들은 파사익 왕에게 스탄리가 행방불명이 되었으며, 행방불명이 되기 전에 기원정사를 매일같이 출입하였으며, 거리에는 여러 가지 의심스러운 소문이

나돌고 있다는 이야기를 하고 행방불명이 된 스탄리를 찾도록 호소하였다. 파사익 왕은 곧 스탄리를 찾도록 명하였다. 외도들은 여러 곳으로 흩어져 스탄리를 찾는 척 하였다. 그리고 기원정사 부근의 숲에서 스탄리의 시체를 꺼내 들것에 싣고 성안으로 들어오면서 소리쳤다.

"스탄리는 죽었다. 우리들의 아름다운 누이 스탄리가 죽었다. 이것은 틀림없이 불교의 승려들이 한 짓이다. 불교의 승려들이 스탄리를 범하고서 죽인 것이다. 그렇지 않으면 기원정사 부근의 숲에 묻혀 있을 까닭이 없지 않은가."

사람들은 처음에는 믿지 않았다. 그러나 무참히 죽은 스탄리의 시체를 본 사람들은 그동안 떠돌던 소문이 헛소문이 아니었다는 생각을 하게 되었다. 사람들의 분노는 타오르는 불길 같았다.

다음 날 아침, 비구들이 걸식을 하기 위하여 거리에 나갔을 때, 사람들은 성난 얼굴로 욕설을 마구 퍼부었다. 아무도 공양을 하려고 하지 않았다. 하는 수 없이 빈 손으로 돌아온 비구들은 부처님에게 사실을 알리지 않을 수 없었다. 그러나 부처님께서는 아무렇지 않게 말씀하시었다.

"비구들아, 걱정할 것이 없다. 7일이 지나면, 그러한 비난과 소문은 없어질 것이다."

"이튿날도 비구들은 빈 바루로 돌아 왔다. 사흘도 그랬다. 사람들의 비난은 조금도 누그러지지 않았다. 비구들은 더 이상 사위성에 머무를 수 없다고 생각했다. 비구들은 부처님에게 기원정사를 떠나 다른 곳으로 옮기자고 말씀드렸다. 그러나 부처님께서는 여전히 7일이 지나면 사태는 평온해지리라고 말씀하실 뿐이었다. 7일이 되자 부처님과 비구들에 대한 비난은 갑자기 그쳤다. 그동안 파사익 왕이 사건을 수사하여 진상을 발표했기 때문이었다. 이로 인하여 부처님과 교단의 명성은 더욱 높아졌다.

이같은 사건이 다섯 왕들이 모인 뒤에 있었는지에 대해서는 분명한 기록이 없다. 다만 파사익 왕이 귀의한 이후 있었던 일인 것은 분명하다. 파사익 왕의 귀의에 충격을 받은 외도들의 소행일 경우, 다섯 나라의 왕들이 모여 부처님께 공양한 사실이 외도들에게 얼마나 큰 충격을 주었던 것인가는 능히 상상할 수가 있다.

2. 우전왕(優塡王)과 불상(佛像)

부처님께서 코삼미국에 계실 때였다. 무비(無比)라고 하는 처녀가 있었다. 그지없이 아름다워 그 미모를 비할 사람이 없다고 해서 무비라는 이름을 얻었다. 아버지 마인제(摩因提)는 그러한 딸이 커다란 자랑이었다. 그는 세상에서 가장 아름다운 자기 딸은 마땅히 세상에서 가장 훌륭한 사람의 아내가 되어야 한다고 생각하고 있었다.

때마침, 코삼미국에 오신 부처님을 본 마인제는, 부처님이야말로 자기 딸의 남편으로 합당한 남성이라고 생각하였다. 마인제는 딸 무비를 데리고 부처님에게 가서 무릎을 꿇고 사뢰었다.

"사문 고타마시여, 여기 있는 저의 딸 무비는 보시는 바와 같이 이 세상에서 가장 아름다운 여자입니다. 항상 옆에 두고 사랑해 주십시오."

부처님께서 말씀하시었다.

"유혹하지 말아라. 내가 보기에 그대의 딸은 조금도 아름답지가 않다. 머리 끝에서 발끝까지 아름다운 곳은 하나도 없구나. 어서 데리고 돌아가거라."

그동안, 거만한 얼굴로 서서 부처님을 바라보고 있던 무비는 코웃음을 치며 몸을 돌려 돌아갔다. 부처님으로부터 거절을 당한 마인제는 딸을 코삼미국의 우전왕에게 보였다. 무비의 아름다움에 매혹된 우전왕은 곧 그녀를 궁으로 데리고 가서 후궁을 삼았다. 무비는 부처님이 자기의 아름다움을 업신여긴 것을 생각하면 울화가 치밀었다. 그녀는 부처님에 대해 나쁜 감정을 품게 되었다.

무비는 부처님을 존경하는 우전왕의 왕비를 해치므로 해서, 부처님에게 욕을 보이고자 여러 가지 계략을 꾸몄다. 무비의 아름다움에 현혹된 우전왕은 무비의 모함을 믿고 왕비를 활로 쏘아 죽이라고 명하였다. 왕궁의 뜰 복판에 왕비를 세워 두고 백 개의 화살을 쏘았다. 왕비는 눈을 감고 자비한 마음으로 부처님을 생각하며 자기를 해치는 사람들을 한결같이 용서해 줄 것을 빌었다. 그러자 화살은 왕비를 세 번 돌고 왕의 발 앞에 와서 떨어지는 것이 아닌가. 왕은 놀라고 당황하여 어찌할 바를 모르다가 간신히 왕비에게 이렇게 물었다.

"그대는 천녀(天女)인가? 아니면 용녀(龍女)인가? 아니면 나찰녀(羅刹女)인가?"

왕비는 대답하였다.

"대왕이시여, 저는 천녀도 아니고, 용녀도 아니며, 나찰의 여자도 아닙니다. 저는 부처님의 정법(正法)을 듣고 오계를 받아 어기지 않는 신도일 뿐입니다. 대왕을 가엾이 여기기 때문에, 저는 지극한 자비심으로 대왕과 나를 해치려는 이들을 구제해 주도록 부처님께 기원했습니다. 대왕께서는 저를 해치고자 하였으나, 저의 자비심에서 나온 기원 때문에 저는 상처도 입지 않았습니다. 대왕이시여, 지금 곧 부처님께 나아가 귀의하고 마음의 안정을 얻으십시오."

우전왕은 곧 부처님께 나아가 죄를 빌고 가르침을 청하였다. 이 때 부처님께서는 이같이 말씀하시었다.

"대왕이여, 남자에게는 네 가지 나쁜 점이 있습니다. 첫째는 여자의 요사(妖邪)한 말을 듣고서 진실을 믿지 않고 거짓을 믿으며, 둘째는 아내를 보물과 같이 귀하게 여기기 때문에 부모를 나쁘게 생각하며, 셋째는 여색(女色)을 가까이 하면, 설사 보시를 한다 해도 깨끗한 행이 끊기게 되며, 넷째는 음행에 빠지면 사물의 옳고 그름을 판단하지 못하는 것이 남자의 나쁜 점입니다."

우전왕은 부처님의 말씀을 듣고 크게 뉘우치고, 다시는 그러한 잘못을 저지르지 않겠다고 서약한 다음, 삼귀계를 받았다.

이같이 해서 부처님께 귀의한 우전왕은 다섯 나라의 왕들이 모여 부처님을 찾아 갔을 때, 왕도(王道)에 대해서 여쭈었다.

"세존이시여, 왕의 공덕과 과실(過失)에 대해서 말씀해 주십시오."

부처님께서 말씀하시었다.

"대왕이여, 왕의 과실에는 열 가지가 있습니다. 첫째는 왕위를 찬탈한 경우 종성(種姓)이 높지 않은 것이며, 둘째는 대신과 관리의 제약을 받아 자재(自在)하지 못하는 것이며, 셋째는 백성이 조그만 허물을 지어도 용서하지 않고 사납게 성을 내어 혹독하게 벌하는 포악함이며, 넷째는 신하들의 잘못을 용서하지 않고, 크게 성내어 관직을 빼앗고 재산을 몰수하고 처자(妻子)를 빼앗는 것이며, 다섯째는 논공행상(論功行償)에 인색한 것이며, 여섯째는 삿되고 아첨하는 말을 좋아하며, 말로는 선한 정치를 한다 하면서 실제로는 바른 법에 의하지 않는 것이며, 일곱째는 선왕(先王)의 법도에 따르지 않고, 정실인사(情實人事)를 하는 것이며, 여덟째는 인과(因果)를 믿지 아니 하고, 본능에 따라 몸과 말과 뜻으로 악업을 짓고, 백성을 널리 구제하지 않고, 선법(善法)을 행하지 않는 것이며, 아홉째는 선(善)과 악(惡), 정(正)과 사(邪)를 구별하지 못하는 것이며, 열째는 방종하고 방탕한 것입니다.

 만약 국왕이 이같은 열 가지 과실을 범하면, 아무리 많은 재물과 큰 군대를 가지고 있어도, 끝내는 백성과 신하의 신망을 잃고, 재난이 닥쳤을 때 이기지 못하고 말 것입니다.

 대왕이여, 왕의 공덕에는 열 가지가 있습니다. 첫째는 종성이 존귀함이며, 둘째는 자재함이며, 셋째는 성질이 온화한 것이며, 넷째는 너그러운 것이며, 다섯째는 논공행상이 분명하고 두터운 것이며, 여섯째는 바른 말을 믿고 받아들이는 것이며, 일곱째는 선왕의 법도에 비추어 신중하게 인사(人事)를 하는 것이며, 여덟째는 선법(善法)을 행하는 것이며, 아홉째는 선과 악, 옳고 그름을 잘 분별하는 것이며, 열째는 방종하지 않고 방탕하지 않는 것입니다. 만약 국왕이 이와 같은 공덕을 성취하면, 비록 재물이 없고 대군(大軍)이 없어도 오래지 않아 관민(官民)이 협동하여 산

업에 힘써 나라는 저절로 풍요해질 것입니다.
 대왕이여, 만약 왕이 신하와 백성의 충성심과 성실함을 살피지 아니하고, 또 저마다의 능력을 살피지 아니 하고서 정실에 따라 자리를 마련하고 정실에 끌려 녹을 정하면, 이는 나라의 힘을 쇠약하게 합니다. 또 왕이 신하와 백성들의 충성심과 성실함과 능력을 잘 살펴 적재적소에 사람을 쓰되 그에 맞는 녹을 주지 않으면, 이는 나라의 힘을 쇠약하게 합니다. 또 왕이 방일하여 나라의 일을 소홀히 하면 나라의 힘을 쇠약하게 하며, 국고(國庫)를 지키지 아니하면 나라의 힘을 쇠약하게 하며, 선법을 닦지 아니하고 악법을 행하면 나라의 힘을 쇠약하게 합니다."
 우전왕과 다른 네 나라의 왕들도 부처님의 말씀을 깊이 간직하여 행할 것을 다짐하고 돌아 갔다. 이 때, 우전왕은 부처님께 코삼미국으로 오시어 머물러 주실 것을 청하였다. 부처님께서는 이를 허락하시고 코삼미국으로 가시었다.
 코삼미국에 머무르시는 동안, 우전왕은 매일같이 부처님과 그 제자들에게 공양하며 부처님의 설법을 들으며 기쁨에 찬 나날을 보내고 있었다. 그러던 어느 날, 부처님께서는 33천(天)에 계시는 어머니 마야 부인에게 설법하기 위하여 잠시 코삼미국을 떠나시었다. 곧 돌아오시리라 생각했던 부처님께서 돌아오시지 않자, 우전왕은 근심이 되어 병을 얻었다. 여러 가지로 치료를 하였으나 우전왕의 병은 낫지 않았다. 신하들은 왕의 병을 낫게 하는 방법을 상의한 끝에, 왕의 병은 부처님을 뵙지 못해서 난 병이므로 불상을 조성해서 옆에 모시고 뵙도록 하면, 왕의 병이 나을지도 모른다고 생각하였다. 신하들은 왕의 허락을 받아 우두산(牛頭山)에서 나는 가장 훌륭한 전단향(旃檀香)의 나무로 높이 다섯 자의 불상을 조성하였다. 완성된 불상을 보자 우전왕의 병은 곧 씻은 듯이 나았다. 이렇게 해서 최초의 불상이 조성되었다.

한편, 파사익 왕은 우전왕의 이야기를 전해 듣고 붉은 황금으로 높이 다섯 자의 불상을 조성하였다. 이것이 두번째 불상의 탄생이었다.

3. 덕호(德護) 장자와 외도들의 모의(謀議)

다섯 나라의 왕들이 부처님을 찾아간 일이 있은 지 오래지 않아서였다. 그 때, 부처님께서는 왕사성의 죽림정사(竹林精舍)에 계시었다. 다섯 나라의 왕들이 부처님을 찾아간 일로 해서 충격을 받은 외도들은, 여섯 사람의 대표적인 스승을 중심으로 모여서 회의를 가졌다.

그들은 말하였다.

"고타마 사문이 나타나기 전에는 이 세계의 사람들 모두가 우리의 법을 믿고 복종했으며, 우리가 하고자 하는 대로 따랐다. 그러나 고타마가 나타나자 사람들은 우리의 법을 버리었고, 우리에게는 의복과 와구(臥具)와 약(藥)을 주려고도 하지 않으며, 존경하지도 않고 찬탄하지도 않는다. 우리들은 이제 어떤 대책을 강구하지 않으면 안 된다."

아마도 이 모임은 부처님을 해치기 위하여 기성 교단이 회동(會同)한 첫 모임이자 마지막 모임이었으며 가장 큰 회합이었다.

기성 종교의 여섯 사람의 지도자인 부루나 카샤파와, 말가리 코오살라와, 산쟈야 비라지자와, 아지타 게사캄파라와, 가라쿠타 카트야야나와, 니건타 야제사와, 그리고 나형외도(裸形外道)들까지 회동한 이 모임은, 많은 논란을 거쳐 왕사성에 사는 덕호(德護) 장자의 협력을 구하기로 뜻을 모았다.

"고타마 사문이 복덕과 지혜를 갖추어, 이 나라의 모든 사람을 다 귀화(歸化)시켰다고는 하지만, 저 덕호 장자 한 사람만은 아직 귀화시키지 못하였다. 왕사성에서는 덕호 장자만이 고타마를 믿지 않고, 아직도 우리의 법을 믿고 우리에게 공양을 한다. 그에게 우리의 계획을 이야기하고 도움을 청하자. 그는 우리에 대한 믿음이 강하므로 반드시 받아줄 것이다."

그들은 덕호 장자를 찾아가 그들의 뜻과 계획을 말하였다. 덕호 장자는 그들의 뜻과 계획을 크게 찬동하였다. 계획이란 이런 것이었다. 덕호 장자로 하여금 부처님을 공양에 초대하도록 한다. 공양에 초대 받은 부처님이 덕호 장자의 집에 이르면, 지나는 문마다 불구덩이를 만들어 거기 떨어져 타 죽게 한다. 그 계획이 빗나가면 음식에 독을 타서 먹인다. 대강 이런 것이었다. 그리고 그들은 서로 말하였다.

"만약 고타마가 일체지(一切智)를 가졌다면, 공양의 초대를 반드시 받지 않을 것이다. 그러나 일체지를 갖지 않았다면, 그는 공양의 초대를 받을 것이며, 그렇게 되면 그는 끝장이 날 것이다. 사람들은 일체지를 가졌다고 스스로 말하는 고타마에게 속았다고 할 것이며, 우리들의 잃었던 신뢰와 존경은 되돌아 올 것이다."

장자는 곧 계획에 착수하였다. 장자는 준비가 되자 죽림정사로 부처님을 찾아가 공양에 초대를 하였다. 부처님께서는 덕호 장자에게 교화받을 때가 온 것을 아시고 쾌히 승락을 하시었다. 장자는 돌아오는 길에 이 일을 말했다. 외도들은 일이 이미 이루어진 것처럼 기뻐하였다. 장자는 말하였다.

"사문 고타마가 나의 청을 받아들였으니, 그가 일체지가 아닌 것을 알게 되었다."

장자에게는 월광(月光)이라고 하는 아들이 있었다. 월광은 이미 부처님께 귀의하여 믿음이 두터웠으며, 그의 어머니 월운(月雲)도 부처님께 귀의하여 믿음이 두터웠다. 아들과 어머니는 장자의 하는 일을 근심하며 장자에게 타일렀다. 월광은 '부처님에게는 커다란 공덕이 있으며, 티끌 같은 작은 힘으로 수미산을 움직이고자 하는 어리석은 일'은 하지 않는 것이 좋다고 타일렀다. 그러나 장자는 듣지 않고, 이미 파 놓은 구덩이에 불을 지피고, 음식을 만들도록 하였다. 그리고 아들에게 말하였다.

"사문 고타마가 부처님이라면 모든 것을 아는 지혜를 가졌을 터인데, 어찌하여 내가 그를 해치고자 하는 것을 모르고 초대를 승락하였겠느냐? 오히려 너희가 속고 있는 것이다."

월광은 말하였다.

"만약 아버지께서 믿지 못하시겠다면, 부처님께서 온갖 신통과 변화를 나투실 것이니, 내일이면 자연 아실 것입니다."

이튿날, 장자는 하인을 부처님께 보내어 공양 준비가 된 것을 알렸다. 부처님께서는 비구들과 함께 장자의 집에 이르시었다. 장자의 집에 이르는 동안, 하늘은 온갖 꽃과 향을 뿌려 길을 장엄하였으며, 음악을 울려 부처님의 공덕을 찬탄하였다. 그리고 부처님께서 장자의 문 앞에 이르러 장자의 마중을 받으실 때, 하

늘에서는,

"청정하신 부처님께서는 이미 모든 독을 여의시었고, 모든 불구덩이를 없애시었다. 장자의 집안은 맑고 깨끗하여 예전과 다름이 없다. 모두가 법왕(法王)의 위신력 때문이니라."하는 큰 소리가 들렸다. 덕호 장자는 그 소리에 놀라, 한동안 정신을 잃었다. 제 정신을 되찾은 장자는 부처님 앞에 무릎을 꿇고 참회하며 용서를 빌었다. 그리고 백 천 만금의 값이 되는 옷을 부처님께 입혀 드리고 사뢰었다.

"세존이시여, 저는 본래가 어리석고 못났기 때문에, 육사외도(六師外道)의 가르침을 받아 부처님을 해치고자 하였습니다. 이제 지극한 마음으로 참회하고, 다시는 죄를 짓지 않겠으니, 부처님께서는 저를 구원하여 주십시오."

부처님께서는 덕호 장자에게 삼귀계를 설하시었으며, 덕호 장자의 모든 집안 사람들은, 비복에 이르기까지 부처님께 귀의하였다.

이같은 육사외도들의 모의가 깨어진 뒤에도, 부처님과 비구들에 대한 모함은 끊이지 않았다. 그러나 전과 같이 심하지는 않았다. 비구들이 당한 괴로움 중에는 라후라가 받은 모욕을 그 예로 들 수 있다.

4. 라후라(羅睺羅)의 인욕

부처님께서 기원정사에 계실 때였다.

어느 날, 사리불과 라후라는 함께 성에 들어가 걸식을 하고 있었다. 이를 본 어떤 외도 신도는 라후라를 골려 줄 생각을 하였다. 평소 부처님께서는 인욕을 가르치므로, 부처님의 아들 라후라와 부처님의 제자 가운데 가장 뛰어난 사리불이 얼마나 부처님의 가르침을 실천하는가 시험하고 싶었던 것이다.

그는 사리불의 바루를 빼앗아 모래와 자갈을 잔뜩 넣어, 그것으로 라후라의 얼굴을 때렸다. 라후라의 얼굴에서는 금방 피가 흐르고, 모래와 흙이 엉켜 볼 수가 없었다. 이 때, 사리불은 라후라에게 말하였다.

"부처님의 제자가 되었으니, 삼가해서 독을 품지 말도록 해야 하며, 자비한 마음으로 중생을 가엾이 여겨야 한다. 세존께서 늘 이르시기를 "참는 것은 가장 유쾌한 일이다. 오직 지혜로운 사람만이 부처님의 계율을 듣고 범하지 않는다"고 하셨다. 우리는 스스로 마음을 다잡아 인욕하는 것으로 보배를 삼자. 방자한 마음으로 악을 행하는 것은 자신을 불에 던지는 것과 같다. 교만은 재앙을 불러온다. 인욕은 가장 큰 힘인 것이다."

라후라는 피가 흐르는 얼굴을 물에 씻으면서, 혼자서 말하였다.

"나의 아픔은 잠깐이지만, 그의 오랜 괴로움은 어찌 될 것인가. 나는 성내지는 않으나, 그의 일을 생각하면 슬프구나. 부처님께서는 '사문은 인욕으로 덕을 삼아야 한다'고 가르치셨다. 이 사람의 포악함을 내 어찌 미워하랴. 부처님의 가르침을 일러주어 그의 어리석음을 깨우치고자 하나, 그는 시체와 같아 느낌이 없으니 어찌 가르치랴."

폭한은 사리불과 라후라가 성내지 않고, 오히려 그를 가엾이 여기는 것을 보고, 사리불과 라후라를 한껏 비웃고는 떠나 갔다. 사리불과 라후라는 돌아와 이 일을 부처님께 사뢰었다. 부처님께서는 말씀하시었다.

"악을 행하면 마음이 편치 못하며 늘 두려움을 느낀다. 그러나 인욕하면 마음의 평화를 얻는다. 참고 자비를 행하면 근심이 없어진다. 세상의 모든 것은 믿을 것이 못되지만 인욕만은 믿어도 좋으니라. 인욕은 튼튼한 큰 배와 같아서 난관을 극복하여 건너게 한다. 오늘 내가 부처가 된 것도 인욕의 힘 때문이니라."

라후라는 출가 초기, 어렸을 때에 가졌던 교만한 생각을 버리고 인욕(忍辱) 정진하여, 부처님의 제자 중에서 밀행(密行) 제일이 되었다.

5. 석가족(釋迦族)의 멸망

부처님께서 기원정사에 계실 때였다. 파사익 왕은 말리 부인과 함께 기원정사를 찾아갔다. 파사익 왕은 평소와 같이, 기원정사의 문 앞에서 수레를 내렸다. 칼은 풀어서 호위하는 군사에게 맡기고 안으로 들어가, 부처님을 뵙고 설법을 듣고 있었다. 그 때, 비유리(毘流離) 태자는 기원정사의 밖에서 기다리고 있는 왕의 호위병과 근신(近臣)들을 모두 죽이고 왕위를 찬탈하였다. 왕과 왕비가 밖에 나왔을 때는 참혹한 주검이 널려 있을 뿐이었다. 간신히 살아남은 전의(典醫)가 사건의 전말을 알려 주었다.

파사익 왕과 말리 부인은 카필라 성을 향하여 망명의 길을 떠났다. 7일 낮과 밤을 걸어 카필라 성 밖의 도살이라고 하는 마을에 도착하였다. 이미 날이 어두워 카필라 성의 성문은 닫혀 있었다. 지칠 대로 지친 왕과 왕비는 물가에 가서 나물을 씻는 사람으로부터 무우를 얻어 굶주린 배를 겨우 채웠다. 그러나 왕은 갑자기 복통이 나서 죽었다. 파사익 왕의 죽음을 통고 받은 석가족은 파사익 왕의 죽음을 애통해하며 장사를 치루었다.

부왕의 죽음을 전해 들은 비유리 왕은 이 때야말로, 옛날 석가족으로부터 받은 모욕을 보복할 때라고 생각하였다. 비유리 왕은 그가 어렸을 때, 카필라 성에서 궁술(弓術)을 익힐 때 받은 수모를 잊지 않고 있었던 것이다. 비유리왕은 대군을 몰아 카필라 성을 향하여 진격하였다.

이것을 아신 부처님께서 비유리 왕의 군대가 지나는 길가, 마른 나무 밑에 앉아서 비유리 왕의 군대가 오기를 기다리고 계시었다. 비유리 왕은 부처님의 모습을 보고, 곧 수레에서 내려 부처님께 절을 하고 여쭈었다.

"세존이시여, 잎이 무성한 나무를 버려 두고 어찌하여 가시가 많은 마른 나무 아래, 뙤약볕 속에 앉아 계십니까?"

부처님께서 대답하시었다.

"잎이 무성한 나무는, 지금은 비록 그늘이 있지만, 그 무성한 잎인들 얼마나 오래 가겠소. 내가 가시 나무 아래 앉아 있어도 편안한 것은, 나의 석가족을 불쌍히 여기기 때문이오."

비유리 왕은 생각하였다.

'옛부터 전하는 비결에 따르면, 한창 전쟁을 하다가도 사문을 만나면 군사를 거두어 돌아가라 했는데, 지금 부처님을 만났으

니 어찌 나아갈 수 있겠는가.'

비유리 왕은 군대를 되돌려 사위성으로 돌아갔다. 그러나 며칠 뒤에 다시 대군을 몰아 카필라 성으로 진격하였다. 이 때도 부처님께서는 마른 나무 아래 앉아 계시었다. 마른 나무 아래 앉아 계시는 부처님을 본 비유리 왕은 군대를 거두어 돌아갔다. 세번째도 그랬다.

세번째 마른 나무 아래에서 돌아오신 부처님의 얼굴과 몸에서는 광채가 사라지고 옷의 빛깔이 변하였다. 이를 본 아난다는 걱정이 되어 부처님께 여쭈었다.

"세존을 모신 지 여러 해가 되지만, 지금과 같은 변화는 일찍이 보지 못했습니다."

부처님께서 말씀하시었다.

"지금부터 7일 뒤에 석가족이 멸망할 것이기 때문이다."

이 때, 목건련과 아난다 등이 석가족을 구해 주도록 부처님께 간청하였으나, 부처님께서는 숙세의 죄업은 부처도 어쩔수 없다고 하시었다. 부처님께서 앉아 계셨던 가시 많은 마른 나무는 석가족을 비유한 것이다. 잎이 무성한 나무 그늘을 두고 가시 많은 마른 나무 아래 앉아도 마음이 편한 것은, 그래도 친족(親族)의 그늘이 시원하다는 뜻이다. 또 가시 많은 마른 나무 아래 앉아 뙤약볕을 쬐고 있는 것은, 석가족의 수난을 함께 받는 것이다.

비유리 왕이 네번째 군사를 일으켰을 때, 부처님께서는 나가지 않으셨다. 비유리 왕은 카필라 성을 공격하였다. 석가족은 본래가 긍지가 높고 교만한 만큼 전쟁에도 용감하였다. 비유리 왕이 어려서 궁술을 배울 정도로 석가족은 활을 잘 쏘았다. 석가족의 화살 앞에 사위국의 군대는 일시 후퇴를 하였다. 그러나 다음 날, 비유리 왕은 카필라 성을 포위하고 공격을 하였다. 그리고 성문을 열고 항복할 것을 요구하였다. 석가족은 갑론을박 끝에 성문을 열고 투항을 하였다. 그러나, 비유리 왕은 항복을 하면 살려 주겠다고 한 약속을 버리고, 무수한 석가족을 남녀노소 구별하지 않고 마구 살륙하기 시작하였다. 그 죽이는 방법은 참혹하기 짝이 없었다. 석가족의 왕 마하남은 보다 못하여 비유리 왕의 앞에 나아가 제의를 하였다.

"나는 마하남 왕이오. 내가 저 못의 물 속에 들어가 잠겼다 나오는 동안만이라도 석가족을 놓아 주시오."

비유리 왕은 그가 물 속에 얼마나 오래 잠겨 있겠는가 싶어 승락하였다. 마하남 왕이 물 속에 들어가 잠기자, 살아남은 석가족은 풀려나 뿔뿔이 달아났다. 곧 나오리라고 믿었던 비유리 왕은 마하남 왕이 물 속에서 나오지 않자, 병사를 시켜 물 속을 살펴보도록 하였다. 마하남 왕은 머리를 풀어 나무 뿌리에 묶고 나무를 꼭 껴안은 채 죽어 있었다. 보고를 받은 비유리 왕의 가슴에 한 가닥의 뉘우침이 움텄다.

"백성을 위하여 저와 같은 죽음을 택하는데, 나는 작은 분을 참지 못하고 수 많은 살륙을 하였구나. 어찌 더 싸워야 되겠는가."

비유리 왕은 마하남 왕의 시체를 거두어 장사를 지내고, 카필라 국의 왕을 새로 세운 다음 사위국으로 돌아갔다.

부처님과 제자들이 카필라 성에 이르러 보니, 그 참혹함이란 눈 뜨고는 볼 수 없을 정도였다. 부처님께서는 이 참상을 보고 비구들에게 말씀하시었다.

"저 비유리 왕이 지은 죄는 바로 현세에서 과보를 받을 것이다. 7일 뒤에 지옥의 불이 솟아나 태워 죽일 것이다."

부처님의 말씀을 전해 들은 비유리 왕은, 태사(太史)에게 점을 쳐서 알아 보도록 하였다. 태사의 점괘도 부처님의 말씀과 같았다. 왕은 겁이 나서 배를 타고 강으로 나갔다. 그러나 7일이 된 날, 강 복판에서 불이 솟아올라 왕은 배와 함께 타 죽었다.

6. 데바닷타(提婆達多)

데바닷타는 부처님의 종제(從弟)로 어려서부터 싯다르타 태자를 적대시(敵對視)하였다. 그는 어떤 일에건 싯다르타 태자를 능가하기 위하여 안간힘을 썼다. 무술 시합에서도 태자를 이기고자 하였으나 지고 말았다. 이 무술 시합에서 1위는 싯다르타 태자, 2위는 아난다, 3위가 데바닷타였다. 데바닷타는 이 때부터 싯다르타 태자를 해치고자 하였다. 어떤 경에 의하면, 그 무술 시합은 야쇼다라의 결혼 상대를 결정하는 경기였다고도 한다. 이에 따르면 데바닷타는 사랑의 고배를 마신 셈이다. 경기에 우승한 싯다르타 태자에게 베사리 성의 릿쟈비 족(離車族)이 선물로 보내온 코끼리를 죽일 만큼, 데바닷타는 어려서부터 자만심이 강하고 샘이 많으며 질투심이 강하였다. 데바닷타는 아니룻다 등과 함께 출가하였으나 아난다와 함께 출가를 허락받지 못하여, 가뜩이나 긍지가 강한 그의 자존심은 크게 상하였다.

당시 인도 종교계의 현상은 종교 지도자가 행하는 기적 내지는 신통력에 따라 평가를 받고 있었다. 때문에 데바닷타는 늘 신통력을 얻고 싶어했다.

부처님으로부터 출가를 허락받지 못한 데바닷타와 아난다는 함께 설산(雪山)에 있는 반야필타 승가를 찾아가 그곳에서 한동안 머물렀다. 얼마동안 그곳에 머무른 데바닷타와 아난다는 반야필타 승가의 허락을 받고 부처님에게로 돌아올 수 있었다.

부처님에게로 돌아온 데바닷타는 12년 동안은 열심히 정진을 하였다. 그러나 수행에 별다른 진전이 없었다. 그는 부처님이 자기를 싫어하기 때문에 남과 같은 지도를 해주지 않는다고 생각하였다. 그러한 생각은 부처님이 자기를 시기하여 자기의 수행을 남모르게 방해한다는 생각으로 번졌다. 부처님이 방해하면 어차피 도는 이룰 수 없다고 생각하였다. 그는 차츰 나태해졌으며, 나태할수록 부처님과 같은 존경을 자기도 한몸에 받고 싶은 욕망에 사로잡혔다. 부처가 되고 싶었다. 그는 자신의 욕망과 이익을 위하여 신통력을 가져야겠다고 생각하였다.

그 무렵, 부처님께서는 죽림정사에 계시었다. 혹심한 가뭄으로 식량 사정이 극도로 나빴다. 비구들은 걸식을 할 수가 없었고, 백성들은 굶어 죽는 자가 속출하였다. 그 때, 비구들 가운데 신통력을 가진 비구가 있었다. 그는 허공을 날아가 숲 속에서 과일을 찾아 내어, 따 와서는 굶주린 비구들을 먹였다. 이것을 본 데바닷타는 부처님에게 신통력을 가르쳐 달라고 청하였다. 그도 신통력을 가진 저 비구와 같이 먹을 것을 찾아내어 대중에게 공양하겠다는 것이었다. 그러나 부처님께서는 데바닷타의 숨은 뜻을 알기 때문에 허락하시지 않았다. 데바닷타는 교진여 등 5백의 상좌(上座) 비구들에게 차례로 간청을 하였으나 뜻을 이루지 못하였다. 그는 드디어 십력 가섭(十力 迦葉)에게 사사(師事)받아 신통력을 얻게 되었다.

　신통력을 얻은 데바닷타는 아쟈세(阿闍世) 태자의 궁에 들어가 신통을 나투어 아쟈세 태자의 존경을 받고, 그로부터 매일같이 공양을 받았다. 그 때 비구들은 데바닷타의 이같은 사실을 부처님께 여쭈었다. 부처님께서는 "마치 파초가 열매를 맺으면 말라 죽는 것과 같이, 데바닷타도 이익을 추구하여 얻으면 그 신통력을 잃는다"고 설하시었다.

　데바닷타는 아쟈세 태자와 가까이 지내면서, 태자가 부왕으로부터 하루 속히 왕위를 계승하고 싶어 하는 것을 알았다. 데바닷타는 아쟈세 태자의 그러한 생각에 여러가지로 부채질을 하였다. 두 사람은 의기(意氣)가 투합하였다. 이쟈세 태자의 두터운 신임을 얻게 된 데바닷타는, 크게 힘을 얻었다고 자부하게 되었다. 그는 부처님으로부터 교단을 빼앗으리라 생각하였다. 이같은 생각을 했을 때, 그는 이미 신통력을 잃고 있었으나, 데바닷타 자신은 그것을 깨닫지 못하였다. 그는 부처님에게 가서 공손하게 말하였다.

　"세존이시여, 당신은 이미 늙었고 기력은 쇠약합니다. 교단을 이끌어 가기에 힘이 들 것입니다. 앞으로는 당신을 대신해서 제가 설법을 하고 교단을 이끌어 가겠습니다. 저에게 교단을 맡겨 주십시오."

　부처님께서 말씀하시었다.

　"데바닷타, 나의 제자 가운데 사리불이나 목건련과 같이 총명하고 나한과(羅漢果)를 얻은 사람이 많아도, 그들에게 교단을 맡기지 않고 있다. 하물며 너와 같이 지혜가 없는 어리석은 자에게 맡기겠느냐."

 이 때, 데바닷타는 부처님을 해칠 것을 결심하였다.

 이 때, 부처님께서는 아난다에게 비구를 모으게 하여, 세간에 다섯 가지 스승이 있는 것을 가르치셨다.

 한편, 데바닷타는 그와 함께 출가한 도반(道伴)인 고카리카와 건닷타와 가타모라카와 삼마다라닷타 등과 함께 교단을 파괴하고자 하였다. 이것을 안 부처님과 상좌 비구들이 여러 가지로 그들의 잘못을 지적하고 충고하였으나 그들 다섯 사람은 듣지 않았다. 오히려 데바닷타는 대중을 향하여 자기가 세운 다섯 가지 법을 말하고, 그를 지지하는 사람은 자기를 따르라고 하였다. 그 다섯 가지 법은 다음과 같다.

 첫째, 유락(乳酪)을 먹지 않는다. 그것은 새끼 소를 굶게 하기 때문에 죄가 된다.

 둘째, 물고기와 짐승의 살코기를 먹지 않는다. 그것은 중생의 목숨을 끊기 때문에 죄가 된다.

 셋째, 걸식만을 한다. 공양의 초대를 받아 신도의 집에 가서 식사를 하면 죄가 된다.

 넷째, 옷은 분소의만을 입는다. 재가신도로부터 옷을 얻어 입는 것은 죄가 된다.

 다섯째, 나무 밑에서만 산다. 지붕 밑에서 거처하면 죄가 된다.

 이같은 다섯 가지 법은 율장(律藏)에 따라서는 기록의 차이가 있다. 그러나 어느 쪽이든 계목(戒目)을 한층 더 엄격하게 규정하고 있는 것은 공통되어 있다. 데바닷타는 보다 엄격한 계율을 주장하므로 해서 자신은 부처님보다 우수하다는 것을 보이고 싶었던 것이다. 따라서 대중의 지지를 얻자는 데 목적이 있었다. 다섯 가지 법을 주장한 데바닷타는 산대(籌)를 들고 대중을 향하여 말하였다.

"이 다섯 가지가 법이며 계율이니, 부처님의 가르침이라고 인정하는 장로는 이 산대를 잡으시오."

이 때, 그 자리에 있던 60 명의 장로는 아무도 호응하지를 않았다. 다만 신참(新參)의 어리석은 비구 5백 인이 그 산대를 잡았다. 데바닷타는 "우리에게 고오타마와 그 대중은 필요없소. 우리끼리 갈마(羯磨)를 하고 계를 설하겠소"한 다음, 고카리카 등 네 사람의 비구와 함께 5백 인의 신참 비구를 데리고 가야산으로 갔다. 이 때, 아쟈세 태자는 수레 5백 대에 좁쌀(粟)을 실어다 주었다.

데바닷타가 5백의 신참 비구를 거느리고 떠나려 할 때였다. 비구들은 데바닷타에게 '신통을 전해 준 십력 가섭을 공양하라'고 하였다. 그러나 데바닷타는 '나는 밤낮으로 고행 정진하여 신통력을 얻었다'고 말하고, 십력 가섭과는 아무런 관계가 없다고 말하였다. 은혜를 모르는 데바닷타의 이 말은 그에게 남아 있던 작은 신통력 마저 없애는 결과를 가져왔다. 그러나 그 자신은 조금도 그것을 깨닫지 못하고 있었다. 가야산에 들어간 데바닷타는 마치 부처님의 흉내를 내며 지냈다. 아쟈세 태자의 힘을 입은 데바닷타의 교단은 왕사성 주변에 상당한 교세를 갖기에 이르렀다.

데바닷타는 아쟈세 태자에게 부왕을 죽이고 왕위에 오를 것을 권하였다. 그 자신은 아쟈세 태자가 왕위에 오르면, 그 세력을 힘입어 교법의 왕이 되고자 하였다. 드디어 아쟈세 태자는 아버지 빔비사라 왕을 유폐시키고 왕위에 올랐다. 데바닷타는 부처님을 살해하기 위하여 5백 인으로 하여금 돌을 던지게 하였으나 이루지 못하였다. 그는 또, 가야산의 산정에서 부처님 머리를 겨냥하고 바위를 굴렸다. 그러나 파편이 부처님의 발에 상처를 냈을 뿐 뜻을 이루지 못하였다.

부왕을 죽이고 왕위를 찬탈한 사실은 늘 아쟈세 왕을 괴롭혔다. 특히 오역죄(五逆罪)를 지은 사람은 무간지옥(無間地獄)에 떨어진다는 부처님의 말씀이 자꾸만 마음에 걸렸다. 또 아버지 빔비사라 왕이 부처님을 독실하게 믿었던 사실도 마음에 걸렸다. 그에게는 부처님이 매우 불편한 존재였다. 왕사성을 떠났으면 좋겠는데, 떠나지 않으니 걱정은 더 했다. 때문에 아쟈세 왕은 데바닷타를 만나면 물었다.

"존자 데바닷타여, 당신은 오역죄를 지으면 지옥에 떨어진다고 했는데, 나는 직접 아버지를 죽였습니다. 나도 지옥에 떨어지겠습니까?"

데바닷타는 왕에게 말하였다.

"대왕은 두려워 하지 마시오. 무슨 재앙이 있으며, 무슨 허물이 있습니까? 누가 재앙을 만들었기에 그 갚음을 받습니까. 대왕께서는 악한 반역을 하지 않았으니, 걱정할 일이 아닙니다."

데바닷타의 이같은 말이 왕의 마음을 편안하게 해 주지는 못하였다. 때 마침, 데바닷타가 부처님을 살해할 계획을 꾸몄다. 그는 데바닷타의 계교에 찬성하였다.

아쟈세 왕에게는 아주 사납고 큰 코끼리 호재(護財)가 있었다. 데바닷타의 계획은 이 호재에게 술을 먹여 걸식하는 부처님을 습격하도록 하는 것이었다. 아쟈세 왕은 자기의 손을 빌지 않고 마음에 부담만 주는 귀찮은 존재가 없어진다 생각하고 좋아하였다. 왕과 데바닷타는 서로 말하였다.
"사문 고타마가 참으로 부처님이어서 일체지(一切智)라면, 내일은 왕사성으로 걸식을 나오지 않을 것이다. 만약 그가 와서 코끼리에게 밟혀 죽는다 해도 그것은 우리의 잘못이 아니다. 사람들은 일체지라고 믿었던 고타마에게 속았다고 할 것이다."
다음 날 아침, 부처님께서는 여느 때와 다름 없이 가사를 입고 바루를 들고, 왕사성에 들어와 걸식을 하시었다. 그 때, 데바닷타는 그 사나운 코끼리에게 술을 먹여 부처님이 오시는 길목에 풀어 놓았다. 코끼리는 부처님을 향하여 돌진하였다. 비구들은 무섭게 돌진해 오는 사나운 코끼리를 보고 부처님에게 피하시도록 권하였다. 그러나 부처님께서는 태연하게 앞으로 나아가시었다. 사납게 돌진해 오던 코끼리는 부처님 앞에 이르자, 갑자기 유순해져 부처님 발 아래 엎드렸다. 그리고 부처님의 뒤를 따라가는 것이 아닌가. 코끼리를 풀어놓고, 높은 다락에 올라 이 광경을 지켜보고 있던 아쟈세 왕과 데바닷타는 놀랐다. 아쟈세 왕은 갑자기 두려움을 느꼈다. 그는 코끼리가 성 밖으로 나가서는 안 된다고 생각하였다. 부처님께서 성문을 나가시자, 곧 성문을 닫도록 하였다. 코끼리는 성문에 막혀 부처님을 따라 갈 수 없게 되자, 스스로 앞발을 들어 코를 밟아 질식하여 죽고 말았다.
그 뒤에 사리불과 목건련은 가야산으로 가서 5백 인의 비구를 회개시켜 데리고 돌아왔다. 이 때의 정경은 매우 흥미가 있다. 수많은 대중에게 둘러싸여 데바닷타가 설법을 하고 있는 곳에 사리불과 목건련이 찾아갔다. 데바닷타는 사리불과 목건련에게 이렇게 말하였다.

"잘 오셨소. 전에는 나의 법을 인정하지 않더니 이제야 승복하게 되었구려. 늦었지만 지금도 괜찮소. 나는 등이 아파서 좀 쉬어야겠소. 그대들이 나를 대신해서 대중에게 설법을 해주오."

그는 부처님을 흉내내어 가사를 네 겹으로 접어서 깔고, 부처님처럼 오른쪽 옆구리를 땅에 대고 눕는다는 것이, 그만 왼쪽 옆구리를 땅에 대고 누웠다. 그는 마치 들여우처럼 등을 구부리고 코를 골며 잠들었다. 이 때, 사리불과 목건련은 5백 명의 비구들에게 여러 가지로 설법하여 그들을 데리고 돌아왔다. 지혜가 제일인 사리불과 신통이 제일인 목건련에게 설법을 맡긴 데바닷타의 어리석음은 자만심에서 나온 것이다. 그는 자만심 때문에 그의 교단이 무너질 위기에 처한 것도 몰랐다.

5백 인의 비구가 떠난 뒤에, 데바닷타는 전혀 제 정신이 아니었던 모양이다.

코끼리 사건이 있은 뒤로, 아쟈세 왕은 크게 뉘우쳐 부처님께 참회하였다. 아쟈세 왕은 매일같이 부처님을 찾아 뵙거나 공양에 초대하였으며, 매일같이 부처님과 부처님의 제자들로부터 설법을 듣고 있었다. 때문에 데바닷타의 왕궁 출입이 금해졌다. 어느 날, 궁으로 아쟈세 왕을 찾아 갔다가 궁중에 들어 가지도 못하고 돌아오던 데바닷타는 길에서 연화색(蓮華色) 비구니를 만났다. 연화색 비구니는 데바닷타에게 부처님을 해치는 것은 옳은 일이 아니라고 꾸중을 하였다. 이 말을 들은 데바닷타는 화가 머리 끝까지 올라 연화색 비구니를 주먹으로 때려 죽였다.

연화색 비구니를 때려 죽인 데바닷타는 치미는 분노와 시기심을 억누를 길이 없어, 스스로 열 손가락에 독을 바르고 부처님을 찾아 갔다. 데바닷타는 부처님에게 다가 가 부처님의 발등을 손톱으로 긁었다. 그러나 부처님의 발등은 마치 바위와 같이 굳었다. 도리어 그의 손톱이 찢기어 자신의 살을 찔렀으므로, 그는 그 자리에서 죽었다. 어떤 경전에는 데바닷타가 땅 속으로 빨려들어 산 채로 지옥에 떨어졌다고 한다.

데바닷타가 승단의 화합을 깨뜨린 것과 부처님 몸에 피를 낸 것과 미친 코끼리를 풀어 놓은 것과 연화색 비구니를 죽인 것과 열 손가락에 독을 바른 것 등, 이 다섯 가지 일을 5역(逆)이라고 한다.

데바닷타에 관한 경전의 이야기 중에는, 그가 전혀 악인(惡人)이 아닌 경우도 있다. 앞에서도 잠깐 이야기 하였듯이, 지옥에 떨어진 데바닷타의 이야기에는 지옥 중생을 제도하기 위한 원대한 보살의 대원이 있다. 이같이 전혀 다른 면의 데바닷타에 대해서는 다음의 아쟈세 왕을 이야기하는 장에서 다시 이야기 하기로 한다.

7. 아쟈세 왕(阿闍世王)

왕사성의 빔비사라 왕은 늙도록 아들이 없었다. 아들이 없어 항상 근심에 싸여 있었다. 어느 날 왕을 찾아 온 어느 관상쟁이가 "지금 살아 있는 한 선인이 죽으면, 반드시 왕의 태자로 태어날 것이다"라고 말하였다. 그 말을 들은 왕은 선인이 죽기를 기다릴 수 없었다. 왕은 사람을 시켜서 남모르게 선인을 죽였다. 과연, 선인이 죽은 지 오래지 않아서 왕비는 아이를 잉태하였으며, 달이 차서 아들을 낳았다.

왕은 곧 관상쟁이를 불러와 아이의 상을 보고 점을 치도록 하였다. 관상쟁이는 아이의 상을 보고서, '이 아이는 태어나기 전에 전날의 일로 원한을 품었기 때문에 자란 뒤에는 반드시 아버지를 해칠 것이다'라고 예언하였다. 이 말을 들은 왕은 아이가 두려워 높은 누각에서 떨어뜨려 죽이려 하였다. 높은 누각에서 떨어뜨렸으나, 아이는 손가락 하나만 부러졌을 뿐이었다. 태어나기 전에 '원한을 품었다고'해서 이름을 아쟈타 사투르라고 하였다. 한역(漢譯) 경전에서는 미생원(未生怨)이라고 번역했고, 아쟈세(阿闍世)라고 음역(音譯)하고 있다.

아쟈세 왕자를 죽이려 했던 빔비사라 왕은 왕자를 양육하는 사이에 정이 들어 사랑하게 되었다. 빔비사라 왕이 뒷날 부처님에게 깊이 귀의한 것은, 숙명적인 자신의 죄와 그 죄의식(罪意識)에서 풀려나고 싶은 마음 속 갈등이 크게 작용한 때문이기도 하다.

성장한 아쟈세 왕자는 데바닷타를 존경하고 신뢰하였다. 데바닷타는 아쟈세 왕자가 자기를 신뢰하고 존경하는 것을 이용하여, 아쟈세 왕자로 하여금 부왕을 살해하고 왕위를 찬탈하도록 하였다. 데바닷타 자신은 부처님으로부터 교단을 빼앗아 교법의 왕이 되고자 하였다.

아쟈세 왕자는 왕위를 찬탈하기 위하여 아버지를 유폐시키고 왕위에 올랐다. 왕이 된 아쟈세는 빔비사라 왕이 있는 곳에 아무도 출입하지 못하게 하였고, 일체의 음식을 주지 못하도록 엄명을 내렸다. 어머니 위제희(韋堤希) 부인은 울면서 아들에게 아버지의 구명(救命)을 간청하였으나, 정권에 눈이 어두워진 아쟈세 왕은 듣지 않았다. 아버지를 굶겨 죽일 작정이었다. 위제희 부인은 빔비사라 왕이 가엾어 견딜 수 없었다. 위제희 부인은 생각 끝에 깨끗하게 목욕을 하고 꿀과 밀가루를 섞어 몸에 발랐다. 그리고 빔비사라 왕이 갇혀 있는 곳으로 갔다. 몸에 바른 꿀과 밀가루로 빔비사라 왕은 연명을 하였다.

  빔비사라 왕은 열린 감옥의 창으로 멀리 영축산을 바라보며, 부처님께 예배하며 나날을 보내고 있었다. 아쟈세 왕은 부왕이 죽지 않으므로 그 까닭을 부왕에게 물었다. 빔비사라 왕은 "저 열린 창문으로 부처님을 예배하기 때문에 아직 살아 있다"고 말하였다. 아쟈세 왕은 그 말을 듣고 빔비사라 왕이 일어서지 못하도록 두 발목을 끊어 버렸다. 그리고 창문을 막아버렸다.

  그 무렵, 아쟈세 왕의 아들 기바(耆婆)가 병을 앓고 있었다. 병든 아들을 근심하는 아쟈세 왕에게 위제희 부인은, 아버지 빔비사라 왕도 아쟈세 왕이 병을 앓을 때, 몹시 근심하며 간호했다는 이야기를 하였다. 아버지 빔비사라 왕의 자애로운 부정(父情)을 이야기 들은 아쟈세 왕은 자기의 잘못을 깨달았다. 아쟈세 왕은 곧 신하들을 빔비사라 왕에게 보내어 모셔오도록 하였다. 빔비사라 왕은 가까이 다가오는 사람들의 요란한 발소리를 듣고, 보다 괴로운 고문을 당할까 두려워 기절하여 죽었다. 오래지 않아서 어머니 위제희 부인도 죽었다. 빔비사라 왕이 죽은 때는 부처님께서 열반하시기 8년 전이었다.

  빔비사라 왕의 죽음은 아쟈세 왕의 마음을 늘 괴롭혔다. 그래서 기회 있을 때마다 데바닷타로부터 어떤 위안을 받고 싶었다. 어느 날, 왕은 데바닷타에게 아버지를 죽인 자기도 지옥에 떨어지는가 물었다. 데바닷타는 아쟈세 왕에게 죄가 없으니 근심할 일이 아니라고 하였다. 데바닷타의 말을 들어도 왕의 마음은 편안하지가 않는다. 데바닷타와 왕이 주고 받은 말은 왕사성 안에 퍼졌다. 걸식을 나온 비구들이 이야기를 듣고 부처님께 돌아가 데바닷타의 말이 옳은가 여쭈었다.

그 때, 부처님께서는 다음과 같이 게송을 읊으시었다.

어리석은 이는 말하기를
재앙의 과보가 없다고 하나,
내가 미래를 관찰하건대
받는 과보가 정해졌네.

그리고 말씀하시었다.

"그 마가다 국의 아쟈세 왕은 비록 부왕을 죽이기는 했으나, 오래지 않아 내게 와서 평등한 믿음을 가질 것이며, 목숨이 끝난 뒤에는 지옥에 떨어질 것이다."

이어서 아쟈세 왕의 미래를 자세하게 설하시었다. 이 때, 아쟈세 왕이 오랜 겁(劫)과 무수한 생을 거쳐 끝내 악업(惡業)의 인연이 다하면, 출가하여 무예(無穢)라고 하는 벽지불(辟支佛)이 된다고 예언한 것은 주목할 만하다. 벽지불은 스승이 없이 홀로 수행하여 깨달아, 그 깨달음의 세계에 머물러 즐기는 독각(獨覺)이다. 5역죄(逆罪)를 하나라도 지으면, 아무리 오랜 겁을 수행하여도 부처가 되지 못한다는 사실을 강조한 것이다. 또 이것은 데바닷타의 경우와 비교하면 한층 더 흥미가 있다. 데바닷타에 대해 다음과 같은 이야기가 있다.

선덕 바라문의 물음에 대해 대승밀장(大乘密藏) 보살은 '데바닷타는 악인(惡人)이 아니다. 보살업(菩薩業)이 있다. 만약 악업이 있으면, 여래의 친척이 될 수 없다'하였다. 이 같은 대승밀장 보살의 말에 부처님께서 찬탄하였다고 말하는 경이 있다. 또 법화경(法華經)에서는, 데바닷타가 악인이란 기록은 없다. 뿐만 아니라, 데바닷타는 과거세(過去世)에 법화경을 수지(受持)한 선인(仙人)이었으며, 석가모니 부처님의 전신인 당시의 국왕은 그 선인의 제자였다. 그리고 오늘날 석가모니 부처님께서 '위 없는 등정각(等正覺)을 이루어 중생을 널리 제도하시는 것도 데바닷타의 지도를 받은 덕택이다'고 한다. 보살업도 있고 석가모니 부처님의 성불인연(成佛因緣)에 공헌한 데바닷타가 벽지불이 되지 못하는데 비해 아쟈세 왕이 벽지불이 된 것에는, 같은 5역죄에 드는 죄를 범하였으나, 국왕이나 부모를 해친 죄와 부처를 해친 죄에 차이가 있기 때문이며, 이 설화는 그 차이가 이같이 다름을 보여주기 위해서이다.

　다음날 아침, 아쟈세 왕의 미래세(未來世)에 대한 이야기를 들은 한 비구가 걸식을 하기 위해 왕궁으로 갔다. 비구를 본 아쟈세 왕은 문지기에게 '석씨(釋氏) 비구 가운데 데바닷타 존자 외에는 들이지 말라고 이미 명령하지 않았느냐'고 꾸중을 했다. 문지기는 비구를 문 밖으로 내몰았다. 이 때, 그 비구가 왕을 향하여 '아쟈세 왕은 죽어서 지옥에 떨어질 것이며, 끝내는 벽지불이 될 것이며, 그것은 뿌리가 없는 믿음 때문이다'라고 말하였다. 그리고 부처님께서 들은 아쟈세 왕의 미래를 이야기하였다. 왕은 비구가 돌아간 다음, 부처님에게 왕자 기바를 보내어 비구의 말을 확인하였다. 돌아간 기바는 실제로 부처님께서 그와 같이 말씀하셨다고 알리고, 왕에게 부처님을 찾아가 뵙도록 권하였다. 그러나 왕은 말하였다.

"기바야, 그 사문 고타마는 주술(呪術)이 있어서 능히 사람을 굴복시키며, 외도와 이단자로 하여금 그의 가르침을 받게 한다고 들었다. 때문에 나는 사문 고타마를 만날 자신이 없다. 기바야, 네가 보기에는 사문 고타마가 참으로 일체의 지혜를 가졌더냐? 참으로 일체의 지혜를 가진 것을 안 뒤에 가서 만나도록 하겠다."

아쟈세 왕이 부처님이 참으로 일체의 지혜를 가졌는지 의심하고 있을 무렵, 데바닷타가 사나운 코끼리에게 술을 먹여, 왕사성에 들어와 걸식하는 부처님을 해칠 계획을 세웠다. 왕과 데바닷타는 부처님이 참으로 일체의 지혜를 가지고 있다면, 자기들의 계획을 미리 알고 왕사성에 들어오지 않을 것이므로, 부처님의 지혜를 시험하는 좋은 기회라고 생각하였다. 왕과 데바닷타는 왕사성에 들어와 걸식하는 부처님 앞으로 술 취한 코끼리를 놓아 보냈다. 부처님을 향하여 돌진하던 사나운 코끼리가 부처님 앞에 이르러 갑자기 꿇어 엎드리는 것을 본 왕은 두려움을 느꼈다.

이 때는 파샤익 왕이 아직 살아 있을 때였다. 아쟈세 왕의 어머니이며 빔비사라 왕의 왕비인 위제희 부인은 파샤익 왕의 누이 동생이었다. 파샤익 왕은 위제희 부인을 빔비사라 왕에게 시집 보낼 때 가시국(迦尸國)을 분양해 주었다. 가시국에서 얻어진 세금을 위제희 부인의 목욕 비용에 쓰도록 하기 위해서였다. 이제 위제희 부인이 죽었으므로, 가시국을 돌려 달라고 파샤익 왕은 아쟈세 왕에게 요구하였다. 아쟈세 왕은 파샤익 왕의 요구를 거절하였다. 그래서 두 나라 사이에는 전쟁이 일어났다.

처음의 전투에서 파사익 왕은 패했으나, 두번째 싸움에서는 파사익 왕이 아쟈세 왕을 포로로 붙잡아 부처님에게 데리고 갔다. 파사익 왕은 부처님에게 아쟈세 왕을 놓아주겠다는 뜻을 밝혔다. 부처님께서는 파사익 왕의 뜻을 칭찬하시었다. 이 때, 부처님께서는 아쟈세 왕에게 특별한 말씀을 하지 않으셨다. 다만, 파사익 왕에게 '착하오. 대왕이여, 그를 놓아 보내면 그는 안락함을 얻고, 또 좋은 일을 할 것이오'했을 뿐이었다.

석방되어 왕사성에 돌아온 아쟈세 왕은 '안락함을 얻고 좋은 일을 한다'는 부처님의 말씀이 귀에서 떠나지 않았다. 부왕에 대한 죄책감(罪責感)과 부처님을 해치려 했던 죄책감에 늘 괴로워하고 있던 그에게 이 말은 잘 이해되지 않았다. 따라서 더욱 괴로워하였고, 그러한 왕은 때때로 신하들에게 괴로운 마음을 토로하였다. 그 때, 기바 왕자는 부처님을 찾아가 뵙도록 권하였다. 기바 왕자의 권함을 받은 왕은 대신들과 함께 부처님을 찾아 갔다. 왕은 부처님께 여쭈었다.

"사람들은 무엇 때문에 죄를 짓습니까?"

부처님께서 말씀하시었다.

"나와 남에게 집착하기 때문에 죄를 짓습니다."

"집착과 탐애(貪愛)의 뿌리는 무엇입니까?"

"그것은 무지(無智)입니다."

"무지의 뿌리는 무엇입니까?"

"행동과 생각이 변하는 것입니다."

"그것은 왜 변합니까?"

"본래부터 변하는 것이기 때문입니다."

"왜 본래부터 변합니까?"

"꼭두각시나 허깨비와 같이 아무 것도 없는 것이기 때문에 변합니다."
"누가 변화를 시킵니까?"
"변화를 짓는 주체가 없이 변화합니다."
"그러면 어떻게 헤아립니까?"
"헤아릴 수가 없습니다."
"그렇다면, 의심은 어디서 일어납니까?"
"근거가 없기 때문입니다."
"그것은 무슨 뜻입니까?"
"근거가 없기 때문에, 가령 말을 들으면 의심하게 됩니다."
"도란 무엇이며, 믿음이란 어떤 것입니까?"
"음욕(婬欲)과 어리석음과 분노 등을 벗어나면 그것을 도라 하며, 마음이 변하지 않는 것을 믿음이라고 합니다."
 아쟈세 왕은 새삼스럽게 무릎을 꿇고 부처님께 사뢰었다.
"세존이시여, 장하십니다. 하신 말씀과 같습니다. 사람들이 이 말씀을 믿지 않는 것은 자기 탓입니다. 저는 악한 사람의 말을 듣고 아버지를 죽였습니다. 그것은 나라를 탐하고 재물과 영화(榮華)를 탐하였기 때문입니다. 저는 탐욕 때문에 지은 죄로 인하여 의심을 풀 수가 없었습니다. 이 의심 때문에 무엇을 하거나 편안하지 않고 음식도 소화가 되지 않았습니다. 마음은 항상 두려워 마치 지옥 속에 있는 것과 다름이 없었습니다.
 세존이시여, 지금도 저는 두려워하고 있습니다. 부처님만이 저를 보호할 수 있습니다. 부디 저로 하여금 마음이 열리어 의심을 풀도록 해 주십시오. 그리하여 이 무거운 죄를 가볍게 해 주십시오."

부처님께서는 문수보살을 청하여 공양을 하고 설법을 듣도록 권하였다. 왕은 매일같이 부처님과 그 제자들에게 공양하고 설법을 들었다. 아쟈세 왕이 처음 불문(佛門)에 들어 의심을 풀기 위하여 문답한 부처님의 제자는, 주로 사리불과 문수보살과 대가섭이었다. 특히 문수보살은 왕을 깨닫게 하기 위하여 여러 가지 방편과 신통을 행하였다. 부처님께 귀의한 아쟈세 왕의 믿음은 누구 보다도 컸고 굳었다.

아쟈세 왕의 신앙 생활에 대한 일화는 너무도 많다. 그는 죽림정사에 일 만의 등불을 켜 꺼지지 않게 하였고, 매일같이 훌륭한 꽃을 부처님께 바쳤다. 그런 어느 날의 일이다.

아쟈세 왕은 죽림정사에 만 개의 등불을 켜고 불이 꺼지지 않도록 병사들로 하여금 지키도록 하였다. 병사들은 기름을 갈아 넣으며 지켰으나 아쟈세 왕의 등은 모두 꺼지고 말았다. 이 때, 오직 하나의 등불만이 꺼지지 않고 켜져 있었다. 그 등은 어느 가난한 노모(老母)가 켠 등이었다. 이 노모는 밥을 굶으며, 이 집 저 집에서 얻은 돈 2전(錢)으로 기름 다섯 홉을 사서 등을 켰다. 이 일은 부자의 재물로 인한 성의가 가난한 이의 지극한 정성에 미치지 못함을 아쟈세 왕으로 하여금 깨닫도록 자극을 주었다.

또, 왕의 화원에서 일하는 일꾼은 어느 날, 왕에게 드릴 꽃을 가지고 가다가 부처님을 만나게 되자 드릴 것이 없어 그 꽃을 바쳤다. 화원의 일꾼은 왕명을 어기게 되어 아내와 함께 크게 걱정을 하고 있었다. 이 때, 제석천이 하늘 꽃을 한 바구니 채워 주었다. 그것을 가지고 왕에게 간 화원의 일꾼은 사실대로 이야기를 하고, 죽을 죄를 지었으니 벌을 달게 받겠다고 말하였다. 아쟈세 왕은 자기의 믿음이 목숨을 바치는 이 일꾼만 못함을 느끼고 크게 깨달았다.

이같이 믿음이 날로 증장(增長)해 가는 아쟈세 왕에게 전쟁을 피할 수 없는 중대한 일이 생겼다. 마가다 국의 부근에 밧지 족(跋祗族)이 살고 있었다. 그들은 마가다 국에 예속되어 있었으나 힘을 합하여 반기를 들었다. 아쟈세 왕은 이들을 치기 위하여, 우사(禹舍)라고 하는 대신을 부처님에게 보내어 그 가부를 물었다. 부처님께서는 '밧지 족은 군신(君臣)이 서로 화합하여 조상을 깊이 존경하며 도덕을 숭상하므로 이기기 어렵다'고 말씀하셨다. 아쟈세 왕은 부처님의 말씀을 듣고 화자성(華子城)에 성을 쌓아 밧지 족의 침공에 대비하였다. 이 때, 우사에게 하신 부처님의 말씀은 '나라의 흥망에 관한 일곱 가지 법'으로 다음의 '일곱 가지 법과 3학'의 장에서 상술하기로 한다.

그러나 부처님 말년(末年)에, 아쟈세 왕은 사위성의 비유리 왕이 요절(夭折)하자, 그 나라를 합병하고 부근의 군소국가를 정복하여 국토를 넓히고 중인도의 패권을 쥐었다.

아쟈세 왕은 부처님께서 입멸하셨을 때, 기절하여 쓰러졌다가 마하 가섭의 방편으로 소생하였으며, 부처님의 사리 가운데 8분의 1을 얻어 탑을 세우고 모셨으며, 부처님에게 귀의한 뒤로는 당시 인도의 어떤 제왕보다도 불교사업을 가장 많이 하였다.

제14장 진리의 세계

1. 외도(外道) 안바타와의 대화

부처님께서 코살라 국에 계실 때였다. 부처님이 머물러 계신 곳에서 멀지 않은 곳에 바라문들이 사는 웃타카라는 마을이 있었다. 이 마을은 국왕이 바라문들에게 기증한 땅으로, 숲이 우거지고 농작물이 풍부한 고장이었다.

바라문들은 매우 풍족한 생활을 하고 있었다.

이 곳에는 포카라사티라고 하는 바라문이 많은 제자를 거느리고 있었다. 그 제자 중에 안바타라고 하는 젊은 제자가 있었는데, 그는 총명하여 바라문의 성전을 잘 외었으며, 진언(眞言)을 알고 있었으며, 세 가지 베다(吠陀)에 정통할 뿐만 아니라, 바라문의 의식과 옛부터 전해 오는 전설과 어학(語學)과, 위대한 사람의 몸에 나타난 특징에 대해서도 완전한 지식을 갖추고 있었다. 그는 '내가 아는 것은 스승도 알고, 스승이 아는 것은 나도 안다'고 할 만큼, 포카라사티의 제자 가운데 으뜸이었다.

어느 날, 포카라사티는 안바타에게 말하였다.

"안바타야, 석가족의 사문 고타마가 5백 인의 제자와 함께 코살라 국에 와 있다. 사람들은 그를 가리켜 '석존은 공양을 받음에 합당한 사람이며, 바른 깨달음을 얻은 사람이다'라고 말한다. 안바타야, 너는 사문 고타마를 찾아가서 사문 고타마가 참으로 사람들의 말과 같은가를 알아 보아라. 우리는 사문 고타마에 대해서 알아야 한다."

안바타는 곧 웃타카 마을을 떠나 부처님이 계시는 곳으로 갔다. 안바타는 부처님이 계시는 방 앞에 이르러 기침을 하고, 빗장을 두드려 사람이 온 것을 알렸다. 부처님께서는 손수 문을 열어 젊은 바라문 안바타를 안으로 들게 하였다. 방에 들어온 안바타는 그냥 서 있었다.

부처님께서는 안바타에게 말씀하시었다.

"안바타여, 그대는 스승이나 장로 바라문과 이야기를 할 때, 앉아 있는 나를 대하듯이 서 있거나 걸어다니면서 인사를 하는가?"

안바타가 대답하였다.

"고타마여, 그렇지 않습니다. 바라문은 서로 인사를 할 때 서로가 서서 하거나, 앉아서 하거나, 걸어가면서 합니다. 또 이야기할 때도 같습니다. 그러나 머리를 깎은 사문은 저속(底俗)하며, 악법(惡法)을 배우고 범천(梵天)의 발에서 나온 종족이므로, 그러한 사문과 바라문인 내가 이야기할 때는 같이 앉거나 서서 할 수가 없습니다."

안바타의 '범천의 발에서 나온 종족'이라고 한 말은 4성중에 가장 천민인 수드라를 뜻한다. 부처님을 따라 출가한 비구 가운데 수드라 출신이 있음을 안바타는 지적해서 부처님을 곤경에 몰아 넣고자 하였다.

부처님께서 말씀하시었다.

"그렇다 하자. 그러나 안바타여, 그대가 여기에 온 것은 어떤 사명이 있어서 온 것이 아닌가. 목적이 있어서 온 것이면 뜻을 잘 생각해야 한다. 젊은 안바타에게는 아직 완전하지 않으면서 자기가 완전하다고 생각하는 자만심이 있다. 자만심이란 미완성(未完成)을 나타낼 뿐이다."

젊은 안바타는 부처님께서 자기를 미완성이라고 하자, 화를 내면서 말하였다.

"여보시오. 석가족 출신은 포악하고 경솔하며, 저속하고 거짓말장이요. 석가족은 저속한 주제에 바라문을 존경하지 않고, 바라문에게 봉사하지도 않습니다. 바라문을 제외한 크샤트리야, 바이샤와 수드라는 바라문에게 봉사하는데도, 석가족은 저속한 주제에 바라문을 존경하지도 않고 봉사하지도 않소. 이것은 잘못이오."

젊은 바라문은 세 차례나 이같이 석가족을 비방하였다.

부처님께서는 이같이 생각하시었다.

'이 젊은 안바타가 저속한 말로 석가족을 욕하는 것은 지나치다. 젊은이를 위하여 그의 가계(家系)를 물어 보리라.'

부처님께서는 안바타에게 물으시었다.

"안바타여, 그대의 성은 무엇인가?"

"나는 간하야나요."

"안바타, 그대의 성이 간하야나라면, 그대의 조상은 석가족의 노비 출신이다. 그대는 석가족의 조상이 옷가 왕임을 알 것이다.

안바타여, 옷가 왕에게는 디사라고 하는 하녀(下女)가 있었다. 그 하녀는 검은 아이를 낳았다. 이 검은 아이를 검다고 해서 '간하'라고 했으며, 그 종족을 간하야나라고 부르게 된 것이다. 그러므로 석가족은 고귀하며, 그대의 종족이야말로 비천하다고 할 것이다.
 "안바타여, 만약 왕족의 아들과 바라문 종족의 여자 사이에서 아들을 낳았다고 하자, 그 아들이 바라문과 같은 대우를 받을 수 있겠는가?"
 "고타마여, 같은 대우를 받을 수 있습니다."
 "그렇다면, 바라문들은 죽은 사람에게 공양할 때나, 혹은 재를 지낼 때나, 혹은 잔치를 할 때도 그에게 동등한 식사를 하게 하는가?"
 "네, 물론입니다."
 "그렇다면, 바라문들은 그에게 주문도 가르쳐 줄 것인가?"
 "네, 가르쳐 주어야 합니다."
 "그렇다면, 그는 여자들에게서 배척을 받을 것인가?"
 "아닙니다. 그는 여자들에게서 배척을 받지 않을 것입니다."
 "그렇다면, 왕족들이 왕의 즉위식에서, 그의 머리에 물을 붓는 관정(灌頂)을 허락할 것인가?"
 "하지 않을 것입니다."
 "그것은 무슨 까닭인가?"
 "고타마여, 그것은 왕족의 어머니에게서 낳지 않았기 때문입니다."
 "안바타여, 그러면 이러한 경우는 어떻겠는가? 바라문의 남자와 왕족의 여자 사이에서 아들이 태어났다고 하자, 이 아들은 바라문의 사회에서 동등한 대우를 받겠는가?"
 "네, 그는 동등한 대우를 받습니다."
 "그렇다면, 바라문들은 죽은 사람을 위해 공양할 때와 재를 지내거나, 잔치를 할 때도 그에게 음식을 먹게 할 것인가?"

"네, 먹게 합니다."
"그렇다면, 바라문들은 그에게도 주문을 가르칠 것인가?"
"네, 물론 가르칩니다."
"그렇다면, 그는 여자들에게서 배척을 받을 것인가?"
"고타마여, 그는 여자들에게서 배척을 받지는 않을 것입니다."
"그렇다면, 왕족들은 왕의 즉위식에서 그의 머리에 물을 붓는 관정을 하겠는가?"
"하지 않을 것입니다."
"그것은 무슨 까닭인가?"
"고타마여, 그는 같은 왕족의 아버지에게서 태어난 아들이 아니기 때문입니다."
"안바타여, 그대의 말과 같이 여자와 여자를 비교하거나 남자와 남자를 비교하여도, 왕족은 바라문보다 뛰어난 것을 알 수 있다.
안바타여, 그대는 이러한 경우를 어떻게 생각하는가? 바라문들이 어떤 기회에 어느 바라문의 머리를 깎고 머리에 재를 뿌려 추방했다고 하자, 그 바라문이 바라문들과 같은 자리에 앉거나, 물을 받을 수 있겠는가?"
"고타마여, 그렇지는 못합니다."
"그렇다면, 바라문들은 죽은 사람에게 공양할 때나, 재를 지낼 때나, 잔치를 할 때, 그에게 먹을 것을 주어 먹게 하겠는가?"
"고타마여, 그렇지는 않습니다."
"그렇다면, 그에게 주문을 가르쳐 주겠는가?"

"가르치지 않습니다."
"여자들에게서 배척을 받는가?"
"그는 배척을 받을 것입니다."
"그렇다면, 이 경우는 어떻겠는가? 만약 왕족들이 어떤 기회에 어떤 왕족의 머리를 깎고, 머리에 재를 뿌려 추방했다 하자, 바라문들은 그에게 자리를 내주고 물을 주겠는가?"
"네, 그에게는 자리를 내주고 물을 줄 것입니다."
"그렇다면, 죽은 사람을 위해 공양할 때나, 재를 지낼 때나, 잔치를 할 때, 그에게 음식을 주겠는가?"
"네, 음식을 먹게 합니다."
"그렇다면, 바라문들은 그에게 주문을 가르쳐 주겠는가?"
"고타마여, 가르쳐 줍니다."
"여자들에게서 배척을 받겠는가?"
"배척을 받지는 않을 것입니다."
"안바타여, 그대의 말과 같이 어느 왕족이 왕족에게서 추방되어 가장 비천해져도 바라문과는 대등하므로, 왕족은 바라문보다 높다고 할 것이다."
그리고 게송을 읊으시었다.

> 종성(種姓)을 위하는 사람들 사이에서는
> 크샤트리야(刹帝利)가 가장 으뜸이며,
> 사람과 하늘에서는
> 지혜와 행이 구족한 사람이 가장 으뜸이네.

안바타는 자기의 잘못을 뉘우쳤다.

2. 부처님의 농사

부처님께서 마가다국의 남산(南山)에 계실 때였다. 부처님께서는 아침 일찍, 가사를 입고 바루를 들고서, 바라드바쟈라고 하는 바라문의 농원(農園)으로 탁발을 가셨다. 그 때, 바라문 바라드바쟈는 농부에게 음식을 나누어 주고 있었다. 부처님께서는 바라드바쟈가 농부들에게 음식을 나누어 주고 있는 곳에 가셔서 서 계셨다. 음식을 얻기 위하여 서 계시는 부처님에게 바라드바쟈는 말하였다.

"사문 고타마여, 나는 손수 논밭을 갈고 씨를 뿌리고 가꾸며, 곡식을 거둬들인 다음에야 음식을 먹습니다. 사문이여, 당신도 손수 논밭을 갈고 씨를 뿌려 가꾸십시오. 그래서 얻은 곡식으로 밥을 지어서 먹는 것이 옳지 않습니까?"

부처님께서 말씀하시었다.

"바라드바쟈 바라문이여, 나도 논밭을 갈고 씨를 뿌리고 있습니다."

"그러나 우리는 고타마의 괭이나, 쟁기를 끄는 소를 볼 수가 없습니다. 쟁기도 소도 없이 어떻게 논밭을 갈며 씨를 뿌리고 가꾼다고 하십니까? 우리에게 그 까닭을 설명하여 주시겠습니까?"

부처님께서는 게송으로 말씀하시었다.

"믿음은 종자이며 고행은 단 비이다. 지혜는 나에게 있어서 멍에이며 괭이이며, 참괴(慚愧)하는 생각은 괭이의 자루이며, 사유(思惟)는 멍에의 줄이며, 생각이 깊은 것은 내 괭이의 끝이 되고 채찍이 된다. 악한 행으로부터 몸을 지키고 입을 삼가며, 밥을 먹을 때는 밥을 아끼며, 진리로써 풀을 베고, 열반의 즐거움이야말로 나의 음식이다. 정신과 노력은 나의 멍에를 끼운 소이며, 그것은 나를 안온한 열반의 경지에로 실어간다. 열반을 향하여 나아가 도달한 다음에는 결코 근심함이 없으며, 이같이 농사를 지어서 거둔 곡식은 불사(不死)이다. 나는 이같은 농사를 지어 일체의 괴로움에서 해탈을 하였다."

부처님의 게송을 들은 바라드바쟈는 부처님께 사뢰었다.

"존경하는 고타마시여, 부디 저희들의 음식을 드십시오. 존경하는 고타마께서는 진실한 농사꾼이십니다. 당신은 진실로 불사(不死)의 곡식을 농사 짓는 분이십니다."

바라드바쟈는 부처님께 음식을 드렸다. 그러나 부처님께서는 받지 않으셨다. 바라드바쟈가 아직 진리를 깨닫지 못하고 있었기 때문에, 부처님께서는 바라드바쟈의 음식을 받지 않으셨다. 부처님께서는 농사를 짓는 사람일 뿐만 아니라, 이미 그것을 완성하였으며, 이제는 농사를 지을 필요가 없는 위치에 있음에도, 바라드바쟈의 말에는 그러한 이해가 없기 때문에, 이 같은 게송으로 다시 말씀하셨다.

"게송을 읊고서 얻은 음식을 나는 먹지 않는다. 그것은 바르게 사물을 보는 사람이 할 일이 아니다. 모든 부처님은 게송을 읊고 그 보수로 얻는 것을 물리치신다. 바라문이여, 사물의 이법(理法)에 대해 생각이 깊은 것이 깨달은 사람의 생활이니라. 이미 번뇌가 없고 뉘우치는 일이 없으며, 완전한 깨달음을 얻은 부처님에게는 다른 뜻의 음식을 공양해야 하느니라. 그것은 공덕을 바라는 자에게 있어서는 공덕의 밭에 씨를 뿌리는 것과 같다."

 바라드바쟈 바라문은 부처님의 말씀을 듣고 깨달아, 부처님께 사뢰었다.

 "존경하는 고타마시여, 훌륭하십니다. 참으로 훌륭하십니다. 당신께서는 넘어진 자를 일으켜 세워 주시며, 감추어진 것을 드러내 주시며, 길 잃은 자에게 길을 가리켜 주시며 눈이 있는 자로 하여금 어둠 속에서 사물을 볼 수 있도록 등불을 켜 주셨습니다. 그리고 그와 같은 여러 가지 방법으로 진실한 이법(理法)을 가르쳐 주셨습니다. 저는 세존이신 고타마에게 귀의합니다. 또 가르침과 그 가르침에 따라 수행하는 스님들에게 귀의합니다. 오늘로 부터 생명이 다하기까지 저를 귀의한 신도로 거두어 주십시오."

 부처님께서는 바라드바쟈가 삼보에 귀의한 다음에야 비로소 그의 음식을 받으셨다.

3. 진리[法]를 보라

 부처님께서 왕사성의 죽림정사에 계실 때였다. 그 때, 장로 밧카리는 먼 길을 걸어온 피로에 쌓여 무거운 병을 얻었다. 그는 도자기를 만드는 사람 집에서 앓아 누워 있었다. 장로 밧카리는 시봉하는 비구에게 말하였다.

 "그대는 부처님을 찾아가서, '스승이시여, 밧카리 비구는 무거운 병에 걸려 누워 있습니다. 그는 세존의 발에 예배하고 싶어

합니다. 원하오니, 세존께서는 자비심으로 밧카리 비구를 만나 주셨으면 합니다'라고 말해다오."

밧카리 장로를 시봉하던 비구는 곧 부처님의 처소에 가서 밧카리 비구의 뜻을 사뢰었다. 부처님께서는 이를 승락하시고, 이내 밧카리 비구가 누워 있는 곳으로 가셨다. 밧카리 비구는 부처님이 오시는 것을 보고 자리에서 일어나려 하였다. 그 때, 부처님께서는 밧카리를 말리면서 말씀하시었다.

"밧카리여, 그대로 누워 있도록 하라. 나는 준비된 자리에 앉으리라."

부처님께서는 마련된 자리에 앉아 밧카리 비구에게 말씀하시었다.

"밧카리여, 그대는 참을 수 있는가? 원기(元氣)는 어떤가? 아픈 것은 좀 어떤가?"

밧카리는 대답하였다.

"세존이시여, 저는 견딜 수가 없습니다. 힘도 없습니다. 점점 더 아파서 견딜 수가 없습니다."

"밧카리여, 그대는 뉘우칠 만한 일이 하나도 없는가?"

"세존이시여, 저에게는 적지 않은 번뇌가 있고, 뉘우치는 일도 있습니다."

"그렇다면 계율을 어긴 일이 있다는 말인가?"

"스승이시여, 저는 스스로 계율을 어기지는 않았습니다."

"계율을 어기지 않았다면, 무슨 번뇌가 있으며, 후회할 일이 있다고 하는가?"

"세존이시여, 저는 오래도록 부처님을 가까이서 뵙기를 원하였습니다. 그러나 부처님을 뵈러 갈 만한 힘이 저에게는 없기 때문입니다."

"밧카리여, 그러한 말은 하지 말라. 이윽고는 썩어 없어질 육체를 보아서 무엇을 하겠는가. 밧카리여, 진리(法)를 바르게 보는 자는 나를 보는 자이며, 나를 보는 자는 진리(法)를 바르게 보는 자이니라. 밧카리여, 진리를 바로 보는 자는 결국 진리인 나를 보며, 나를 보는 자는 진리를 바로 보는 것이니라."

부처님께서는 이같이, 부처님과 진리(法)에 대한 중요한 사고 방식을 가르치셨다. '진리를 보는 자는 부처를 보고, 부처를 보는 자는 진리를 본다'고 한 이 말은, 불교에 있어서 가장 중요한 말 중의 하나이다. 이 말은 '모든 중생에게 불성이 있으며, 중생은 부처의 종자이다'라고 하는 말과 함께, 불교 사상의 근저를 이루는 말이다.

부처님께서는 이어서 밧카리에게 물으시었다.

"밧카리여, 사물은 영원하며 변하지 않는가, 아니면 무상(無常)한가. 그대는 어떻게 생각하는가?"

"세존이시여, 무상합니다."

"물질(物質·色)과 느낌(受)과 생각(想)과 행(行)과 알음알이(識)는 영원하며 변하지 않는가? 혹은 무상한가?"

"세존이시여, 모두가 무상합니다."

"밧카리여, 그러므로 모든 것이 무상함을 보고, 두 번 다시 이 괴로운 세계에 나지 않는 깨달음을 얻는 것이 중요하느니라."

부처님께서는 말씀을 마치고 자리에서 일어나 영축산으로 가셨다. 부처님께서 떠나신 뒤에, 밧카리는 시봉하는 비구들에게 들것을 가져 오게 하였다. 그는 들것에 실려 선인산(仙人山)에 들어가 암굴에 드러누워 최후의 정진을 한 끝에 완전한 열반에 들었다.

4. 강심(江心)을 흘러가는 원목(原木)의 비유

  부처님께서는 고산비에서 왕사성의 죽림정사로 거처를 옮기기 위하여 길을 떠나셨다. 이 고산비는 마가다 국에 인접한 밧지 족 나라의 수도였다. 마가다 족과는 강을 사이에 두고 있으며, 야무나 강과 간지스 강이 합류하는 지점에서 가까운 곳이었다. 부처님께서 왕사성으로 가실 때면, 늘 이 강을 따라 배를 타고 가셨다. 부처님께서 강가에 다달았을 때, 강에는 원목이 떠내려가고 있었다. 떠내려가는 원목을 보시고 비구들에게 말씀하시었다.
  "비구들이여, 너희는 저 커다란 원목이 간지스 강의 물을 따라 흘러가는 것을 보느냐?"
  "네, 세존이시여, 봅니다."
  "비구들이여, 만약 저 원목이 이 쪽 기슭에 닿지 않고, 저 쪽 기슭에도 닿지 않고, 강물 속으로 가라앉지 않고, 섬에 걸리지 않고, 사람들이 가져가지 않고, 소용돌이 속에 잠기지도 않고, 썩어 무너지지 않는다면, 저 원목은 바다를 향하여 흘러가 드디어는 바다로 들어갈 것이다. 그것은 간지스 강이 바다를 향하여 흐르고 있기 때문이다.
  비구들이여, 그와 같이, 만약 너희들이 이 쪽 기슭에 닿지 않고, 저쪽 기슭에 닿지 않고, 물 속에 가라앉지 않고, 섬에 걸리지 않고, 사람들이 가져가지 않고, 소용돌이 속에 잠기지 않고, 썩어 무너지지 않으면, 너희들은 열반을 향하여 흘러가 드디어는 열반의 세계에 들어갈 것이다. 왜냐하면, 바른 견해(正見)는 열반을 향하고, 열반의 세계에 흘러 들어가기 위한 것이기 때문이다."

부처님께서 이같이 말씀하실 때, 한 비구가 부처님께 여쭈었다.

"세존이시여, 이 쪽 기슭은 무엇이며, 저 쪽 기슭은 무엇이며, 강물에 가라앉는 것은 무엇이며, 강 복판의 섬에 걸리는 것은 무엇입니까? 또 사람들이 가져가는 것은 무엇이며, 소용돌이 속에 잠기는 것은 무엇이며, 썩는다는 것은 무엇을 뜻합니까?"

"비구들아, 이 쪽 기슭이라고 하는 것은 여섯 가지 감관(感官) 즉, 눈과 귀와 코와 혀와 몸과 의식을 비유해서 한 말이며, 저 쪽 기슭은 이 여섯 가지 감관의 대상을 비유한 것이다. 강물 속에 가라앉는다고 하는 것은 쾌락과 욕망을 비유한 것이며, 강 복판의 섬에 걸리는 것은 무아(無我)임에도 내가 있다고 집착하는 것을 비유한 것이며, 사람들이 가져간다고 하는 것은 속세의 여러 가지 일에 얽매이는 것을 비유한 것이다.

소용돌이 속에 잠기는 것은 5욕락(欲樂)에 잠기는 것을 비유한 것이며, 썩지 않는다고 하는 것은 파계하지 않는 것을 비유한 것이니라."

이 때, 부처님 가까이서 소에게 풀을 먹이고 있던 목동 난타는 부처님의 말씀을 듣고 부처님께 사뢰었다.

"세존이시여, 저는 이 쪽 언덕에 닿지도 않고, 저 쪽 언덕에 닿지도 않고, 물 속에 가라앉지도 않으며, 강 복판의 섬에 걸리지도 않고, 사람들이 가져가지도 않고, 소용돌이에 말려들지도 않고, 썩지도 않겠사오니, 출가하는 것을 허락하여 주십시오."
"난타야 그러면 먼저 소를 주인에게 돌려주고 오너라."
소치는 난타는 소를 주인에게 돌려주고 돌아와, 계를 받고 비구가 되었다.
그는 열심히 정진하여 아라한이 되었다.

5. 일곱 가지 법과 삼학(三學)

부처님께서 왕사성의 영축산에 계실 때였다. 아쟈세 왕은 '밧지 족 사람들이 비록 용맹스럽고 강하다고 하나, 내가 저들을 치고자 하면 어려울 것이 없다'고 생각하였다. 그리고 밧지 족을 정복하기로 결심하였다. 왕은 전쟁에 앞서 부처님께 대신 우사(禹舍)를 보내어 부처님의 의견을 물었다. 그 때 부처님께서는 아난다에게 물으시었다.
"아난다야, 너는 밧지 국 사람들이 자주 모임을 갖고, 서로 바른 일을 의논한다는 이야기를 들었느냐?"
아난다는 대답하였다.
"네, 그렇다고 들었습니다."
부처님께서 다시 말씀하시었다.
"만일 그렇다면, 그 나라는 어른과 어린이가 서로 화합하고 순종하여 갈수록 번영할 것이며, 아무도 침범할 수 없을 것이며, 또 쇠망하지 않을 것이다."
 이 같은 형식의 대화가 부처님과 아난다 사이에 오고간 문답은 다음의 여섯가지를 합하여 일곱 가지이며, 이것을 '나라의 흥망에 관한 7법'이라 한다. 즉,
 둘째, 밧지족 사람들의 상하가 서로 화합하고 서로 존경하고 있는가.
 셋째, 법을 받들고 금한 것을 범하지 않으며 예절을 지키는가.
 넷째, 부모에게 효도하고 어른을 공경하며 순종하는가.
 다섯째, 조상을 숭배하고 제사를 부지런히 정성껏 모시는가.
 여섯째 여자들이 정숙하고 깨끗하며, 음란하지 않는가.
 일곱째, 사문을 존경하고 계를 지키는 사람을 보호하고 정성껏 공양하는가.
 이 일곱 가지를 성실하게 한다면 그 민족은 밖으로부터 공격을 받아도 정복되지 않을 것이며, 그것은 안으로 화합한 힘이 강하기 때문이라고 설하셨다. 그리고 우사에게 말씀하시었다.
 "우사여, 나는 베사리 성에 있을 때, 밧지 족에게 이 일곱 가지 쇠망(衰亡)하지 않는 법을 가르쳤느니라. 그들이 이 일곱 가지 법을 지키는 동안은 번영할 것이며, 결코 쇠망하지는 않을 것이다."
 대신 우사는 부처님께 사뢰었다.
 "이 일곱 가지 쇠망하지 않는 법 가운데 하나만을 지켜도 번영하고 쇠망하지 않을 것입니다. 하물며, 일곱 가지를 모두 갖추고 있다면, 더더욱 이길 수 없겠습니다."
 부처님께서 우사에게 말씀하시었다.

"마땅히 때를 알아야 하느니라."

대신 우사는 부처님께 예를 마치고 떠나갔다. 이 일곱 가지 쇠망하지 않는 법은, 상공업이 번창한 도시국가인 베사리 성에 사는 밧지 족으로서는 매우 중요한 덕목이었다. 경제적인 번영이 자칫 인간을 타락하게 할 우려가 있고, 인간의 타락은 국민의 화합을 깨뜨리며, 국가의 질서를 문란하게 하여 급기야는 멸망을 초래하기 때문에, 부처님께서는 밧지 족에게 이와 같은 교훈을 하신 것이다. 이 일곱 가지 교훈은 사회와 국가의 안정을 위한 기본적인 요건인 것이다.

대신 우사에게서 일곱 가지 쇠망하지 않는 법에 대한 부처님의 이야기를 전해 들은 아쟈세 왕은 화자성(華子城)을 쌓아 밧지 족의 침략에 대비하고, 유사시에는 공격의 전진기지(前進基地)로 삼기로 하였다.

부처님께서는 우사가 떠난 다음에, 비구들을 모으도록 아난다에게 분부하셨다.

"아난다, 너는 왕사성 부근에 있는 모든 비구들을 강당에 모이게 하여라."

아난다는 곧 물러가 비구들을 강당에 모았다. 부처님께서는 강당에 모인 비구들에게 말씀하시었다.

"비구들아, 나는 너희들을 위하여 일곱 가지 물러나지 않는 법〔不退法〕을 설하겠다. 자세히 듣고 잘 기억하기 바란다."

이 일곱 가지 법은 불법을 파괴하려는 외부의 힘으로부터 불법을 보호하기 위한 것이다.

첫째, 비구들은 자주 모여 정의를 논해야 한다.

둘째, 화합한 모임을 갖고, 화합하여 결정하며, 화합하여 실행하며, 서로 공경하고 순종해야 한다.

셋째, 법을 받들며, 계를 지키고 제도를 어기지 않아야 한다.

넷째, 장로 비구와 선배 비구와 승단의 지도자 비구와 경험이 많은 비구와 벗들을 존경하고 보호하며, 그들의 말을 따라야 한다.

다섯째, 윤회를 일으키는 원인인 애욕을 갖지 말고 젖지 말며, 바른 소견을 지켜야 한다.

여섯째, 아란야(阿蘭若)에 살며, 음욕을 떠난 깨끗한 행을 닦고, 본능을 따르지 말아야 한다.

일곱째, 좋은 일은 먼저 남에게 돌리고, 이익과 이름을 탐하지 않아야 한다.

이 같은 일곱 가지 법을 지키면, 법은 결코 파괴되지 않는다고 부처님께서는 설하셨다. 그리고 이어서 법을 증장(增長)하기 위한 일곱 가지를 따로 말씀하셨다.

첫째, 일이 적은 것을 즐기고, 많은 것을 즐기지 말라.

둘째, 침묵을 즐기라.

셋째, 잠을 적게 자라.

넷째, 당파를 만들지 말라.

다섯째, 덕이 없는 자가 스스로 있는 척 자랑하지 말라.

여섯째, 악한 사람과 짝하지 말라.

일곱째, 아란야에서 지내기를 즐겨라.

이 밖에도 법을 증장하기 위한 일곱가지 법을 여러 가지로 말씀하셨다. 그 중의 하나만을 더 들기로 한다.

첫째, 부처님에 대해 굳은 믿음을 가져라.

둘째, 지은 죄를 부끄러워 할 줄을 알아라.

셋째, 지은 죄를 뉘우칠 줄을 알아라.

넷째, 설법을 많이 듣고 깨끗한 행을 닦아라.

다섯째, 열심히 정진하여 악을 없애고 선을 행하라.

여섯째, 옛날에 공부한 것을 잘 기억하라.

일곱째, 지혜를 닦고 익히어, 생멸(生滅)의 법을 알고 성현(聖賢)의 길에 나아가, 모든 괴로움의 근본을 끊으라.

이같이 법의 증장과 법을 파괴하려는 외부의 힘으로부터 법을 지키는 일곱 가지를 가르치신 부처님께서는, 계(戒)·정(定)·혜(慧)의 3학(學)에 대해서 말씀하셨다. 이 3학은 불교에 있어서 가장 기본적인 실천을 가르친 것이다. 여기에서 보시와 인욕과 정진을 더하면 불교의 목적을 달성하기 위한 실천강령인 6바라밀을 이룬다.

부처님께서는 죽림정사의 당상(堂上)에 올라 말씀하시었다.

"계를 닦아 정(定)을 얻음으로써 큰 과보를 얻는다. 정을 닦아 지혜를 얻음으로써 큰 과보를 얻는다. 지혜를 닦아 마음이 깨끗해져 등해탈(等解脫)을 얻는다. 그리하여 인간의 욕망 때문에 생기는 번뇌를 다하고, 인간의 존재 때문에 생기는 번뇌를 다하고, 무명 때문에 일어나는 번뇌를 다하며, 해탈을 얻고, 해탈의 지혜가 생긴다. 여기에는 이미 나고 죽는 일이 없다."

부처님께서는 죽림정사를 떠나셨다.

6. 열반의 땅을 향하여

　이 무렵의 부처님에 대해, 장아함경(長阿含經)은 부처님께서 매우 자유스럽게 지내고 계셨다는 표현을 특별히 사용하고 있다. 가시는 곳마다 자유스러웠다고 하는 이 같은 표현은, 전에는 자유롭지 못했다는 이야기로 들린다. 그러나 해탈(解脫)하고 자재(自在)한 부처님이 자유롭지 못했다고 하는 것은 무리이다. 이 무렵의 정경을 특별히 이같이 표현한 데는 이유가 있을 것이다. 교단이 안정되고 비구들이 수행하며 지내기에 부족함이 없는 교단의 형편을 말해 주는 것이 아닌가 한다. 그만큼 초기로부터 중기의 교단은 어려움이 많았던 것을 알 수 있다.

　부처님의 생애를 연대순으로 기술한 자료는 없다. 방대한 경전에는 탄생·성도·초전법륜(初轉法輪)·입멸(入滅)에 관한 기록은 비교적 상세하며, 연대순으로 살필 수 있게 되어 있다. 그러나 교단의 초기를 벗어난 교화의 약 40년 동안은 연대순으로 살필 수가 없다. 그런데 부처님의 입멸 직전으로부터 열반에 이르기까지는 연대순으로 살필 수가 있다.

　부처님께서 자유스럽게 지내셨다고 하는 장아함경의 이 기록은 부처님의 열반이 멀지 않은 때의 일이다. 교세(敎勢)는 간지스 강을 중심으로 한 중인도 일대에 미치고 교단은 안정되었으며, 가뭄과 기근으로부터 비구들의 집단 생활이 위협을 덜 받게 된 때이다. 부처님께서 교화를 시작하신 지 40년, 나이 75세의 무렵이었다.

　이제 교단은 안정되었고, 비구들은 계율의 정한 바에 따라 수행에 열중하고 있었으며, 신도들의 존경과 신뢰와 후원과 보호가 절정에 있었다. 물론 승단 내부에 전혀 말썽이 없었던 것은 아니지만, 그러한 것은 대단한 것이 못되었다. 승단은 스스로 법에 따라 규제하여 성장하고 있었으므로, 부처님께서는 그만큼 교단의 여러 가지 일을 걱정할 필요가 없었을 것이다. 때문에 자유스러웠다는 표현을 했을 것이다.

 다른 한편, 부처님께서 자유로웠다는 표현의 도입은, 부처님의 열반이 다가온 것을 암시한다고 생각된다. 경을 결집(結集)할 때, 아난다를 비롯한 대가섭과 부처님을 가까이서 직접 대하고 그 위대한 인격에 감화되었던 비구들이, 지금은 만날 수 없는 부처님의 그 무렵의 모습을 기억할 때, 그와 같은 표현이 나타난 것이라고 생각된다. 그들의 추모의 정이 크면 클수록, 부처님을 떠나 보낸 아쉬움과 외로움이 크면 클수록, 부처님을 이승에 더 붙들지 못한 뉘우침이 크면 클수록, 부처님을 자기들의 손이 닿지 않는 자유인으로 느꼈을 것이기 때문이다.

 실제로 부처님의 입멸을 당하여 비구들은 부처님이 이승에 더 계시도록 간청하지 아니한 아난다를 비난하기도 하였다.

 부처님께서는 죽림정사를 떠나 왕사성에서 30리 가량 떨어진 화자성과의 중간에 있는 나란타 마을에 들리셨다. 나란타 마을에 머무를 때, 사리불은 부처님께 사뢰었다.

 "세존이시여, 저는 부처님에 대하여 이 같은 확신을 가지고 있습니다. 깨달음에 있어서 어떠한 사문이나 바라문도 부처님을 능가하지 못하며, 과거와 미래와 현재를 통하여 그러한 사람은 한 사람도 없음을 확신하고 있습니다. 저는 과거와 미래와 현재의 부처님을 다 알고 있지는 못합니다. 그러나 모든 부처님은 세존과 같으리라고 확신하고 있습니다."
 이 같은 사리불의 고백이 사리불의 고향 나란타에서 있었던 것은, 부처님에 앞서 입멸하는 사리불의 아픈 마음을 나타내는 전조(前兆)이다. 사리불은 부처님께서 입멸하시는 것을 차마 볼 수 없어 부처님에 앞서 입멸한다.
 부처님께서는 나란타를 떠나 화자성에 들리신 다음에, 베사리성에 들리셨다가 다시 왕사성의 죽림정사에 머물고, 그 다음 열반의 땅 쿠시나가라에서 먼 길의 종착역을 향하신다. 죽림정사에 계실 때, 부처님께서는 사리불이 부처님에 앞서 입멸하는 인연을 설하신다. 이 이야기는 뒤로 돌리고——
 부처님께서는 화자성에 이르렀다. 그 때, 그곳에는 수니타와 바르사가라라고 하는 두 대신이 성을 쌓고 있었다. 두 대신과 그곳 백성들은 부처님을 맞이하여 크게 법회를 열고 공양을 올렸다.
 이 때, 부처님께서는 화자성의 사람들에게 계를 깨뜨린 자가 받는 악업의 다섯 가지와, 계를 지키는 자의 다섯 가지 선한 공덕을 설하시었다.
 계를 깨뜨린 자가 받는 손해는 다음과 같다.
 첫째, 재물을 구하나 뜻대로 되지 않는다.
 둘째, 비록 얻는 것이 있어도 날로 적어져 보존을 못한다.
 셋째, 사람들의 공경을 받지 못한다.
 넷째, 추한 이름과 나쁜 소문이 퍼진다.
 다섯째, 늘 불안하게 살다가 죽어서는 지옥에 떨어진다.
 계를 지키는 자가 받는 공덕은 다음과 같다.
 첫째, 구하는 모든 것이 뜻대로 된다.

둘째, 재산이 더욱 불어난다.
셋째, 사람들의 존경을 받는다.
넷째, 좋은 이름을 얻고 칭찬을 받는다.
다섯째, 늘 마음이 편안하며, 죽어서는 천상에 난다.
계율을 지키는 공덕과 깨뜨린 악업에 대해서는, '계율의 제정'에서 이미 기술하였다.
부처님께서 화자성을 떠나실 때, 부처님이 지나간 석문(石門)을 사람들은 '고타마의 문'이라고 이름하였으며, 부처님께서 베사리 성으로 가시기 위해 건너 뛴 간지스 강을 '고타마의 강'이라고 불렀다.
부처님께서는 화자성을 떠나시기 앞서, '이 화자성에는 훌륭한 사람들이 살 것이며, 상업이 번창할 것이다. 그러나 물과 불과, 그리고 나라 안의 사람과 밖의 사람이 음모한 내란으로 멸망할 것이다'고 예언하시었다. 이 화자성은 뒤에 마가다국의 수도가 되었다가 이윽고 멸망한다. 멸망하기 전의 화자성과 마가다국의 번영은 최고의 절정에 달한다.

7. 법의 거울

　부처님께서는 화자성을 떠나, 밧지 족이 사는 마을을 거쳐 베사리 성에 도착하시었다.
　베사리 성에 이르는 도중에, 부처님께서는 구리(拘利) 마을에서 비구들에게 계·정·혜 3학과 해탈에 대한 가르침을 하셨다. 이 무렵의 부처님께서는 틈이 있을 때마다 수시로 비구들에게 간절한 가르침을 내리시고, '3학과 해탈에 대해 밝게 깨닫지 못하고 있기 때문에 생사의 세계를 끝없이 윤회한다'고 하셨다. 열반할 때가 다가온 것을 아시고, 기회가 있을 때마다 자주 제자들에게 당신의 가르침을 일깨워 주셨다.
　구리 촌을 떠나 나타(那陀) 마을에서였다. 부처님께서는 아난다의 물음에 대하여 인간의 죽음 뒤에 오는 운명에 대해서 설법을 하시었다. 이 설법을 '법의 거울'이라고 한다.
　나타 마을에 도착하였을 때, 아난다는 생각하였다.
　'이 마을에는 열 두 사람의 거사가 있었는데 이미 죽고 없다. 또 내가 아는 5백 50인의 사람들이 있었는데 그들도 이미 죽었다. 이들은 지금 어디에 태어나 살고 있을까?'
　아난다는 부처님께 그 의문을 여쭈었다.
　부처님께서는 무수히 죽은 사람의 내생을 낱낱이 대답하는 것은 무리라고 말씀하시고, 아난다를 위하여 '법의 거울'을 설하시었다.
　"범부는 한없는 생사를 반복하며 윤회를 계속하여야 한다. 그러나 부처님의 제자가 되어 부처의 가르침을 듣고 삼보에 대한 굳은 믿음이 있는 자는 늦어도 일곱 번 생사를 거듭하는 사이에 해탈을 얻으며, 근기가 뛰어나고 열심히 정진한 자는 한 번 나고 죽는 사이에도 해탈을 얻느니라. 이것이 법의 거울〔法鏡〕이다.
 아난다야, 그러나 나는 부처님의 제자들로 하여금, 일곱 번의 생사를 거치지 않고도 괴로움의 근본을 반드시 끊게 하리라."
 이 때, 부처님께서는 수다원(須陀洹)을 향해서는 수다원을 얻고, 사다함(斯陀舍)을 향해서는 사다함을 얻으며, 아나함(阿羅舍)을 향해서는 아나함을 얻고, 아라한(阿羅漢)을 향해서는 아라한을 얻는 사쌍팔배(四雙八輩)에 대해서 말씀하시었다. 그리고 이들은 존경해야 할 복밭(福田)이니 믿어야 한다고 강조하시었다. 이 사쌍팔배는 사향사과(四向四果)라고도 하는데, 소승불교에 있어서 네 가지 수행의 목표와 수행을 통하여 도달하는 경지 즉, 과(果)를 말한다. 부처님께서는 당신이 가신 다음의 비구들을 위해 최소한의 수행목표와 그 경지를 당부하신 것이다.
 부처님께서는 베사리 성을 향하여 길을 떠나셨다.

8. 암파바리(菴婆婆利)의 귀의

 부처님께서 베사리 성에 가신 것은, 성도 후 5년 뒤의 일이다. 밧지 족의 수도인 베사리 성은 경치가 아름답고, 곡물과 과일이 풍부하며 상업이 번창한 도시였다. 그러나 그 때, 베사리 성에는 전에 없던 가뭄이 들어 굶어 죽는 사람이 거리에 즐비하였다. 미처 시체를 치우지 못하여 성안은 온통 시체가 썩는 냄새로 가득했으며, 설상가상으로 질병이 나돌아 사람들은 베사리 성이 생긴 이래 처음 당하는 곤경에 있었다. 베사리 성의 정부는 이러한 비극을 극복하기 위한 회의를 열었다. 베사리 성은 일종의 공화제도(共和制度)를 가진 도시국가로서 귀족회의에서 통치하고 있었다. 회의에 참석한 귀족들은 바라문교의 방식에 따라, 신들에게 제사를 지내기로 합의하여 그렇게 했으나, 아무런 효과를 얻지 못하였다. 다음에는 쟈이나 교의 방식에 의하여 제사를 지냈으며, 당시의 여러 가지 종교가 가르치는 방식에 의하여 차례로 제사를 지냈으나, 아무런 효과를 얻지 못하였다. 맨 끝으로 부처님의 힘을 빌기로 하였다.

　베사리 성의 정부는 마하리라고 하는 사람을 부처님이 계시는 왕사성으로 보내어 부처님을 초청하였다. 마하리는 빔비사라 왕의 친구이며, 파사익 왕과는 젊었을 때 함께 공부한 사이였다. 그는 학문의 연구에 너무 열중하다가, 늙어서는 눈이 보이지 않게 될 정도의 저명한 학자였다.

　마하리는 먼저 왕사성으로 가서 빔비사라 왕을 만나, 부처님의 초청을 허락해 달라고 청하였다. 그러나 왕은 적극적인 반응을 보이지 않았다. 마하리는 직접 부처님을 뵙고 그들의 뜻을 말씀드렸다. 부처님께서는 빔비사라 왕이 허락하면 가겠다고 하셨다. 빔비사라 왕도 부처님의 뜻을 알고서 어쩔 수 없어 가시도록 하였다.

　부처님께서는 곧 여행의 준비를 하고 5백의 비구들과 함께 길을 떠나셨다. 왕사성과 베사리 성은 약 8일이 걸리는 노정이었다. 그 중간에는 간지스 강이 흐르고 있다. 왕사성을 떠나 닷새만에 간지스 강에 도달하였다. 강 건너 편에 베사리 성의 사람들이 마중을 나와 있었다. 부처님께서 간지스 강을 건너 밧지 족의 영토에 발을 내디디자, 하늘에서는 뇌성이 울리고 큰 비가 쏟아져 마른 땅을 적셔 가뭄을 벗어나게 하였다. 그리고 3일을 더 가서 베사리 성에 도착하였다.

부처님께서는 7일 동안 베사리 성에 머무르면서 베사리 성의 사람들을 구제하시었다. 이 때 부처님께 귀의한 사람은 8만 4천이라고 한다. 부처님께서는 베사리 성의 재해가 그친 것을 보시고서 베사리 성을 떠나시었다. 베사리 성의 밧지 족들은 부처님께서 그들의 재난을 구해 준 뒤에, 대림정사(大林精舍)를 비롯하여 많은 정사를 지어, 부처님과 제자들에게 바쳤다. 쟈이나 교의 발상지인 이 곳에서 새로운 불교의 선풍이 일기 시작하였다. 그 대표적인 예가 재가신도인 유마힐의 경우이다. 부처님께서는 이 곳을 매우 사랑하시었다. 때문에 아쟈세 왕이 베사리 성을 공격하고자 했을 때, 일곱 가지 쇠망하지 않는 법을 말씀하시어 전쟁을 막으셨다.

부처님께서 구리 마을을 떠나 베사리 성에 오셨다는 소문은 삽시에 온 성안에 퍼졌다. 그 때 암파바리는 부처님께서 제자들과 함께 베사리 성에 오셨다는 소문을 듣고, 부처님이 계시는 곳으로 수레를 몰고 와서 부처님께 예배하였다. 암파바리는 부처님의 설법을 들은 다음, 사뢰었다.

"세존이시여, 저는 오늘부터 삼보께 귀의합니다. 원하오니 허락하여 주십시오. 오늘부터는 바른 법에 살고 목숨이 다할 때까지 산 목숨을 죽이지 않고, 도둑질하지 않으며, 사음(邪婬)을 하지 않고, 거짓말을 하지 않고, 술을 마시지 않겠습니다."

그리고 이어서 사뢰었다.

"세존이시여, 원하오니 세존께서는 제자들과 함께, 내일은 저의 공양을 받아 주십시오. 그리고 밤에는 저의 암라수원(菴羅樹園)에서 쉬시기 바랍니다."

부처님께서는 허락하시었다. 그리고 제자들과 함께 암라수원으로 가셨다. 밧지 족 사람들은 부처님께서 암라수원에 계시다는 말을 듣고, 수레를 오색으로 단장하고 오색의 옷을 입고, 일산과 깃발을 들고서 부처님을 찾아 갔다. 부처님을 공양에 초대한 암파바리는 어서 돌아가 공양준비를 해야겠다는 생각과 기쁨으로 흥분하여 수레를 몰고 가다가, 이들 밧지 족과 만나게 되었다. 암파바리는 밧지 족의 행렬을 피하지 않고 마구 수레를 몰았기 때문에, 밧지 족의 일산을 들이 받았다. 밧지 족 사람들은 암파바리의 그와 같은 무례한 행동에 노하여, '누구의 힘을 믿고 방자하게 길을 비키지 않는가'고 호통을 쳤다. 암파바리는 부처님을 공양에 초대하였기 때문에 그 준비가 바빠 서둘러 가다가 일산을 받았으니 용서해 달라고 하였다. 밧지 족은 그녀의 말을 듣고 놀라는 한편, 그 공양의 초대를 자기들에게 양보해 주면 재산의 반을 주겠다고 했다. 그러나 암파바리는 응하지 않았다. 그녀는 설사 베사리 성을 준다 해도 바꿀 수 없다고 거절했다. 밧지 족 사람들은 '암파바리 때문에 우리의 첫 복을 빼앗겼다'고 탄식하면서, 암라수원으로 향하였다.

암파바리는 매우 아름다운 여인이지만 베사리의 유명한 창녀였다. 암파바리는 어렸을 때 암라수(菴羅樹)밑에 버려진 아이였다. 동산지기가 이 아이를 주워서 키웠다. 암파바리는 자라면서 아름다움을 더하여 베사리 성 안에서 제일의 미인으로 자랐다. 그녀의 아름다움에 매혹된 국내외의 우수한 사람들이 결혼을 청하였다. 너무 많은 사람이 청혼을 일시에 했기 때문에, 누구에게도 시집을 보낼 수 없는 실정이었다.

베사리 성은 귀족들의 협의에 의하여 통치되는 공화제였으므로, 암파바리의 결혼 문제는 이 귀족회의에 회부되었다. 협의한 끝에, 어느 한 사람과 결혼을 해도 파란이 일 것을 이유로 들어, 베사리 성의 공인된 창녀로 만들어 버렸다. 베사리 성은 상업도시였으므로, 외부에서 많은 사람이 찾아왔다. 그들을 위하여 아름다운 여인을 창녀로 만들어 그들을 대하게 하는 제도가 베사리에는 있었다. 이 공인된 창녀는 재산과 지위도 있어서 경제적으로는 부유한 생활을 하고 있었으며, 사생활도 자유스러웠다.

그러한 암파바리에게 공양의 차례를 빼앗긴 밧지 족 사람들은 부처님께 간청하였다.

"세존이시여, 바라오니 세존과 몇 사람의 제자만이라도 내일 저희들의 공양을 받아 주십시오."

부처님께서는 이미 암파바리와 약속을 했으므로 불가능하다고 거절하시었다. 이튿날 부처님께서는 1천2백50인의 비구들과 함께 암파바리의 집에 가셔서 공양을 하시었다. 부처님께서는 공양을 마치시고, 암파바리를 위하여 보시와 지계와 애욕 등에 관하여 설하시었다. 암파바리는 부처님의 설법을 듣고 믿음이 열리어 오계를 받았다. 그녀는 그녀가 가지고 있는 암라수원을 부처님과 승단에 바쳤다. 이 암라수원은 베사리에서 가장 훌륭한 동산이었다.

9. 유마힐(維摩詰)과 부처님의 제자들

　유마힐(維摩詰)은 베사리 성에 살고 있는 장자로서, 재가신도의 대표적인 인물이었다.
　부처님께서 암라수원(菴羅樹園)에 계실 때였다. 유마힐을 중심으로 부처님의 제자들 사이에 일대 법의 향연이 펼쳐졌다. 그것은 유마힐이 병을 앓고 누워 있는 것을 아신 부처님께서, 제자들에게 유마힐의 병이 무엇 때문에 생겼는가, 문병(問病)하도록 권하는 장면으로부터 시작한다. 부처님께서는 맨 처음에 사리불에게 유마힐의 문병을 가도록 권하셨다. 그때, 사리불이 부처님께 사뢰었다.
　"세존이시여, 저는 유마힐을 문병하기에 부족합니다. 제가 나무 밑에서 좌선을 하고 있을 때, 유마힐은 저에게 말했습니다.
　'사리불이여, 앉아 있다고 해서 좌선을 한다고 말할 수 없습니다. 삼계에 있으면서 몸과 마음이 움직이지 않는 것을 좌선이라고 합니다. 무심(無心)한 경지에 있으면서도 온갖 행을 할 수 있는 것을 좌선이라고 합니다. 진리를 지향하면서도 범부의 일상생활을 하는 것이 좌선입니다. 마음이 안으로 적멸에 빠지지 않고 밖으로 흩어지지 않아야 하며, 번뇌를 끊지 않고 열반에 드는 것을 좌선이라고 합니다. 만약 이같이 앉을 수 있으면 이는 부처님께서 인정하시는 좌선일 것입니다.'
　세존이시여, 저는 이 같은 그의 말을 듣고 아무런 대꾸도 못했습니다. 그러므로 그를 찾아가 문병하는 일을 감당할 수가 없습니다."

부처님께서는 제자들에게 차례로 유마힐의 문병을 권하였다. 그러나 부처님의 저명한 제자들은 한결같이 유마힐의 문병은 적임이 아니라고 사양을 하였다.

목건련은 신도들에게 그가 설법을 하고 있을 때, 유마힐이 '진리는 중생의 능력에 따라 그에 맞도록 설해야 하며, 지견(知見)은 걸림이 없어야 하며, 대비심(大悲心)으로 대승을 찬탄하고 부처님의 은혜에 보답하며, 삼보가 영원하여 끊이지 않을 것을 염원하면서 설법해야 한다'고 한 말을 들었기 때문에 문병을 갈 수 없다고 부처님께 사뢰었다.

대가섭은, 그가 가난한 마을에서 걸식을 하고 있을 때, 유마힐이 '걸식은 평등한 법에 머물러 차례대로 행해야 하며, 걸식은 식욕을 채우기 위한 것도, 음식을 얻기 위한 것도 아니다. 걸식한 한 끼의 밥을 모든 중생에게 베풀고, 모든 부처님과 성현에게 공양한 다음에 먹을 수 있어야, 남의 보시를 헛되이 먹었다고 하지 않을 것이다'라고 한 말을 들은 옛일을 사뢰면서, 자기는 적임자가 아니라고 하였다.

우파리는 그가 파계한 두 비구에게 설법을 하고 있을 때, 유마힐이 '죄를 지은 사람의 죄를 더 무겁게 해서는 안 되며, 죄 지은 자의 뉘우침과 근심을 곧 없애 주어, 마음이 흔들리지 않게 해야 한다'고 한 말을 들었기 때문에 문병을 갈 수 없다고 부처님께 사뢰었다.

라후라는 그가 장자의 아들에게 출가의 공덕에 대해서 설명을 하고 있을 때, 유마힐이 '출가의 공덕을 설해서는 안 된다. 왜냐하면, 아무런 이익과 공덕이 없는 것이 출가이기 때문이다. 인연에 의해서 이루어진 것이라면 이익과 공덕이 있다 하겠지만,

출가는 인연으로 이루어진 것이 아니며, 인연을 따라 변하는 것이 아닌 법에는 이익도 없고 공덕도 없다. 나에게 집착하지 않고 온갖 과오를 떠나는 것이 참다운 출가이니라'고 한 말을 들었기 때문에 도저히 유마힐의 문병을 감당할 수가 없다고 사뢰었다.

 이 밖에도 수보리와 부루나와 가전연과 아니룻다와 아난다 등이 모두 유마힐의 문병을 감당할 수 없다고 각각 이유를 말하였다. 이같이 부처님의 십대 제자가 모두 문병을 할 수 없다고 하자, 부처님께서는 미륵보살과 광엄(光嚴)동자와 지세(指世)보살과 선덕(善德)보살에게 유마힐의 문병을 가도록 권하였다. 그러나 이 보살들도 각각 이유가 있어 문병을 감당할 수 없다고 부처님께 사뢰었다. 마지막으로 부처님께서는 문수보살에게 유마힐의 문병을 가도록 권하셨다.

10. 유마힐의 병과 절대 평등의 경지

 문수보살은 유마힐을 문병하기 위해, 여러 대중과 함께 베사리로 갔다. 그 때, 유마힐은 문수보살 일행이 오고 있는 것을 알고, 가구를 치우고 시중드는 사람들을 내보내고 홀로 침상 위에 누워 있었다. 문수보살이 들어서자 유마힐이 말했다.
 "어서 오십시오, 문수보살님. 올 것이 없는데 오셨고, 볼 것이 없는데 보십니다."
 문수보살이 유마힐에게 말했다.
 "그렇습니다, 거사님. 왔다 해도 온 것이 아니며 간다 해도 가는 것이 아닙니다. 왜냐하면, 와도 온 곳이 없고 가도 간 곳이 없으며, 본다는 것도 사실은 보지 못하는 것입니다. 그건 그렇고, 병환은 좀 어떻습니까? 부처님께서 안부를 전하셨습니다. 병은 어째서 생겼으며, 얼마나 오래 됐으며, 어떻게 하면 나을 수 있겠습니까?"

유마힐은 대답했다.

"내 병은 무명(無明)으로부터 애착이 일어나 생겼고, 모든 중생이 앓으므로 나도 앓고 있습니다. 중생의 병이 없어지면 내 병도 없어질 것입니다. 왜냐하면, 보살은 중생을 위해 생사에 들고, 생사가 있으면 병이 있게 마련입니다. 중생이 병에서 벗어날 수 있다면 보살도 병이 없을 것입니다. 그러므로 보살의 병은 대비심(大悲心)에서 생깁니다."

"거사님의 병명은 무엇입니까?"

"내 병에는 증세가 없으므로 볼 수 없으며, 이렇다 할 병명도 없습니다."

"그 병은 몸의 병입니까, 마음의 병입니까?"

"몸과 관계 없으니 몸의 병은 아니며, 마음은 꼭두각시와 같으므로 마음의 병도 아닙니다."

"지(地)·수(水)·화(火)·풍(風), 네 가지 요소 중 어디에 걸린 병입니까?"

"이 병은 지(地)의 요소에 걸린 것이 아닙니다. 그렇다고 지의 요소와 관계 없는 것도 아닙니다. 수·화·풍의 요소에 대해서도 마찬가지입니다. 그러나 중생의 병이 네 가지 요소로부터 생겨, 앓고 있기 때문에 병든 것입니다."

"병든 보살은 어떻게 그 마음을 다스리고 극복해야 합니까?"

"병든 보살은 이와 같이 생각해야 합니다.

'내 병은 모두가 전생의 망상과 그릇된 생각과 여러 가지 번뇌 때문에 생긴 것이지, 결코 병에 걸려야 할 실체가 있어서 걸린 것은 아니다. 왜냐하면, 네 가지 요소가 결합되어 몸이라고 가칭(假稱)하였을 뿐, 네 가지 요소에도 실제로서의 주체는 없으며, 몸에도 역시 내가 없기 때문이다. 또 이 병이 생긴 것은 모두가 나에게 집착하기 때문이다. 그러므로 나라는 것에 집착하지 말아야 한다.'

이와 같이 병의 근본을 알면, 곧 나에 대한 생각도 중생에 대한 생각도 없어지고, 존재에 대한 생각이 일어날 것이니, 그 때는 또 이렇게 생각해야 합니다.

'이 몸은 여러 가지 물질이 화합하여 이루어진 것이다. 생길 때는 물질만이 생기고, 멸해도 물질만이 멸한다. 또 이 물질은 생길 때 서로 알지 못하며, 내가 생긴다고 말하지 않으며, 멸할 때도 내가 멸한다고 말하지 않는다.'

또, 병든 보살이 물질에 대한 생각을 버리기 위해서는 이렇게 생각해야 합니다.

'물질에 대한 이 생각도 또한 뒤바뀐 생각이다. 뒤바뀐 생각이란 커다란 병이다. 나는 반드시 이것으로부터 떠나야 한다.'

떠난다고 하는 것은 나와 내 것으로부터 떠나는 것을 말합니다. 그것은 상대적인 것으로부터 떠나는 것을 말합니다. 상대적인 것을 떠난다 함은, 주관과 객관을 떠나 평등한 행을 하는 것입니다. 평등이라고 하는 것은 나와 열반이 평등한 것이며, 나와 열반은 모두 공(空)한 것입니다. 공이라고 하는 것은 다만 이름에 지나지 않으며, 그와 같은 상대적인 것은 변하지 않는 것이 없습니다. 이 평등함을 얻으면 다른 병은 없고, 오직 공에 대한 집착만이 남지만 이 집착 또한 공인 것입니다.

이 병든 보살은 이제 괴로움과 즐거움을 감수(感受)하는 일이 없지만, 중생을 위해 온갖 괴로움과 즐거움을 감수합니다. 또 불법(佛法)이 중생계에서 충분히 성취되기 전에는 그 감수하는 일을 버리고 깨달음의 경지에 들지 않습니다. 그러므로, 만약 자기의 몸이 괴로우면 과보를 받는 중생을 생각하여, 나는 이미 괴로움을 극복하였으므로 모든 중생의 괴로움도 극복해야 한다는 대비심을 일으켜야 합니다. 그리고 병의 근본을 끊기 위해서 가르쳐 이끌어야 합니다.

병의 근본은 반연입니다. 마음이 대상에 대하여 작용할 때, 그것은 병의 근본이 됩니다. 마음이 작용하는 대상은 삼계(三界)입니다. 이 마음의 작용을 끊기 위해서는 모든 것에 얽매이지 않아야 합니다. 만약 모든 것에 얽매이지 않으면, 마음이 대상에 대해 작용하지 않을 것입니다. 마음이 얽매이지 않는다고 하는 것은 상대적인 생각을 떠나는 것이며, 상대적인 생각이라고 하는 것은 주관과 객관이며, 이것을 떠나는 것이 곧 모든 것에 얽매이지 않는 것입니다.

문수보살님, 병든 보살이 그 마음을 극복한다는 것은 이와 같은 것입니다. 그러나 보살은 마음을 극복하는 일에 집착하지 않으며, 극복하지 않은 일에도 집착하지 않습니다. 이 두 가지를 멀리하는 것이 보살의 수행입니다. 생사의 세계에 머물러 있으면서도 물들지 않고, 열반의 세계에 있으면서도 생사의 바다에 그대로 머물러 있는 것이 보살의 행입니다. 때 묻은 행이 아니며 깨끗한 행도 아닌 것이 보살의 행입니다. 이미 악마의 장애를 초월하였지만, 계속해서 장애를 극복하는 것을 보이는 것이 보살의 행입니다. 모든 것을 아는 지혜를 구하지만 수행이 모자랄 때는, 그것을 바라지 않는 것이 보살의 수행입니다.

또, 이 세상 모든 것이 어디서 새로 생겨나는 것이 아님을 알면서도, 중생을 제도하기 위해 깨달음의 경지에 들지 않는 것이 보살의 행입니다. 모든 중생을 사랑하면서도 그 애정에 집착하지 않는 것이 보살의 행입니다. 심신의 업이 다한 경지를 바라면서도 그 경지를 즐기지 않는 것이 보살의 행입니다. 불도(佛道)를 이루고 법륜을 굴려 열반에 들어도, 결코 보살의 길을 버리지 않는 것이 보살의 행입니다."

그리고 유마힐은 방 안에 모인 보살들에게 물었다.

"여러분, 보살은 어떻게 해서 차별을 떠난 절대 평등의 경지〔不二法門〕에 듭니까? 생각하는 대로 말씀해 주십시오."

법자재(法自在)보살이 말했다.

"생과 멸은 서로 대립하고 있습니다. 그러나 진리는 본래 생하는 것이 아니므로 멸하는 일도 없습니다. 깨달음을 얻는 것이 곧 절대 평등의 경지에 들어가는 것입니다."

덕수(德守)보살이 말했다.

"나와 내 것은 서로 대립하고 있습니다. 내가 있기 때문에 내 것이 있습니다. 만약 내가 없다면 내 것도 없습니다. 이것이 절대 평등의 경지에 드는 것입니다."

묘비(妙臂)보살이 말했다.

"중생을 제도하고자 하는 보살의 마음과 자기의 깨달음만을 구하는 성문(聲聞)의 마음은 서로 대립해 있습니다. 그러나 마음은 공하고 꼭두각시와 같은 것이라는 것을 분명히 알 때, 보살의 마음도 없습니다. 이것이 절대 평등의 경지에 드는 것입니다."
　사자(師子)보살이 말했다.
　"죄악과 복덕은 서로 대립하고 있습니다. 만약 죄악의 본성이 복덕과 다르지 않음을 깨달아 알고, 금강석과 같은 지혜로써 이러한 사실을 분명히 깨달으며, 거기에 속박을 받거나 해방되는 일이 없으면, 이것이 절대 평등의 경지에 드는 것입니다."
　나라연(那羅延)보살이 말했다.
　"세간과 출세간(出世間)은 서로 대립해 있습니다. 그러나 세간의 본성이 공하다는 것을 알면 이는 곧 출세간입니다. 그리고 그 세계에서는 들고 나는 일이 없으며, 넘치고 흩어지는 일도 없습니다. 이것이 절대 평등의 경지에 드는 것입니다."
　선의(善意)보살이 말했다.
　"생사와 열반은 서로 대립하고 있습니다. 그러나 만약 생사의 본성을 이해하면 생사는 이미 없는 것입니다. 거기에는 결박하는 일도 없으며, 그로부터 벗어날 필요도 없고 생멸도 없습니다. 이와 같이 아는 것을 절대 평등의 경지에 든다고 합니다."
　보수(普守)보살이 말했다.
　"아(我)와 무아(無我)는 서로 대립하고 있습니다. 그러나 아(我)도 알 수 없는데 어떻게 무아(無我)를 알 수 있겠습니까. 자기 본성을 보는 사람은 이 두 가지 생각을 하지 않습니다. 이것이 절대 평등의 경지에 드는 것입니다."
　뇌천(雷天)보살이 말했다.
　"지혜와 무명은 서로 대립하고 있습니다. 그러나 무명의 본성은 곧 지혜입니다. 그렇다고 이 지혜에 집착해서는 안 됩니다. 모든 무명을 떠나 평등하고 상대되는 것이 없으면, 이것을 절대 평등의 경지에 든다고 합니다."

적근(寂根)보살이 말했다.

"부처님과 교법과 승단은 서로 의지하고 있습니다. 그러므로 부처님은 곧 교법이고, 교법은 곧 승단입니다. 이 삼보(三寶)는 어느 것이나 변함이 없는 진실이 나타난 것으로서 허공과 같습니다. 모든 것도 이와 같아서, 이것을 잘 행하는 것을 절대 평등의 경지에 든다고 합니다."

복전(福田)보살이 말했다.

"선행과 악행과 보다 훌륭한 선행은 서로 대립하고 있습니다. 그러나 이 세 가지 행위의 본성은 공(空)이며, 선행도 없고 악행도 없으며, 보다 훌륭한 선행도 없습니다. 이 세 가지 행위에 있어서 아무런 일도 생기지 않는 것이 절대 평등의 경지에 드는 것입니다."

화엄(華嚴)보살이 말했다.

"자기를 고집하기 때문에 나와 남을 구별하게 됩니다. 그러나 자기의 본성을 보는 자는 나와 남을 구별하는 일이 없습니다. 만약 이 두 가지 것에 집착하지 않으면 식별(識別)하는 것도 식별되는 것도 없습니다. 이것을 절대 평등의 경지에 든다고 합니다."

덕장(德藏)보살이 말했다.

"집착하는 마음으로 취하고 버리면, 두 가지 것이 서로 대립합니다. 그러나 집착하지 않으면 곧 취사(取捨)가 없습니다. 취사가 없으면 절대 평등의 경지에 든다고 합니다."

월상(月上)보살이 말했다.

"어둠과 밝음은 서로 대립하고 있습니다. 어둠과 밝음이 없으면 곧 대립이 없습니다. 왜냐하면, 모든 마음의 작용이 다해 적정(寂靜)한 경지에 들면 어둠도 없고 밝음도 없는 것과 같이, 모든 존재의 현상도 그와 같기 때문입니다. 이를 알고 평등할 수 있으면 절대 평등의 경지에 든다고 합니다."

보인수(寶印手)보살이 말했다.

"열반을 바라는 것과 세간을 싫어하는 것은 서로 대립하고 있습니다. 만약 열반을 바라지 않고, 세간도 싫어하지 않는다면 대립은 없습니다. 왜냐하면, 결박이 없으면 해탈이 있지만, 본래부터 결박이 있다면 해탈도 없기 때문입니다. 결박도 해탈도 없으면 바라는 일도 싫어할 일도 없습니다. 이것을 절대 평등의 경지에 든다고 합니다."

주정왕(珠頂王)보살이 말했다.

"정도(正道)와 사도(邪道)는 서로 대립하고 있습니다. 정도에 머물러 있는 사람은 이것은 그릇되고 저것은 바른 것이라고 분별하지 않습니다. 이 두 가지를 떠나는 것을 절대 평등의 경지에 든다고 합니다."

요실(樂實)보살이 말했다.

"진실과 허위는 서로 대립하고 있습니다. 그러나 진실을 보는 사람은 진실조차도 보지 않는데 어찌 허위를 보겠습니까. 왜냐하면, 진실은 육안으로 볼 수 있는 것이 아니고 지혜의 눈으로 보기 때문입니다. 그러나 이 지혜의 눈에는 본다고 하는 것도 보지 않는다고 하는 것도 없습니다. 이것을 절대 평등의 경지에 든다고 합니다."

이와 같이, 여러 보살이 설한 다음 문수보살이 말했다.

"내 생각으로는 모든 것에 대해서 말도 없고 말할 것도 없으며, 가리킬 것도 식별할 것도 없으며, 일체의 질문과 대답을 떠난 것, 이것이 절대 평등의 경지에 드는 것이라 하겠습니다."
그리고 유마힐에게 물었다.
"우리들은 각기 생각한 바를 말했습니다. 이제는 거사님의 차례입니다. 어떻게 하면 보살은 절대 평등의 경지에 들어갑니까?"
이 때, 유마힐은 침묵한 채 아무 말이 없었다. 이것을 본 문수보살은 감탄하여 말했다.
"훌륭합니다! 참으로 훌륭합니다! 문자나 말 한 마디 없는 이것이야말로 참으로 절대 평등의 경지에 드는 것입니다."
이 때, 문수보살이 찬탄한 유마힐의 침묵을 '유마의 한 침묵의 울림이 일 만의 우뢰와 같이 울렸다'고 경은 묘사하고 있다. 언어가 소리를 기호화(記號化)하여 진실을 전달하기 위한 수단이라면, 소리 이전에 이미 존재하는 진실을 아무런 작위(作爲)가 없이, 또 표현한다는 의지(意志)까지도 없이 전달하는 길은 말과 소리를 이용하지 않는 것이리라. 굳이 표현하기를 유마힐이 침묵했다고 했지만, 실제로 유마힐은 허공과 같았을 뿐이다. 허공이 소리도 없고, 손에 잡히지도 않고, 움직임이 없으되 존재하는 것과 같이, 그리고 우리가 그것을 아는 것과 같이, 유마힐은 절대평등의 경지를 묵시(默示)했을 뿐이다. 그것은 언어에 상대되는 침묵이 아니라, 허공과 같이, 상대적(相對的)인 경지를 초월하고 있다. 여러 보살들이 상대적인 입장을 취하여 절대평등의 경지를 구차스레 표현하였으나, 유마힐은 그 절대평등의 경지에 들어 허공과 같이 그대로 자기를 드러내었을 뿐이다. 때문에 후세의 선가(禪家)에서는 선(禪)의 경지를 드러내는데 '유마힐의 침묵(維摩一默)'을 자주 원용(援用)한다.

　유마힐이 실재했던 인물인가에 대해서는 여러 가지 이론(異論)이 있고, 유마경 자체가 부처님께서 입멸하신 지 수 세기 뒤, 즉 1세기 경에 이루어진 것으로 추정되고 있으나, 현장(玄奘)의 서역기(西域記)에 의하면 '베사리의 서북쪽 5·6리 떨어진 곳에 암라수원이 있고, 옛날 부처님께서 이 곳에서 유마경을 설하셨으며, 암라수원의 동북쪽 3리 떨어진 곳에 유마거사의 방장(方丈)이 있다'고 한 것으로 보아도 여기 든 이야기는 전혀 근거가 없는 것은 아니라고 보아진다. 뿐만 아니라, 보살들과의 대화에서 알 수 있듯이, 그 소재가 원시불전(原始佛典)인 아함(阿含)에서 왔고, 불교수행의 덕목을 구체적이며 직절적(直截的)으로 설하고 있는 점을 우리는 중요시해야 할 것이다.

제15장 열 반(涅槃)

1. 자기 자신을 등불 삼아라

부처님께서 암라수원(菴羅樹園)을 떠나 왕사성의 죽림정사로 오신 뒤, 오래지 않아서였다. 사리불과 목건련은 부처님 앞에 나아가 사뢰었다.
"세존이시여, 저희들은 부처님께서 원적(圓寂)에 드시는 것을 차마 볼 수가 없어, 부처님 먼저 멸도(滅度)에 들겠나이다."
이 때, 비구들은 사리불과 목건련의 말을 듣고, 사리불과 목건련이 부처님 먼저 멸도에 드는 까닭을 여쭈었다. 부처님께서는 '사리불과 목건련이 탐·진·치 삼독을 이미 끊어 번뇌가 다 했고, 범행(梵行)을 이루었기 때문이라'고 말씀하셨다. 그리고 사리불과 목건련은 전생에도 부처님과 수행을 했으며, 그 때도 먼저 멸도에 들었던 두 사람의 전생을 이야기하셨다.
이같이 부처님 먼저 멸도에 들기로 한 목건련은 죽림정사로부터 멀리 떨어진 산속에서 정(定)에 들어 있었다. 그 때 집장범지(執杖梵志)라고 하는 외도가 많은 부랑인들에게 돈을 주어 목건련을 살해하도록 사수하였다. 집장범지는 부처님의 세력을 꺾기 위해서는 먼저 부처님의 두 날개와 같은 사리불과 목건련을 없애야 한다고 생각하였다.
집장범지에게서 돈을 받은 부랑인들은 목건련이 수도하고 있는 산 속으로 갔다. 멀리서 목건련의 모습을 본 그들은 주저하였다. 목건련의 범할 수 없는 기품에 눌려 돌아가고자 하였다. 목건련에게 다가가 살해할 수 없다고 생각하였다. 그 때, 집장범지는 멀리서 돌을 던져 때려 죽이면 된다고 가르쳤다. 부랑인들은 목건련을 해치면 그들에게 해가 미치리라는 두려운 생각을 하면서도 돌을 던졌다. 무수한 돌이 날아와 목건련의 온 몸을 때려 머리는 깨지고 피가 흘렀다. 그러나 목건련은 앉은 자리에서 일어나 피하려 하지 않았다. 부랑인들은 피가 흘러도 움직이지 않는 목건련을 보고, 두려워 하면서도 도리어 필사적으로 돌을 던졌다. 이윽고 반석과 같이 앉아 있던 목건련의 몸이 모로 쓰러졌다. 부랑인들은 용기를 내어 가까이 가면서 마구 돌을 던졌다. 목건련의 몸은 돌무덤 속에 묻히고 말았다.

　목건련의 죽음을 안 것은 며칠이 지나서였다. 비구들은 목건련의 죽음을 슬퍼하는 한편, 외도들에 대한 분노를 느꼈다. 특히 목건련의 제자인 아쟈도(阿闍都)와 사사도(舍舍都)는 집장범지를 죽여서 스승의 원한을 갚아야 한다고 말하였다. 그러나 부처님께서는 말씀하시었다.

　"육체는 무상한 것이다. 목건련과 같이 깨달은 자에게 있어서 육체는 아무런 보람이 없다. 돌에 맞아 처참한 모습을 하고 죽어도 그는 침착함을 잃지 않는다. 그에게 있어서 생사(生死)는 중대한 문제가 아니다."

　목건련의 죽음에 격분한 사람은 아쟈세 왕이었다. 아쟈세 왕은 목건련을 죽인 부랑인들을 체포하였다. 그들의 입에서 집장범지가 주모자임이 드러났다. 왕은 집장범지를 화형에 처하였다.

그 무렵, 부처님께서 죽림정사에 계시다는 말을 들은 비사타야(毘沙陀耶)바라문은 부처님의 처소를 찾아와 설법을 듣고, 이튿날의 공양에 초대하였다. 이튿날 비사타야 바라문의 집에서 공양을 마친 부처님께서는 정사에 돌아오시자, 곧 아난다로 하여금 전국에 흩어져 있는 비구들을 모으게 하셨다. 비구들이 모이자, 부처님께서는 비구들에게 말씀하시었다.

"이 나라에는 흉년이 들어 구걸하기가 매우 어렵다. 너희들은 각각 분산해서 이 나라를 떠나라. 베사리나 밧지 족이 사는 곳으로 가서 안거를 지내라. 나는 아난다와 함께 이 곳에서 안거할 것이다."

비구들은 분산되어 마가다 국을 떠났다. 이 안거 중에 부처님께서는 병을 앓으시었다. 이 때, 부처님께서는 생각하시었다.

'나는 지금 병을 얻어 몸이 몹시 아프다. 제자들이 멀리 흩어져 있어 그들이 없을 때 내가 열반에 든다면 그것은 옳지 않다. 더 살아 있어야겠다.'

부처님께서는 정사를 나와 시원한 그늘에 앉으셨다. 아난다는 황급히 뛰어와 부처님을 뵙고 사뢰었다.

"세존이시여, 지금 부처님의 얼굴을 뵈오니 병이 좀 나은 것 같습니다. 부처님께서 병드시자 저의 마음은 걱정과 근심으로 어찌 할 바를 몰랐습니다. 갑자기 열반에 드시면 어찌하나 생각하니, 사방이 캄캄해지고 전신의 힘이 빠져 아무 것도 분별할 수가 없었습니다. 그러나 부처님께서 아무런 가르침과 분부를 남기지 않고 입멸하시지는 않으리라 생각하니, 그것만이 위안이 되었습니다."

아난다는 이어서 부처님께 사뢰었다.

"세존이시여, 여래께서는 아직 열반에 드시지 않았습니다. 세간의 눈은 아직도 멸하지 않았습니다. 왜 지금, 모든 제자들에게 부처님 가신 뒤의 일에 대하여 가르침과 분부를 내리시지 않습니까?"

부처님께서 말씀하시었다.

"아난다야, 교단이 지금도 나에게 무엇을 기대한다는 말이냐. 나는 지금까지 안팎을 구별하지 않고 법을 설하여 왔다. 법을 가르치는데 아낀 것은 하나도 없다. 만약 내가 교단을 통솔한다든가, 교단이 나에게 의지하고 있다는 생각이 들면, 교단에 대하여 내가 간 다음의 일을 지시할 것이지만, 특별히 그러한 일은 없느니라.

아난다야, 나는 이미 여든 살이다. 나는 마치 낡은 수레와 같다. 낡은 수레를 수리하여 좀더 운행할 수 있는 것과 같이 나의 몸도 겨우 지탱하고 있다. 방편의 힘으로 좀더 목숨을 연장하고 있다. 힘써 정진하면서 이 고통을 참고 있다. 나는 모든 사물을 생각하지 않고 정에 들어 있을 때, 나의 몸은 안온하고 번민도 고통도 없다.

아난다야, 그러므로 마땅히 자기 자신을 등불로 삼고 자기 자신에 의지해야 한다. 부디 다른 것에 의지해서는 아니 된다. 자기를 등불로 삼고, 법을 등불 삼아라. 자기에게 귀의하고 법에 귀의하여라. 내가 죽은 뒤에 능히 이 법대로 수행하는 자는 곧 나의 진실한 제자이며, 참다운 수행자이니라."

안거가 끝나고, 다시 비구들이 모였을 때였다. 사리불은 부처님께 나아가 작별을 여쭈었다.

"세존이시여, 저는 여래께서 가까운 장래에 열반에 드시리란 말씀을 들었습니다. 저는 여래께서 열반에 드시는 것을 지켜 볼 수가 없습니다. 옛부터 모든 부처님의 제자는 부처님에 앞서 열반에 들었습니다. 이제 고향에 돌아가 열반에 들고자 하오니, 부디 저의 뜻을 거두어 주십시오."
　비구들은 놀라 부처님께 사뢰었다.
　"세간의 모든 사람들이 부처님을 따름으로써 복을 얻었습니다. 이제 부처님께서 세상을 떠나시면 누구를 따라야 복을 얻겠습니까?"
　부처님께서 말씀하시었다.
　"비구들아, 나는 비록 떠나지만 경법(經法)은 남아 있을 것이다. 또 네 가지 인연이 있어서 복을 얻게 할 것이다. 첫째는 중생들이 먹이가 없으면 먹이를 주어 목숨을 잇게 하고, 둘째는 병든 사람을 보살펴 주어 편안하게 해 주며, 셋째는 가난하고 고독한 자를 보호하여 주며, 넷째는 선정을 닦는 이를 위하여 옷과 밥을 보시하고 보살펴 주는, 이 네 가지 법이 있으면 부처님이 계시는 것과 다름이 없느니라."
　그리고 사리불로 하여금 경을 말하게 하시었다. 그것은 첫째, 부처님께서 떠나신 뒤에 사람들이 다른 비구의 말을 믿지 않을까 염려해서이며, 둘째는 모든 제자들로 하여금 경의 뜻을 알게 하기 위함이며, 셋째는 사리불의 공덕을 나타내기 위해서였다. 사리불이 부처님의 분부를 받들어 최후의 설법을 마친 뒤에, 부처님께서는 그의 청을 허락하시었다. 사리불은 부처님 발에 이마를 대고 오체(五體)를 던져 경건한 침묵 속에서 예를 마친 뒤에, 일어나 자리를 떴다. 사리불은 부처님의 모습이 보이지 않을 때까지 뒷걸음으로 물러났다. 비구들은 조용히, 그러나 무거운 슬픔에 싸여 사리불의 뒤를 따랐다. 그 중에는 소리를 죽여 흐느끼는 자도 있었다. 사리불은 죽림정사의 입구에서 헤어지기 싫어하는 비구들과 헤어졌다. 그는 고향인 나란타 마을에 돌아가 오래지 않아 조용히 입멸(入滅)하였다.

사리불이 떠난 뒤, 부처님의 몸은 한층 더 노쇠하여 보였다. 사리불의 사리가 죽림정사로 돌아오자, 부처님께서는 정중하게 장사를 지내 주었다. 그리고 정든 죽림정사를 떠나셨다.

부처님께서 처음 병을 얻고 앓은 것이 죽림정사가 아닌 죽림총(竹林叢)이라는 기록도 있다. 이 죽림은 베르바라라고 하는 조그마한 마을로, 베사리 성에서 얼마 멀지 않은 곳에 있다. 그러나 또 어떤 경은 베사리 성 밖의 대림(大林)에서 있었던 일이라고도 한다.

부처님께서는 죽림정사를 떠나 챠바라(遮婆羅) 사당으로 가시었다.

2. 아난다의 괴로움

부처님께서 챠바라 사당에 머물러 계실 때였다. 부처님께서는 아난다에게 말씀하시었다.

"아난다야, 자리를 펴라. 나는 등이 아프다. 여기서 잠깐 쉬어야겠다."

아난다는 곧 자리를 폈다. 부처님께서는 자리에 누워 아난다에게 말씀하시었다.

"아난다야, 여래와 같이 온갖 신통력을 갖춘 사람은, 만약 자신이 원하기만 하면, 1겁이 넘도록 이승에 살아있으면서 세상을 이롭게 할 수가 있느니라."

그 때, 아난다는 마음이 악마에게 붙잡혀 있었기 때문에 부처님의 말씀이 무엇을 뜻하는지 알지 못하였다. 아난다는 부처님께서 세 번이나 같은 말을 되풀이 해서 말씀하셨으나, 끝내 아무런 말도 하지 못하고 말았다. 언제까지고 부처님께서 이승에 계시어 중생을 이롭게 해달라는 부탁을 했어야 할 기회를 잃은 것이다. 부처님께서는 아난다에게 말씀하시었다.

"아난다야, 너는 마땅히 알아야 한다."

이 때, 아난다는 부처님의 뜻을 받들어 자리를 떠나 조용한 곳에 앉아 부처님 말씀을 생각하였다. 아난다가 자리를 비운 사이에, 마왕 파순이 부처님께 말하였다.

"세존이시여, 당신은 아무런 욕심이 없습니다. 그러니 지금 열반에 드십시오. 지금이 바로 열반에 들 때입니다. 어서 빨리 열반에 드십시오."

부처님께서 말씀하시었다.

"잠깐 있어라. 나는 스스로 그 때를 안다. 여래는 아직 열반에 들지 않을 것이다. 나는 모든 비구들이 모이기를 기다렸다가 열반에 들리라. 나는 3개월 뒤에 사라쌍수(沙羅雙樹)사이에서 열반에 들 것이다."

마왕 파순은 부처님께서 3개월 뒤에 열반에 든다고 하신 말씀을 믿기 때문에 기뻐 날뛰면서 사라졌다. 이 때, 땅이 크게 진동하였다. 놀란 아난다가 뛰어와 부처님께 여쭈었다.

"참으로 괴이한 일입니다. 세존이시여, 땅이 크게 진동하는 것은 무슨 까닭입니까?"

"이 세상에서 땅이 크게 진동하는 것은 여덟 가지 인연 때문이다. 그 중에 하나는 여래가 무여열반(無餘涅槃)에 들 때이니라."

그리고 조금 전에 마왕 파순에게 3개월 뒤에 열반에 들기로 약속하였다는 말씀을 하셨다. 아난다는 비로소 부처님께서 그에게 하신 말씀의 뜻을 깨닫고 놀라, 부처님께 더 오래 머물러 주실 것을 간청하였으나, 이미 때는 늦어 돌이킬 수 없게 되었다. 아난다는 정신이 아득하였다. 더욱 부처님께서 세 번이나 물었음에도 깨닫지 못하여 청하지 않은 자기의 허물이 가슴을 파고 들었다. 아난다는 이 일로 해서 부처님께서 입멸하신 뒤에 비구들로부터 비난을 받는다.

부처님께서는 향탑(香塔)으로 가시었다. 그리고 베사리 지방에 흩어져 있는 비구들을 모두 모이게 하셨다. 그리고 비구들에게 말씀하시었다.

"여래는 3개월 뒤에 열반에 들 것이다."

이 말씀을 들은 비구들은 놀라 숨이 막히고 정신이 아득하여 땅에 쓰러져 큰 소리로 외쳤다.

"부처님의 멸도(滅度)하심이 왜 이다지도 빠른가! 아, 세간의 눈이 없어지겠구나. 우리들은 이제 어찌 될 것인가!"

비구들은 가슴을 치고 슬피 울면서 탄식하기를 마지 않았다. 부처님께서 말씀하시었다.

"걱정하거나 슬퍼하지 말아라. 시작이 있으면 끝이 있느니라."

부처님께서 열반에 드실 것을 선언하신 지 얼마되지 않아서였다. 마하프라쟈파티 비구니는 생각하였다.
 '나는 여래께서 멸도하시는 것을 차마 지켜볼 수가 없다. 내가 먼저 멸도하리라.'
 그녀는 곧 비구니들과 함께 부처님 앞에 나아가 땅에 엎드려 예배한 다음 사뢰었다.
 "저는 세존께서 3개월 뒤에 멸도하신다는 말을 들었습니다. 저는 여래의 멸도하심을 차마 볼 수가 없습니다. 원하오니 세존께서는 제가 먼저 멸도하는 것을 허락하여 주십시오."
 부처님께서는 잠자코 허락하시었다. 마하프라쟈파티 비구니는 여러 비구니들을 위하여 계율을 설하였다. 그리고 부처님을 일곱 번 돈 다음, 부처님 앞을 물러나 비구니 처소로 돌아갔다. 그리고 대중에게 열반에 들 것을 예고한 다음, 자리에 앉아 선정에 들어 곧 멸도하였다. 이 때, 5백의 비구니도 부처님의 허락을 받고, 마하프라쟈파티의 뒤를 이어 열반에 들었다. 부처님께서는 아난다와 난타와 라후라를 데리고 가서 장사를 지내셨다. 아난다의 괴로움은 말할 수 없었다. 자기의 잘못으로 3개월 뒤에 부처님께서 입멸하시게 되었을 뿐 아니라, 어머니 마하프라쟈파티까지 일찍 멸도하게 한 것을 생각하면 가슴이 미어지는 것 같았다.
 마하프라쟈파티가 입멸한 뒤에, 부처님께서는 암라수원(菴羅樹園)으로 가셨다. 그 곳에서 계·정·혜의 3학을 설하시었다. 그리고 베사리 성에서 걸식을 하고 돌아오는 길에, 언덕에 올라 선 부처님께서는 베사리 성을 돌아보시고, '이것으로 저 아름다운 베사리를 보는 것도 마지막이다'라고 아난다에게 말씀하시었다.

3. 네 가지 중요한 교법

 부처님께서는 베사리 성을 떠나 북쪽을 향하여 나아가셨다. 첨바촌(瞻婆村)을 거쳐 건타촌(健茶村)과 바리바촌(婆利婆村)을 거쳐 부미성(負彌城)에 이르셨다. 부미성의 북쪽에 있는 시사바(尸舍婆)숲에 머물러 계실 때, 부처님께서는 네 가지 중요한 교법을 설하시었다.
 첫째, 만일 어떤 비구가 '나는 부처님에게서 직접 이 같은 계율과 가르침을 받았다. 그러므로 그것을 들은 사람은 그것을 믿어야 하고, 그것을 헐 수 없다'고 하면, 그 자리에서 찬성하거나 반대하지 않고, 한 마디 한 마디를 잘 생각한 끝에, 경전과 계율과 법과 대조한 다음에 태도를 결정해야 한다.
 둘째, 만일 어떤 비구가 '나는 화합한 스님들과 부처님의 말씀을 많이 들은 장로들에게서 직접 이 같은 계율과 가르침을 받았다. 그러므로 그것을 들은 사람은 그것을 믿어야 하고, 그것을 헐 수 없다'고 하면, 그 자리에서 찬성하거나 반대하지 않고, 한 마디 한 마디를 잘 생각한 끝에, 경전과 계율과 법과 대조한 다음에 태도를 결정해야 한다.
 셋째, 만일 어떤 비구가 '나는 법을 지니고 있고 계율을 지키며, 율의(律儀)를 가진 비구들에게서 직접 이 같은 계율과 가르침을 받았다. 그러므로 그것을 들은 사람은 그것을 믿어야 하고, 헐 수가 없다'고 하면, 그 자리에서 찬성하거나 반대하지 않고, 한 마디 한 마디를 잘 생각한 끝에, 경전과 계율과 법과 대조한 다음에 태도를 결정해야 한다.

넷째, 어떤 비구가 '나는 법을 지니고, 계율을 지키며, 율의를 가진 비구에게서 직접 이러한 계율과 가르침을 받았다. 그러므로 그것을 들은 사람은 그것을 믿어야 하며, 헐 수가 없다'고 하면, 그 자리에서 찬성하거나 반대하지 않고, 한 마디 한 마디를 잘 생각한 끝에, 경전과 계율과 법과 대조한 다음에 옳고 그른 것을 정해야 한다.

이 같은 네 가지 중요한 교법의 제정은 부처님께서 떠나신 다음, 사이비(似而非) 비구가 나와 불법을 혼란하게 할 것을 경계하기 위해서였다.

4. 최후의 공양

부처님께서는 부미성을 떠나 파바성(婆婆城)으로 가시었다. 부처님께서 파바성의 쟈두원(闍頭園)에 머물러 계실 때, 대장장이 춘다(純陀)가 부처님을 찾아와 설법을 듣고 기뻐하였다. 그리고 부처님과 비구들을 공양에 초대하였다. 춘다는 부처님께 드리기 위해 따로 진귀한 전단향 나무의 버섯으로 음식을 만들어 부처님께 드렸다. 부처님께서는 춘다에게서 '이 버섯 음식은 다른 비구들에게 주지 말라'고 분부하셨다. 춘다는 다른 비구들에게 그 버섯 음식을 드리지 못하였다. 그러나 늙어서 중이 된, 한 비구가 그 버섯 음식을 조금 받아 먹었을 뿐이었다.

부처님께서 식사를 마치자, 춘다는 부처님 앞에 자리를 펴고 앉아서 설법을 들었다. 춘다의 집을 나온 부처님께서는 등뼈가 아파왔다. 부처님께서는 길가에 머물러 서서, 아난다에게 말씀하시었다.

"아난다야, 갑자기 등뼈가 아프구나. 자리를 펴라. 쉬어가도록 하자."

아난다는 자리를 폈다. 부처님께서는 자리에 누워서 아난다에게 말씀하시었다.

"아난다야, 아까 춘다에게 뉘우치는 마음이 있었느냐? 만약 그러한 마음이 있었다면 그것은 무엇 때문이겠느냐?"

아난다는 부처님께 사뢰었다.

"세존이시여, 춘다가 비록 공양을 올렸으나 그것은 아무런 복도 이익도 없을 것입니다. 그것은 여래께서 그 집에서 마지막 공양을 받으시고 곧 열반에 드시기 때문입니다."

부처님께서는 아난다에게 말씀하시었다.

"아난다야, 그러한 말을 하지 말아라. 춘다가 바친 공양은 여래의 마지막 식사가 되었으나, 그것 때문에 춘다가 후회할 필요는 없다. 여래가 성도하여 처음으로 받은 공양과 입멸에 앞서 받은 최후의 공양은 그 공덕이 가장 큰 것이다.

아난다야, 너는 지금 춘다에게 가서 '춘다여, 나는 직접 부처님에게서 들었으며, 부처님의 분부를 받고 당신에게 말합니다. 당신은 공양을 올렸기 때문에 이제 큰 이익을 거두고 큰 과보를 받을 것이다'라고 말하여라."

아난다는 춘다에게 부처님의 말씀을 전하였다.

부처님께서는 춘다의 집에서 식사를 하시고, 병이 더 위독해졌다. 위독한 몸을 이끌고 쿠시나가라를 향하여 걸음을 옮기셨다. 그러나 얼마 가지 못하고 다시 쉬어야 했다. 등뼈가 자꾸

아파왔다. 부처님께서는 자리를 펴고 누워 쉬시었다.
　이 때, 복귀(福貴)라고 하는 외도가 지나다가 부처님 일행을 보고 다가왔다. 그는 알라 카라마의 제자였다. 알라 카라마를 불교에서는 사명외도(邪命外道)라고 불렀다. 복귀는 '알라 카라마는 5백의 수레가 요란한 소리를 내며 바로 옆을 지나가는데도 삼매에 들어 있었기 때문에 수레가 지나는 것을 모를 정도였다'고 말하면서, 그의 스승을 칭찬하였다. 부처님께서는 복귀에게 당신의 경험을 말씀하시었다.
　"복귀여, 어느 때, 나는 초막에 있었다. 초막 바로 옆에 큰 벼락이 떨어져 두 사람의 형제가 죽고, 네 마리의 소가 죽었다. 그러나 나는 좌선을 하고 있었는데, 벼락이 떨어지는 소리를 전혀 듣지 못하였다. 뒤에 사람들에게서 이야기를 듣고서야 알았다."
　부처님의 말씀을 들은 복귀는 스승 알라 카라마보다 부처님이 훨씬 뛰어난 것을 알고 삼보에 귀의하였다. 그는 황금실로 짠 두 장의 천을 부처님께 바쳤다. 그 하나를 부처님께서는 아난다에게 주셨다.
　그 때, 아난다는 그 황금의 천을 부처님 몸에 걸쳤다. 그러자 부처님의 용모는 조용하나 위엄의 광명이 불꽃처럼 빛나고, 모든 감관은 청정하며 얼굴빛이 온화하게 빛났다. 아난다는 생각하였다.
　'내가 부처님을 모신 지 25년 동안, 부처님의 얼굴이 저와 같이 빛나는 것은 처음이다.'
　아난다는 부처님께 그 까닭을 여쭈었다.
　부처님께서는 말씀하시었다.
　"부처님의 얼굴이 보통 때보다 더 빛나는 데는 두 가지 인연이 있다. 하나는 부처님이 처음으로 도를 이루었을 때이며, 하나는 열반에 들 때이다."

그리고 마실 물을 가져오도록 일렀다. 그 때 상류에 수레가 지나가고 있어 강물이 흐렸다. 아난다는 부처님께 사뢰었다.

"저 상류에 5백 대의 수레가 지나가고 있기 때문에 물이 흐립니다. 발을 씻을 수는 있어도 마실 수는 없습니다."

"아난다야, 물을 가져 오너라."

부처님께서는 세 번이나 말씀하셨다.

"구손강(拘孫江)은 여기서 멀지 않습니다. 그 물은 맑고 시원하여 마실 수도 있고 목욕을 할 수도 있습니다."

그 때, 설산의 신이 바루에 맑은 물을 담아와 부처님께 바쳤다. 부처님께서는 그 물을 받아 마신 다음, 구손강으로 가시어 물을 마시고 목욕을 하시었다. 그리고 그 곳을 떠나셨다. 부처님께서는 도중에 어떤 나무 밑에서 쉬시었다. 이 때, 부처님께서는 춘다에게 말씀하시었다.

"춘다야, 너는 승가리(僧伽梨)를 네 겹으로 접어서 여기 깔아라. 나는 등뼈가 아파서 잠깐 쉬어야겠다."

춘다는 분부대로 하였다. 부처님께서 자리에 앉으시자, 춘다는 열반에 들고 싶다고 말씀드렸다. 부처님께서는 허락하시었다. 춘다는 곧 열반에 들었다.

그 때, 아난다는 부처님께 여쭈었다.

"세존이시여, 부처님께서 멸도하신 뒤에 장례의 법은 어떻게 하여야 합니까?"

"아난다야, 너희들 출가한 비구는 여래의 장례에 참가하지 말아라. 너희는 법을 위하여 부지런히 노력하면 된다. 여래의 장례는 믿음이 깊은 신도들이 그들이 바라는 대로 할 것이다.

그러나, 아난다는 세 번을 거듭 물었다.

부처님께서는 그 때에야 비로소 말씀하시었다.

"전륜성왕(轉輪聖王)과 같게 하라."

전륜성왕의 장례는, 먼저 그 몸을 깨끗한 새 천으로 싼다. 다음에 잘 탄 솜으로 싼다. 그 솜 위에 천을 감고 금으로 된 관에 넣어 기름을 붓는다. 그 다음에 다시 두번째 금관(金棺)에 넣어 향나무로 화장을 하며, 화장한 다음에는 네 거리에 탑을 세워 안치한다. 이것이 전륜성왕의 장례이다.

부처님께서는 장례에 대해서 말씀하신 다음 아난다에게 말씀하시었다.

"아난다야, 이제 우리는 함께 쿠시나가라의 사라쌍수로 가자."

부처님 일행은 다시 길을 떠났다. 비구들은 부처님을 에워싸고 길을 갔다.

5. 최후의 제자

부처님 일행이 쿠시나가라에 가까이 이르렀을 때, 한 바라문을 만났다. 이 바라문은 부처님의 용모가 단정하고 감관이 고요하고 밝은 것을 보고서 부처님께 나아가 사뢰었다.

"세존이시여, 제가 사는 마을은 이 곳에서 멀지 않습니다. 원하오니, 고타마께서는 저의 마을에 가시어 쉬시고, 이른 아침에 저의 공양을 받아주십시오."

부처님께서는 '너는 나에게 공양을 이미 올린 것이나 다름이 없다'하시고 사양하시었다. 바라문은 세 번이나 간청하였다. 그러나 '지금은 날이 너무 덥고, 또 마을은 멀며, 부처님께서는 너무 피로해 계신다. 수고롭게 하지 않는 것이 좋다'고, 아난다는 타일러 그 바라문의 공양을 간신히 사양하였다.

이윽고 사라쌍수에 도착하였다.

아난다는 부처님의 분부에 따라 사라쌍수 사이에 자리를 폈다. 부처님께서는 북쪽으로 머리를 두고, 얼굴은 서쪽을 향하고, 마치 사자와 같이 다리를 포개고 누우시었다. 그리고 아난다에게 말씀하시었다.

"아난다, 여래에 대한 진정한 공양은 법을 잘 받아 지니고 잘 행하는 것이다. 이것이 진실로 여래를 공양하는 것이다."

그리고 부처님 옆에서 부채질을 해 주던 범마나(梵摩那)에게 물러가라고 이르시었다. 그 까닭을 묻는 아난다에게 부처님께서는 '쿠시나가라에 있는 모든 신들이 이제 나를 예배하고자 하나, 범마나 비구에게 덕과 위엄이 있어 그 광명이 눈부시므로 부처를 볼 수가 없다. 때문에 자리를 피하게 한 것이다'하시었다. 부처님께서 이 말씀을 하시자, 아난다는 자기의 수행이 너무도 보잘것 없음에 가슴이 아팠다. 그는 '나는 아직 아무런 수행의 결과도 얻지 못한 채 수행하는 중이다. 그런데 나를 가엾이 여기는 부처님께서는 입멸하시려 하고 있다'고 생각하니, 부처님 옆에 있는 것이 더욱 괴로웠다. 그는 슬며시 자리를 떠나 사람이 없는 곳에서 홀로 울고 있었다. 아난다가 옆에 없는 것을 보신 부처님께서는 아난다의 생각을 아시고 그를 불러 오게 하셨다. 그리고 아난다에게 말씀하시었다.

"아난다야, 슬퍼하지 말아라. 일찍이 가르친 바와 같이, 사랑하고 친근한 자는 헤어지지 않을 수가 없느니라. 생한 자는 반드시 죽는다. 아난다야, 너는 오랫 동안 성의를 다하여 여래에게 봉사하였다. 몸과 마음과 말을 다해서 봉사하였다. 너는 커다란 공덕을 쌓았느니라. 더욱 노력하고 정진하면 번뇌를 없애어 아라한이 될 것이다."

아난다는 부처님의 말씀을 듣고 적이 위안이 되었다. 한편, 아난다는 하필이면 이같이 보잘것 없는 곳에서 열반에 드시지 말고 큰 고을에 가서 열반에 드시라고 권하였다.

"세존이시여, 이 보잘것 없는 곳에서 입멸하시지 말고, 왕사성이나 밧지 국이나 카필라 성이나 사위국이나 화자성(華子城) 등, 큰 고을에서 열반에 드십시오. 훌륭한 신도들이 있기 때문에 여래의 장례를 훌륭하게 치룰 수가 있을 것입니다."

부처님께서 말씀하시었다.

"그러한 말을 하지 말아라. 옛날, 이 땅에 대선견(大善見)이라는 왕이 있었는데……"하시며, 과거세(過去世)의 이야기를 들려 주시고, 쿠시나가라는 여래가 열반할 가장 좋은 곳임을 설하시었다. 그리고 아난다에게 마을에 가서 여래의 열반을 알리도록 분부하시었다. 그 때, 5백의 사람들이 회합을 하고 있었다. 그들은 저녁 늦게 찾아온 아난다를 보고 의심이 나서, '무슨 일로 이같이 늦은 저녁에 마을에 왔느냐'고 물었다. 그들에게 아난다는 말하였다.

"그대들에게 큰 이득이 되는 일을 알리러 왔소. 부처님께서는 오늘 밤에 열반에 드시려 합니다. 어서 가서 의심나는 것을 묻고 그 가르침을 받으시오. 이 때를 놓치면 뒷날 후회할 것이오."

그 고장 사람들은 부처님께서 오늘 밤으로 멸도에 드신다는 이야기를 듣고, '부처님의 입멸하심이 어찌하여 이렇게 빠른가!'하며, 소리 높여 탄식하며 슬피 울었다. 어떤 사람은 정신을 잃고 땅에 쓰러지기도 하였다. 아난다는 사람들을 타일러 데리고 돌아왔다. 그들은 가족들과 함께 부처님에게 나아가 예배하고 문안을 드렸다. 그리고 설법을 들은 다음 돌아갔다.

이 때, 수바트라(須跋)라고 하는 바라문이 있었다. 그의 나이는 이미 1백20세였으며, 지혜가 많은 바라문이었다. 수바트라는 부처님께서 밤중에 입멸하신다는 이야기를 듣고 '나는 법에 있어서 의심나는 것이 있다. 고타마만이 나의 의혹을 풀어줄 것이다. 지금 곧 가서 만나야겠다' 생각하고, 어둠이 깊었는데도 사라쌍수를 찾아갔다. 그는 아난다에게 부처님을 뵙도록 해 달라고 간청하였다.

"나는 들었습니다. 여래가 이승에 한 번 나시는 것은 마치 우담바라의 꽃이 피는 것 같이 희귀하며, 또 여래를 만나기는 더욱 어렵다고 들었습니다. 여래께서 오늘 밤 입멸하신다 하니 어떻게든 뵙게 해 주십시오. 내가 가진 의혹을 풀고자 합니다."

그러나 아난다는 말하였다.

"부처님께서는 병을 앓고 계십니다. 번거롭게 하지 마십시오."

수바트라는 세 번을 거듭 간청하였으나 아난다는 같은 이유를 들어 거절하였다. 이 때, 부처님께서는 아난다에게 말씀하시었다.

"아난다야, 수바트라를 막지 말아라. 나를 괴롭히자는 것이 아니라, 의혹을 풀고자 해서 찾아온 사람이다. 조금도 귀찮을 것이 없다. 나의 법을 들으면 그는 곧 깨달을 것이다."
 아난다는 수바트라를 부처님 가까이 데리고 갔다. 수바트라는 부처님께 예를 마치고 여쭈었다.
 "고타마여, 세상에는 유명한 여섯 사람의 스승이 있고, 그들은 저마다 각각 다른 법을 주장하고 있습니다. 고타마께서는 그들의 법을 다 아십니까?"
 "수바트라여, 나는 그것들을 다 알고 있습니다. 그러나 그러한 문제를 논하는 것은 무익(無益)합니다. 나는 당신을 위하여 오묘한 법을 설하겠소. 자세히 들으시오."
 수바트라는 가르침을 받겠다고 하였다. 부처님께서는 말씀하시었다.
 "수바트라여, 만약 어느 종교에 여덟 가지 거룩한 길(入聖道)이 없다면, 제1의 사문과(沙門果)가 없고, 제2, 제3, 제4의 사문의 과도 없을 것입니다. 수바트라여, 불교에는 이 여덟 가지 거룩한 길이 있기 때문에, 제1, 제2, 제3, 제4의 사문의 과(果)가 있습니다. 외도들이 사문이라고 하여도 그것은 빈 껍질일 따름입니다. 여기에 있는 비구들이 바른 길을 걷는 한, 이승에는 아라한이 비지 않을 것입니다."
 수바트라는 부처님의 말씀을 듣고 이내 눈을 떴다. 그는 여덟 가지 거룩한 길이 무엇인가를 알았다. 즉 바른 견해와 바른 뜻과 바른 말과 바른 행위와 바른 생각과 바른 노력과 바른 생활과 바른 선정으로만 사문의 지위에 나갈 수 있음을 알았다. 그리고 그는 또, 첫째, 흔들리지 않는 신념에 도달한 제1의 사문과 둘째, 한 번 다시 생사에 윤회한 뒤에 깨닫는 제2의 사문과 셋째, 이승에서 죽어 다시는 태어나지 않고 깨달음을 얻는 제3의 사문과 넷째, 이승에서 바로 아라한이 되는 제4의 사문에 대해서 알았다.

이 때, 부처님께서는 게송을 읊으시었다. 이 게송은 부처님 스스로 당신의 생애를 읊은 한 편 뿐인 시로서 매우 중요하다.

나는 나이 29세에
선한 도를 찾아 출가하였다.
수바트라여, 나는 출가한 지
이미 50년이 되었다.
계와 정과 지혜의 행을
혼자서 깊이 생각하였고,
바른 법의 요긴한 점을 설하였다.
이 밖에는 사문이 없다.

눈이 열린 수바트라는 부처님께 사뢰었다.

"세존이시여, 저는 이제 여래의 법에 귀의하여 구족계를 받고자 합니다."

"수바트라여, 다른 종교에서 개종하여 구족계를 받고자 하는 사람은 4개월 동안의 수련을 거쳐야 합니다. 그 기간이 지나 비구들이 행과 뜻과 성격과 위의가 옳다고 동의하면, 출가하여 구족계를 받을 수 있습니다. 그러나 개인의 능력에 따라 내가 고려하는 경우도 있습니다."

"세존이시여, 만약 4개월의 수련기간이 필요하다면, 저는 4년 동안 수련을 하겠습니다. 그런 다음에 비구들의 승인을 받아 구족계를 받겠습니다."

그러나 부처님께서는 아난다에게 곧 출가시키도록 이르시

었다. 그리고 수바트라에게 말씀하시었다.

"나는 아까 사문은 오직 사람의 행에 있다고 말하였습니다."

구족계를 받은 수바트라는 곧 열심히 정진하여 스스로 지혜를 얻었다. 그는 생멸이 이미 다하고, 해야 할 일을 이미 다해 마치었으며, 참다운 지혜를 얻어 다시는 생사에 윤회하지 않게 되었으며, 그리하여 밤이 깊지 않아서 아라한이 되었다. 이 여래의 최후의 제자는 부처님께서 멸도하시기 전에 입멸하였다.

6. 최후의 설법(說法)

그 때, 아난다는 부처님 등 뒤에 서서 평상을 어루만지며 흐느끼고 있었다. 부처님께서는 아난다를 불러 그를 위로하시었다. 그리고 비구들에게 말씀하시었다.

"과거의 모든 부처님을 시봉한 제자들과 미래의 모든 부처님을 시봉할 제자들 모두는 아난다와 같다. 과거의 부처님을 시봉한 제자들은 말을 듣고서야 부처님의 뜻을 알았다. 그러나 아난다는 나의 눈만을 보고도 여래의 뜻을 안다. 또 아난다에게는 네 가지 기특한 일이 있기 때문에 아난다가 잠자코 있어도 비구와 비구니와 우바새와 우바이가 보고 기쁨을 느끼며, 설법을 하면 기쁘게 듣는다."

아난다는 부처님께 여쭈었다.

"세존이시여, 지금 세존께서는 저희들과 함께 계십니다. 그리고 여러 곳에서 장로들과 비구들이 모여와 있습니다. 지금은 여래로부터 여러 가지 가르침을 받을 수 있습니다. 그러나 여래께서 멸도하신 다음에는 여기 모인 장로와 비구는 오지 않을 것입니다. 가르침을 원해도 가르침을 받을 곳이 없게 될 것입니다. 그 때는 어찌하면 좋습니까?"

"아난다야, 너는 걱정하지 말아라. 그 때, 석가모니 부처의 종족인 너희는 모두가 네 가지 것을 생각할 것이다. 첫째는 여래가 태어난 곳을 생각할 것이며, 둘째 여래가 성도한 곳을 생각할 것이며, 셋째는 여래가 법륜을 굴려 설법한 곳을 생각할 것이며, 넷째는 여래가 열반에 든 곳을 생각할 것이다. 너희는 이 네 가지 생각을 하므로 해서 여래를 기억할 것이며, 그 가르침을 기억할 것이며, 부처님의 공덕을 생각할 것이다. 또 사람들은 네 곳에 모여 탑사(塔寺)를 쌓고 예경할 것이다."

또 다음과 같이 말씀하시었다.

"내가 열반에 든 뒤에 모든 석종(釋種)들이 와서 수도하기를 바랄 것이다. 그 때, 그들을 시험하지 말고 구족계를 주도록 하여라. 또 외도들이 와서 수행하기를 바라면 4개월의 시험기간을 거치지 않고 구족계를 주어라. 그것은 그들이 다른 주장을 가졌으므로 조금만 지체하여도 곧 저의 주장을 내세울 것이기 때문이다."

아난다는 부처님께 여쭈었다.

"세존이시여, 천노(闡怒) 비구는 노예 출신으로 처음부터 제 고집대로 행합니다. 부처님께서 가신 뒤에 어떻게 대하는 것이 좋겠습니까?"

"내가 멸도한 뒤에도 천노 비구가 위의를 지키지 아니하고, 가르침과 계율에 따르지 아니하면 중벌을 내려라. 모든 비구들은 그가 무어라 하든 아무런 대꾸도 하지 말며, 서로 오고 가지도 말며, 함께 가르치거나 일하지 말아라."

이 천노 비구는 고집이 세어 때때로 문제를 일으켜 왔다. 때문에 부처님께서는 특별히 지시를 하시었다. 뒤에 아난다가 5백인의 비구와 함께 천노 비구를 문책하기 위하여 그에게 갔을 때, 그는 뜻밖에도 두려운 나머지 기절을 하였다. 깨어난 그는 새 사람이 되어, 열심히 수도하여 아라한이 되었기 때문에 벌을 면하였다.

아난다는 부처님께 여쭈었다.

"부처님께서 멸도하신 뒤에 아직 가르침을 받지 못한 여자는 어떻게 대해야 합니까?"

"서로 보지를 말아라."

"만일 서로 보았다면 어떻게 합니까?"

"함께 말하지 말아라."

"함께 말한다면 어떻게 해야 합니까?"

"마땅히 스스로 마음을 거두어 잡아야 한다. 아난다야, 너는 여래가 멸도한 뒤에는 보호해 줄 스승이 없어 닦은 도를 잃을까 걱정이 되느냐? 내가 지금까지 설한 경과 계는 곧 너를 보호하고 지켜 줄 것이다. 아난다야, 앞으로 사소한 계는 교단의 희망에 따라 없애도 좋다. 그리고 서로 화합하고 예의를 지켜야 한다."

이 사소한 계를 없애라고 한 부처님 말씀의 의도를 알아두지 않았기 때문에, 뒤에 장로들로부터 아난다는 호되게 꾸중을 들었다. 그리고 장로들은 계의 항목 하나도 없애지를 않았다.

부처님께서는 이 비구들에게 말씀하시었다.

"비구들아, 부처님과 법과 승가에 대해 의심이 있거나, 도에 대해 의심이 있는 비구는 마땅히 지금 물으라. 이 때를 놓치면 뒷날 뉘우치리라."

부처님께서 세 번 말씀하시는 동안 아무도 묻는 사람이 없었다. 부처님께서는 부끄러워서 묻지 못하는 사람은 친한 친구를 통해서 물어도 좋으니 물으라고 거듭 말씀하셨다. 그들 가운데는 의심이 있는 사람도 있었을 것이다. 그러나 위대한 스승의 죽음을 눈앞에 두고 슬픔에 젖어 무엇을 물어야 할 지 몰랐을 것이다. 그러나 대부분의 비구들은 흔들리지 않는 믿음을 가지고 있었으므로 잠자코 있었다.

밤은 깊었다. 1천2백의 비구들은 숨을 죽이고 스승의 열반을 지켜보고 있었다. 아니, 자기의 가슴에 치미는 슬픔과 싸우고 있었다. 비구들의 머리에는 보름달이 환히 비치고 있었다. 그 달빛과 같이 끝이 없는 깊은 침묵이 무겁게 내리누르고 있었다.

부처님께서는 조용히 최후의 설법을 말씀하시었다.

"비구들아, 내가 열반에 든 뒤에는 계율을 존중하되, 어둠 속에서 빛을 만난 듯이, 가난한 사람이 보물을 얻은 듯이 소중하게 여겨야 한다. 계율은 너희들의 큰 스승이며, 내가 세상에 더 살아 있다 해도 이와 다름이 없기 때문이다.

청정한 계율을 지닌 비구는 장사를 하지 말며, 하인을 부리지 말며, 짐승을 기르지 말며, 불구덩이를 피하듯이 재물을 멀리하여라. 또 사람의 길흉(吉兇)을 점치지 말며, 주술(呪術)을 부리거나 선약(仙藥)을 만들지 말라. 또 권세를 가진 사람과 사귀어 서민을 괴롭히지 말고, 바른 생각으로 남을 구제하여라. 또 자기의 허물을 숨기거나 이상한 행동과 말로 사람들을 미혹(迷惑)

하지 말라. 음식과 의복 등을 보시 받을 때는 알맞게 받고 축적해서는 아니 된다.

비구들아, 계는 해탈의 근본이니라. 이 계를 의지하면, 모든 선정(禪定)이 이로부터 나오고 괴로움을 없애는 지혜가 나온다. 그러므로 비구들아, 너희는 청정한 계를 범하지 말라. 청정한 계를 가지면 좋은 법을 얻을 수 있지만, 청정한 계를 지키지 못하면 온갖 좋은 공덕이 생길 수 없다. 계는 가장 안온한 공덕이 머무는 곳임을 알아라.

비구들아, 너희가 이미 계에 머물게 되었을 때는 오관을 잘 거두어 오욕에 젖지 않도록 해야 한다. 마치 소치는 목동이 회초리를 쥐고 소를 밭에 들어가지 못하도록 단속하는 것과 같이 하라. 오관은 마치 사나운 말과 같아서, 재갈을 단단히 물리지 않으면 수레를 사납게 끌어 사람을 구렁텅이에 내동댕이칠 것이다. 사나운 말이 끼친 해는 한 때에 그치지만, 오관이 가져온 해는 후세에 길이 미친다.

음식을 받았을 때는 마치 약을 먹듯이 하고, 좋고 나쁜 것을 가리지 말라. 주리고 목마른 것을 채울 정도면 족하다. 낮에는 부지런히 착한 법을 닦아 익히고, 밤에는 경전을 읽으라. 세월을 헛되이 보내서는 아니 된다. 지은 죄를 부끄러워 할 줄 알고, 인욕할 줄 알며, 교만한 마음을 버려야 한다. 아첨하지 말라. 꾸준히 정진하여 자기의 마음을 조복(調伏)해야 한다.

비구들이여, 욕심이 적으면 근심도 또한 적다. 욕심이 많으면 구하는 것이 많으므로 번뇌가 많고 크니라. 만약 고뇌를 벗어나고자 하면 만족할 줄을 알아야 한다. 만족함을 아는 것은 즐거운 일이다. 그러나 만족할 줄을 모르는 사람은 설사 많은 재물을 가

지고 있어도 마음은 가난하며, 만족할 줄 아는 사람은 가난한 듯
하나 마음은 부유하다. 이것을 가리켜 소욕지족(少欲知足)이라고
한다.

비구들이여, 적정무위(寂靜無爲)의 안락을 얻고자 하면 몸과
마음이 한가로워야 한다. 부디 마음 속의 분별과 망상과 밖의 여
러 가지 대상을 버리고 한적한 곳에서 부지런히 정진을 하라. 부
지런히 정진하면 어려운 일이 없을 것이다. 마치 낙숫물이 떨어
져 돌에 구멍을 내는 것과 같이 끊임없이 정진을 하여라. 한결같
은 마음으로 방일(放逸)함을 원수와 도둑을 멀리하듯이 하여라.
나는 방일하지 않았기 때문에 스스로 정각(正覺)을 이루었다.

여래의 가르침은 모두가 지극한 것이니, 너희들은 부지런히
가르침에 따라 행해야 한다. 나는 의사와 같아 좋은 처방을 가르
쳐 준다. 약을 먹고 안 먹는 것은 의사의 허물이 아니다. 나는
길을 가리킬 뿐이다. 가고 안 가고는 너희들의 책임이다.

비구들이여, 이것이 여래의 최후의 설법이니라."

밝은 달빛만이 가득한 허공으로 부처님의 말 소리는 사라져
갔다. 정적은 더욱 무겁게 내리 눌렀다. 모든 것이 멈추어 버린
것 같았다.

7. 대열반(大涅槃)

숲 속의 나무 사이로 달빛이 쏟아지듯 비추고 있었다. 온 세계
가 침묵을 고집하는 것 같았다. 어쩌면 부처님의 말씀이 다시 이

어쩔까 기다리고 있는지도 모르는 숨 죽인 침묵이 계속되었다. 얼마가 지났을까. 아난다가 아주 작은 소리로 아니룻다에게 물었다.
"세존께서는 이미 열반에 드셨습니까?"
아니룻다는 말하였다.
"아직 들지 않으셨소. 아난다, 세존께서는 지금 초선(初禪)과 2선과 3선을 지나 제4선인 멸상정(滅想定)에 드셨습니다. 나는 옛날, 4선에서 일어나, 곧 열반에 드신다는 부처님의 말씀을 직접 들었습니다."
다시 침묵이 흘렀다.
그 깊고 크고 무거운 침묵을 깨뜨리지 않고, 한 사람, 두 사람, 세 사람, 열 사람, 백 사람, 천 사람……, 거기 모인 모든 대중의 가슴 속에 실로 웅장한 원음(圓音)의 교향악이 울렸다. 그 울림은 서로의 가슴에서 가슴으로 전해지고, 신과 하늘에 울리고, 금수와 초목에까지 전해져, 그 소리는 조용한 허공에 울려 퍼졌다. 그것은 비구들의 가슴에 울리는 부처님의 가르침이었다. 소리가 없는 말씀이 비구들의 가슴에서 새롭게 싹터 사자후(獅子吼)하였다. 비구들은 위대한 부처님의 인격을 그리워하고, 부처님의 위대한 가르침과 그 가르침을 목말라 할수록, 그들의 가슴 속 밑은 알 수 없는 슬픔과 함께 그 가르침의 말씀이 생생히 살아나 가슴을 치고 가슴에 울렸다.
갑자기 땅이 크게 진동하고, 커다란 광명이 온 세계를 비추었다. 해와 달이 비추지 못하는 곳까지를 밝게 비추었다.
그 때, 부처님께서는 열반에 드셨다.

8. 부처님 가신 뒤에

　부처님께서 입멸하시자, 비구들은 슬피 울고 몸을 땅에 던져 뒹굴고, 울부짖으면서 슬픔을 억제하지 못하였다. 그 때, 아니룻다는 그들을 위로하며 타일렀다. 그리고 밤이 새도록 설법을 하였다. 이른 새벽에 아니룻다는 아난다를 성으로 보내어, 사람들에게 부처님께서 열반에 드신 소식을 전하게 하였다. 쿠시나가라의 말라유(末那由) 족들은 슬픔을 이기지 못하여 탄식하며 울부짖었다. 아난다는 그들을 타일러 아니룻다와 함께 장례 치룰 준비를 하였다. 그들은 전륜성왕의 장례와 같이 장례를 준비하였다. 그리고 화장을 하기 위하여 불을 붙였으나 타지 않았다.
　말라유 족의 사람들이 이상히 여기자, 아니룻다는 수제자(首弟子)인 대가섭이 부처님을 뵙기 위하여 5백인의 비구들과 함께 이리로 오고 있기 때문에, 마하가섭이 부처님을 뵈올 수 있게 하기 위해서 하늘이 불붙지 않게 한다고 설명을 하였다.
　부처님께서 열반에 드신 지 7일이 되는 날이었다. 마하 가섭은 길에서 니건타(尼乾陀)교도를 만났다. 그는 손에 커다란 만다라꽃을 들고 있었다. 마하가섭은 그에게 부처님의 소식을 물었다. 니건타 교도는 부처님께서 멸도 하신 지 이미 7일이 되었다고 대답하였다. 그리고 그가 가진 꽃도 그 곳에서 얻었다고 말하였다.
　마하가섭과 비구들은 슬퍼하였다. 그러나 일행 가운데 석가족 출신의 발난타(跋難陀) 비구는 말하였다.

"너희들은 걱정할 것 없다. 세존이 멸도하셨으므로 우리는 이제 자유를 얻었다. 그 늙은이는 항상 말하기를, '이것은 마땅히 행하여야 한다. 이것은 마땅히 행해서는 안 된다'고 간섭만을 했다. 지금부터 나는 내 마음대로 할 것이다."

마하가섭은 이 말을 듣고 불쾌하였다. 마하가섭은 부처님께서 가시자마자 교단의 앞날에 있을 불길한 전조(前兆)를 보는 것 같아 마음이 더욱 아팠다. 마하가섭은 곧 길을 재촉하여 쿠시나가라에 도착하였다. 마하가섭은 대중과 서로 인사를 마치자, 부처님을 뵙게 해달라고 아난다에게 말하였다. 그러나 아난다는 전륜성왕의 장례와 같이 겹겹이 싸고 두 겹의 관에 모셨으므로 뵈올 수가 없다고 했다. 마하가섭은 세 번을 청하고 아난다는 세 번을 거절하였다. 마하가섭은 향더미에 싸인 부처님의 관이라도 만지기 위하여 다가갔다. 그러자 관 밖으로 부처님의 두 발이 가지런하게 나왔다. 그 발에는 이상한 빛이 있었다. 마하가섭은 그것을 보고 이상히 여겨 아난다에게 물었다.

"부처님의 몸은 금빛인데, 지금 발이 이상하지 않습니까?"

아난다는 대답하였다.

"어떤 노파가 와서 슬피 울면서 부처님의 발을 만졌는데 눈물이 발에 떨어졌습니다. 그때부터 빛이 달라졌습니다."

마하가섭은 그 말을 듣고 몹시 언짢아 하였다. 마하가섭은 그 발을 향하여 예배를 하였다. 그 때, 사부대중(四部大衆)과 모든 신들이 함께 예배하였다. 예배를 마치자 부처님의 발은 관 속으로 들어갔다. 마하가섭은 예배를 마치고 관을 세 번 돌고서, 부처님을 찬탄하는 게송을 읊었다. 그러자 향나무 더미에서 스스로 불이 일어나 화장을 하였다.

장례를 치룬 다음, 각 나라의 왕들은 군사를 이끌고 와서 사리를 얻어가려고 하였다. 처음 그들은 쿠시나가라의 말라유 족 왕에게 부처님의 사리를 나누어 주면, 자기네 나라에서 가장 귀중한 보배를 나누어 주겠다고 하였다. 그러나 말라유 족은 내 나라에서 열반에 드셨으니, 오직 말라유 족만이 봉안하고 공양해야 한다고 고집하였다. 쿠시나가라의 왕과 백성들은 싸워서라도 사리를 지키겠다고 하였다. 사리 때문에 전쟁이 곧 터질 것 같았다. 그 때, 향성이라고 하는 바라문이 중재하여 사리는 8분되었다. 각 나라의 왕들은 만족하여 돌아갔다.

부처님께서 열반하신 뒤에, 마하가섭을 비롯한 비구들은 슬픔에만 잠겨 있지 않았다. 그들은 처음에는 힘을 잃고 실의(失意)에 빠져 있었다. 그러나 곧 힘을 회복하였다. 부처님의 가르침을 기억하기 때문이었다. 그들은 부처님께서 열반하신지 3개월 뒤에 모임을 가졌다. 장로 비구 5백인이 모인 이 모임에서 마하가섭은 교단의 우두머리로 추대되었다. 마하가섭의 지시에 따라 그들은 부처님의 가르침을 후세에 전하는 작업에 착수하였다. 아난다는 경을 외우고, 우파리는 계율을 외워 5백의 장로 비구의 동의를 얻어 확정짓는 대장경(大藏經)의 결집(結集)이 시작되었다.

실로 이들이 아니었다면, 오늘 우리가 어떻게 부처님의 법해(法海)에 젖을 수 있었겠는가.

위대한 스승에 실로 위대한 제자들이었다.

　　나무 불(南無佛)

　　나무 법(南無法)

　　나무 승(南無僧)

불광출판부에서 펴낸 불서(佛書)들

불광출판부에서는 불교신행생활에 지침이 되는 불교경전을 평이한 오늘의 언어로써 쉽게 설명하여 발간하고, 선사(先師)들의 가르침을 통해 우리의 믿음이 자랄 수 있도록 적합한 내용을 선정하여 부처님의 말씀을 오늘의 생활인에게 직접 이어주며, 우리의 생명에 불멸의 불꽃을 지펴줄 책들을 출판하고 있습니다.

불광 불학총서

삼국시대 불교신앙연구 ─── 1
김영태 지음

한국불교사를 명쾌하게 꿰뚫어 온 김영태 교수가 우리 불교사에 있어 새벽녘에 해당하는 삼국시대 불교신앙에 대한 자신의 연구논문들을 다듬어 한 권의 책으로 엮었다.
저자는 머리말에서 "오늘뿐 아니라 영원히 내일에로 뻗어나갈 이 땅의 불교는 분명히 그 연원이 있고 맥이 있기 때문에 헛수고를 하는 한이 있더라도 그 줄기를 찾고 뿌리를 더듬는 일손을 멈추어서는 안되리라."고 하면서 끊임없는 학문에의 열정을 보이고 있다.
불교의 전래와 신주(神呪)·미타·미륵 법화경교·관음신앙과 서민들의 불교신앙, 현겁천불신앙 등을 총망라하였으며 별편으로 삼국시대 불교관계 논문을 5편 수록하여 당시 불교신앙의 체계적인 이해를 돕고 있다.

한국밀교사상사연구 ─── 3
서윤길 지음

불교의 교설 중에 가장 깊고 높아 그 경지에 도달한 자 이외에는 알 수 없다는 밀교, 밀교는 한국불교사에서도 크나큰 비중을 차지하고 있다. 그럼에도 불구하고 밀교에 대한 연구서가 거의 없는 실정이다.
이러한 상황에서 한국밀교의 사상·신앙·교단·의식 등 다양한 측면을 역사적으로 서술한 이 책은 불교학의 발달에 큰 계기가 될 것이다.
제1장 한국밀교사상사 서설에는 밀교사상을 전반적으로 개괄하여 뒷장의 전문적인 연구논문의 이해를 돕고 있다.
제2장 신라시대편에서는 '의림선사와 그의 밀교사상', 제3장 고려시대편에서는 '고려건국의 밀교적 이념'과 '정토와 천태의 밀교적 수용, 제4장 조선시대편에서는 밀교전적의 개판(開版) 성행 등을 밝혀 한국불교에 있어 밀교의 당당한 위치를 자리매김하고 있다.

고려밀교사상사연구 ─── 4
서윤길 지음

밀교에 대해 깊이있게 연구하고 강의해 온 서윤길 교수의 박사학위 논문집을 증보 수정하여 엮어낸 본격적인 고려 밀교 연구서.
고려건국의 밀교적 이념, 도선 비보사상의 연원, 제석사상과 그 신앙의 고려적 전개, 구요신앙과 그 사상원류, 신인 총지종의 개입과 전개, 밀교적 제종의례의 개설, 정토와 천태의 밀교적 수용 등을 살펴봄으로써 고려 밀교의 사상과 발전상을 규명해 놓았다.
이외에 부록으로 고려 유가·율·신인 등 제종의 성립과 그 전개, 고려말 임제선의 수용, 고려불교사 개관을 부록으로 실어 고려불교의 체계적인 이해를 돕고 있다.
필자는 "고려시대의 밀교를 이해하지 못하면 한국불교사의 완벽한 정립은 물론이요, 고려에 있어서의 불교를 위시한 정치적, 사회적 사상의 완벽한 정립까지도 불가능함"을 밝히며 후학들의 관심을 촉구하고 있다.

불교철학의 한국적 전개 - 6
서경수 지음

이 책은 고대 인도불교의 중요성과 용수의 卽·中논리 및 근대 한국불교 연구의 개척 등에 학문적 업적을 쌓아 올렸던 서경수 교수의 최초 논문집이자 유고집이다.
크게 Ⅰ부와 Ⅱ부로 나뉘어, Ⅰ부「불교의 논리와 윤리」에서는 초기 경전에서의 윤리문제와 우리나라에 전래된 이후 초기에 가졌던 역경의 문제, 한국인에 미친 윤리관 등이 수록되어 있다. Ⅱ부에서는 불교전래 초기의 우리나라에 있어서 교단형성의 문제에서부터 근세 일제침략기 우리 불교의 모습에 이르기까지 우리 불교사를 한눈에 바라볼 수 있도록 알기 쉽게 정리하였다.
불교와 우리 불교현실을 새삼 되돌아 보게 하는 역저로 읽는 이의 가슴에 깊게 새겨질 것이다.

근본불교의 가르침
아함의 중도체계 ─── 7
이중표 지음

현대는 갖가지 종교와 사상이 각기 다른 진리를 주장하며 대립하는 혼돈의 시대라 할 수 있다. 이처럼 진리의 개인주의 시대에서 자유를 보장하면서도 역사와 시대와 개인을 초월하는 보편타당한 진리는 없을까?
저자는 불교의 역사속에서 이같은 진리가 반드시 있을 것이라는 신념을 얻은 바 부처님이 제시한 가치의 세계를 밝혀 나가고 있다.
근본불교의 가르침을 구체적으로 살핀 이 책은 아함의 중도체계, 중도의 인식론적 체계, 중도의 존재론적 체계, 중도의 가치론적 체계를 연구, 부처님이 깨달은 진리는 이 세계는 우리의 마음에서 연기하고 있다는 연기법임을 결론짓고 있으며 불교가 이 시대 현대철학의 제 문제를 해결하는 가장 현실적이고 능동적인 사상임을 천명하고 있다.

민족정토론 ─── 8·9·10
1 민족운동
2 경제운동/근간
3 교육운동/근간
김재영 지음

우리민족이 당면한 사회과학적 문제들 즉, 분단과 외세의 문제, 노사간의 갈등 등 암울하고 혼란스럽게만 보이는 제반문제들을 풀어나가는 데 있어 어떠한 자세와 입장을 견지해야 할까?
우리사회의 변혁논리가 해묵은 종속이론이나 계급이론 해방신학의 차용논리가 되어서는 안 된다는 반성으로부터 필자는 그 대안논리를 불교에서 찾는다. 이것은 또한 역으로 사회현실에 둔감했던 불교의 실천운동에 대한 반성의 출발점이기도 하다.
필자는 이 책을 통해 역사속에서 불교가 사회실천운동으로 작용했던 사례들과 근현대사에 있어서 민족자주운동의 의미를 객관적으로 밝히고 그속에서 형성되는 불교의 사회정치적 이념과 그 구체적 실천방안을 진정한 민족주의적 입장에서 제안하고 있다.

원시불교 원전의 이해 ─ 11
최봉수 지음

불교의 방대한 원전 중에서도 원시불교 원전으로는 팔리 5 니카야와 팔리 율장을 들 수 있다. 이 책 『원시불교 원전의 이해』는 1차 원전인 범어와 팔리어로 된 원전에 초점을 두고 그 이해와 관심을 촉구, 우리 말 언중과 불교와의 만남을 보다 쉽게 하여 불교의 실질적인 대중화를 꾀하고 있다.
원전들이 지니는 가치를 공감해 보고, 원전을 본격적으로 이해하기 위한 방법론 특히, 불교술어의 한글 옮김에 초점을 두어 인시설 술어, 음사 술어, 교리 술어 등에 대한 한글 옮김의 방법론을 음미한다. 이어 인접하는 문헌들과의 비교, 장니카야, 중니카야, 상융니카야, 증지니카야, 소니카야의 팔리 5니카야 및 율장 전체에 대한 개설을 시도하여 그 전모를 어느 정도 파악 할 수 있게 했다. 아울러 방대한 경전을 어디에서부터 어떻게 읽어야 하는가에 대한 일말의 해결점을 제시해 주고 있다.

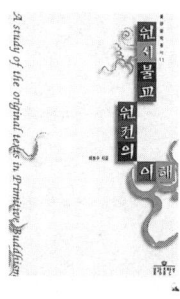

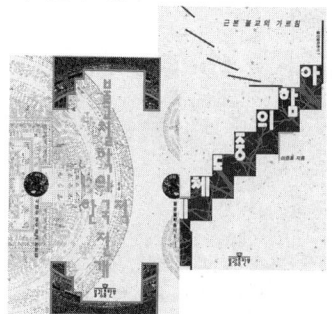

불광 선문총서

六祖壇經 ──────── 1

육조혜능대사 어록 · 광덕 역주

육조단경은 동토선맥의 주봉이라 할 육조혜능대사의 직설법어록으로 대사의 생애와 중심사상을 담고 있다. 육조 혜능대사는 이 단경에서 '자성(自性)' 즉 진불(眞佛)' '견성(見性)' 즉 광명지혜신(光明智慧身)' '국토장엄과 생명의 실현' 등 '긍정과 동(動)의 진리'를 밝혀 보이고 있다.

이 책은 바로 불조의 골수를 직접 들어 보이고 근원을 바로 파헤쳐 지엽이 없으며, 불불(佛佛) 조조(祖祖)가 전할 수 없는 묘리를 만인 면전에 맞들어 댄 법문인 것이다.

禪關策進 ──────── 2

운서주굉 지음 · 광덕 역주

이 책은 중국 명나라 말에 항주 운서산에 일대 총림을 창설하여 크게 종풍을 떨친 운서주굉 스님이 참선하는 이의 채찍이 되고 거울이 되는 조사법어를 모아 편찬한 것이다.

내용을 살펴보면 첫째 황벽 스님 이하 역대조사의 법을 39문 수록, 둘째 공부하신 이야기 24조, 셋째 여러 경론 중에서 참선 학도에 긴요한 대문을 간추려 모았다. 그리고 그 사이사이에 운서주굉 스님이 스스로 평을 가하였는데 실로 구구절절한 명문이 배우는 이들의 눈을 열어 주고 있다.

옛부터 널리 내외 제방 총림에서 선가(禪家)의 입문제일서로 중용된 이 책은 인간진리를 밝혀 인간회복을 완성시키는 참선의 실제 길잡이로 선입문자에 있어 더함없이 좋은 지침서이다.

禪宗永嘉集 ──────── 3

영가현각 지음 · 혜업 역

이 책은 육조 혜능대사의 법제자인 영가현각 선사가 후인들을 위하여 찬술한 법문으로서 불교의 핵심이 되는 계정혜 삼학을 바탕으로 하여 깨달아가는 수행방법을 십단의 문장으로 나누어 상세하게 분석 설명한 글이다.

영가 스님은 머리말에서 "궁구함은 현실에 있으니 현실이 곧 진리임을 알아야 한다."고 말하면서 열 가지 문을 열어 하나하나를 짚어가고 있다.

제1과에는 누구나 수도코자하면 먼저 입지를 굳게 해야한다고 하였으니 입지는 참선 중에 대신근(大信根)을 말함이요, 제10과에는 세세생생에 항상 불법을 만나 삼보를 공경하여 범행을 닦아 밝은 선지식을 따르며 모든 중생들이 함께 불도를 이루어지이다고 간절한 발원을 하고 있는 이 책은 편편마다 마음 찾는 방법이 펼쳐져 있다.

金剛經五家解 ──────── 4

무비 역주

불교의 가장 깊고 오묘한 진리를 담고 있는 금강경은 자신 안에 깃든 인간의 진실 생명력을 발휘하여 지혜와 대자비의 물결을 온 세상에 보내는 행동적 실천을 설한 불교의 진수이다.

규봉, 육조, 부대사, 야부, 종경 큰 스님의 주해에 조선초 함허 스님이 설의를 붙인 금강경오가해는 금강경의 깊은 뜻을 이해하는 데 없어서는 안될 필독서이다.

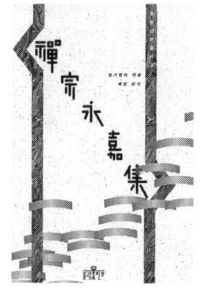

금강경의 사상과 내용을 가장 잘 해석해 놓은 금강경오가해를 무비 스님께서 스님들 뿐만 아니라 일반 불자들의 혜안을 열어 주기 위해 쉽게 번역, 현대적 언어로 설의를 붙였다.
한문본과 한글본을 한눈에 볼 수 있도록 새롭고 참신하게 편집한 이 책은 금강경을 공부하는 이들에게 좋은 길잡이가 될 것이다.

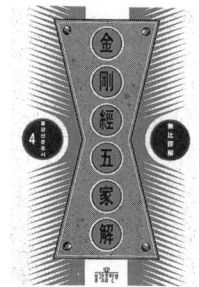

고봉화상
선요(禪要)·어록 ─── 5
고봉원묘선사 어록·통광 역주
참선은 마음 밝히는, 모든 수행 가운데 으뜸이다. 그래서 오늘도 제방의 선원에서 불철주야 용맹정진 하는 납자들이 많다.
송말원초(宋末元初)의 고봉원묘선사가 참선에 대해 자세히 설명하고 있는 이 책은 실참실오(實參實悟)에 의한 간화선의 요체이며, 선문납자의 정안(正眼)을 열어주는 지침서이다.
강원의 사집과 교재로서도 쓰여지는 등 선수행의 길잡이로서 톡톡한 역할을 해왔다. 선(禪)을 닦고, 마음을 안정시키려는 분은 반드시 이 책을 읽을 필요가 있다.
특히 이 책은 '선요' 외에도 염고(拈古)·송고(頌古)·게송·소불사(小佛事)·불조찬(佛祖讚) 등을 함께 실어 활발발한 선사의 진면목을 두루 살펴볼 수 있다.
온갖 심혈을 기울여 국역한 통광 스님께서는 "선요가 단순한 강원교재의 차원을 뛰어넘어 오늘을 사는 우리들의 정신세계에 등불이 되었으면 더 바랄 것이 없다."고 밝히고 있다.

禪門鍛鍊說 ─── 6
회산계현 지음·연관 역주
명나라 순치 년간에 선학(禪學)을 창도하는 한편 계율을 널리 전하여 도예(道譽)가 자자한 회산 화상(晦山和尙, 1610~1672)의 역저.
선문단련설은 손자병법의 체제를 본따 견서인고(堅誓忍苦), 변기수화(辨器授話) 등 13편으로 나누어 선중(禪衆)을 단련하는 방법을 밝힌 정심저작(精心著作)으로서 선림(禪林)의 이론적인 강령을 정리하면서 동시에 신랄하게 당시의 유폐를 지적하였다. 회산 화상은 "지위와 이름을 도적질한다는 조롱을 받지 않으려거든 반드시 큰 서원을 세워 고통을 참고 선중(禪衆)을 단련하라."고 일침을 가하고 있다.
한편 이 책에는 서촉야납 지철(智徹) 스님의 선종결의집(禪宗決疑集)과 대혜보각 선사 종문무고(大慧普覺禪師 宗門武庫)를 함께 수록하고 있다. 선종결의집은 화두를 참구하는 학인들의 집착과 의심을 명쾌하게 풀어주고, 근본을 가리켜 진리에 돌아가는 방법을 옛 선지식들의 일화를 통해 간단명료하게 제시하고 있다.
대혜보각 선사 종문무고는 선사께서 고인의 행리행록(行履行錄)을 들어 대중에게 보인 것을 그의 제자 도겸(道謙)이 모은 것이다. 114여의 이야기 가운데에는 대개 임제종장의 접물이생(接物利生)의 인연과 오도의 정수와 종횡무진한 기변을 보이고 있는데, 종문(宗門)의 향상사(向上事)를 밝힌 것이다.

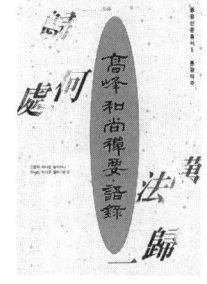

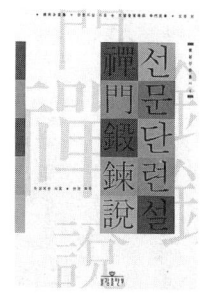

수미단 ——— 1
관조 스님 사진집

불교장엄목공예의 정수인 수미단의 아름다움을 한국에서 최초로 영상화한 관조 스님 사진집.

부처님을 모시는 장방형의 수미단은 수미산을 상징하는 도상들과 문양이 새겨져 있는 장엄물로서 불교의 정신세계를 총체적으로 보여 주고 있다.

온 우주의 중심인 수미산에 등장하는 연꽃, 모란, 코끼리 등의 갖가지 동식물과 용, 가릉빈가, 아미타어 등 상상의 동물이 부처님을 찬탄 공양하는 환희와 법열의 세계를 담고 있는 수미단.

불교사상을, 때론 민족신앙과 습합되어 독특한 표현기법으로 섬세하게 조각돼있는 수미단을 본격적으로 영상화한 이 책은 불자들 뿐만 아니라 전통 목공예를 계승 발전시키는 이들에게도 시사하는 바가 크다고 할 수 있다.

꽃을 드니 미소짓다 ——— 2
동욱 스님 연꽃 사진집

진리로 피어나는 연꽃의 아름다움을 한눈에 볼 수 있게 편집한 동욱 스님 연꽃 사진집.

연꽃만큼 불교의 교리에 잘 부합하는 꽃이 없다. 연꽃의 줄기는 우주의 축을, 연밥의 9개 구멍은 구품을, 3개의 연뿌리는 불법승 삼보를 의미하기도 한다. 연꽃은 우주삼라 만상을, 진리를 상징하는 불교꽃으로 아주 오랜 옛적부터 많은 사람들의 사랑을 받아왔다.

그럼에도 불구하고 연꽃을 생생하게 영상화한 본격적인 사진집이 없는 국내 현실에서 동욱 스님이 지난 십수년 동안 심혈을 기울여 영상화한 연꽃 사진집은 참으로 값지다. 청정신심이 되살려지는 감동의 영상. 한 장 한 장 넘기면서 천차만별의 연꽃들이 온통 우주를 덮으면서 하나의 영원한 부처님의 미소로 나투는 무언의 설법 속으로 새록새록 젖어들 것이다.

티베트 불교의 역사와 문화
환생 ——— 3
한·티 교류협회 엮음

신비의 나라 티베트. 관음보살의 화신이라 추앙받는 승왕 달라이 라마를 중심으로 전 국민이 불교를 숭상하며 인류의 평화와 순수한 불교전통을 상징하는 곳. 그 곳에서는 아직도 믿지못할 일들이 벌어지고 있다.

그중에서도 달라이 라마의 왕사였던 링 린포체의 22번에 달하는 환생기록은 불교의 윤회관을 드러내 놓는 단면이다.

이 사진집은 바로 그 링 린포체의 환생의 기록이며 윤회의 실증이다. 티베트 망명정부로부터 직접 제공받은 사진자료와 자세한 설명이 인과응보의 윤회사상을 이해하는데 큰 도움이 되고 있다.

영겁의 미소 ——— 4
안장헌 사진집

깊은 산속 거대한 마애불의 유쾌한 웃음, 황량한 절터를 지키는 돌부처의 티없이 맑은 천진무구한 웃음, 근엄하면서도 빙그레 미소지으며 반기는 법당 안의 불보살님, 동네 안 한모퉁이에 계신 미륵님의 싱거운 웃음, 금강역사 사천왕상의 득의만만한 미소….

20여 년간 전국 방방곡곡을 다니며 부처님 미소를 찾아온 안장헌 선생님의 작품중에서 좋은 미소상 100여 점을 가려뽑아 시대별로 묶었다.

이 사진집에 수록된 미소상을 통해 영겁에서 영겁으로 전해지는 부처님의 숨결과 우리민족의 심성이 고스란히 가슴으로 전해지는 감동을 받게 될 것이다.

끝없는 구도의 땅-티벳 - 5
홍순태 사진집

중국의 서남부 고원지대에 위치한 티벳은 히말라야를 비롯하여 곤륜산맥, 영정산맥, 고비사막 등에 둘러싸여 있으며, 그 장엄하고 웅장한 초자연적인 원초적 경관은 보는 사람들을 압도시킨다.

평균 고도가 높아 비록 평지라고 하더라도 공기 중의 산소가 희박하고, 수분이 적으며 강렬한 일조권과 평균 강우량이 극히 적어서 전 국토가 거의 불모지에 가깝다. 게다가 현재 중국의 압박을 받고 있다. 그러나 이러한 악조건 하에서도 그들이 굳건하면서도 티없이 순박하게 살고 있는 것은 불교와 달라이 라마에 대한 믿음 때문이다.

이 책은 불교와 달라이 라마에 대한 믿음, 그리고 구도없이는 도저히 살아갈 수 없는 끝없는 구도의 땅 티벳의 웅장하고 초자연적인 경관과 생활상, 그리고 종교와 문화를 생생하게 담은 국내 최초 티벳 사진 영상집으로 작가 홍순태 교수는 일반인들이 쉽게 가지 않는 특별한 루트를 통해 티벳을 횡단하면서 티벳 내륙의 깊은 곳까지를 아름다운 사진 영상에 담아 보여주고 있다.

月窓佛心

두메산골 앉은뱅이의 기원 ── 1
이남덕 지음

70평생을 학문과 교육에 몸담아 왔던 이남덕 교수가 정년 후 포천 죽엽산 아래 말구리 마을에서 스스로의 삶과 우리사회에서 벌어지는 여러 가지 사건들을 고희(古稀)의 혜안으로 바라보며 적은 칼럼집.

불교를 통해 체득하게 된 동양적 휴머니즘과 유심론적 자연관 그리고 해박한 지성, 깔끔한 언어구사를 통한 강직한 민족주의적 자세의 견지는 잔잔한 가운데 큰 힘을 불러 일으키고 있다.

일상생활 속에서 깨달음의 빛을 찾아내고 이 시대의 아픔을 부처님 마음으로 다독여 주고 있는 이 책을 읽는 동안 독자들은 새롭게 태어나는 자신을 발견하게 될 것이다.

바람이 움직이는가 깃발이 움직이는가 ── 2
송석구 지음

동국대 철학과 교수로서 후학을 양성하는 한 편 신행법회의 회장으로 불제자의 길을 믿음직스럽게 걸어가고 있는 송석구 교수가 그동안 각 지상에 발표했던 글을 모았다. 제1장 행복의 창, 제2장 자비의 뜰, 제3장 지혜의 샘으로 나뉘어 편집된 이 책은 진정한 행복은 무엇인가, 어떻게 살아야 할 것인가, 21세기를 향한 불교의 역할, 동서철학의 한계 등 개인과 사회, 종교, 철학 등을 총망라하여 제시, 삶의 질적인 변화를 추구하고 있다.

저자는 머리말에서 "마음이 주인공이라는 진리를 알기 위해 썼던 글들을 모았다. 그저 읽어가면서 이 심전심으로 계합되어 마음의 청정도량 찾기를 바랄 뿐이다."라고 하며 오직 눈에 보이고 접촉되고 들리는 것만이 있는 것으로 착각하며 살아가는 현대인들을 일깨워주고 있다.

연꽃의 사연 ── 3
이병주 지음

이 책은 두보시(杜甫詩)연구의 한 우물로 우리 한문학계의 맥을 잇고 있는 석전(石田) 이병주 교수의 감칠맛 나는 인생 이야기이다.

이 책을 통해 우리는 잊혀져 가는 낱말을 즐겨쓰고 독특한 행문(行文)을 고집하는 까다로운 문체를 접하게 되며 우러날 듯 맛지고 의미깊은 삶의 지혜를 흠뻑 맛볼 수 있다.

제1장 연꽃의 사연, 제2장 믿음이 있는 곳에, 제3장 시가로 읽는 삼보의 울력으로 편편이 엮어진 글을 통해 문학과 불교가 만나는 곳에서 진지하게 자신의 삶을 회고하고 신심있는 불자로서의 자세를 가다듬게 될 것이다. 그리고 차분한 마음가짐과 문학에 대해, 불교에 대해 남다르게 갈고 다듬는 저자의 돈독한 애정을 가슴 가득 새겨볼 수 있다.

하산(下山), 그 다음 이야기 ── 4
권경술 지음

법학자이자 승속(僧俗)을 넘나들며 불교의 심오한 사상을 배워 실천하는 권경술 교수의 풋풋한 삶의 이야기.

순수하고 소중했던 유년과 청년시절의 저자의 뜨거운 가슴속에 녹아들었던 꿈과 이상, 사랑과 종교를 향한 구도열이 담백하게 피력되고 있다.

자연속에서, 인간속에서 언젠가는 인류 모두가 삶의 고해(苦海)를 벗어나 영원한 자유에 이르기를 기원하는 저자의 진지한 소망과 신념이 인간 서로서로를 잇는 '따뜻한 연민의 정'으로, 동업중생의 평등한 의식으로 실현되길 기원하며 이 책을 통해 우리 모두 어린 시절의 소중한 기억, 잃어버린 동심을 찾을 수 있을 것이다.

붓다의 메아리 ── 5
강건기 지음

이 책은 전북대학교 교수로 있으면서 지역불교 활성화를 위해 5년 전부터 전북 불교대학을 열어 부처님께 진 빚을 갚기에 여념이 없다는 강건기 교수의 글모음집이다.

부처님과 더불어 하나된 원음(圓音)의 삶, 동체자비의 삶이 가장 우리다운 인생살이임을 이야기하고 있는 이 책은 저자의 지난 10여 년 동안 불교계 신문이나, 잡지, 방송을 통해 발표된 내용을 간추려서 엮어 놓았다.

제1장 불교사상에 관한 내용을 모은 '붓다의 메아리', 제2장 현대사회속에서 우리의 신행문제를 다시금 재조명할 수 있는 '시대의 등불로 피어나라', 제3장 한국불교사상 및 결사관계에 관한 내용의 '이 땅에 가득한 부처님 말씀', 제4장 미국에서의 불교, 우리것의 재인식 등을 내용으로 한 '새로운 삶의 길', 마지막 제5장 '하나인 세계를 위하여'로 구분하여 엮었다.

청보리 총서

내 아픔이 꽃이 되어 — 3
김재영 지음

우리 십대들만이 가지는 슬픔. 어른들은 성숙의 과정이라 쉽게 치부하지만……. 우리나라 청소년 문제는 단지 청소년만의 문제가 아니다. 이 책은 십대들만의 시리도록 아픈 사연, 맞닥뜨려 있는 고통과 절망을 현직교사인 필자의 따사로운 관심과 애정으로 지혜와 희망의 꽃으로 바꾸어 나가는 노력의 결과다. 풋풋한 사랑을 지니고 고민을 집요하게 풀어나가려는 십대들에게 꼭 권하고 싶은 책이다.

꿈 나 무

구름 위의 연꽃나라 — 1
이민진 지음 · 성륜 스님 그림

이 책은 운문사 승가대학을 졸업한 비구니 학인 스님들(아동복지시설인 대자원 어린이들을 위해 운문사 승가대학 28회 졸업생, 26명의 스님들이 만든 '나누는 기쁨 장학회' 회원)이 만들어준 동시집이다.
부모와의 짧은 인연에 대한 슬픔도, 부처님과의 대화도 다 아름다운 시로 노래하는 작은 꼬마 시인 민진이.
비록 어려운 환경에 살지만 결코 슬프거나 어둡지 않은 민진이의 동심(童心)속에서 우리는 부처님 마음을 온전히 읽을 수 있을 것이다. 이 책에 실린 123편의 민진이 동시집 속의 그림은 성륜 스님이 기쁜 마음으로 그려주셨다.

착하고 슬기로운 어린이를 위한
연꽃들의 모임 — 2
불광출판부 펴냄

모든 세상이 부처님 진리의 세계인 연꽃마을이 되기를 바라면서 끝없이 쉬지 않고 연꽃을 띄워 보내는 연꽃마을 이야기로 시작되는 이 책은 본격 어린이 법회 교재이다.
부처님을 믿는다는 것은 연꽃회원이 하는 일, 어린이 오계 발원문, 예불문, 천수경, 포살, 부처님의 일생과 가르침, 부모님의 열 가지 은혜, 기초 교리, 찬불가 등을 법회 순서에 맞게 배열하여 편집했다.
예쁜 그림과 함께 쉽고 재미있게 엮은 이 책은 어린이들을 맑고 밝게 성장시키는 어린이법회 지도교사들의 고민을 해결해주는 좋은 교재이다.

달공거사
부처님이 좋아요 — 3
이정문 글 · 그림

20세기는 스크린과 TV에 의한 시각의 시대라고 한다. 이미 오백여 년 전 중국에서는 불경에 알기 쉬운 그림을 첨가하여 법회를 열었던 기록이 있기도 하다. 이러한 시대적 역사적인 요구는 현대에 있어 '만화'라는 형태로 재확인되고 있다고 본다.
하기에 그동안 「불광」을 통해 재치있고 유머러스한 모티브로 편안한 신심을 불어 넣어왔던 「달공거사」를 한 편의 책으로 엮어 보았다.
만화의 대상이 이미 청소년은 물론 기성세대 전반에까지 확대된 요즘 우리의 문화 현실 속에서 이 책은 건전한 웃음과 해학 그리고 그 속에 오롯이 깃든 뼈있는 법어를 독자들에게 전달해 줄 것이다.

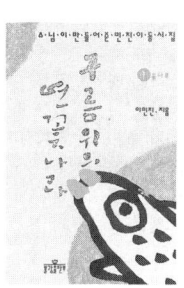

佛光古典

竹窓隨筆 ——— 1
운서주굉 지음·연관 옮김
중국 항주 운서산에 일대 총림을 창설하여 크게 종풍을 떨치며 계율의 부흥과 정토 법문의 제창, 방생을 권장하는 등 선과 염불과 계율에 두루 관심을 갖고 활약한 운서 주굉 스님의 수필집.

만선동귀집 ——— 2
영명지각 선사 술·일장 역
북송 초 선종 중흥시대의 대표적 종장인 영명지각 선사가 실다운 수행의 새로운 활로를 열기 위해 저술한 법문집. 선(禪)·교(敎)·정업(淨業) 등을 두루 망라하여 실천수행방법을 제시해 놓고 있으며 만행(萬行)이 오직 일심(一心)을 증득하기 위한 것임을 보인 이 책은 오늘날의 교단 상황을 볼 때 더욱 절박하게 다가온다.

보리수 총서

경전의 세계 ——— 1
불광교학부 엮음
국내 석학 대덕 73인이 집필한 44경에 대한 해설서. 장경의 본연·아함·반야·법화·화엄·보적·열반·대집·경집 등 주요 경전이 담고 있는 사상과 구조와 내용을 소개하고 있다.

반야경의 신앙 ——— 2
혜담지상 지음
『대품반야경』을 중심으로 신앙적인 측면에서 반야바라밀을 어떻게 구하고 신앙할 것인가. 관계 경전을 번역하고 이에 대한 연구논문을 싣고 있어서 반야바라밀 신앙을 이해하는데 좋은 지침서가 될 것이다.

俱舍論大綱 ——— 3
梶川乾堂 지음 · 明星 옮김
아비달마 구사론은 불멸 후 900년 경에 출생한 세친(世親)이 상좌부 계인 설일체유부의 교리를 요약하여 자해(自解)를 섞어서 쓴 것이다. 편편마다 제법무아의 교의를 개시(開示)하고 있는 아비달마 구사론은 총명론이라 하여 불교도 뿐만 아니라 외도들도 연구한 대표적인 논서이다. 구사론의 사상을 체계적으로 엮어놓은 일본학자 梶川乾堂의 『구사론대강』을 운문승가대학장 명성 스님이 번역, 경학을 연구하는 후학들의 기본교재가 되고 있다.

나룻배와 행인 ——— 4
동봉 지음
이 책은 첫 출가한 사미 스님들이 강원에서 처음 배우는 계초심학인문·발심수행장·자경문·사미율의·치문과 사집과에서 배우는 대혜서장·고봉화상선요·법집별행록절요병입사기·선원제전집도서 등과 대승기신론소 강의본을 실었다.

불교임상심리학 ——— 6
오까노 모리야 지음·일진 옮김
왜 이 세상은 온갖 문제와 혼란과 고민에 싸여 있는가? 어떻게 하면 그러한 고민을 극복하고 훌륭한 인생을 보낼 수 있을까? 과연 이 지구는 그대로 반짝이는 별로서 모든 부처와 보살이 모인 파라다이스가 될 수 있을까?
이러한 문제의식을 기독교 신학, 선(禪), 종교철학, 프로이트와 융, 대뇌생리학·동물행동학·생체학·인류학 등에 관한 공부를 통해 방법을 모색해왔던 저자가 마침내 불교 유식(唯識)과의 만남을 통해 그 문제를 풀었다.
유식학의 기본 문헌인 유식 30송을 필자 나름대로의 현대적 언어로 엮어놓은 이 책은 인간의 근본 번뇌, 무명(無明)의 절망적인 수준까지 깊이있게 응시할 뿐만 아니라 인간에게는 본래 미래를 향한 잠재적 가능성이 숨어 있다는 것을 구조적으로 밝히고 있다. 아울러 유식에 대한 명쾌한 이해와 설명, 서양 심리학과의 연결을 모색하고 있어 한층더 불교를 쉽게 이해할 수 있게 한다.

불교상담심리학 입문 — 7
서광 지음

오늘날 현대인들이 당면하고 있는 개인적, 집단적 위기를 인식하고 그것을 극복하는 방법으로 동양종교, 특히 불교의 핵심사상들을 서양심리학과의 접근형태로 재조명한 이 책은 현실적응에 초점을 맞추는 소극적이고 근시안적인 상담에서 벗어나서 문제의 예방과 나아가서 문제해결의 방향을 한층 더 고차적인 자기초월의 세계로 안내한다.

이 책의 저본은 인도의 라마크리쉬나 교단의 요가수행자인 아킬란다의 저서 『힌두심리학(Hindu Psychology)』를 주로 참고 했으며, 오까노 모리야의 『트란스퍼스널 심리학』과 그외 심리학 개론서와 요가 입문서 등을 참고 했다.

편저자 서광(瑞光) 스님은 효성여대와 이화여자대학원에서 심리학을 전공하였으며, 운문사 명성 스님을 은사로 득도, 현재 만덕사에서 수행정진 중이다.

유식학 입문 — 8
오형근 지음

불교학설 가운데 가장 이론적이고 체계적인 유식학은 오늘날의 심리학과 인식론의 성질과 비슷하다고 해서 불교의 심리학 또는 불교의 인식론이라고 불려지기도 한다. 모든 것은 오직 마음에 의하여 창조되어진다는 유식학의 근본사상은 대승불교의 유심사상이며 연기사상이기도 하다. 불교를 제대로 이해하기 위해서는 반드시 유식학을 공부해야 하는데 유식학의 거장 오형근 교수가 저술한 이 책은 유식학을 체계적이면서도 쉬운 용어로 풀어쓴 것으로서 입문자들의 친절한 길잡이다.

대품 마하반야바라밀경
(上)·(下) —— 9·10
혜담 지상 지음

'부처님의 근본정신으로 돌아가자'는 새로운 불교운동의 선구경전이 반야경이다. 대승불교의 가장 기본적인 교학인 공사상(空思想)을 전부 포함하고 있는 반야경은 나른 어떤 경전보다도 중요하다.

이러한 반야경 가운데 대품반야경은 원시반야경에서부터 설해진 반야바라밀·공(空)·무자성(無自性)·보살마하살·육바라밀·대승·이타행·재가적 성격·경전의 독송 및 타인을 위해서 설하는 공덕·반야바라밀염송의 공덕·경전공양의 공덕·삼매 등에 관해 빠짐없이 설하고 있다. 대품반야경을 온전히 번역한 혜담 스님은 "반야바라밀을 단지 글로써 책으로 만들어 집에서 공양만 하더라도 사람이나 혹은 사람이 아닌 것이 해를 끼치려고 해도 그 기회를 얻을 수 없다."고 설한 경전 말씀을 인용하면서 중생들에게 많은 이익을 안겨주는 대품반야경이 널리 유포되길, 그 인연으로 모두가 함께 성불하길 발원하고 있다.

유식학 강의 —— 11
방륜·저 김철수·역

이 책은 당 삼장법사(三藏法師) 현장(玄裝)이 지은 팔식규구송(八識規矩頌)과 세친보살이 짓고 현당이 역(譯)한 유식이십송(唯識二十頌), 유식삼십송(唯識三十頌)을 중국인 방륜(方倫)이 불학원(佛學院)에서 강의한 경험을 토대로 송(頌)을 따라 강해(講解)하여 찬술한 것이다.

이 책에서 다루고 있는 유식삼송의 내용을 간단히 살펴보면 먼저 팔식규구송은 전오식, 제육식, 제칠식, 제팔식이 유루종자(有漏種子)를 의지하여 각 식(識)이 성립하고, 무루종자(無漏種子)를 의지해서 전(轉)하여 불과사지(佛果四智)인 성소작지(成所作智), 묘관찰지(妙觀察智), 평등성지(平等性智), 대원경지(大圓鏡智)를 이룬다[轉識成智]는 내용을 담고 있다.

유식이십송은 외도와 소승의 심외유경(心外有境) 사상을 바로잡고 유식무경의(有識無境義)를 현양하고 있다. 유식삼십송은 제일송에서 제이십사송까지는 유식상(唯識相)을, 제이십오송은 유식성(唯識性)을 그리고 제이십육송에서 마지막 제삼십송까지는 수행증과(修行證果)를 밝히고 있다.

따라서 이 책은 유식의 이론과 그 실천수행을 통한 불과(佛果)의 증득을 체계적으로 설명한 정통적인 유식교리서라 할 수 있다.

원시근본불교철학의 현대적 이해 —— 12
칼루파하나·저 조용길·역

불교는 오랜 역사를 통해 여러 다양한 종교와 철학을 흡수, 포용하면서 발전해 간 세계종교이다.
불교라는 이름에 얽매이지 않고 모든 '진리 그 자체'를 불교라 부를 수 있을 정도로 관대한 종교가 바로 불교이다. 따라서 불교의 테두리 속에 들어온 많은 철학적·종교적 가르침은 말할 수 없이 다양하고 방대하다. 그렇기 때문에 선뜻 다가서기 어려운 것이 또한 불교이기도 하다.
이 책은 이러한 불교의 전통 속에서 이천오백 년전 붓다가 직접 설한 근본적인 불교교리를 팔리부와 한역 아함경을 대비하면서 철학적으로 고찰하고 있다. 또한 대승과 소승이라는 두 가지 전통을 생기게 한 여러 상황을 염두에 두면서 불교사상에 있어 왔던 점진적인 변화를 세세하게 논의하고 원시근본불교철학부터 禪이 유성한 시대에 이르기까지 불교철학의 발전과정을 소상하게 약술하고 있다.

莊子哲學精解 —— 13
김항배 지음

장자철학을 다년간 연구하고 대학 강단에서 후학을 지도해 온, 동국대 김항배 교수의 역작.
오늘날 가치관의 혼란으로 갈팡질팡하고 있는 현대인들에게 노장사상은 시사하는 바가 크다. 이러한 시대적 요구에 부응하는 노장사상에 대한 그간의 저작물은 대부분 흥미를 위주로 한 것이었다.
이 책은 학문적으로 진지하게 연구한 본격 장자철학 연구서이다. 내편·외편·잡편으로 이루어진 장자의 저서에서 가장 중요한 내편을 중심으로 곽상의 주와 신고응의 주를 해석하고 필자가 견해를 덧붙인 이 책은 후학들의 학문적 욕구를 충분히 만족시켜 주고 있다.
대자연의 생명과 하나된 경지에서 살 수 있는 진실인간의 길을 세세하게 풀어 놓은 『장자철학정해』로서 닫히고 막힌 삶을 열린 삶으로 전환시킬 수 있을 것이다.

밀교경전 성립사론 —— 14
松長有慶·저 張益·역

밀교는 고대 인도문화와 여러 전통을 적극적으로 포용·융화시켜 종합적인 불교 교학으로 발전한 대승불교의 또 한가닥 꽃이다. 치병·부귀·장수 등 개인적인 소망 성취와 불교 본래 목적인 깨달음의 길을 함께 제시하고 있는 밀교는 각 나라의 불교 토착화에 큰 공헌을 하기도 했다.
밀교는 신비적이고 비교적(祕敎的)인 특성과 아울러 모든 사상을 두루 융섭하면서 오랜 기간에 걸쳐 발전해왔기 때문에 각양각색의 밀교 이해가 대두되기도 한다. 따라서 밀교사상을 제대로 파악하기 위해서는 밀교 경전의 성립사에 대한 연구가 반드시 병행되어야 한다.
이 책은 일본의 松長有慶(마즈나가 유우케이) 교수가 이러한 점을 깊이 인식하고 20여년 동안 연구해 온 결실로서 밀교 경전 성립에 대한 포괄적이고 체계적인 최초의 전문 연구서이다. 독자들은 이 책을 통해 밀교의 큰 흐름과 밀교 사상의 참뜻을 깨달을 수 있을 것이다.

어 록

평상심이 도라 이르지 말라
동산 찬집·동봉 풀이

용성선사(1864-1940)는 우리 근대사에 있어 잊지 못할 분이다. 우리 글, 우리 말을 일제하에 있던 우리에게 더욱 사랑해야 할 의무감과 당위성을 부르짖고 만해 스님과 더불어 불교계 대표로 독립선언서에 서명하고 독립운동에 앞장서서 3년간 옥고를 치루기도 한 애국 실천가였다.

불자로서 그는 대각교(大覺敎)운동을 통해 불교 포교의 현대화를 부르짖었으며 수십 종, 수십여 권의 경전번역을 하여 유포하는 역경사업에 혼신을 기울였다. 또한 중국 백장 선사의 '일일불작 일일불식(一日不作 一日不食:하루 일하지 않으면 하루 먹지 않는다)' 주창(主唱)과 쌍벽을 이루는 생활선(生活禪), 선농일치, 생산불교를 내세우며 몸소 행했다. 이 책「평상심이 도라 이르지 말라」는 스님의 나라 사랑하는 마음, 우리네 삶의 길[正道], 출가자, 재가자가 가질 몸가짐의 이정표가 있다. 이 글모음집을 통한 형용할 수 없는 환희심은 곧 한국인으로서의 자긍심으로 이어질 것이고 역사적 사명을 띤 '오늘의 우리'를 재발견할 것이다.

기 타

인도 네팔의 불교성지
정각 지음

이 책은 정각 스님이 인도 바라나시 힌두대학(B·H·U)대학원에서 인도철학과 종교를 공부하던 중 인도와 네팔의 불교성지를 순례하면서 쓴 글이다.

불교 유적지의 발굴조사에 관한 고고학적 자료와 현존하는 불교유적들, 불사리 등에 관한 적잖은 역사적 증거들을 인용하여 펴낸 인도 네팔의 불교성지에 관한 체계적인 지침서이다.

부처님의 발자취를 따라가며 스님이 직접 촬영한 인도와 네팔 사진 130여점과 자세한 사진 설명 및 약도, 그리고 부록으로 실제 답사기록을 자세히 게재하고 있어 이곳을 찾는 순례자들에게는 꼭 필요한 책이 될 것이다.

韓國佛家詩文學史論
이종찬 지음

한문학의 외길을 걸어온 동국대 이종찬 교수가 10여 년에 걸쳐 집필한 노작(勞作). 신라 원효의 대승육정참회, 의상의 화엄일승법계도와 아울러 고려의 의천, 지눌, 혜심, 충지, 천책… 조선의 함허, 서산, 사명, 편양… 근세의 경허, 석전 박한영에 이르기까지 역대 고승의 한시를 가려뽑아 번역하고 자세한 해설을 덧붙였다.

선기(禪機) 넘치는 시들, 대자유인이 되어 부르는 깨달음의 노래, 승속(僧俗)간의 격의 없는 수창(酬唱) 등 한편 한편마다 주옥 같다. 각각의 시를 지은 스님들의 행장과 사상, 당시의 시대상, 교우관계 등에 대한 이종찬 교수의 명쾌한 해설은 시(詩)의 이해를 도울 뿐만 아니라 더욱 진한 감동을 느끼게 한다.

신라편, 고려편, 조선편의 시대 흐름별로 엮어 놓은 이 책은 불교문학에 대한 통시적 정리가 없는 현 국문학계에 큰 반향을 일으킬 것이다. 저자는 머리말에서 "우리의 시문학사 속에서 그간 불가의 문학을 본격적으로 다룬 장도 별로 없었다. 이것은 아무래도 조선조 사회에서 유가 중심으로 기술했던 기술물들의 잔영이 아니었나 하는 아쉬움이 있었다. 차제에 불가(佛家)의 문학이 우리 문학사에 차지하는 비중을 보다 확실하게 자리매김하여야 할 것이다."라고 밝히면서 후학들의 관심을 촉구하고 있다.

경 전

금강반야바라밀경 — 1
광덕 역

이 경전은 의심과 집착을 과하고 세 가지가 공한 도리를 드러낸 법문이다. 부처님께서는 이 경전에서 머문 바 없고, 상이 없고, 집착할 것이 없는 법성본분을 명랑하게 드러내 보이신다. 그러하기에 금강경 법문을 일체제불과 일체제불의 법이 나온 곳이라고 하는 것이다.
반야는 뜻을 알 때 우리를 무한과 자재와 원만의 주인공으로 바뀌게 한다. 그래서 금강경 독송자는 이 성스럽고 존엄한 자기 본분을 자재하게 내어 써서 대지혜와 대자비의 물결을 나라 구석구석에 보내게 되는 것이다.
성스러운 가르침의 근본경전인 금강경의 뜻을 알고 마음속 깊이 읽어서 자신에 깃든 반야묘용을 유감없이 발휘하길 바라는 간곡한 마음으로 광덕 스님이 한글로 쉽게 번역했다.

지장경 — 2
광덕 역

부처님께서 말씀하시길 "지장, 지장이여, 그대의 신력이 불가사의하며 그대의 자비가 불가사의하며 그대의 지혜가 불가사의하며 그대의 변재가 불가사의라. 시방제불이 다 함께 그대의 공덕을 찬탄하여 천만 겁에 이르더라도 다하지 못하리로다."하셨다.
지장보살은 죄고에 빠진 중생들에게 특별히 서원이 지중하시다. 삼악도를 멸하고 지옥을 말리며 고통받는 모든 유정을 건지신다.
지장보살의 법문은 이른바 근기가 둔하고 미혹에 빠져 깊은 고통 바다를 헤매는 범부들에게 다시 없는 묘약인 것이다. 이 법문을 통하여 죄고에 빠진 중생들이 즉시에 청정한 자성공덕해를 수용하게 되며 모든 성인과 더불어 대해탈의 평원을 자재하게 노닐게 될 것이다.

부모은중경 · 관음경 — 3
광덕 역

부처님께서는 인간이 인간답게 산다는 것을 단순한 물질이나 생활환경의 안정과 풍요만으로 보지 않으셨다. 그보다도 인간이 지니는 진실한 내면가치를 도야하고 빛내고, 그 위덕을 유감없이 발휘하는 것을 더욱 소중히 하셨다.
오늘날 우리에게 무엇보다도 절실한 것은 인간면목의 자각과 인간다운 덕성의 함양이라 하겠다.
이 경은 효가 인간적 행위의 표징이며 만 가지 선행의 근본이고, 한 민족이 건전하게 발전하는 요추라는 사실을 말해주는 경으로 「대부모은중경」과 「불설우란분경」「심지관경 보은품 부모은중장」「묘법연화경 관세음보살보문품」을 수록한 불교 효경이다.

천수관음경 — 4
광덕 역

우리나라 불자수행의 첫걸음은 천수경으로부터 시작된다. 천수경은 대비주라고도 하고 천수다라니라고도 한다.
관세음 보살은 천수다라니를 수지하는 사람을 항상 옹호하도록 일체 선신과 금강신장 호법성중에게 분부를 내리셨다. 천수경을 항상 수지하는 자의 곁에서 떠나지 않고 자기 눈, 자기 목숨을 보호하듯이 옹호하라 하셨고, 이 부분에 대하여 여러 선신, 신장들이 수지자를 옹호할 것을 맹세하고 있다.
그러므로 이 다라니를 수지하는 사람은 일체 부처님께서 대지혜광명으로 비추어 백천삼매가 항상 현전하여 일체 장애가 미치지 못하고 일체 중생을 구호할 대비위신력을 갖추게 될 것이다.

지송보현행원품 — 5
광덕 역

사람은 행동으로 자기를 실현하며 자기를 형성해간다고 할 때 보현행원은 과연 원왕(願王)이다. 부처님의 한량없는 공덕을 성취하는 결정적 행이기 때문이다.
보현보살의 십대원은 불가사의 해탈도에 이르는 지침이다. 이 십대원을 근수 역행함으로써 누구나 다 일체 중생과 더불어 화장찰해의 대해탈인임을 알 것이다.
감로의 문은 이제 남김없이 활짝 열렸으니 이 금언성구를 부지런히 독송하며 힘써 실천하여 보현보살과 같이 미래겁이 다하도록 일체 중생을 위해서 사는 사람이 되어야 할 것이다.

법회요전 — 6
광덕 편역

옛 법요의식을 토대로 불교의 의식을 현대인에게 맞게 오늘의 언어와 절차로 엮어 펴낸 불교의식집.
옛부터 관행하여 온 일부 의식문과 불자로서 수지 독송해야할 기본 경전과 축원문, 그리고 성가들이 실려 있어 불교신행에 커다란 지침이 될 것이다.
의식을 우리말화 일반화 생활화하고 있어 일반인들도 불교의식에 참여할 수 있을 뿐만 아니라, 각 가정에 심방하여 기도 발원하는 의식문도 함께 싣고 있다.

불자일과수행요전 ── 7
광덕 편역

불자라면 모름지기 선지식에 의지하고 그 가르침을 따라 배우며, 보시 공양하고 계를 가지며 힘따라 불사를 짓되 반드시 법회에 참석하여야 할 것이다. 그리고 끊임없는 일과 수행정진으로 자신의 삶을 밝히고 이 사회를 밝혀 나가야 할 것이다.

이 책은 특히 재가불자가 각 가정에서 일과수행하기에 좋도록 엮은 일과수행 지침서이다.

일과수행에 필요한 순서와 그 순서에 필요한 내용과 경전을 독송하기에 좋게 큰 활자로 짜임새 있게 편집하였다.

일과수행정진으로 새롭게 태어나 이 사회의 등불이 되려는 깨어 있는 불자에게 꼭 필요한 책이다.

불광연화의식문 ── 8
광덕 편역

불교 상례작법집(喪禮作法集). 각 가정, 병원 혹은 기타 장소에서 상을 당했을 때 행해지는 불교의식의 순서에 따라 의식을 집행할 수 있도록 그 내용을 수록하였다.

수계(授戒), 염습(殮襲), 성복제(成服祭), 발인작법(發靷作法), 영결식(永訣式), 다비, 매장(埋葬)에 따른 상례작법을 소개하고, 상례에 필요한 독경염불과 성가(聖歌)를 수록했다. 이 의식집은 오늘의 언어와 절차로 엮어져 있어 일반 재가불자들도 그 뜻을 이해하며 의식을 집행할 수 있게 했다.

지송 금강경 ── 9
광덕 편역

우리나라 불자들이 일상적으로 가장 많이 독송하는 천수경, 마하반야바라밀다심경(반야심경), 금강반야바라밀경(금강경), 관세음보살보문품, 지장보살 예찬문, 보현행자의 서원, 수무상게, 축원문 등을 싣고 있다.

언제, 어디서나 수지 독송할 수 있도록 작은 책자로 만들었으므로 바쁜 현대인들의 불교신행에 더없이 좋은 지침서이다.

지송 한글화엄경 ── 10
해주 초역

평소에 화엄경을 지송하고 공부하려는 분들을 위하여 80화엄을 첫품부터 마지막까지 39품의 졸가리만 가려 뽑아 한글로 번역한 것.

화엄경은 적어도 열번씩 되풀이 되는 많은 교설과 비유로써 중중무진한 불보살의 경계를 보이고 있는 너무나 방대한 경전이다. 바로 이러한 점이 대중들이 화엄경을 가까이 하는데 장애가 되어온 걸림돌이기도 하다.

이 책은 화엄대경의 전체 구성과 줄거리도 모두 파악될 수 있도록 한 품도 빠뜨리지 않고 그 요지를 간추려 놓은 것이다. 처음부터 끝까지 전품의 내용을 차근차근 소개함으로써 화엄경을 알고자 하는 대중들에게 좋은 길잡이가 될 것이다.

광덕스님 설법집

메아리 없는 골짜기 ── 1

이 책은 불자는 무한의 지혜, 자비, 위덕을 갖춘 권능자임을 밝혀 우리에게 환희와 용기를 주고 나아가 이 사회의 끝없는 번영과 진리국토의 개현을 제시하고 있는 광덕 스님의 법문집이다. 법회에 동참하지 않고도 부처님께서 우리에게 주신 무한의 위신력을 나투어 일체를 성취하는 참불자로 성장할 것을 당부하는 광덕 스님의 곡진한 법문을 들을 수 있을 것이다.

만법과 짝하지 않는 자 ── 2

불광법회를 통해 '내 생명 부처님 무량공덕 생명'임을 간곡하게 역설해오신 광덕 스님의 설법 제2집. 광덕 스님은 이 책에서 우리 모두는 지극히 고귀한 부처님 생명이며 무한한 창조자이고 지혜와 자비를 갖춘 권능자임을 거듭 강조한다. 이 책을 통해 자신을 밝히고 겨레를 밝히고 역사를 거룩하게 빛낼 창조적인 불자로 다시 태어나게 될 것이다.

부처님의 생애

1990년 8월 30일 초판 발행
2011년 1월 7일 초판 15쇄

지은이/박경훈
펴낸이/박상근(至弘)
펴낸곳/불광출판사

110·140 서울시 종로구 수송동 46-21
대표전화 (02) 420-3200
편 집 부 (02) 420-3300
팩스밀리 (02) 420-3400
http://www.bulkwang.co.kr

등록번호 제1-183(1979. 10. 10)
ISBN 89-7479-016-5

● 잘못된 책은 바꾸어 드립니다.
값 13,500원